KB120957

복 있는 사람

오직 여호와의 율법을 즐거워하여 그 율법을 주야로 묵상하는 자로다.

저는 시냇가에 심은 나무가 시절을 좇아 과실을 맺으며 그 잎사귀가 마르지 아니함 같으니

그 행사가 다 형통하리로다. (시편 1:2-3)

우리 그리스도인들은 우리 몸을 사랑해야 한다. 기독교는 "몸이 다시 사는 것"을 고백하는 신앙이기 때문이다. 인간에게 몸이 있음을 부정하는 것은 영지주의 이단이다. 예수 그리스도께서 몸을 입고 세상에 오신 성육신의 진리는 그런 잘못을 고쳐 주는 최고의 근거다. 몸으로 부활하신 것도 마찬가지다. 낸시 피어시는 인간이 영혼과 몸의 존재임을 깨우치며 우리 몸을 사랑해야 하는 이유를 상세히 밝혀준다. 성령의 전인 우리 몸을 사랑하며 바로 살아가는 것이 하나님을 사랑하는 것임을 강조한다. 나아가 하나님의 창조질서에 입각하여 오늘의 성 윤리와 성 정치적 사고가 부여한 잘못된 몸에 대한 생각들을 바로잡고자 한다. 그 이면에 깔려 있는 세계관적 갈등들 또한 잘 드러내 주었다. 낙태와 안락사, 동성애, 트랜스젠더의 문제를 둘러싼 갈등이 우리 사회에서도 첨예하게 벌어지고 있다. 지금까지 왜곡된 성에 대해 복음주의 입장에서 이만큼 진솔하면서도 지적인 논의를 한 학자를 찾기 어렵다. 이 책은 이런 사회적·문화적·윤리적 정글을 헤쳐 나가는 데 훌륭한 길잡이가 될 것이다.

신국원 총신대학교 신학과 명예교수

낸시 피어시는 그동안 기독교가 세상과 인간의 삶에 가장 부합한 세계관이란 사실을 일상의 언어로 변증해 온 학자다. 이번에 쓴 『네 몸을 사랑하라』는 세속적 성 윤리가 몸과 정신을 이원화하는 분열적 세계관에 기반해 있음을 보여주고, 기독교 성 윤리만이 몸과 정신을 통합하는 바른 성 윤리임을 다양한 학문적 연구들을 통해 변증한다. 이 책은 낙태와 안락사, 동성애, 동성결혼 등의 문제를 성경적 인간론의 관점에서 매우 설득력 있게 조명한다. 게다가 읽기 쉽고 감동적이다. 포스트모던 성 윤리의 흐름 가운데 성경적 성 윤리를 붙들고자 진지하게 고민하는 그리스도인들에게 이 책을 적극 추천한다.

신원하 고려신학대학원 원장

자유주의 세속 사상은 오류에 기초하는데, 낸시 피어시는 『네 몸을 사랑하라』에서 그 점을 정확하게 지적한다. 낙태와 안락사, 동성애 행위와 관계, 성전환 등을 받아들인 자유주의 세속주의는, 몸을 인간의 고유한 가치와 존엄성을 공유하는 인격적 실재의 한 측면이 아니라, 정신이나 심리나 자아 외부에 있는 도구로 여긴다. 이와 같은 몸의 도구화는 자유주의 세속 윤리학에 철저히 동의한다. 하지만 저자가 보여주듯이, 세속 윤리학은 신학적으로도, 철학적으로도 지지할 수 없다. 인간의 정신-영혼과 몸은 하나다. 몸은 인간의 인격적 존재의 일부이고, 그 사람의 내재적 존엄성을 온전히 담고 있다. 저자가 실례를 들어 설명해 주듯이, 생사와 성, 결혼에 대한 윤리는 거기서부터 비롯되어야 한다.
로버트 조지 Robert P. George 프린스턴 대학교 매코믹 법학 교수

낸시 피어시는 내가 본 그 어떤 사람보다 더 정신-몸 이원론이 미치는 실재적인 결과들을 잘 드러내 준다. 이 책은 견문이 넓은 그리스도인들에게 훌륭한 독서가 될 뿐 아니라 실천 철학 교과서로 사용되기에 충분하다. 진심으로 추천한다.
제니퍼 로백 모스 Jennifer Roback Morse 루스 인스티튜트 설립자 겸 대표

『네 몸을 사랑하라』는 아주 탁월한 책이다. 낸시 피어시는 오늘날 중대한 논의들의 중심에 인격에 대한 여러 개념이 존재한다는 것을 안다. 우리는 진리를 알 수 있는 합리적이고 자유로운 존재인가, 아니면 맹목적인 물리력의 결과인 무의미한 우주의 먼지와 같은가? 우리는 하나님을 따라 그분의 형상을 닮은 존재, 곧 결혼 관계에서 서로를 위하는 남자와 여자로 지어졌는가, 아니면 우리 몸으로 자신의 욕구를 만족시키는 육체와 분리된 자아, 곧 기계 속 영혼인가? 이 책은 낙태와 안락사, 동성애 결혼, 성 정체성 등의 논란이 모두 인류학에 달려 있음을 보여준다. 저자는 전 인격의 존엄성에 대한 건전한 이해를 지지한다.
라이언 앤더슨 Ryan T. Anderson 헤리티지재단 연구원

낸시 피어시는 후기 기독교 세계에서 세속 세계관들에 효과적으로 개입하려면 어떻게 그것들을 이해해야 하는지를 탁월하게 설명해 준다. 누구나 꼭 읽어야 할 책이다.
로사리아 버터필드 Rosaria Butterfield 전 시라큐즈 대학교 교수

낸시 피어시는 '무엇이 인간을 가치 있게 만드는가?'라는 우리 시대의 근본 문제를 분명히 밝힌다. 이에 대한 답변이 낙태와 의사 조력 자살, 성 윤리에 대한 문화적 규범을 결정할 것이다. 나는 우리의 주요한 문제는 인간을 자연이 아니라 기능으로 정의하는 파괴적인 세계관이라 여기고 이에 대해 생명우선론자들에게 오랫동안 경고해 왔다. 이 사회와 관계를 맺기 원한다면, 이 책을 읽어야 한다. 그냥 읽지만 말고, 완전히 숙달하라.

스캇 클루센도르프 Scott Klusendorf 라이프 트레이닝 인스티튜트 대표

안타깝게도, 기독교 진리를 확실하고 지혜롭게 현대 사회에 적용하는 진지한 사상가들을 찾아보기 힘들다. 이 소수 집단에서도 낸시 피어시가 가장 빛난다. 그녀의 모든 책은 보석과 같다. 이 책은 보물상자 같은 그녀의 전작들을 더 풍성하게 만들어 준다. 모든 사람이 이 책에서 유익을 얻을 것이다. 진심으로 추천한다.

글렌 스탠튼 Glenn Stanton 포커스 온 더 패밀리 디렉터

낸시 피어시가 또 한 번 많은 사람들에게 큰 도움을 줄 책을 내놓았다. 깊은 동정심과 명료한 사고로 써 내려간 이 책은, 우리가 최근에 경험한 거대한 문화적 변화 배후에 있는 세계관을 더 잘 이해하도록 도와준다. 많은 사람들에게 정보와 감명을 안겨 줄 책이다. 피어시는 훌륭한 안내자다.

샘 앨베리 Sam Allberry 복음연합 편집장

이 책에서 낸시 피어시는 오늘날 우리가 맞닥뜨린 가장 중요한 윤리적 해악들, 곧 낙태와 안락사, 성적 부도덕, 가족에 대한 재정의 등의 지적인 근본을 알기 쉽게 분석한다. 적실하고 중요한 논의들을 하나도 놓치지 않는다. 저자는 하나님의 방법이 최고인 이유를 보여주기 위해서 '하지 말라'는 명령 너머로 우리를 인도한다. 적극 추천한다!

리처드 바이카르트 Richard Weikart 캘리포니아 주립대학교 스태니슬라우스 역사학 교수

낸시 피어시는 사람됨에 대한 변화하는 개념을 통과하여 사람됨의 참 의미로 우리를 인도한다. 낸시 피어시는 특유의 명료한 논리와 세심한 연구를 토대로 안락사와 낙태, 훅업 문화 같은 인간 정체성의 핵심 문제들을 뒷받침하는 세속 세계관들을 분석한다. 피어시의 연구는 철학자의 사고에 부모와 교사의 감수성이 더해져 전인적인 성격을 띤다. 『네 몸을 사랑하라』는 매우 읽기 쉽고, 통찰력 있으며, 유익하다.

매리 포플린 Mary Poplin 클레어몬트대학원 교육학 교수

근래 들어 도덕적 논의가 점점 더 공허한 구호와 말다툼이 되어 가고 있다. 그런 가운데 많은 이들이 성과 생명 문제에서 그들의 선택에 따라 고통스러운 결과를 맞기도 한다. 낸시 피어시는 이 책에서, 이러한 결과는 실재의 본질에 대한 이해가 다른 데서 비롯된다고 설명하면서, 여러 문화적 논의들을 예리하고 지혜롭게 분석한다. 이 책은 비판적인 통찰력이 담긴 보물창고다.
스탠튼 존스 Stanton L. Jones 전 휘튼 칼리지 학장 겸 심리학 교수

『완전한 진리』와 『세이빙 다빈치』, 『완전한 확신』에 이어 또 하나의 기념비적 작품이 나왔다. 이번 책 『네 몸을 사랑하라』는 세속화에서 비롯된 내재적 문제와 실제적 영향들을 훌륭하고도 현실적으로 분석한 책이다. 낸시 피어시는 세속화가 우리 정체성과 사회에 대한 관점에 어떤 치명적인 영향을 미치는지 이해하도록 도와준다.
폴 쇼클리 Paul R. Shockley 휴스턴 성서학 칼리지 성경과 신학 교수

미래의 지도자들은 모든 개인 생명의 가치에 대해 답을 가지고 있어야 한다. 낸시 피어시는 이번에도 진리를 깊이 파고든다. 『네 몸을 사랑하라』는 사랑과 성에 대한 논의에 등장하는 복잡하고 혼란스러운 수많은 관점을 명료하게 이해하게 해준다. 모든 사람의 필독서다!
베키 노튼 던롭 Becky Norton Dunlop 헤리티지재단 로널드 레이건 특별 연구원

피어시는 몸을 하나님이 주신 좋은 선물로 여기는 성경으로 우리를 초대한다. 저자는 인간의 중요성에 대한 성경적 이해와 하나님의 피조물인 몸에 대한 고차원적 관점을 근거로 기독교가 성과 몸에 반대한다는 사고에 반박한다. 결국에는 복음만이 진정한 로맨스다.
켈리 먼로 컬버그 Kelly Monroe Kullberg 베리타스 포럼 설립자

낸시 피어시의 『네 몸을 사랑하라』는 시의적절하고, 적실성 있으며, 훌륭하게 입증되고, 철저하게 기독교적인 책이다. 저자는 기독교 세계관이라는 렌즈로 문화 경향을 비판하는 일을 훌륭하게 해낸다. 적극 추천한다.
스콧 레이 Scott Rae 바이올라 대학교 탈봇 신학교 기독교 윤리학 교수

낸시 피어시가 또 한 번 해냈다! 저자는 예리한 지성과 심오한 분석, 분명하고 간결한 집필로 포스트모던 성 개념에 대한 최고의 책을 내놓았다. 저자는 이 '새로운' 성의 토대를 드러내고, 창조세계에 새겨진 아름답고 생명을 주는 인간의 성이라는 진리를 어떻게 제시해야 하는지 보여준다. 이 책은 '하나님의 형상대로 창조된 남성과 여성'의 영광과 존엄을 회복하는 싸움에 동참하려는 모든 이의 필독서다.
대로우 밀러 Darrow L. Miller 겨자씨운동 공동 설립자

네 몸을 사랑하라

Love Thy Body

Nancy Pearcey

네 몸을 사랑하라

낸시 피어시 지음

이지혜 옮김

성과 생명에 대한 도전과
기독교 세계관의 답변

복 있는 사람

네 몸을 사랑하라

2019년 11월 11일 초판 1쇄 인쇄
2019년 11월 18일 초판 1쇄 발행

지은이 낸시 피어시
옮긴이 이지혜
펴낸이 박종현

도서출판 복 있는 사람
주소 서울특별시 마포구 연남동 246-21(성미산로23길 26-6)
전화 02-723-7183, 7734(영업·마케팅) 팩스 02-723-7184
이메일 hismessage@naver.com
등록 1998년 1월 19일 제1-2280호

ISBN 978-89-6360-320-9 03230

이 도서의 국립중앙도서관 출판예정도서목록(CIP)은
서지정보유통지원시스템 홈페이지(http://seoji.nl.go.kr)와 국가자료공동목록시스템
(http://www.nl.go.kr/kolisnet)에서 이용하실 수 있습니다. (CIP 제어번호: 2019045032)

하나님이 아니라 운명이 이 육신을 우리에게 주었다.

우리는 우리 몸을 주장할 절대적 권리가 있으며,

우리가 원하는 대로 몸을 사용할 수 있다.

커밀 팔리아 (Camille Paglia), 『요부와 화냥년』(*Vamps & Tramps*)

그리스도인들은 하나님의 선한 창조세계인

자연 질서를 믿는다고 고백해야 한다.……

우리는 자연을 소중히 여기고,

자연에 편재하는 법칙을 따르며,

자연과 협력하여 행동을 계획해야 한다.

올리버 오도노반 (Oliver O'Donovan), 『낳는 것인가, 만드는 것인가?』(*Begotten or Made?*)

차례

추천의 글

우선 반성부터 해보자. 우리 목회자들은 줄곧 사람들의 영혼을 사랑해 왔다(잠시 후면 알겠지만, 부정적인 의미다). 그리고 영혼을 구원하기 위해 노력했다. 그래서 전도는 주로 "영혼 구원"을 위한 일로 간주했고, 목회는 사람들의 영혼을 섬기는 일로 간주했다. 이것이 전적으로 틀린 개념은 아니다. 하지만 놀랍도록 풍성한 성경의 눈으로 볼 때, 이것은 부족한 개념이다. 부족하다 못해 위험하기까지 한 개념이다. 왜 그런가? 의도치는 않았겠지만, 이러한 개념들을 말하거나 들을 때 우리는 암묵적으로 우리의 **몸을 배제하기 때문**이다.

　왜 이것이 위험한가? 물론 첫째로는 이러한 개념이 성경이 말하는 세계관이기보다는, 그 옛날 플라톤으로부터 시작되어 이어 내려온 영지주의적이고 이원론적인 세계관을 반영하기 때문이다. 그리고 둘째가 더 중요한데, 이러한 개념을 가지고서는 똑같은 잘못된 개념을 가진 현대 사회의 성과 생명에 대한 일탈에 맞설 수 없기 때문이다. 이것이 바로 낸시 피어시가 이 책에서 던지는 핵심 메시지다.

낸시 피어시는 낙태와 훅업 문화, 안락사, 배아 줄기세포 연구, 동물권, 유전공학, 트랜스휴머니즘, 동성애 등의 윤리 문제 이면에 바로 이 이원론적 세계관이 있음을 분석하고 그 실체를 폭로한다.

낸시 피어시의 주장을 요약하면 이렇다. 예컨대, 낙태를 행하는 행동 이면에는 인간을 몸과 영혼으로 나누고 몸을 하찮게 여기는 이원론적 가치가 숨어 있다. 수정 단계에서 생명이 시작되는 것은 사실이지만(즉, 몸이 존재하지만), 그 생명은 인격(영혼이라고 표현하자)을 가지기 전까지는 사람이 아니라는 생각이 있다는 것이다. 사람들은 인간(human being)이라는 단어를 인격(person)과 동일하게 사용하고, 암묵적으로 이 상황에서 **몸은 배제**된다. 인간에 대한 이러한 이해가 낙태뿐만 아니라 모든 현대의 성과 생명윤리 문제의 일탈 이면에 있다.

물론 교회는 늘 이러한 문제에 있어서 세상의 생각과 반대의 목소리를 내 왔다. 성경의 권위를 믿는 그리스도인들은, 성경에 근거하여 생명의 소중함과 성 윤리의 중요성을 강조해 왔다. 그렇지만 세상의 세계관과 다른 세계관으로 대항한 것이 아니라, 같은 세계관(당연히 성경적이지 않은)을 가지고 대항해 왔다. 교회는 성과 생명에 관한 문제에 있어 그저 "그것은 잘못된 것이야. 성경적이지 않아"라는 말만 되풀이해 온 것이다. 이 말은 틀렸다고 말할 수는 없지만, 하나도 매력적이지 않다. 듣는 사람들 입장에서는 그저 금욕주의일 뿐이기 때문이다. 금욕주의가 매력적일 수 있겠는가?

게다가 문제는 매력적이지 않다는 것뿐만 아니다. 성경적이지도 않다는 것이다. 성경은 몸을 중요하게 여긴다. 성경은 몸과 영혼을 이분법으로 나누지 않는다. 그 가장 강력한 근거가 무엇인가? 저자가 "베들레헴 폭탄선언"이라고 부르는 사건, 즉 성육신이다. 하나님이 직접 몸이 되셨다. 그리고 몸으로 부활하셨다. 그분은 "영은 살과 뼈가 없으되 너희 보는 바와 같이 나는 있느니라"고 말씀하셨다(눅 24:39). 그리고 그분을 따라 우리도 부활할 것이다. 새로운 몸을 입게 되는 것이다.

따라서 기독교와 세속 윤리의 차이점은, 성과 생명에 대한 몇 가지 이슈 정도가 아니다. 낙태 찬성 vs. 반대이거나 동성애 찬성 vs. 반대 정도가 아니다. 몸과 인격을 분리하는 세계관 vs. 몸과 인격을 하나로 믿는 세계관이다. 다르게 말해 볼까? 몸을 하찮게 여기는 세계관 vs. 몸을 소중히 여기는 세계관이다. 저자의 말로 바꾸어 보면 이렇다. "오늘날 세속 문화는 고대 이교도처럼 물질계를 폄하하는 이원론으로 빠져들고 있다. 초대교회에서 그랬듯이, 인간 몸을 소중히 여기는 관점을 옹호하는 근거를 가진 이가 정통 그리스도인이다."

세속 문화는 줄곧 동성애나 낙태를 반대하는 그리스도인들의 주장을 가리켜 **혐오**라고 부른다. 그리고 이 말은 때로 유효하다. 어떤 그리스도인들은 세속 문화에 대항하는 방식을 확실히 저주와 혐오의 말로 쏟아내고 있기 때문이다. 이러한 시도에 (내가 믿기로는) 많은 다른 그리스도인들은 우려하고 있고, 이 글을 쓰고 있는 우리 역시 마찬가지다. 하지만 낸시 피어시의 주장에 따르면, 세속 문화 역시 **혐오**하고 있기는 마찬가지다. 무엇을 혐오하는가? 그들은 몸을 혐오한다. 몸과 인격을 분리하고, 몸을 함부로 여기는 방식이야말로 인격을 자유롭게 하고 있다고 믿기 때문이다. 이는 몸을 소중히 여기는 성경의 세계관으로 볼 때, 몸을 향한 혐오이며 학대다.

그렇다면 그리스도인들은 금욕주의가 아닌, 새로운 전략을 가질 수 있다. 이는 이미 1세기부터 그리스도인들이 가졌던 전략이다. 바로 **네 몸을 사랑하라**고 호소하는 것이다. 더 좋은 전략도 있다. 실제로 사람들의 **몸을 사랑하는 것**이다. 굶주린 자들을 먹이고, 상처받은 자들을 싸매어 주며, 돌봄과 인정과 사랑이 필요한 사람들을 끌어안아 주는 것이다. 사람들의 영혼뿐만 아니라 몸을 사랑하고 소중히 여기며, 계속하여 몸을 사랑하라고 성과 생명 윤리의 문제에 목소리를 내는 것이다.

그리스도인들이 낙태나 동성애, 혹업 문화나 생명 문제에 대해 세속 문화를 향해 반대 목소리를 내는 이유는, 그들을 혐오하기 때문이 아니라 그들의 몸을 사랑하기 때문이어야 한다. 저자는 말한다. "그리스도인들은 상처받은 사람들, 세속 윤리 혁명의 난민들에게 사역할 준비가 되어 있어야 한다. 이들의 삶은 자유와 자율성이라는 거짓 약속에 산산이 부서져 버렸다." 어떻게 사역할 것인가? 이들을 사랑함으로 사역해야 한다. 이들에게 자신의 몸을 사랑할 것을 호소함으로 사역해야 한다. 이러한 사역만이 "악에게 지지 말고 선으로 악을 이기라"(롬 12:21)고 말한 성경의 명령을 따르는 것이리라.

그래서 다짐한다. 우리는 그리스도인들이다. 우리는 성경의 가르침에 따라 몸과 영혼을 부당하게 분리하지 않는다. 우리는 사람들의 영혼만을 섬기는 것이 아니라 사람을 섬긴다. 우리는 그들의 몸을 사랑하라고 호소할 뿐 아니라 그들의 몸을 섬기며 사랑할 것이다. 이것이 낸시 피어시가 우리에게 준 교훈이다.

이찬수 분당우리교회 담임목사
이정규 시광교회 담임목사

......

서론
황무지 안내서

인간의 생명과 성은 우리 시대의 가장 중요한 분수령을 이루는 윤리 문제가 되었다. 매일 24시간, 뉴스는 성과 낙태, 조력 자살, 동성애, 성전환 등의 영역에서 세속 윤리 혁명의 진보를 기록한다. 사실상 모든 주요 사회 기관, 곧 학계와 언론, 공립학교, 연예계, 민간 기업과 법률을 통해 새로운 세속 정통이 주입되고 있다.

최신 논란이나 뉴스 사연에 휩싸이기는 쉽다. 하지만 최신 사건은 대양의 파도처럼 표면 효과에 불과하다. 진짜 행동은 표면 아래 세계관의 차원에서 벌어지고 있다. 마치 지각판이 움직여서 넘실거리는 표면의 파도를 **일으키는** 것처럼 말이다. 『네 몸을 사랑하라』에서는 자극적인 제목을 내건 머리기사와 유행하는 구호를 넘어서서 세속 윤리를 추동하는 세계관을 파헤쳐 보려 한다. 이 세계관의 핵심 원리들을 파악함으로써 오늘날 가장 논란이 많은 윤리적 도전에 지적으로 대응하고, 연민을 품고 개입할 수 있을 것이다.

나는 예전에 불가지론자였기에 포스트모던 윤리 이론들에 대한 내부자의 지도를 줄 수 있다. 이를 통해 그 이론들이 어떻게 인간을 폄하하고 인권을 망가뜨리는지 볼 수 있다.

정치적으로 올바른 정통에 반대하는 이들은 편협하고 차별적이라는 비난을 받는다. 그들은 편견이 심하고 여성을 혐오한다는 낙인이 찍힌 채 수치와 협박을 전달하는 캠페인의 대상이 된다. 증거가 필요한가? 2013년 윈저(Windsor) 판결에서 미국 대법원은 결혼을 한 남성과 한 여성의 결합으로 인정하는 연방법인 결혼보호법(Defense of Marriage Act, DOMA)을 폐지했다. 다수 의견은 DOMA 지지자들의 동기가 "적대감"(반감, 적개심, 혐오)이라며 비난했다. 그들의 목적이 동성 결합한 이들을 "폄하하고" "해치고" "비하하고" "품위를 떨어뜨리고" "굴욕감을 주고" "해를 끼쳐서"……"가치 없는" 이들로 낙인찍고, "불이익과 오명을 주고", "평등한 존엄성을 부인하기" 위해서라고 주장했다. 간단히 말해, 법원은 남녀의 결혼을 지지하는 사람들이 그저 잘못이라고 말하지 않았다. 적대적이고 혐오스럽고 비열하다고 맹렬히 비난했다.

이렇게 만연한 세속 정서에 동의하지 않는 사람들은 종교의 자유라는 권리에 호소했다. 하지만 미국 시민권 위원회(US Commission on Civil Rights) 위원장은 "'종교의 자유'라는 문구가 차별, 편협, 인종 차별, 성차별, 동성애 혐오, 이슬람 혐오, 기독교 우월주의나 기타 형태의 불관용을 뜻하는 암호로 남아 있는 한에는 위선만 상징할 것이다"라고 경멸하듯 썼다.[1] **종교의 자유**라는 문구에 조롱하는 듯한 인용 부호를 사용한 것을 보라. 마치 그것이 자유 사회의 기초 권리가 아니라, 불법 주장이라도 되는 것처럼 말이다.

다음 단계는 시민들의 종교적 자유를 인정하지 않는 것인데, 이 일은 이미 시작되었다. 세속 윤리 혁명에 저항하는 사람들은 직장과 사업, 교편을 잃었다. 대학원에서 쫓겨나고, 입양 부모가 될 권리를 뺏기고, 강제로 입양 센터 문을 닫고, 캠퍼스 단체로서 자리를 잃어버린 사람들도 있다. 이런 억압 행위 명단은 점점 더 증가하는 추세다.[2]

똑같이 정치적으로 올바른 정통이 미국 국무부와 국제연합, 유럽연합, 개인 재단, 언론 매체를 통해 전 세계에 적극적으로 홍보되고 있다. 부유한 국가들은 가난한 국가들이 원조를 받는 전제 조건으로 낙태와 성과 관련한 법을 개정해야 한다고 압박하고 있다.[3] 성 혁명이 전 세계로 퍼지고 있다.

그리스도인도 예외가 아니다

그리스도인은 이런 일에서 면제된다고 생각하지 마라. 자신을 그리스도인이라고 밝히는 사람도 부지불식간에 세속 세계관에 휩쓸리고 있다. 그 수치는 충격적이다.

포르노그래피: 그리스도인 남성의 약 3분의 2가 최소한 한 달에 한 번꼴로 포르노그래피를 보는데, 이는 비그리스도인 남성과 같은 비율이다.[4] 어느 조사에 따르면, 목회자의 54퍼센트가 직전 해에 포르노를 본 적이 있다고 답변했다.[5]

동거: 갤럽(Gallup) 여론 조사에 따르면, 종교적 배경이 있는 십대 중 절반에 가까운(49퍼센트) 이들이 결혼 전 동거를 지지한다고 답변했다.[6]

이혼: 그리스도인이라고 밝히지만 교회에는 잘 나가지 않는 성인 중에 60퍼센트가 이혼했다. 매주 교회에 나가는 그리스도인 중에서는 그 수치가 38퍼센트다.[7]

동성애와 성전환: 이 문제는 보수 종교 집단 사이에서도 의견이 갈린다. 2014년 퓨 리서치 센터(Pew Research Center) 조사에 따르면, 복음주의 밀레니얼 세대의 51퍼센트가 동성애 행위를 윤리적으로 수용할 수 있다고 대답했다.[8]

낙태: 라이프웨이(LifeWay)의 한 조사는 낙태한 여성의 약 70퍼센트가 스스로 그리스도인이라고 밝히는 이들이라고 발표했다. 또한 43퍼센트는 낙태 시점을 기준으로 최소한 한 달에 한 번 이상 교회에 출석하는 그리스도인이라고 말했다.[9]

문제는, 많은 사람들이 윤리를 규칙을 나열한 목록으로 취급한다는 것이다. 하지만 실제로 모든 윤리 체계는 세계관에 근거한다. 우리가 어떤 결정을 내릴 때는 단순히 하고 싶은 일을 정하는 것이 아니다. 인간 삶의 목적에 대한 자신의 관심을 표현하는 것이다. 신학자 스탠리 하우어워스(Stanley Hauerwas)의 말을 빌리면, 윤리 행위는 "단순한 독자적 행위로 볼 수 없고, 인생의 본질과 의미에 대한 근본적인 선택이 개입한다."[10]

그렇다면 전략적인 효과를 위해서 우리는 사람들이 "인생의 본질과 의미에 대해" 믿는 것을 다루어야 한다. 그들의 세계관에 개입해야 한다.

C. S. 루이스(Lewis)는 그 점을 다음과 같이 표현했다. "그리스도인과 물질주의자는 다른 우주관을 주장하는데, 둘 다 옳을 수는 없다. 틀린 사람은 진짜 우주에 맞지 않게 행동할 것이다."[11] 이 책의 목표는 세속 윤리가 "진짜 우주에 맞지 않는다"는 것을 보여주는 것이다.

당신에게는 사실이지만, 나에게는 아니다?

첫 번째 단계는 세속 윤리가 모든 서양 사상과 문화를 관통하는 심오한 관점에 근거하고 있음을 인식하는 것인데, 그 관점은 과학 지식과 윤리 지식의 연관성을 끊어 버린다. 과거에 대부분의 문명에서는 자연 질서와 도덕 질서가 통합되어 실재를 구성한다고 주장했다. 따라서 실재에 대한 우리의 **지식**도 유일하고 통일된 진리 체제로 여겨졌다.

하지만 근대에 와서는 많은 사람들이 신뢰할 만한 지식은 자연 질서, 곧 경험적으로 확인할 수 있는 과학적 사실로만 가능하다고 생각하게 되었다. 이것이 도덕적 진리에 함의하는 바는 무엇인가? 도덕적 진리는 시험관에 집어넣거나 현미경으로 관찰할 수 없다. 많은 사람들이 윤리는 객관적 진리의 기준에 미치지 못한다고 결론을 내렸다. 단순한 개인의 감정과 선호에 불과하다는 것이다.

진리에 대한 통일된 개념이 깨져서 별도의 두 영역으로 나누어졌다.

신학자 프랜시스 쉐퍼(Francis Schaeffer)는 건물의 이층 비유를 사용하여 이를 잘 보여주었다. 하층부는 객관적 사실이고 검증 가능하다고 여겨지는 경험적인 과학이다. 여기는 공적인 사실, 곧 모든 사람이 자신의 사적인 신념과 관계없이 받아들일 거라고 기대되는 것들의 영역이다. 상층부는 사적이고 주관적이고 상대적으로 취급되는 윤리성과 신학의 영역이다. 사람들은 이 영역에 대해 이렇게 말하곤 한다. "그건 당신에게는 사실일지 몰라도, 나한테는 아닙니다."[12]

진리에 대한 개념이 나뉘어졌다

신학, 윤리
사적·주관적·상대적

과학
공적·객관적·모든 사람에게 타당함

쉐퍼의 책이 처음 출판되었을 때 대부분의 사람이 그의 이층 이미지를 상대주의에 대한 색다른 비유와 마찬가지로 취급했다. 하지만 세월이 흘러, 내가 학계에서 이른바 사실/가치 분리를 공부하고 있을 때 그가 이런 표현을 사용하지는 않았지만 이것이 바로 그가 말하던 내용이라는 생각이 퍼뜩 들었다.[13] 그 유사점을 알겠는가?

사실/가치 분리

가치
사적·주관적·상대적

사실
공적·객관적·모든 사람에게 타당함

나는 이 유사점을 이전 책『완전한 진리』(*Total Truth*)에서 소개한 바 있는데, 얼마 안 있어 쉐퍼의 이층 분석이 우리 시대에 너무나도 적절한 비유가 되었다. 어느 유명 기독교 철학자가 쉐퍼 책을 많이 읽었다면서, 내게 이렇게 말했다. "나는 [교수로서] 평생 사실/가치 분리의 위험에 대해 가르쳤다.……하지만 정작 나 자신은 둘을 연결하지 못했다."『완전한 진리』는 그 둘을 연결하여 세속 사고와의 신선한 대화에 쉐퍼의 사상을 불어넣는 것을 도와주었다.

파편화된 세계관

그 이후로도 한참 후에야, 나는 사실/가치 분리가 빙산의 일각에 불과한 것을 깨달았다. 모든 근대 철학은 두 가지 주요한 흐름으로 갈라져 있었다. 한 흐름은 과학 혁명과 함께 시작되었다. 과학 혁명은 계몽주의 전통을 낳았는데, 계몽주의는 과학을 기반으로 한다고 주장하는 철학자들로 구성되었다. 이들은 **사실** 영역(하층부)을 주요 실재로 다루는 철학, 곧 경험주의, 이성주의, 물질주의, 자연주의 같은 '주의'(ism)를 제안했다.

하지만 고등학교 수업 시간에 배운 대로, 계몽주의에 대항하는 낭만주의 운동이 있었다. 낭만주의 사상가들은 가치 영역(상층부)을 지키기 원했다. 이들은 정의와 자유, 윤리, 의미 같은 문제들에 집중했다. 이 전통에 있는 사상가들은 이상주의, 마르크스주의, 실존주의와 포스트모더니즘 같은 '주의'를 제안했다.

오늘날에는 이 두 전통을 모더니즘 대 포스트모더니즘이라는 제목하에 대략적으로 요약하는데, 둘은 여전히 의견 차이가 심하다. 둘의 분리는 점점 더 심해져서 어느 철학자는 서양 사상이 거의 "두 철학계"로 분열되었다고 말할 정도다. 또 다른 철학자는 "우리가 마치 전혀 다른 주제를 연구하면서 그 깊은 골 맞은편으로 소리를 쳐야 할 정도로 생각되는 지점에 도달했다"라고 염려한다.[14]

모더니스트들은 하층부가 주요하거나 유일한 실재, 곧 사실과 과학이라고 주장한다. 포스트모더니스트들은 상층부가 주요한 실재라고 주장한다. 사실과 과학조차도 정신적 구조에 불과하다는 것이다.[15]

서양 사상의 분열

낭만주의 전통
포스트모더니즘

계몽주의 전통
모더니즘

철학은 굉장히 근본적인 학문이기에 이런 분열은 윤리를 포함한 다른 모든 영역에 영향을 미친다.[16] 윤리적인 질문에서 우리는 이렇게 질문한다. 사람을 대하는 올바른 방법은 무엇인가? 그 대답은 우리가 사람을 어떻게 생각하는지, 곧 사람됨의 의미가 무엇인지에 달려 있다. (철학자들은 이를 인류학이라고 부른다.) 우리 시대의 모든 논쟁적인 문제를 이해하는 핵심은 인간됨의 개념이 상층부와 하층부로 나뉘었다는 점이다. 오늘날 세속 사상은 몸/인격의 분리를 전제한다. 경험적인 과학(하층부)이 "사실" 영역에서 몸을 정의하는 반면, "가치"영역에서 권리의 기초로(상층부) 인격을 정의한다. 이 이원론이 균열되고 파편화된 인간관을 낳았다. 그런 인간관에서는 몸을 진정한 자아와 별도로 취급한다.

새로운 전략

이 이층 분리 덕분에 우리는 사람들이 세속 윤리가 개인적으로, 공적으로 실패한 이유를 볼 수 있게 돕는 강력한 새 전략으로 무장할 수 있다. 1장 "나는 내가 싫다"에서는 가장 핵심적인 문제들을 모두 개괄하면서, 그 문제들의 원인인 이층적 인간관을 강조한다. 나중에 나오는 주제에 집중하고 싶은 사람들도 1장부터 읽기를 추천한다. 내가 이 책 나머지 부분에 적용하려는 전반적인 전략에 익숙해지기 위해서다. (논란이 많은 문제이기 때문에 본문에서 모든 반대를 다 다루기는 힘들다. 더 상세한 논의는 주를 확인하라.)

2장 "죽음의 즐거움"은 어떻게 몸/인격 이원론이 낙태와 영아살해에 대한 세속 주장들을 뒷받침하는지 묻는다. 3장 "친애하는 소중한 유권자께"는 같은 이원론이 안락사 논의를 비롯하여 배아 줄기세포 연구, 동물권, 유전공학, 트랜스휴머니즘 등 관련 문제들에 미치는 파괴적인 영향을 드러낸다. 4장 "조현증 성"에서는 훅업 문화의 거짓말을 폭로한다. 몸을 해방한다는 훅업 문화의 주장과 달리, 실제로는 몸에 대한 경멸을 표현한다. 5장 "부적절한 몸"은 동성애 행위가 몸을 어떻게 폄하하는지 살펴본다. 6장 "트랜스**젠더**, 트랜스**리얼리티**"는 자신의 몸과 진정한 자아가 충돌한다고 생각하는 사람들을 어떻게 도울 수 있는지 질문을 던진다. 마지막 장 "선택의 여신은 죽었다"에서는 개인 영역에서 사회 영역으로 이동하여 어떻게 몸/인격 이원론이 우리의 가장 친밀한 관계, 특히 결혼과 가정을 파괴하여 사람들을 외로움과 고립감에 빠뜨리고 있는지 살펴본다.

• • •

우리는 윤리적 황무지에 살고 있다. 거기서 사람들은 생명과 성에 대한 쉽지 않은 질문들에 간절히 답을 구하고 있다. 하지만 희망이 있다. 우리는 황무지에서 동산을 가꿀 수 있다. 생명을 긍정하는 긍정적인 인간관을 표현하는, 현실에 기초한 윤리, 곧 세속 세계관보다 훨씬 더 감동적이고 호소력 있고 해방을 주는 윤리를 찾을 수 있다. 이제 1장에서부터 그 방법을 찾아보자.

1.
나는 내가 싫다

인간 신체의 성쇠

조는 만사가 잘 풀리고 있는 듯했다. 똑똑하고 우수한 홈스쿨 학생인 조는 고등학교 2학년 때 두 군데 아이비리그 대학에서 전액 장학금 입학을 제안받았다.

그런데 어느 날 갑자기 조가 가출했다.

두렵고 슬퍼서 어쩔 줄 몰라 하던 부모는 스물두 살 대학생―이름은 홀리라고 해두자―이 조를 유혹했다는 사실을 알게 되었다. 홀리는 근처에 있는 복음주의 기독교 대학에 다니고 있었다. 둘은 홀리가 가르치던 기독교 홈스쿨 단체에서 만났다고 했다. 이들이 사는 주에서 성관계를 합법적으로 승낙하는 연령이 만 18세였으므로, 둘의 관계는 불법이었다. 소송당할까 염려한 홀리가 조를 설득하여 성관계 승낙 연령이 더 낮은 다른 주로 도망친 것이었다.

네 몸을 사랑하라

조의 부모는 상대를 고발하지 않기로 했지만, 법정 강간, 미성년자와의 성행위, 미성년자 유괴, 아동과 함께 일하는 사람이나 교직원의 아동 성범죄 등의 성범죄가 적용될 수 있었다(법에서 "아동"은 미성년자를 의미한다).

조는 동정심을 얻(고 정부의 혜택을 받)으려고 집에서 쫓겨났다고 주장했다. 가족의 여러 지인이 조의 말을 믿는 바람에, 조의 부모는 지인들과 관계가 끊어졌을 뿐 아니라, 딸을 잃는 가슴 아픈 일을 겪게 되었다.

홀리는 몇 달에 걸쳐 설득한 끝에 조를 데리고 멀리 이사했는데, 조를 버리고 다른 여자들을 사귀기 시작했다. 요즘 홀리는 유명 아이비리그 대학에서 젠더와 성적 지향성을 연구하는 박사 학위를 마무리하고 있다. 조는 혼란과 우울에 빠진 채 커피숍에서 아르바이트를 하고 있다. 성 혁명의 피해자.[1]

이 시대에 생명과 성이라는 주제는 단순히 이론에 그치지 않고, 사실상 모든 사람에게 개인적으로 영향을 미친다. 오늘날 세속의 도덕 혁명에 효과적으로 대응하려면, 그 혁명을 추동하는 배후의 세계관을 파헤쳐야 한다. 우리는 서론에서 세속 도덕성을 지지하는 세계관이 몸과 인격을 분리하는 파편화된 이원론임을 알게 되었다. 당신이 이 이층적 분열을 이해한다면, 낙태와 조력 자살, 동성애, 성전환, 훅업 문화라는 성적 혼동의 중심에 있는 사람됨을 말살하는 세계관을 폭로하는 도구를 갖추게 될 것이다.

이 장에서는 가장 두드러진 윤리 이슈들을 개관함으로써 이층적 세계관을 더 자세히 살펴보려 한다. 그런 다음, 이후의 장에서는 각 주제를 상세하게 분석하고 가장 흔히 제기하는 반론들에 대답할 예정이다. 세속 세계관과 대조적으로, 성경적 윤리는 인간의 권리와 존엄을 지지하는 온전한 인간관을 확인해 준다는 점이 분명해질 것이다.

인간으로 태어난 것만으로는 부족하다

우리는 예시를 통해 몸/인격 이분법을 가장 잘 이해할 수 있다. 두어 해 전, 미란다 소여(Miranda Sawyer)라는 영국 방송인이 글을 한 편 썼다. 자신을 자유주의 페미니스트라고 소개한 그는 그 글에서 자신은 항상 낙태 합법화를 찬성했다고 밝혔다.

자신이 임신하기 전까지는 말이다.

임신하고 나서부터 갈등이 시작되었다. "나는 아이를 원했기 때문에 내 안에 있는 생명을 아기라고 불렀다. 하지만 임신하지 않았다면, 얼마든지 죽일 수 있는 단순한 세포 집단으로 생각했을 것이다.……그건 내가 보기에 비합리적이었다. 심지어 비도덕적이라는 생각까지 들었다."[2] 자궁 속 아기는 누군가 원하는 사람이 있지 않은 한, 인간 자격이 없다.

소여는 현실의 벽에 부딪혔고, 현실은 자신의 이념에 맞지 않았다. 그래서 이 주제를 연구하기 시작했고, 다큐멘터리까지 제작했다. 결국 그녀는 다음과 같은 결론에 도달했다. "결국에는, 수정 단계에서 생명이 시작된다는 데 동의할 수밖에 없다. 맞다. 낙태는 그 생명을 끝내는 것이다." 그러고 나서 이렇게 덧붙였다. "하지만 어쩌면 생명이라는 사실은 중요하지 않다. 중요한 것은, 그 생명이 인격이 될 수 있을 정도로 충분히 자랐느냐의 여부다."[3]

도대체 인간 존재의 개념에 무슨 일이 벌어진 것인가? 인간 존재가 둘로 나뉘었다. 어떤 아기가 수정 단계에는 **인간 생명**이지만 나중의 어떤 시점까지 **인격**이 아니라면, 확실히 이 둘은 다른 종류다.

이것은 철저하게 파편화된 이분법적 인간관이다.

물론 일반 대화에서는 **인간**(human being)이라는 단어를 **인격**(person)과 동일한 의미로 사용한다. 1973년 대법원의 로 대 웨이드(Roe v. Wade) 낙태 결정으로 두 용어가 갈라졌다. 이 판결은 자궁 속 아기가 인간이기는 해도 미국 연방 헌법 수정 제14조 하에서는 인격이 아니라고 판단했다.

따라서 우리에게는 개인에 대한 새로운 범주가 생겼다. 인격이 아닌 인간.

이 현대의 이분법을 그리기 위해 한 건물에 두 층이 있는 쉐퍼의 이미지를 적용할 수 있다(서론을 보라). 초기 단계 태아는 하층부에 있다. 여기서 태아는 과학의 실증적 방법으로 인식할 수 있는 생물학적 기관이라는 의미에서 수정 단계에서부터 인간으로 인정받는다. 하지만 어떤 도덕적 지위가 있다거나 법적 보호를 보장한다고 생각되지는 않는다. 나중에, 정의하기 힘든 어떤 시점이 되면 상층부로 뛰어 올라가 인격이 되는데, 이 인격은 전형적으로 인지 기능과 의식, 자기 인식이라는 특정 차원의 측면에서 정의된다. 그제야 비로소 태아는 도덕적·법적 지위를 얻는다.

이를 사람됨 이론(personhood theory)라고 하는데, 이것은 사실/가치 분리가 실제로 드러난 결과다. 생물학적 인간이 되는 것은 과학적 **사실**이지만, 인격이 되는 것은 우리가 **가치** 있게 여기는 것으로 정의되는 윤리적 개념이다.

낙태는 사람됨 이론에 근거한다

인격
윤리적·법적 지위가 있다

몸
소모되는 생물학적 기관

이 이층적 관점이 함의하는 바는 단순히 인간이 되는 것만으로는 권리를 갖출 자격이 충분하지 않다는 것이다. 소여의 말대로 "**생명이라는 사실**은 중요하지 않다." 인간 생명 자체는 아무 가치가 없다고 생각되고, 우리가 생명을 어떻게 다루는지에는 윤리적 의미가 따르지 않는다.

물론 낙태 결정을 내리는 개인이 이런 철학적 함의들을 의식적으로 생각하고 있지는 않을 것이다. 어떤 사람은 내게 자신은 낙태를 지지하지만, 아기를 소중하게 여긴다고 말해 주었다. 하지만 우리가 의도하든 의도하지 않든, 어떤 행동에는 그 나름의 논리가 있기 마련이다.

낙태를 찬성하는 사람은 생명 초기 단계의 태어나지 않은 아기는 거의 가치가 없기에 아무런 윤리적 결과가 따르지 않고도 무슨 이유로든—혹은 아무 이유 없이도—죽일 수 있다고 암암리에 말하고 있는 셈이다. 당신이 어떻게 느끼든, **그것은** 생명에 대한 매우 저급한 관점이다. 그렇다면 순전히 논리에 따라, 시간이 지나 어느 때에 이르면 아기가 인격이 된다고 말해야 한다. 그때가 되면 인간에게 굉장한 가치가 부여되기 때문에 사람을 죽이면 범죄가 된다.

그 함의는 이렇다. 태아가 인격이 아니라 인간이 되는 한에는, 얼마든지 폐기할 수 있는 물건에 불과하다. 목재나 곡식 같은 천연자원에 불과한 것이다. 태아는 연구와 실험 대상이 될 수 있다. 유전자를 조작하여 장기를 생산하고는 여타 의학 폐기물과 함께 폐기한다.

그렇다면 낙태의 핵심에는 사람됨 이론, 곧 인간에 대한 이층적 관점이라는 전제가 자리하고 있다. 이 이론은 살아 있는 인간의 몸에는 아무 가치가 없다고 보고, 지성이나 의식에 모든 가치를 부여한다.[4]

따라서 사람됨 이론은 인간 신체에 대한 매우 저급한 관점을 전제하는데, 이는 모든 인간을 궁극적으로 비인간화한다. 우리 몸에 내재된 가치가 없다면 우리 정체성의 핵심 부분이 평가절하되기 때문이다. 우리는 이와 같은 몸/인격 이분법과 몸에 대한 폄하가 안락사와 성적 취향, 동성애, 성전환을 비롯한 수많은 윤리 문제들에 대한 세속적 관점을 추동하는 무언의 가정임을 발견할 것이다.

자연 '해석'

이층적 이원론을 이해하려면 그 이론의 기원과 발전 과정에 대해 질문해야 한다. 우선, **이원론**이란 단어는 무슨 뜻인가? 한편으로, 이원론이란 실재가 한 종류가 아니라 두 종류의 실체로 구성된다는 간단한 주장이다. 그런 전통적 의미에서, 몸과 영혼, 물질과 혼이 존재한다고 주장하는 기독교는 이원적이다. 이 두 실체는 서로 교류하지만, 어느 하나도 다른 하나로 축소될 수 없다. 오늘날에는 영적 영역이라는 실재를 보호하는 것이 중요한데, 물질주의 철학(물질계 너머에는

아무것도 없다는 주장)이 학계를 지배하고 있기 때문이다.[5]

그러나 기독교는 몸과 영혼이 다 같이 통합된 연합체를 형성한다고 주장한다. 인간은 구체적인 형체를 갖춘 영혼이다(이 장 마지막에서 더 자세히 살펴볼 것이다). 반대로, 사람됨 이론은 마치 몸과 인격이 별도의 두 개체인데 그냥 붙어만 있다는 듯이 둘을 **대치시키는** 이층적 이원론을 수반한다. 그 결과, 이 이론은 몸을 인격과 관계없는 것, 순전히 실용적 목적에 사용될 수 있는 열등한 것으로 격하한다.

어떻게 해서 몸에 대한 이런 부정적 관점이 발달하게 되었는가?

몸은 자연의 일부이기에, 그 답은 사람들이 자연에 대해 생각하는 방식에 들어 있다. 오랫동안 서양 문화에는 자연을 하나님의 목적을 반영하는 그분의 작품으로 간주하는 기독교 유산이 스며들었다. 교부들의 표현대로, 하나님의 계시는 우리에게 "두 책", 곧 하나님의 말씀(성경)이라는 책과 하나님의 세상(창조세계)이라는 책으로 주어진다.[6] 자연은 하나님의 목적을 표현하고, 그분의 성품을 드러낸다. 시편 기자는 "하늘이 하나님의 영광을 선포하고 궁창이 그의 손으로 하신 일을 나타내는도다"라고 쓴다(시 19:1). 사도 바울도 로마서에서 창조세계가 하나님을 증거한다고 말한다. "창세로부터 그의 보이지 아니하는 것들 곧 그의 영원하신 능력과 신성이 그가 만드신 만물에 분명히 보여 알려졌나니 그러므로 그들이 핑계하지 못할지니라"(롬 1:20).

다시 말해, 죄 때문에 타락하고 망가졌지만 세상은 여전히 창조주를 드러낸다. 우리는 창조세계에서 하나님의 존재와 목적들을 드러내는 표지를 '읽을' 수 있다. 이를 목적론적(teleological) 자연관이라고 하는데, 이 말은 목적이나 목표를 뜻하는 헬라어 '텔로스'(telos)에서 왔다. 모든 생명체에는 확실히 목적이 있다. 눈은 보기 위해, 귀는 듣기 위해, 지느러미는 헤엄치기 위해, 날개는 날기 위해 존재한다. 기관의 각 부분은 절묘하게 나머지 부분에 들어맞으며, 모든 부분이 전체의 목적을 달성하기 위해 목표 지향적으로 교류한다. 이런 통합된 구조가 설계, 곧 계획과 의지와 의도의 특징이다.

오늘날에도 생물학자들은 목적론의 언어를 피할 수 없는데, 다만 "훌륭한 기술 설계" 같은 문구로 대체할 때가 많다.[7] 과학자들은 눈의 목적을 충족하는 눈이 훌륭한 눈이라고 말한다. 날개는 날개의 의도된 기능을 다할 때 좋은 날개다.

하지만 전자 현미경을 발명하고 나서야 비로소 가장 인상적인 기술의 예를 눈으로 확인할 수 있게 되었다. (단백질 같은) 세포 내부의 각 나노 기기에는 각자 독특한 기능이 있다. 연구원은 마치 자기 손에 어떤 장치가 있고 그것을 설계한 과정을 재건할 수 있는 양 이른바 '역설계'(reverse engineering) 실험을 한다.

하지만 설계의 명백한 증거는 세포의 핵, 곧 핵의 명령과 통제 센터에 있다. 디엔에이(DNA) 분자는 막대한 양의 정보를 저장한다. 유전학자들은 디엔에이를 유전 정보의 "장서들"을 보관하는 "데이터베이스"라고 말한다. 이들은 아르엔에이(RNA)가 뉴클레오티드라는 네 글자 언어를 단백질이라는 스무 글자 언어로 "해석하는" 방식을 분석한다. 생명의 기원에 대한 탐구는 생물학 정보의 기원에 대한 탐구로 재구성되었다.

정보는 지성, 곧 의도나 계획, 목적이 가능한 행위자의 존재를 암시한다. 최신 과학 증거는 신약성경이 옳았다고 시사한다. "태초에 말씀이 계시니라"(요 1:1). '말씀'으로 번역된 단어는 헬라어로 '로고스'(*logos*)인데, 이 단어는 이성이나 지성, 정보를 의미하기도 한다.

하지만 과학자들은 생명체뿐 아니라 물리적 우주에서도 목적론의 증거를 발견했다. 이들은 우주의 근본 물리 상수가 생명을 유지하기 위해 절묘하게 작용하는 것을 발견했다. 하버드의 천체물리학자 하워드 스미스(Howard Smith)는 "우주의 법칙은 네 가지 기본 힘, 빛의 속도, 플랑크 상수, 전자나 양성자의 질량 같은 기수(基數)를 포함한다.······ 이런 값이 아주 조금이라도 달라지면, 우리는 여기 없을 것이다.······ 지적 생명체는 말할 것도 없고, 생명 자체가 존재할 수 없다"라고 쓴다.

이것을 미세 조정 문제라고 하는데, 이는 물리계조차 설계의 특징을 드러낸다는 뜻이다. 스미스가 쓴 논문의 부제는 다음과 같다. "자신도 모르는 사이, 과학자들은 목적론적 우주관에 끌리고 있다."[8]

어떻게 인간이 되는가

자연이 목적론적이고 인간의 몸이 자연의 일부라면, 인간의 몸도 마찬가지로 목적론적이다. 인간의 몸에는 날 때부터 내재된 목적이 있는데, 그 목적의 일부는 도덕률로 표현된다. 우리는 다른 사람들이 그들의 목적을 충족할 수 있게 돕는 방식으로 사람들을 대해야 할 도덕적 의무가 있다. 이는 성경 윤리가 임의적이지 않은 이유를 설명해 준다. 도덕률은 인간을 위한 하나님의 원래 목적을 충족해 주기 위한 안내서, 하나님이 의도하신 종류의 사람이 되기 위한 취급 설명서, 인간의 '텔로스'에 도달하기 위한 로드맵이다. 이것을 때로는 자연법 윤리라고 부르는데, 그 윤리가 우리의 진정한 본성을 어떻게 채울 수 있는지, 어떻게 온전한 인간이 되는지를 말해 주기 때문이다.

이런 목표 지향적 관점에는 몸과 인격의 이분법이 없다. 둘은 통합된 정신-신체의 연합체를 형성한다. 우리는 몸을 우리 삶을 향한 하나님의 목적이 계시된 것으로 소중히 여기고 존중한다. 몸은 "하나님의 영광을 선포하는" 창조 질서의 일부다.

이 말은 우리 몸의 신체 구조가 개인 정체성의 단서를 드러낸다는 뜻이다. 몸이 기능하는 방식이 우리가 내리는 도덕적 결정의 이성적 근거를 제공한다. 앞으로 살펴보겠지만, 그래서 기독교 윤리는 낙태(생명이 언제 시작되느냐에 대한 과학적 사실들)든 성 문제(성 분화와 유성생식에 대한 사실들)든 늘 생물학의 사실을 고려한다. 기독교 윤리학은 자연과 몸의 목적론을 존중한다.

의미 없는 물질

이런 목적론적 자연관이 왜 변했을까? 서양은 목적론적 자연관의 몸에 대한 긍정적 관점을 어떻게 해서 잃어버렸는가?

근대에서 가장 중요한 전환점은 1859년에 출판된 찰스 다윈(Charles Darwin)의 진화론이었다. (앞으로 살펴보겠듯이, 다윈 이전에도 다른 인물들이 있었지만, 그가 오늘날 가장 큰 영향력을 미쳤다.) 다윈은 자연이 설계된 것처럼 보이는 것을 부인할 수 없었다. 하지만 물질주의 철학을 받아들인 그는 그 모습을 환상으로 축소하기 원했다. 그는 살아 있는 구조들이 목적론적으로 **보이지만**, 실상은 목적 없는 맹목적 힘의 결과임을 보여주려 했다. 의도(의지, 계획, 지성)의 산물로 **보이지만**, 실상은 목적 없는 물질적 과정의 산물이라는 것이다. 그의 이론에서 주요한 두 요소—불규칙 변이와 자연선택—는 확실히 계획이나 목적을 제거하기 위한 것이었다.

역사학자 자크 바전(Jacques Barzun)이 강조하듯이, "이처럼 목적을 부정하는 것이 다윈의 독특한 주장이다."[9] 동물학자 리처드 도킨스(Richard Dawkins)는 이에 동의한다. "다윈이 발견한 자연선택, 곧 맹목적이고 무의식적이며 자동적인 과정은……목적을 염두에 두지 않는다."[10]

사상계의 리히터 진도로 치면, 다윈의 이론은 9.0을 뛰어넘는 강진을 불러왔다. 그 지진파는 과학에 국한되지 않았다. 도덕 사상에도 막대한 여진을 남겼다. 자연이 하나님의 작품이 아니라면—하나님의 선한 목적들을 담고 있는 표지가 아니라면—더는 도덕적 진리의 근거를 제공할 수 없기 때문이다. 자연은 맹목적인 물질의 힘으로 돌아가는 기계에 불과했다. 가톨릭 철학자 찰스 테일러(Charles Taylor)는 "더는 우주를 우리를 위해 선을 정의해 줄 수 있는 유의미한 질서의 구체화된 형태로 보지 않는다"라고 설명한다.[11]

논리상 그다음 단계가 결정적이다. **하나님의** 뜻을 드러내지 않는 자연은 도덕적으로 중립 영역이 되어 인간이 거기에 **자신들의** 뜻을 부여하게 된다. 자연에는 인간이 도덕적으로 존중해야 할 것이 아무것도 없다. 자연은 가치 중립적 사실의 영역이기에 인간이 선택한 어떤 가치에도 봉사할 수 있다.

인간의 몸도 자연의 일부이기에, 인간도 자율적 자아의 의지에 복종하는 도덕 관념이 없는 기계 장치 수준으로 강등된다. 인간 몸에 하나님이 만드신 고유한 목적이 없다면, 인간의 목적만이 중요해진다. 몸은 한 줌의 물질, 곧 원자와 분자의 집합체로 축소되어 다른 우연한 물질의 배치와 별 다를 바가 없다. 여타 천연자원과 마찬가지로 인간의 어젠다에 봉사하는, 조종하고 통제할 수 있는 물질에 불과하다.[12]

우리는 물질이 전부라고 주장하는 물질주의를 물질계에 큰 가치를 부여하는 철학으로 생각하는 경향이 있다. 하지만 아이러니하게도, 실제로는 물질계에 별로 가치를 두지 않아서 고차원의 목적이나 의미가 없는 움직이는 입자로 여길 뿐이다.

일회용 인간

이것이 낙태를 뒷받침하는 논리를 어떻게 설명해 주는지 보이는가? 과거의 낙태 옹호자들은 전형적으로 태아가 인간이 아니라고 주장했다. **태아는 아주 작은 조직, 잠재적 생명, 세포의 집합체에 불과하다.** 그 결과, 많은 생명우선 논리들은 태아가 인간 생명임을 증명하는 데 집중했다. 하지만 오늘날에는 유전학과 디엔에이의 발전으로 사실상 모든 생명 윤리학자가 수정과 동시에 생명이 시작된다는 데 동의한다. 배아에는 완벽하게 갖추어진 염색체와 디엔에이 세트가 들어 있다. 배아는 수태 때부터 끊기지 않고 연속해서 내부적으로 발달 가능한, 완벽하고 온전한 개체다.

왜 이것이 낙태가 도덕적으로 옳지 않다는 결정적 증거가 될 수 없는가? 사람됨 이론에 따르면, 인간을 생물학적 유기체로 이야기할 때 우리는 과학 영역(하층부)에 있기 때문이다. 거기서 생명은 고유한 목적이나 존엄성이 없는 단순한 기계 장치로 축소되었다. 인간의 생명은 우리가 거기서 얻을 수 있는 실용적 혜택을 위해 얼마든지 사용할 수 있는 물질로 평가절하되었다. 그 결과, 배아를 생물학적

인간으로 인지하는 생명 윤리학자들조차 배아에 도덕적 지위가 있다거나 배아를 법적으로 보호해야 한다는 결론을 내릴 필요가 없게 된다. 오히려 배아를 연구나 실험에 사용하고 나서는 다른 의학 폐기물과 버릴 수 있는 단순한 물질로 다룬다.

이층적 세계관에서는 인류의 일원이 되는 것만으로는 인격체의 자격이 부족하다. 모태의 아기는 일정 수준의 인지 능력, 곧 의식과 자각, 자율성 등의 능력을 달성하여 사람됨의 지위를 **습득해야** 한다.

사람됨 이론은 낙태에 대한 대부분의 논란 배후에 있는 전제다. 예를 들어, 존 케리(John Kerry)가 2004년 미국 대통령 선거에 입후보했을 때 "수태 때 생명이 시작된다"는 데 동의하여 대중을 놀라게 했다. 그런데 어떻게 낙태를 지지할 수 있었을까? 그가 피터 제닝스(Peter Jennings)와의 인터뷰에서 설명했듯이, 태아는 "우리가 판단한 관점에서 사람됨을 갖춘 생명의 형태가 아니기" 때문이다.[13]

사람됨 이론을 채택한 생명 윤리학자들은 그것이 과학적이라고 주장할 때가 많지만, 이 이론에는 과학적 근거가 없다. 확실히, 아무 권리가 없는 단순한 인간 유기체가 불가침의 생명권을 지닌 인격이 되려면 극적인 변화가 필요할 것이다. 하지만 그런 변화를 입증할 만한 과학적 증거는 없다. 경험적으로 발견할 수 있을 만한 극적 전환점이 없다. 배아의 발달은 지속적인 과정이라서, 초기부터 신체에 내재한 잠재력이 점진적으로 펼쳐진다. 사람됨에 대한 이층적 개념은 경험적이지도, 과학적이지도 않다.

실제로 과학적 증거는 인간을 수태 때부터 일관성 있는 전체로 보는 목적론적 관점을 뒷받침한다. 기독교 세계관에서 모든 인간은 인격이다. 이 둘은 떼려야 뗄 수 없다. 이런 관점은 인간 생명에 대한 철저한 평가절하를 피하게 해준다. 몸은 아주 초기 단계부터 인간의 '텔로스'에 관여하기 때문에 인간의 목적과 존엄성을 공유한다. (낙태에 대해서는 2장에서 더 자세히 살펴보고 반대 의견에도 답할 것이다.)

인도적 죽음 박사

안락사는 어떤가? 안락사는 이층적 세계관을 어떻게 표현하는가? 미국인이라면 2005년 테리 시아보(Terri Schiavo) 사건을 많이들 기억할 것이다. 젊은 기혼 여성 테리는 심장마비를 겪고 몇몇 의사들에게 식물인간 선고를 받았다. 테리의 남편은 물과 음식 공급을 중단하기 원했다. 하지만 테리를 돌보던 생물학적 가족들은 진단에 이의를 제기했다. 이들은 테리가 의사소통하려는 노력에 반응했다고 주장하는 의료 전문가들 편에 섰다. 미국 대법원까지 개입한 널리 알려진 일련의 법정 소송 끝에 물과 음식 공급은 중단되었고, 그녀는 탈수와 기아로 서서히 죽음에 이르렀다.

대중매체는 테리의 이야기를 죽을 수 있는 권리에 대한 소송으로 전했다. 하지만 테리는 죽음을 기다리고 있지 않았다. 불치병에 걸리지 않았다. 따라서 실제로는 죽을 수 있는 권리가 논란의 핵심이 아니었다. 핵심은 사람됨 이론이었다. 디스커버리 인스티튜트(Discovery Institute)의 웨슬리 스미스(Wesley Smith)는 텔레비전 토론에서 플로리다 대학교의 한 생명 윤리학자에게 이렇게 질문했다. "테리 씨가 인격체라고 생각하십니까?"

그 생명 윤리학자는 "아닙니다"라고 대답했다. "인지력이 사람됨의 가장 중요한 기준이라고 생각합니다."[14]

테리의 법정 공방을 둘러싼 정치 관계를 어떻게 생각하든, 이런 논란은 그 세계관의 의미를 여실히 보여준다. 사람됨 이론에 따르면, 정신 질환이 있는 사람은 임의로 규정된 일정 수준의 신피질 기능을 하지 못하기 때문에 더는 인격체가 아니다. 물론 여전히 사람이기는 하지만 말이다.

테리에게 음식 공급을 중단해야 한다고 주장한 사람 중에는 자칭 "인도적 죽음 박사" 신경학자 로널드 크랜포드(Ronald Cranford)도 있었다. 크랜포드는 안락사 홍보 대사로 유명한데, 의식이 있고 거동이 조금 불편한 장애인에게도 안락사를 권유할 정도다. 캘리포니아주의 어느 소송에서는, 로버트 웬들랜드(Robert Wendland)라는 남자가 교통사고로 뇌를 다쳤다. 그는 색판으로 하는 논리 테스트를 통과하고, 예/아니오를 묻는 질문에 단추를 눌러 대답하고, 유명 물리학자 스티븐 호킹(Stephen Hawking)처럼 전기 휠체어를 타고 병원 복도를 다닐 수도 있었다. 그런데도 크랜포드는 웬들랜드가 인격체가 아니기 때문에 음식 공급을 끊어야 한다고 법정에서 주장했다.[15]

몸/인격 이분법에 따르면, 생물학적으로 인류의 일원이 되는 것(하층부)만으로는 도덕적으로 충분하지 않다. 개인은 결정을 내리고 자기를 인식하고 미래를 계획하는 능력(상층부) 같은 추가 기준을 충족하여 인격체의 지위를 **습득해야** 한다. 이런 추가 조건에 합당한 사람만이 인격체의 자격이 있다.

이에 도달하지 못한 사람들은 비인격체로 격하되고, 비인격체는 단순한 몸뚱이에 불과하다. 얼마든지 폐기할 수 있는 물질, 연구에 사용하거나 장기를 만드는 등 순전히 실용적 목적으로 사용되고 비용 편익 분석에만 필요한 천연자원인 것이다.

낙태와 마찬가지로, 우리는 개인이 이에 대해 어떻게 느끼는지와는 상관없이 이런 행위 자체가 함의하는 논리에 대해 이야기하고 있다. 당신은 고통받는 환자가 삶을 마감하게 도와주어 동정을 표하고 싶을지도 모른다. 하지만 그런 행동은 사람됨을 말살하는 이층적 세계관, 곧 인간에게는 권리가 없고 인격체에만 권리가 있다는 생각을 반영한다. 죽음의 문화에 맞서는 유일한 방법은 모든 인간은 인격체라는 사실을 수용하는 것이다. 아무도 예외가 없다. (안락사와 조력 자살에 대해서는 3장에서 자세히 살펴볼 것이다.)

쉽게 사귀고 쉽게 헤어지는 문화

성은 어떤가? 놀랍게도, 성에 대한 세속 관점도 똑같은 몸/인격 이원론을 드러낸다.

낙태와 안락사에서 보았듯이, 이층적 세계관에서 **몸**과 **인격**이 분리된다면, 몸으로 하는 모든 성적 행동은 전체 인격과는 아무 상관이 없다. 성행위는 사랑과는 분리된 별도의 순전한 신체 행위에 지나지 않는다.

실제로 성적 매력을 중시하는 우리 문화에서는 이 둘을 분리하라고 사람들에게 권한다. 「세븐틴」(*Seventeen*) 잡지는 십대 소녀들에게 "마음을 숨겨두지" 않으면 남자들이 "지루하고 끈덕진" 사람으로 볼 수 있다고 경고한다. 「코스모」(*Cosmo*)도 여성들에게 "성관계 후에 남자를 감탄시키려면" 집까지 태워다 달라고 부탁하라고 충고한다. (관계가 지속하기를 바라면서 주변을 배회하려는 의도가 없다는 점을 분명히 하라는 것이다.)

웬디 샬릿(Wendy Shalit)은 『점잖은 숙녀』(Girls Gone Mild)라는 책에 이런 사례들을 모았다.[16] 샬릿은 자신의 웹사이트에 독자들이 보내온 편지를 올리는데, 그중에는 매우 슬픈 사연도 있다. 내가 웹사이트에 들어간 날에는 열여섯 살 아만다가 보낸 편지가 있었다. 아만다는 일반적인 고등학교에서는 "자신의 성적 취향에서 초연할수록 더 쿨하다"라며 한탄했다. 아만다는 어른들―교사, 책, 잡지, 학부모―조차 십대들에게 성적 취향이 별거 아니라는 태도를 취하라고 촉구할 때가 많다고 덧붙였다.

이 점을 증명하기라도 하듯이, 샬릿의 책에 대한 비평들은 실제로 사랑 없는 성관계를 옹호했다. 「워싱턴 포스트」(Washington Post)는 십대 소녀들이 사랑과 성을 "하나로 생각하지 않는" 편이 건전하다고 제안했다. 「네이션」(Nation)지는 "섹스는 왜 거기에 딸린 사랑이라는 영원한 보증을 받아야 하는가?"라고 도전적인 질문을 던졌다.[17] 몸이 전 인격에 아무 의미가 없는 단순히 쾌락에 자극을 받는 물질에 불과하다면, 정말 그럴 이유가 없지 않을까?

성에 대한 이런 암울한 관점을 어린아이들에게도 주입하고 있다. 성교육에 널리 사용되는 어린이 텔레비전 워크숍(Children's Television Workshop)의 한 비디오에서는 성관계를 단순히 "두 성인이 서로 쾌락을 주기 위해 하는 일"로 정의한다.[18] 결혼이나 가족은커녕 사랑이나 헌신조차 조금도 언급하지 않는다. 성에는 얄팍한 감각적 만족보다 더 풍성한 목적이 있다는 암시는 어디에도 없다.

이것은 성을 전 인격과 단절하는 것이다. 성을 자율적이고 단절된 개인 사이의 신체 서비스 교환 정도로 보는 것이다. 우리는 성적 쾌락주의가 순전한 신체적 차원에 지나치게 큰 가치를 둔다고 생각하는 경향이 있다. 하지만 실제로는 몸에서 도덕적이고 인격적인 중요성을 제거하고 별 가치를 두지 않는다.

훅업 문화에서는 연인을 "섹스 파트너"(friends with benefits)로 언급한다. 하지만 이것은 완곡어법에 지나지 않는데, 두 사람은 실제로는 친구 사이도 아니기 때문이다. 만나서 대화만 하거나 함께 시간을 보내는 일은 절대 없는 것이 불문율이다. 「뉴욕 타임스」(*New York Times*) 기사는 "순전히 성관계로만 만나라. 그래야 사람들이 잘못된 기대를 하지 않고 아무도 상처받지 않는다"라고 설명한다.[19]

하지만 실제로는 상처를 받는 사람들이 생긴다. 같은 기사에, 훅업 파트너와 방금 "깨져서" 매우 우울한 멜리사라는 십대의 사연이 실렸다. 세속 철학이 뭐라고 말하든 간에, 사람들은 자신이 몸으로 하는 일과 감정을 분리하기 어렵다.

성경적 세계관에서 성은 인간의 전 인격과 통합되어 있다. 가장 완전하고 친밀한 **신체의** 연합이 결혼이라는 가장 완전하고 친밀한 **인격의** 연합을 표현하기 마련이다. 성경 윤리는 목적론적이다. 즉 성의 목적은 결혼이라는 한 몸 언약의 결합을 표현하는 것이다.

젊은이들에게 피임약을 나눠 주는 것이 그들을 사랑하는 방법이 아니다. 그것은 비인격적이고 궁극적으로는 만족스럽지 못한 성관계를 공모하는 길에 불과하다. 그들에게 성에 대한 고차원적 관점을 심어 주는 것이야말로 그보다 훨씬 더 큰 사랑이다. 몸과 인격을 재결합함으로써 그들은 치유와 인격의 통합을 깊이 있게 경험할 수 있다. (성에 대해서는 4장에서 더 깊이 있게 살펴볼 것이다.)

갈등하는 동성

동성애는 어떤가? 교회에 다니는 젊은이들조차 성경 교사들이 동성애를 도덕적으로 잘못되었다고 말하는 이유를 이해하지 못하는 경우가 많다. 세속 접근법이 인간에 대한 분열된 관점, 곧 몸을 경시하는 관점에 기초한다는 점을 깨달으면 더 이해가 된다.

대부분은 동성애 욕구가 유전이라고 가정한다. 확실히 우리가 자신의 성적 취향을 선택하지는 않는다. 그것은 우리의 의도와 상관없이 찾아오고, 자연스럽게 느껴진다. 하지만 여러 연구에도 불구하고, 과학자들은 유전적 요인에 대한 확실한 증거를 찾지 못했다.

오히려 연구 결과들은 성욕과 신체의 연관성을 보여준다. 예를 들어, 과학자들은 자기공명영상(magnetic resonance imaging, MRI)을 사용하여 어떤 남성들의 뇌가 여성의 사진에 반응하는 반면, 다른 남성들은 남성의 사진에 반응하는 것을 발견했다. 하지만 인간의 뇌는 두려움과 사랑, 심지어 종교 체험에도 반응한다. 이것은 당연하다. 인간은 통합된 존재이기 때문이다. 감정이 신체와 연관성이 있다는 것을 알면 우리가 다른 사람들을 좀 더 너그럽게 이해하는 데 도움이 될 수 있다. 하지만 그렇다고 해서 무엇이 옳거나 그른지, 도덕적이거나 비도덕적인지 알려 주지는 않는다.

동성애 성향의 원인이 무엇이든 간에, 우리가 그에 따라 행동할 때는 이층적 분열을 암암리에 받아들이는 셈이다. 이렇게 생각해 보자. 생물학적으로, 생리학적으로, 염색체상으로, 해부학상으로 남성과 여성은 서로 대응한다. 인간의 성과 재생산 체제가 그렇게 설계되었다. 성공회 신학자 올리버 오도노반은 이렇게 쓴다. "남성의 몸은 여성의 몸과 사랑으로 결합하도록 구조화된 몸이고, 그 반대도 마찬가지다."[20] 인간 신체에는 내재된 '텔로스' 혹은 목적이 있다.

그렇다면 동성애 행위는 암묵적으로 이렇게 말하는 것과 같다. 왜 내 신체가 내 정신적 정체성에 영향을 미쳐야 하는가? 왜 몸의 '텔로스'가 내 도덕적 선택을 좌지우지해야 하는가? 그 함의는 내 성적인 몸(하층부)이 중요하지 않고 내 정신과 감정, 욕구(상층부)만 중요하다는 것이다. 몸은 우리 정체성에 아무런 단서를 주지 않고, 우리가 성적으로 어떤 선택을 해야 하는지 안내하지 않는다고 전제한다. 몸은 하찮고 불필요한 것이다.

이것은 인간의 몸을 전혀 존중하지 않는 관점이다.

모든 실천에는 그에 따른 세계관이 있기 마련이다. 우리가 그 세계관을 인식한다면, 많은 사람들이 사실이 아니거나 매력적이지 않다고 여길 것이다. 따라서 그것을 **인식하는** 것이 중요하다. 동성애 행위에는 우리가 주관적으로 느끼거나 의도하는 바와는 별도로 나름의 논리가 있다. 동성애 정체성을 채택한 사람은 남성이나 여성이라는 자신의 생물학적 정체성과 성적 감정을 분리해야 한다. 인간의 몸을 경시하는 이층적 이원론을 암묵적으로 받아들인다. 따라서 동성애는 인간의 성품을 파편화하고 소외시키는 영향을 미친다.

반대로, 성경 윤리는 몸의 존엄성과 중요성을 중요시하는 견해를 표현한다. 성에 대한 성경적 관점은 단순히 몇몇 성경 구절에 기초하지 않는다. 우리 몸의 물리적 설계에 맞게 살라고 권면하는 목적론적 세계관에 기초한다. 성경 윤리는 몸을 존중함으로써 몸과 인격을 분리하는 이원론을 극복한다. 성경 윤리는 소외감을 치유하고, 통합과 온전함을 가져온다. '통합'(integrity)이라는 단어의 어원은 통합되고 통일된 전체를 뜻한다. 지성과 감정이 신체와 조화를 이룬 상태를 가리킨다. 성경적 관점은 인격의 온전한 통합을 낳는다. 우리의 온전한 정체성에 들어맞는다. (몇몇 실생활의 예와 성경적 관점에 대한 반대에 대한 답변은 5장과 6장에서 살펴보려 한다.)

"내 몸이 나는 아니다"

많은 사람들이 성전환을 지지하는 주장에서 몸에 대한 폄하를 쉽게 찾아볼 수 있다. 성전환자들은 자신이 "잘못된 몸"에 갇혀 있다고 말하곤 한다.

이처럼 신체적 성과 심리적 성이 불일치한다는 인식을 가리켜 성별 불쾌감(gender dysphoria)이라고 한다. 대부분의 사람은 여기에 생화학적 근거, 아마도 호르몬 같은 원인이 있을 것이라고 가정한다. 하지만 오늘날까지도 확실한 과학적 증거는 찾지 못했다. 더 중요한 점은, 성전환을 지지하는 사람들이 스스로 반대로 주장한다는 것이다. 이들은 성 정체성이 생물학에 뿌리를 두고 있다는 것을 **부인한다.** 이들은 젠더가 몸과는 완전히 별개라고 주장한다.

예를 들어, 남성에서 여성으로 성전환한 제시카 사바노(Jessica Savano)는 키가 190센티미터가 넘는 모델 겸 배우인데 "내 몸이 나는 아니다"(I Am Not My Body)라는 제목의 다큐멘터리 제작을 위해 킥스타터 페이지를 만들었다. 제목이 모든 걸 설명해 준다. 사바노는 우리의 핵심 정체성은 자신의 몸과는 철저하게 분리되어 있다고 주장하는 홍보용 비디오를 올렸다. "내 몸이 내가 아니에요. 나는 영적 존재죠."[21]

다시 말해, 진정한 자아는 몸과는 아무 상관이 없다. 진정한 인격은 영과 정신, 의지와 감정에 담겨 있다.

사바노는 그 비디오에 트랜스젠더 영화에서 배역을 얻기 위해 오디션 보는 장면을 담았다. 주어진 대사는 이렇다. "내 성기는 왜 쳐다봐요? 난 **여자**라고요!" 시청자는 사바노가 자신이 가진 남성의 몸에 대해 이야기하면서 여성의 정체성을 주장하는 모순에 본능적으로 충격을 받는다.

이들은 **몸은 중요하지 않다**고 암시한다. 진정한 자아는 몸에 있지 않다. 물질은 중요하지 않다. 개인 내면의 감정이나 자아감이 중요하다.

이 철저한 이분법은 몸이 하층부에 해당한다는 현대 물질주의 관점과 자아는 상층부에 있다는 포스트모던 관점을 수용한다. 몸에는 아무런 목적이나 '텔로스'가 없다고 본다. 우리가 어떤 존재이고 어떻게 살아야 하는지와는 상관없는, 단순히 근육과 뼈, 기관과 세포 같은 물리적 체제의 집합체에 불과하다. 우리의 신체적 특징은 성을 효율적으로 사용하는 올바른 방식에 길잡이가 되지 못한다.

우리 몸에서 성의 의미를 **얻을** 수 없다면, 우리는 몸에 그 의미를 **부여하게** 된다. 성은 사회적 구성이다. 성 정체성은 몸과는 전혀 별개인 포스트모던 개념으로 축소되고 만다.

이 책 6장에서 다룰 성전환을 둘러싸고 여러 오해가 있다. 성별 불쾌감과 간성(intersex)을 혼동한다든지 성 정체성과 사회적 역할을 하나로 보는 경우가 자주 있다. 남자아이에게는 파란색 옷을 입히고 여자아이에게는 분홍색 옷을 입혀야 할까? 남자는 직장에 나가 일하고 여자는 집에서 아이를 키워야 할까? 이런 관습들은 역사적 환경에 따라 다른데, 교회는 사람들에게 고정관념을 비판적이고 창의적으로 생각하도록 격려하는 첫 번째 장소가 되어야 한다.

성전환 운동이 불러온 질문은 훨씬 더 근본적이다. 우리는 남성이나 여성이라는 자신의 기본 생물학적 정체성을 받아들이는가, 거부하는가? 이층적 세계관에서 몸은 상관없는 것, 혹은 심지어 극복해야 할 제약이나 벗어나야 할 제한으로 여겨진다.

이와 대조적으로, 성경적 세계관은 몸에 대한 긍정적 관점을 낳는다. 성경적 세계관은 남성과 여성의 생물학적 대응이 원래 창조의 일부라고 말한다. 성 분화는 하나님이 "심히 좋았더라"—도덕적으로 선하다—라고 하신 선언의 일부인데, 이 말은 그것이 도덕성의 기준을 제공한다는 뜻이다. 우리 몸의 신체 구조에는 우리가 존중해야 할 목적이 있다. 목적론적 도덕률은 생물학적 정체성과 성적 정체성의 조화를 낳는다. 몸/인격은 통합된 성 심리의 연합체다. 물질은 중요하다.

몸에 대한 집착과 거부

서양 사회가 몸을 경시한다는 것은 사실일까? 많은 사람들이 외모와 건강에 지나칠 정도로 큰 가치를 두지 않는가 말이다. 온갖 다이어트와 운동, 보디빌딩, 화장품, 성형수술, 보톡스, 노화 방지 시술 등에 대한 사람들의 집착을 생각해 보라. 이상적 신체의 아름다움을 비현실적으로 표현한 포토샵 이미지가 사방에 넘친다. 어느 기독교 대학교 교수에게서 이런 말을 들은 적이 있다. "내가 보기에는, 사람들이 정반대 방향으로 가는 성향이 있는 것 같다. 사람들은 몸을 우상화하고 있다."

하지만 몸에 집착한다고 해서 우리가 그것을 받아들인다는 뜻은 아니다. 휘튼 칼리지 신학자 베스 펠커 존스(Beth Felker Jones)는 "젊은 몸에 대한 숭배, 대중매체가 만들어 낸 미화된 몸에 대한 숭배는 **진짜** 몸에 대한 혐오를 감추고 있다"라고 쓴다. "문화적 관행은 몸에 대한 혐오감을 표현한다."[22]

심지어 몸을 숭배하는 것도 이층적 이원론의 표현일 수 있다. 운동과 보디빌딩, 다이어트에 대한 집착은 고급 차량 주인이 비싼 차를 광택 내고 정비하는 것과 유사한 태도를 드러내는 것일 수 있다. 철학자들은 그것을 몸의 "도구화"라고 부르는데, 몸을 있는 그대로 가치 있게 여기기보다 우리가 사용하고 통제할 수 있는 도구로 다룬다는 뜻이다.

그렇게 할 때 우리는 몸을 정복 가능한 자연의 일부로 대상화한다. 페미니스트 철학자 수전 보르도(Susan Bordo)는 "몸을 단련하고 탄력 있고 날씬하게 가꾸는 것은……몸에 대한 적대 관계를 조장한다"라고 쓴다.[23] 이런 관행은 몸을 정복하고 억눌러서 궁극적으로는 그 통제에서 벗어나려는 의지를 드러낸다.

급진주의 윤리학자 조셉 플레처(Joseph Fletcher)는 "인간이 된다는 것은…… 생리학에서 해방된다는 뜻이다!"라고 선언했다.[24] 자연을 우리가 극복해야 할 부정적 제약으로 취급한다.

그래서 우리는 출발점으로 돌아간다. 몸에 대한 관점은 자연에 대한 관점에 달려 있다. 우리는 자연을 감사하면서 받아야 할, 창조주가 주신 선한 선물로 보는가? 아니면 통제하고 정복해야 할 부정적 제약으로 보는가? 물론, 그리스도인도 다이어트를 하고 운동도 할 수 있다. 하지만 그 동기는 몸이 하나님이 주신 선물이라는 확신에 근거해야 한다. 우리는 하나님 앞에서 청지기로서의 책임을 갖고 있다. 우리 몸을 소중하게 다루고 존중해야 한다.

성경이 전하는 긍정적 메시지의 신뢰성을 높이려면 말로만이 아니라 행동으로 보여주어야 한다. 인간은 하나님의 형상으로 만들어졌기에 모든 사람을 존엄하게 대해야 한다. 교회는 때로 가혹하고 모욕적인 언사로 자신들이 동의하지 않는 입장을 표현하여, 대중매체가 즐겨 세상에 내보낼 만한 부정적 고정관념을 만들어 냈다. 오랜 세월 기독교는 서양 사회에서 지배적인 세계관이었기에, 안타깝게도 지배 집단에 전형적으로 나타나는 부정적 특징을 일부 습득했다. 예를 들어, 소수 집단의 이야기에 귀를 기울이거나 그들의 반대 의견에 대답하지 않고 윤리적으로 정죄만 하는 식으로 말이다.

오늘날에는 더 이상 이렇게 반응할 수 없다. 하지만 과거에도 그것이 절대 옳거나 필요한 반응은 아니었다. 성경은 어떤 질문에도 확신 있게 대답할 수 있는 지적 자료를 제공해 준다. 그리고 가장 확신 있는 이들이 곧 마음껏 타인을 가장 사랑하고 존중하는 이들이기도 하다.

• • •

소외를 치유하기

세속 윤리 혁명에 대한 성경적 반응은 무엇인가? 이층적 몸/인격 이원론을 정면으로 다루는 것부터 시작해 보자. 2장에서부터는 개별 문제들을 자세히 살펴볼 것이다.

탈인간화와 몸에 대한 파괴적 관점에 갇혀 있는 사람들을 긍휼히 여기는 마음을 표현하는 것에서부터 시작해야 한다. 어느 가톨릭 신학자는 이층적 세계관은 "무엇보다도 **몸에 가하는 공격**"이라고 말한다.[25] 따라서 우리는 몸을 옹호하는 성경적 관점으로 반응해야 한다. 몸과 인격의 소외를 치유할 방법을 찾아야 한다.

그 출발점은 성경적 자연관이다. 성경은 인간의 몸을 포함한 물질계의 진정한 가치와 존엄을 사랑이 많으신 하나님의 작품으로 선포한다. 그래서 성경 윤리는 구체화된 인간의 몸을 크게 강조한다. 인격에 대한 존중은 몸에 대한 존중과 분리할 수 없다.

하나님은 우리를 천사처럼 몸이 없는 영의 존재로 만드실 수도 있었다. 우리가 떠다닐 수 있는 영적 영역을 만드실 수도 있었을 것이다. 하지만 그분은 우리에게 물질로 된 몸을 주시고, 우리가 살아갈 물질적 우주를 만드셨다. 왜일까? 하나님은 물질 영역을 가치 있게 여기시고 우리도 그렇게 여기기를 원하시기 때문이다.

성경은 몸과 영혼을 동전의 양면으로 여긴다. 영혼이라는 내면세계는 몸이라는 외적 세계로 표현된다. 히브리 시의 특징인 병행구가이 점을 잘 강조한다(저자 강조).

"내 **영혼**이 주를 갈망하며 내 **육체**가 주를 앙모하나이다"(시 63:1).

"우리 **영혼**은 진토 속에 파묻히고 우리 **몸**은 땅에 붙었나이다"(시 44:25).

"그것[내 말]을……네 **마음**속에 지키라. 그것은 얻는 자에게 생명이 되며 그의 온 **육체**의 건강이 됨이니라"(잠 4:21-22).

"내가 입을 열지[내 죄를 **회개하지**] 아니할 때에 종일 신음하므로 내 **뼈**가 쇠하였도다"(시 32:3).

어떤 의미에서는 몸이 영혼보다 우위에 있다고 할 수 있다. 몸은 자신의 내면세계를 표현하거나 다른 사람의 내면세계를 알 수 있는 유일한 길이기 때문이다. 몸은 보이지 않는 것을 보이게 만드는 수단이다. 루터교 신학자 길버트 밀랜더(Gilbert Meilander)는 "우리는 몸으로 현현한 영혼의 모습을 제외하고는 이 자유로운 영혼에 도달할 길이 없다. 따라서 살아 있는 몸이 인격적 임재의 중심이다"라고 쓴다.[26]

일상 경험이 이런 전인적인 성경적 관점을 확인해 준다. 우리가 밥을 먹을 때도 "입이 먹는다"라고 하지 않고 "**내가** 먹는다"라고 말하고, 손을 다쳤을 때도 "**내가** 다쳤다"라고 말한다. 인간 존재를 두 층으로 나누는 관점은 우리가 무시할 수 없는 일상 경험에 들어맞지 않는다.

철학자 돈 웰튼(Donn Welton)은 이렇게 요약한다. 성경에서 몸은 "물질적 대상이나 생물물리학 개체로 축소되지 않는다. 몸은 물질계에 속하는 만큼이나 도덕적·영적 우주에 속하기 때문이다." 즉 성경은 몸을 생화학 기계로 축소시키는 하층부로 분리하지 않는다. 오히려 몸은 인격에 본질적인 부분이고, 따라서 궁극적으로는 인격과 함께 구속될 것이다. 이 과정은 이 세상에서부터 시작된다. 웰튼은 계속해서 "결국 신약성경은 몸의 거부를 주장하지 않고, 몸의 구속과 도덕적·영적 계시 장소로의 변화를 주장한다"라고 쓴다.[27]

성경 윤리는 몸으로 구체화한다. 우리는 하나님의 성품을 닮기 위

네 몸을 사랑하라

해 마음과 몸의 행동 모두에서 그분의 형상으로 창조되었다. 분열도, 소외도 없다. 우리는 구체화된 몸을 지닌 존재다.

걸어 다니는 진흙

초대교회 당시에 이런 성경적 관점은 철저하게 반문화적이었다. 마니교와 플라톤주의, 영지주의처럼 세상을 부정하는 철학들이 고대 이교 문화에 스며들어 있었다. 이런 철학들은 하나같이 물질계를 죽음과 파멸과 파괴의 영역, 곧 악의 근원으로 폄하했다. 영지주의는 창조와 타락 두 교리를 하나로 합쳐서, 창조를 영혼이 고차원의 영계에서 부패한 물질계로 떨어지는 일종의 영혼의 타락으로 간주했다.

그래서 프린스턴 역사학자 피터 브라운(Peter Brown)은 영지주의가 사람들이 몸을 "자아의 전적 타자로" 생각하도록 훈련했다고 쓴다. 몸은 다루기 힘든 "물질의 한 부분"이라서 영혼이 몸을 통제하고 다루기 위해 수고해야 했다.[28] 구원의 목표는 물질계를 탈출하는 것이었다. 이 세상을 뒤로하고 영적 영역으로 다시 올라가는 것이 목표였다. 당시에 유명한 언어유희 중에 몸[헬라어 '소마'(soma)]은 무덤[헬라어 '세마'(sema)]이라는 말이 있었다.

영지주의는 세상이 너무 악해서 악한 신이 세상을 만든 것이 틀림없다고 가르쳤다. 영지주의 우주론에는 최고의 신성에서부터 가장 저급한 존재 곧 신에 미치지 못하는 악한 존재에 이르기까지 다양한 층위의 영적 존재가 있다. 물질계를 창조한 신은 가장 저급한 신성이었다. 자신을 존중하는 신이라면 물질 따위를 만지작거리며 격을 떨어뜨리지는 않을 테니 말이다.

이런 문화적 배경에서, 기독교가 주장하는 내용은 혁명이나 다름 없었다. 기독교는 신에 미치지 못하는 악한 존재가 아니라 궁극적 신성, 가장 높으신 하나님이 물질을 창조하셨고, 따라서 물질계는 본질적으로 선하다고 가르치기 때문이다. 창세기에 물질계를 폄하하는 내용은 없다. 오히려 창조세계가 선하다고 반복해서 확인해 준다. "하나님이 보시기에 좋았더라"(창 1:10, 12, 18, 21, 25).

성경은 사람됨에는 인간의 창조 재료인 흙의 일부가 포함된다고 말한다. 창세기 2장은 하나님이 "땅의 흙으로" 아담을 지으셨다고 말한다(7절). 인류의 이름 '아담'(Adam)은 히브리어 원어로 "흙['아다마'(adamah)]에서 왔다"는 뜻의 언어유희다.

하나님은 이 걸어 다니는 진흙을 "심히 좋았더라"라고 선언하셨다(1:31). 그분은 구체화된 몸을 지닌 이 세속적 성적 피조물을 그분의 거룩한 형상을 닮은 존재로 묘사하셨다. "우리의 형상을 따라 우리의 모양대로 우리가 사람을 만들고"(26절). 영국의 유대교 최고 지도자를 지낸 랍비 조너선 색스(Jonathan Sacks) 경은 이렇게 설명한다. "고대 세계에서 하나님의 형상을 담지한 자들은 통치자와 황제, 파라오들이었다. 따라서 창세기가 말하는 내용은 우리 모두가 왕족이라는 뜻이었다."[29] 창세기의 초기 독자들은 이 본문이 통치자들만이 아니라 모든 인간이 이 땅에서 하나님의 대리인이라는 놀라운 주장을 하고 있음을 알았다.

베들레헴 폭탄선언

하지만 고대 세계에서 기독교를 정말로 구별한 것은 성육신, 곧 높으

네 몸을 사랑하라

신 하나님이 물리적 몸을 입으시고 물질 영역으로 몸소 들어오셨다는 주장이었다. 영지주의에서 최고의 신성은 물질계와는 전혀 상관이 없었다. 이와 대조적으로, 기독교 메시지는 초월하신 하나님이 베들레헴에 태어난 아기로 역사 속으로 들어오셨다고 말한다. 성육신은 특정한 시간과 특정한 지역에서 발생한, 매우 물질적인 사건이다. "말씀이 육신이 되어 우리 가운데 거하시매"(요 1:14).

초대교회 당시 이것은 기독교의 가장 큰 추문이었다. 그래서 사도들은 그리스도의 몸을 반복해서 강조했다. "그 안에는 신성의 모든 충만이 육체로 거하시고"(골 2:9). "친히 나무에 달려 그 몸으로 우리 죄를 담당하셨으니"(벧전 2:24). "예수 그리스도의 몸을 단번에 드리심으로 말미암아 우리가 거룩함을 얻었노라"(히 10:10). 요한은 "예수님이 육체로 오신 것을" 시인하는 것이 정통을 판가름하는 중요한 시험이라고 말할 정도다(요일 4:2).

영지주의자들이 그렇게 하라고 가르쳤듯이, 예수님이 로마 십자가에서 처형당하셨을 때 우리는 그분이 물질계에서 "탈출하셨다"라고 말할지도 모른다. 하지만 그다음에는 어떻게 하셨는가? 몸이 부활하여 **돌아오셨다**! 고대 헬라인들에게 그것은 영적 진보가 아니라, **퇴보**였다. 몸으로 돌아오기 원하는 사람이 도대체 어디 있겠는가? 몸의 부활이라는 개념 전체가 전적으로 "이방인에게는 미련한" 것이었다(고전 1:23을 보라).

예수님의 제자들조차 유령을 보고 있다고 생각했다. 그래서 그분은 자신의 몸이 거기에 있다고 제자들에게 확인해 주셔야 했다. "내 손과 발을 보고 나인 줄 알라! 또 나를 만져 보라. 영은 살과 뼈가 없으되 너희 보는 바와 같이 나는 있느니라." 그런 다음에 먹을 것을 달라고 하셨다. "받으사 그 앞에서 잡수시더라." 부활한 몸이 진짜임을 보여주시기 위해서였다(눅 24:39, 43).

예수님은 죽은 자들 가운데서 부활하셨을 뿐 아니라 하늘로 오르셨다. 우리는 승천을 신학적으로 중요한 의미가 없는 부록 정도로 생각하곤 한다. 하지만 승천은 그리스도가 입으신 인간 본성이 그분이 구원 사역을 마치시면 더는 필요 없는 임시방편이 아니었다는 뜻이다. 그분의 몸이 하늘로 올라가셨기에 그분의 인간 본성은 그분의 신적 본성과 영원히 연결된다.

죽음이여, 뽐내지 마라

최종적으로, 종말에는 어떤 일이 생길까? 하나님은 마치 처음에 실수라도 하신 것처럼, 시공간에 있는 물질세계라는 개념을 폐기하시지 않을 것이다. 성경은 하나님이 창조세계를 회복하고 새롭게 하고 재창조하여 "새 하늘과 **새 땅**"이 나타날 것이라고 가르친다(사 65:17, 66:22, 계 21:1, 저자 강조). 하나님의 백성은 부활한 몸으로 이 새 땅에 살 것이다. 초대교회 때부터 사도신경은 "몸의 부활"을 확인해 주었다.

인간이 죽을 때 몸과 영혼이 일시적으로 나뉘는 것은 사실이지만, 그것이 하나님의 원래 의도는 아니었다. 죽음은 하나님이 하나 되게 의도하신 것을 갈라놓는다. 2세기 신학자 사르디스의 멜리토(Melito of Sardis)는 "사람이 죽음으로 갈라질 때 이전에 아름답게 들어맞았던 것이 분리되고, 아름다운 몸이 분열되었다"라고 썼다.[30]

예수님은 죽은 나사로를 곧 살리실 것을 아시면서도 왜 나사로의 무덤 앞에서 우셨을까? "아름다운 몸이 분열되었기" 때문이다.

네 몸을 사랑하라

본문은 예수님이 "심령에 비통히 여기시고"라고 두 번이나 말한다 (요 11:33, 38). 헬라어 원문에서 이 구절은 격렬한 분노를 의미한다. 예를 들면, 군마가 전쟁터에 나가기 직전에 자리를 박차고 일어나는 경우에 사용했다. 오스 기니스(Os Guinness)가 예전에 라브리(L'Abri) 에서 이렇게 설명한 적이 있다. 예수님은 나사로의 무덤 앞에서 "격 분하셨다. 왜 그러셨을까? 악은 정상이 아니기 때문이다." 세상은 선 하고 아름답게 창조되었다. 하지만 지금 "예수님은 망가지고 깨진 아버지의 세상에 들어오셨다. 그래서 어떻게 반응하시는가? 그분은 격분하셨다."[31] 예수님은 그분의 아름다운 창조세계를 철저하게 파 괴한 원수의 침공이 불러온 고통과 슬픔에 우셨다.

그리스도인들은 죽음을 창조세계의 자연스러운 일부로 받아들이 라는 충고를 받지 않는다. 영지주의자들은 죽음을 몸의 속박에서 해 방되는 것으로 보았다. 하지만 피터 브라운은 말하기를, 초기 그리스 도인들에게 죽음은 "마치 배우자나 부모와 사별하는 것처럼, 사랑하 는 몸과 헤어져야 한다는 생각에 영혼에 충격과 공포를 남기는 자아 의 분열"이었다.[32] 성경은 죽음을 이질적인 것, 타락과 함께 창조세계 에 침투한 원수로 묘사한다.

하지만 그 원수는 정복되었다. 시인 존 던(John Donne)은 "죽음이 여, 뽐내지 마라"라고 썼다. 결국에 "더는 죽음은 없다. 죽음이여, 네 가 죽으리라."[33] 바울이 쓴 대로, 죽음은 "맨 나중에 멸망받을 원수" 다(고전 15:26). 새로운 창조세계에서는 하나님의 원래 의도대로 몸 과 영혼이 재결합할 것이다. 영원히.

성경이 구속에 대해 이야기할 때는 단순히 우리가 죽으면 천국에 간다는 뜻이 아니다. 모든 창조세계의 구속을 뜻한다. 바울은 모든 창조세계가 망가져서 고통으로 신음하지만, 종말에는 해방될 것이라고 쓴다. "그 바라는 것은 피조물도 썩어짐의 종노릇 한 데서 해방되어 하나님의 자녀들의 영광의 자유에 이르는 것이니라"(롬 8:21). 복음은 온 물질세계가 변화될 것이라고 말한다. 인류는 물질 창조세계**로부터** 구원받는 것이 아니라, 물질 창조세계**와 함께** 구원받을 것이다.

영원한 생명이 어떤 모습일지 정확히 알 수는 없지만, 성경이 그것을 새 "땅"이라고 부르는 것은 확실하다. 새 땅은 이 땅에서 우리가 알던 삶을 아예 부정하는 것은 아닐 것이다. 오히려 이생의 삶이 강화되고 영광스러워진 모습일 것이다. C. S. 루이스는 『천국과 지옥의 이혼』(*The Great Divorce*)에서 사후세계를 이 세상과 비슷하게 인식되지만, 풀잎 하나 하나가 우리의 그 어떤 경험보다 더 실재적이고 견고하고 꽉 찬 곳으로 그린다.[34]

예수님의 부활은 창조세계를 감동적으로 확인해 준다. 이 깨진 세상이 결국엔 고쳐질 것을 암시한다. 하나님의 창조세계가 회복되고, 당신과 나는 그 회복된 세상에서 회복된 몸으로 살 것이다. 그 훌륭한 드라마의 마지막 장면에서 우리는 얇고도 성긴 영혼 상태로 천국을 둥둥 떠다니지 않을 것이다. 새로워진 물리적 땅에 우리 발을 굳건히 붙이고 살 것이다. 성경은 물질세계를 놀라울 정도로 높이 평가하는 관점을 가르친다.

몸을 싫어하는 자들의 보복

신약성경에 나오는 몸의 부활은 고대 세계에는 굉장히 낯선 개념이었다.[35] 실제로, 몸의 부활은 너무 믿기 힘든 사실이어서 많은 사람들

네 몸을 사랑하라

이 그냥 부인하고 말았다. 2세기에 많은 영지주의자들이 스스로 그리스도인이라고 주장했지만, 이들은 성경 교리를 자신들의 철학에 맞추어 조정했다. 성육신을 부인하면서 그리스도가 더 높은 영적 세계에서 내려온 신의 화신이라고 가르쳤다. 물질세계에 잠시 들어와서 깨우침을 주고는 고차원의 존재로 다시 돌아가신 분이라고 했다. 이들은 그리스도가 실제 인간의 몸으로 성육신하거나 십자가에서 정말로 돌아가신 것이 아니라고 주장했다. 영성은 **이** 세상과는 아무 상관이 없고 고차원의 영역으로 탈출하는 것이라고 했다. 신학자 라이트(N. T. Wright)는 영지주의자들이 "부활의 언어를 사적 영성과 이원론적 우주론으로 해석했다"라고 말한다.[36]

오늘날과 똑같이, 사유화된 현실도피적 내세 영성이 훨씬 더 사회적으로 용인되었다. 예를 들어, 로마제국은 그리스도인에게 하듯 영지주의자를 박해하지 않았다. 왜 그랬을까? 철저히 사적 영역에만 적용되는 영성은 권력에 아무런 위협이 되지 않기 때문이다. 라이트가 설명하듯이, "죽음은 전제 군주의 마지막 무기인데, 부활의 핵심은……그 죽음을 물리쳤다는 것이다." 그래서 "몸의 부활을 믿은 사람들을 화형대에서 불태우고 사자 굴에 던졌다."[37] 그들은 예수님이 죽음에서 일어나 부활의 새 몸을 입으셨을 때 하나님이 약속하신 새 창조를 시작하고 계신 것을 알았다. 모든 불의와 부패가 사라지는 새 창조의 결과, 그들은 지금 여기에서 불의에 대항할 힘을 얻었다.

예수님은 하늘로 올라가시면서 "하늘과 **땅의** 모든 권세를 내게 주셨으니"라고 말씀하셨다(마 28:18, 저자 강조). 이 말씀으로 그분은 악에 반대하고 정의를 세워서 이 땅에 하나님 나라를 건설할 권세를 제자들에게 주셨다. 이것이 하늘 시민으로 살아간다는 말의 뜻이다.

바울이 빌립보서에서 우리가 하늘의 시민이라고 말할 때 대부분의 그리스도인은 그 말을 이 땅을 떠나 우리의 본향인 천국에 가는 것을 기대해야 한다는 뜻이라고 해석한다. 하지만 그 본문이 1세기 독자들에게 뜻한 바는 달랐다. 그리스의 빌립보는 로마 식민지여서 많은 사람들이 로마 시민권이라는 특권을 가지고 있었다. 식민지 시민은 로마로 돌아갈 생각을 해서는 안 되었다. 이들의 할 일은 로마 문화를 지역 문화에 침투시켜 정복 국가를 공고히 하는 것이었다. 그렇다면 바울이 그리스도인이 천국 시민이라고 한 말은, 천국 문화를 가지고 이 세상에 침투하라는 뜻이었다.[38]

이것이 루이스가 기독교를 가리켜 "싸우는 종교"라고 한 이유다.[39] 예수님의 제자들은 언젠가 더 고차원으로 탈출하기만을 고대하면서 악이 이 땅에 번성하도록 내버려 두어서는 안 된다는 뜻이었다. 오히려 그리스도인은 지금 여기서 적극적으로 악에 맞서 싸우도록 부름받는다. 부활 교리는 물질세계가 중요하다는 뜻이다. 물질세계가 하나님께 중요하니 하나님의 백성에게도 중요해야 한다.

오늘날 세속 문화는 고대 이교도처럼 물질계를 폄하하는 이원론으로 빠져들고 있다. 초대교회에서 그랬듯이, 인간 몸을 소중히 여기는 관점을 옹호하는 근거를 가진 이가 정통 그리스도인이다.

• • •

붙잡지도 말고, 만지지도 말라!

하지만 기독교 자체가 몸이 영혼보다 열등하다고 가르치지 않는가?

네 몸을 사랑하라

몸은 걸림돌이요 죄의 원인이라고 가르치지 않느냐는 말이다.

몸에 대한 부정적 태도가 때로 교회에 스며든 것은 사실이다. 많은 사람들이 기독교는 어떤 형태의 쾌락이나 즐거움에도 반대한다고 생각한다. 이것이 금욕주의, 곧 철저한 자기부인을 통해 거룩함에 도달할 수 있다는 사상이다. 하지만 금욕주의의 근원은 성경이 아니라, 플라톤 학파와 영지주의 철학자들이었다. 이 철학자들은 물질세계를 본질적으로 악하다고 간주했기 때문에 금식과 가난, 고독, 침묵, 힘든 육체노동, 소박한 옷차림, 결혼과 가정의 거부를 비롯한 여러 형태의 궁핍함 같은 신체적 박탈로 거룩함에 이를 수 있다고 결론을 내렸다.

사람들은 고대 금욕주의자들을 당대의 "영성 선수"로 우러렀다 ('금욕주의'라는 영어 단어는 선수들의 훈련을 뜻하는 헬라어에서 파생했다). 그래서 이들은 그리스도인들에게까지 영향을 미쳤다. 이는 오늘날에도 마치 재미와 쾌락을 거부하는 것이 거룩함의 전부라도 되는 양 엄격한 금욕주의를 가르치는 기독교 분파들이 있는 이유를 설명해 준다. 이런 기독교 유형들은 몸이 수치스럽거나 가치가 없거나 중요하지 않은 것처럼 말한다. 이들은 성적인 죄를 죄 중에서도 가장 악한 것으로 다룬다. 예수님이 우리를 천국으로 데려가려고 죽으시기라도 한 것처럼, 현실도피적 구원 개념을 주장한다.

언젠가 한 루터교 교회를 방문한 적이 있는데, 그곳 목사는 "천국에 가려면" 하나님께 용서를 구해야 한다고 반복해서 말했다. "우리가 천국에 간다"고 확신할 수 있고, "우리가 천국에 간다"고 하나님께 감사해야 한다고도 말했다. 나는 의문이 들기 시작했다. '이 목사님은 기독교가 **이** 세상에서 과연 변화를 불러올 수 있다고 생각하는 것일까?' 이런 설교는 성경보다는 영지주의에 더 가깝다.[40] 이들은 성경이 우리가 죽을 때 어떻게 되는지에만 관심이 있는 듯한 인상을 준다.

물론, 금식 같은 영성 훈련은 도움이 될 수 있지만, 몸이 악하다거나 가치 없다는 잘못된 생각이 동기가 되어서는 안 된다. 일부 단락에서 바울이 사용하는 '육체'라는 단어가 죄악된 본성을 가리키기 때문에 성경 본문이 혼동을 줄 수 있다(롬 8장, 갈 5장을 보라). 영어도 그렇지만, 한 단어가 문맥에 따라 다양한 의미를 지닐 수 있다.

하지만 바울은 금욕으로 거룩함에 도달할 수 있다는 개념을 철저히 거부한다. 그는 금욕주의자들을 "혼인을 금하고 어떤 음식물은 먹지 말라고" 하는 사람들, "붙잡지도 말고 맛보지도 말고 만지지도 말라"라고 말하는 사람들로 묘사한다(딤전 4:3, 골 2:21). 그는 이런 규칙들이 아무 효과가 없다고 주장한다. "이런 것들은……몸을 괴롭게 하는 데는 지혜 있는 모양이나 오직 육체 따르는 것을 금하는 데는 조금도 유익이 없느니라"(골 2:23). 바울은 결혼을 금하는 것이 이단이라고까지 경고한다. "하나님께서 지으신 모든 것이 선하매 감사함으로 받으면 버릴 것이 없나니"(딤전 4:4).

도대체 물질은 누가 발명했는가?

금욕주의의 영향은 이층적 분열의 기독교 버전을 만들어 내기까지 했다. 우리는 그것을 성/속 이분법이라고 부르는데, 물질적 영역을 불가피한 악으로 강등시키고 영적 영역은 선하고 중요하게 다루는 태도를 가리킨다.

이층적 기독교

성
신, 영혼, 교회 사역

속
몸, 지성, 직업

이 성/속 분열이야말로 많은 그리스도인들이 성경이 약속하는 능력과 기쁨을 누리지 못하는 주요한 이유다. 이들은 일요일에 교회에 가지만, 기독교가 나머지 생활 영역과는 아무런 상관이 없다고 생각한다. 루이스가 썼듯이, 이들은 물질세계를 "조잡하며 영적이지 못하다"라고 간주한다.

하지만 루이스는 멋진 답변을 내놓는다. "인간은 하나님보다 더 영적인 존재가 되려고 아무리 애써 봐야 소용이 없습니다. 하나님은 원래 인간을 순전히 영적인 피조물로 만들지 않으셨기 때문입니다.……그는 물질을 좋아하십니다. 그가 물질을 만드셨습니다."[41]

그리고 결국에는 물질을 구속하실 것이다. 신학은 몸의 부활을 씨앗이라는 이미지로 표현한다. "썩을 것으로 심고 썩지 아니할 것으로 다시 살아나며……육의 몸으로 심고 신령한 몸으로 다시 살아나나니"(고전 15:42, 44). 사람들은 "신령한 몸"이라는 말을 보이지 않는 유령이라는 뜻으로 오해할 때가 많다. 하지만 이 형용사는 몸의 구성 요소가 아니라 몸의 동력을 우리에게 말해 준다. 비유하면, 가솔린 엔진은 가솔린으로 만들어졌다는 뜻이 아니라, 가솔린으로 동력을 얻는다는 뜻이다. 위대한 교부 아우구스티누스(Augustinus)는 "이들이 신령한 까닭은 더는 몸으로 존재하지 않아서가 아니라, 되살리시는 성령이 그 몸을 유지하실 것이기 때문이다"라고 설명한다.[42] 죽음에서 부활한 우리 몸은 하나님의 영으로 온전히 힘을 얻고 유지될 것이다.

그때에 고대 예언자 욥이 한 말이 이루어질 것이다. "내 **육체** 가운데서 하나님을 볼 것이다"(욥 19:26, 저자 강조, 옮긴이 번역).

성경은 금욕주의와 달리 몸을 도덕적 부패의 근원으로 다루지 않는다. 오히려 죄가 "마음"에서 생겨난다고 말한다. 성경에서 '마음'이라는 단어는 오늘날처럼 감정을 뜻하지 않는다. 그보다는 다음 구절들에서 볼 수 있듯 내면의 자아와 심오한 동기를 뜻한다. "네 마음에 그의 아름다움을 탐하지 말며"(잠 6:25). "마음으로는 이익을 따름이라"(겔 33:31). 하나님은 "내가 그의 마음을 완악한 대로 버려두어 그의 임의대로 행하게 하였도다"라고 말씀하신다(시 81:12).

예수님도 확고하게 말씀하셨다. "입에서 나오는 것들은 마음에서 나오나니 이것이야말로 사람을 더럽게 하느니라. 마음에서 나오는 것은 악한 생각과 살인과 간음과 음란과 도둑질과 거짓 증언과 비방이니"(마 15:18-19).

에스겔은 인간이 "우상을 마음에 들이며"라는 말로 성경의 가르침을 요약한다(겔 14:3-7). 죄의 주원인은 우리에게 몸이 있어서가 아니라, 하나님이 아닌 다른 것들을 삶의 중심에 두고 우상으로 만들기 때문이다. 바울은 초월하시는 창조주를 예배하지 않는 사람들은 창조세계의 다른 무언가를 예배하게 되리라는 말로 이 개념을 설명해 준다. 그의 표현을 빌리면, 이들은 "하나님의 진리를 거짓 것으로 바꾸어 피조물을 조물주보다 더 경배하고 섬김이라"(롬 1:25).

우리가 하나님의 자리에 놓는 것은 무엇이든 우상이 된다.

십계명이 다른 무엇보다도 하나님을 사랑하고 예배하라는 명령으로 시작하는 것도 그 때문이다. 마음이 하나님께 집중할 때만이 행동을 다루는 나머지 명령들, 곧 몸으로 우리가 하는 일을 행할 능력을 받는다.

내 몸 긍정하기

그런데 잠깐만. 바울은 "죄의 몸"에 대해 이야기하지 않는가?(롬 6:6) 그 말은 몸이 악의 근원이라는 뜻이 아닌가? 아니다. 이 문맥은 바울이 몸이 죄의 도구가 될 수 있다고 말하고 있음을 분명히 한다. 하지만 몸은 의의 **도구**가 될 수도 있다. "너희 자신을 종으로 내주어 누구에게 순종하든지 그 순종함을 받는 자의 종이 되는 줄을 너희가 알지 못하느냐? 혹은 죄의 종으로 사망에 이르고 혹은 순종의 종으로 의에 이르느니라"(16절). 문제는 몸이 아니라 죄다. 몸은 선악의 전쟁이 가시화된 장소에 불과하다.

이 전쟁은 우리가 때로 자기 몸에 소외를 느끼는 이유를 설명해 준다. 바울은 다음 본문에서 자기 소외감을 표현한다. "내가 행하는 것을 내가 알지 못하노니 곧 내가 원하는 것은 행하지 아니하고 도리어 미워하는 것을 행함이라"(7:15). 그가 죄를 자기 몸 내부의 원치 않는 외부 세력으로 경험하고 있다는 데 주목하라. "이제는 그것을 행하는 자가 내가 아니요, 내 속에 거하는 죄니라"(17절).

누구나 이와 비슷한 속박과 중독을 경험한다. 원치 않는 일을 마지못해서 한다. 하지만 바로 연이어서 바울은 우리가 해방될 수 있다고 약속한다. "하나님께 감사하리로다. 너희가 본래 죄의 종이더니 너희에게 전하여 준 바 교훈의 본을 마음으로 순종하여"(6:17). 죄에 묶인 속박의 힘을 깰 수 있다. "그러므로 너희는 죄가 너희 죽을 몸을 지배하지 못하게 하여 몸의 사욕에 순종하지 말고"(12절).

이런 자유하게 하시는 은혜에 적절한 반응은 "너희 몸으로 하나님께 영광을 돌리[는]" 것뿐이다(고전 6:20). 좀 더 제대로 표현하면 이렇다. "너희 몸을 하나님이 기뻐하시는 거룩한 산 제물로 드리라. 이는 너희가 드릴 영적 예배니라"(롬 12:1). 하나님이 몸을 지닌 우리와 정말로 관계를 맺기 원하신다고 생각하면 신나지 않은가. 사람마다 다른 크기와 모양, 신체 특징, 외양을 사랑하신다니 말이다. 하나님은 우리를 사랑하시고, 영적으로만이 아니라 전 존재로 우리와 소통하기 원하신다.

심지어 성경은 몸의 비유를 사용하여 그리스도인 공동체를 언급한다. 교회는 그리스도의 몸이다. 게다가 교회는 먹고 마시는 몸의 소비 행위로 유지된다. "우리가 축복하는 바 축복의 잔은 그리스도의 피에 참여함이 아니며 우리가 떼는 떡은 그리스도의 몸에 참여함이 아니냐? 떡이 하나요, 많은 우리가 한 몸이니 이는 우리가 다 한 떡에 참여함이라"(고전 10:16-17). 웰튼의 말대로, "예수님이 정신이나 영혼이 아니라, 떡이 상징하는 '육신'이나 몸을 주셨다는 사실은 헬라 사고 체계 내에 있는 사람들에게는 틀림없는 충격이었다."[43] 성경적 세계관에서 몸은 그 자체로 존엄할 뿐 아니라, 우리가 영적 세계에 동참하는 이미지와 비유, 상징을 제공한다.

하지만 이 세상은 타락했고, 따라서 부패하지 않았는가? 맞다. 하지만 타락 교리를 지나치게 강조한 나머지, 다른 성경 교리들과의 균형이 깨질 위험이 있다.

성경 신학은 창조, 타락, 구속이라는 세 주제가 엮여 있다. 창조된 모든 실재는 하나님의 손에서 왔기에 원래부터 본질적으로 선하다. 인류는 자신의 몸을 포함한 물질세계의 청지기로 부름받아 이 세상을 만드시고 소유하신 분께 책임을 진다.

하지만 창조된 모든 실재는 죄로 망가지고 부패했다. 인류는 창조세계에 대한 책임을 부여받았기에 창조세계의 운명은 우리의 운명과 밀접한 관계가 있다. 인간 경험에서도 이를 확인할 수 있다. 학대하는 아버지가 있으면 가족 전체가 역기능에 빠지기 쉽고, 국가 지도자가 부패하면 나라 전체가 고통을 받는다. 마찬가지로, 인류가 죄를 범해서 모든 창조세계가 어긋나 버렸다.

결국, 종말에는 하나님의 은혜로 모든 창조세계가 회복되고 새로워질 것이다. 성경은 회복(restore)과 갱신(renew), 구속(redeem)의 용어로 구원을 이야기하는데, 이 모두가 원래는 선했던 무언가를 되찾는다(recovery)는 뜻을 함축한다. 인간이 원래부터 본질적으로 악했다면, 회복은 필요 없을 것이다. 하나님은 인류를 멸망시키고 처음부터 다시 시작하셔야 했을 것이다. 죄가 하나님의 선한 창조세계에 이질적인 세력이기 때문에 우리가 구원받아 해방되어 회복될 수 있다. 몸은 원래 의도대로 다시금 거룩함의 도구가 될 수 있다. "너희 지체를 의의 무기로 하나님께 드리라"(롬 6:13).

타락이 그토록 비극인 까닭은 인류가 처음부터 그런 고귀한 가치를 지니고 있기 **때문이다**. 싸구려 장신구가 망가지면 별생각 없이 버리면 그만이다. 하지만 값비싼 예술 작품이 망가지면 마음이 무너지는 것 같다. 죄가 그토록 비극인 이유는 죄가 최고 예술가의 성품을 반영한, 값을 매기기 힘든 명품인 인류를 망가뜨리기 때문이다.

물론 그리스도인은 창조세계가 궁극적 실재가 아님을 안다. 하지만 그렇다고 해서 창조세계가 무가치하거나 경멸의 대상이라는 뜻은 아니다. 특히 위기와 고난, 고통을 당할 때 물질계가 유일한 실재가 아니라서, 똑같이 실재하는 초월적·영적 영역이 있어서 진심으로 감사할 때가 있다. 하나님은 스스로 존재하시고 스스로 충분하신 유일한 궁극적 실재시다. 물질세계는 그분께 의존한다. 그래서 성경은 "위의 것을 생각하고 땅의 것을 생각하지 말라"라고 요청한다(골 3:2). 이 말씀은 우리가 하나님의 창조세계를 얕보아도 좋다는 뜻이 아니라, 하나님을 더 많이 의지하라는 뜻이다.

2세기 교부 순교자 유스티누스(Justinus)도 오늘날 우리와 똑같은 반대에 부딪혔다. 그는 "몸의 존엄성"(The Dignity of the Body)이라는 글에 다음과 같이 놀라운 내용을 남겼다.

이제 우리는 육체를 천하게 생각하는 사람들을 존중하는 마음으로 말해야 한다.……이들은 하나님의 전체 사역을 이해하지 못하는 듯하다.……성경에서 "우리의 형상을 따라 우리의 모양대로 우리가 사람을 만들고"라고 말하지 않는가? 어떤 종류의 사람인가? 분명히, 그분은 육체를 지닌 인간을 말씀하고 계신다. 왜냐하면 성경이 "여호와 하나님이 땅의 흙으로 사람을 지으시고"라고 말하기 때문이다. 따라서 하나님의 형상을 따라 만들어진 인간은 육체를 지닌 인간이 확실하다. 그렇다면 하나님이 그분의 형상을 따라 지으신 육체가 경멸스럽고 무가치하다는 말은 불합리하지 않은가?[44]

2세기 순교자 유스티누스의 신학적 통찰은 21세기에도 여전히 유효하다. 우리는 이 시대의 사회악을 목격할 때마다 가혹하거나 분노에 차 있거나 비판적으로 들릴 수 있는 비난을 넘어서서, 하나님의 형상의 일부인 몸에 대한 긍정적 관점에 기초한 성경 윤리를 드러내려 힘써야 한다. 문화 전쟁에서 이기거나 우리 관점을 다른 사람들에게 강요하는 것이 목표가 아니라, 이웃을 사랑하는 것, 곧 이웃의 유익을 위해 수고하는 것이 목표다.

어떻게 해서 이 성경적·역사적 배경이 세속 윤리를 이해하는 더 나은 도구를 제공하는가? 지금까지 가장 논쟁적인 문제들을 살펴보았으니, 이제는 각각의 문제를 더 자세히 살펴보면서 가장 흔한 반대에 대답하고 그 기저에 자리한 비인간적 세계관을 확인해 보기로 하자. 가장 먼저, 낙태를 다루려 한다.

1. 나는 내가 싫다

2.
죽음의 즐거움

"당신은 죽일 준비가 되어 있어야 한다"

영국 언론인 안토니아 시니어(Antonia Senior)는 늘 확고하게 낙태를 지지했다. "그러다가 아이가 생겼고 모든 게 달라졌다.……낙태에 대한 윤리적 확신은 약해지고, 절대적 입장은 위기에 봉착했다." 결국 이 젊은 언론인은 낙태에 대한 자신의 절대 지지를 확고히 하는 쪽으로 돌아갔다. 그런데 놀랍게도, 그녀는 계속해서 수정될 때부터 생명이 시작된다고 인정했다.

시니어는 이렇게 쓴다. "내 딸은 수정될 때 형성되었다. 다른 어떤 결론도 우리 선택우선론자들이 생명을 취하는 행동에서 죄책감을 덜 느끼려는 편리한 거짓말에 불과하다." 그녀는 이렇게 결론을 내린다. "그렇다. 낙태는 살인이지만, 차악이다."

사람의 생명을 취하는 것보다 더 큰 악이 무엇일까? 시니어의 관

네 몸을 사랑하라

점에서는, 여성의 생식 통제권을 제한하는 것이 더 심각한 경우였다. "우리는 여성의 권리와 출산 조절권을 분리할 수 없다. 여성 해방에서 가장 중요한 한 가지 요인은 우리가 새롭게 발견한, 우리의 생명 작용에 자신의 의지를 반영할 수 있는 능력이었다.……당신이 생명을 어떻게 정의하든, 매년 영국에서 낙태되는 20만에 가까운 태아들은 차악이다."

시니어는 이런 소름 끼치는 말로 기사를 맺는다. 여성의 권리를 지키기 위해서는 "죽일 준비가 되어 있어야 한다."[1]

어떻게 해서 많은 사람들이 "죽일 준비가 된" 지경까지 이르렀을까? 도대체 어떤 세계관이 그런 끔찍한 생명 경시를 설명해 주는가? 시니어처럼, 과학을 잘 아는 대부분의 사람이 수정 시에 생명이 시작된다고 믿는다. 말이나 벌새를 비롯한 어떤 생물을 다루든, 수정 단계에서 새로운 개체가 시작된다고 보는 게 일반적으로 인정된 과학이다. 그 순간 이후로, 생물은 존재 자체에 내재한 능력을 그저 펼치기만 하면 된다. 똑같은 과학적 사실이 인간에게도 적용된다.[2] 인간 존재에 고유한 모든 요소는 수정 때부터 존재한다. 이후 중간 과정에서 외부 힘이나 물질이 배아에 들어가 그것을 바꾸어서 인간이 되는 것이 아니다. 인간의 전 존재는 수정 때부터 끊김이 없는 연속체다.[3]

하지만 사람됨 이론에 따르면, 태아는 인간이지만 죽인다고 해도 아무런 윤리적 결과가 따르지 않는다. 태아가 인격을 취할 때까지 태아를 보호해야 할 아무런 도덕적 의무가 없다(1장을 보라). 낙태의 근본 뿌리를 이해하려면 다음 질문을 던져야 한다. 이런 몸/인격 이원론은 어디서 왔으며, 왜 그토록 비인간적인 결과를 가져오는가?

앞으로 살펴보겠지만, 이와 반대로 성경적 세계관은 전인적이다.

성경적 세계관은 몸과 영혼이 통합된 정신적·물리적 연합체를 형성하여 상호보완적이라고 인정한다. 모든 인간은 인격체다. 우리는 인격을 구체화한 존재다. 기독교 윤리는 인간이 모든 차원에서, 곧 신체적·영적으로 도덕적 가치가 있다고 말하는, 풍부하고 다차원적인 관점에 기초한다.

오늘날 세속 사상에 나타나는 냉담한 생명관과 비교할 때 성경 윤리의 진가가 확실히 드러난다. 하지만 우리가 낙태의 트라우마를 경험한 사람—태아에게는 도덕적 가치가 없다는 낙태 '각본'에 설득당한 여성(과 남성)—들에게 은혜와 자비로 그 메시지를 드러낼 때만이 그 긍정적 메시지가 사람들에게 도달할 것이다. 또한 우리는 낙태하라는 압박에 저항하여 용기 있게 출산을 선택한 사람들에게 힘을 실어 주어야 한다.

편파적인 법정

1장에서 보았듯이, 몸과 인격의 이분법을 주장하는 사람됨 이론이 오늘날 세속 생명 윤리학자들과 세속주의를 따르는 종교 윤리학자들 사이에 만연해 있다. 성공회 사제를 지낸 조셉 플레처는 다음 글에서 이층적 분리를 표현한다. "중요한 것은 **인간의** 지위가 아니라, **인격의** 지위다." 그의 관점에서, 유전적 결함이 있는 태아와 신생아는 인격의 지위를 얻지 못한다. 태아와 신생아는 "인격에 미치지 못하는" 생물이기 때문에 생명권의 자격을 갖추지 못한다.[4]

또 다른 예는 다음과 같은 글을 남긴 자유주의 가톨릭 신학자 한스 큉(Hans Küng)이다. "수정란은 분명한 **인간** 생명이지만, **인격**은 아니다."[5] 프린스턴 윤리학자 피터 싱어(Peter Singer)는 "인간 유기체의 생명은 수정 단계에 시작되지만, **인격체**의 생명——······일정 수준의 자기 인식이 있는 존재—은 그렇게 일찍 시작되지 않는다"라고 쓴다.[6] 싱어가 보기에, 단순히 인간으로만 존재해서는 도덕적 중요성이 없다. 그렇게 생각하는 사람은 종 차별 곧 자기 종족을 지지하는 부도덕한 차별의 죄(인종 차별과 비슷하다)를 범하는 셈이다.

사람들은 낙태를 합법화한 법률이 중립적이라고 주장한다. 생명이 정확히 언제부터 시작되는지 합의가 되지 않으므로 국가는 낙태를 허용하여 중립을 유지해야 한다는 것이다. 하지만 낙태를 허용하는 법은 중립적이지 않다. 이 법은 사람됨 이론, 곧 태아를 법적 보호에서 배제하는 실질적 철학을 표출한다. 대법원의 로 대 웨이드 판결에서 해리 블랙먼(Harry Blackmun) 판사는 태어나지 않은 아기는 인격이 아니라고 단도직입적으로 주장했다. "연방 헌법 수정 제14조에 쓰인 대로, '인격'이라는 단어에 태어나지 않은 아기는 포함되지 않는다." 그가 인정하듯이, 태아를 인격으로 인식하면 낙태는 불법이 될 수밖에 없다. "사람됨에 대한 의견이 합의에 이르면,······그때 가서 태아의 생명권을 보장할 것이다."[7]

낙태를 합법화함으로써 대법원은 더는 중립을 유지하지 못하게 되었다. 오히려 이층적 몸/인격 이원론과 사람됨 이론을 국법으로 확립했다.

기계 속 영혼

몸/인격 이분법의 근거는 무엇인가? 그 이론은 어디에서 나왔고, 어떻게 발전했는가? 그 깊은 뿌리는 서양 철학의 출발로 거슬러 올라

간다. 고대 그리스 사상가 플라톤은 몸 속에 있는 영혼이 다루기 힘든 말을 제어하려 애쓰는 전차 운전자와 같다고 말했다.[8] 그는 몸이 진정한 자아의 외부에 있다고 보았다.

하지만 이 이원론은 17세기 프랑스 철학자 르네 데카르트(René Descartes)를 통해 현대와 같은 형태를 띠었다. 데카르트는 이층적 은유를 사용하여 몸을 하층부에 두고, 로봇 혹은 시계나 태엽 장난감 같은 자동 장치로 생각했다. 실제로 그는 모든 자연이 하나님이 창조 때에 작동시킨 이후로 수학상의 필요에 따라 정해진 형태로 움직이는 거대한 기계라고 생각했다.[9]

데카르트는 인간의 지성은 상층부, 곧 사고와 인지, 의식, 감정, 의지의 영역에 두었다. 그의 표현에 따르면, 지성은 "이 기계에 연결된 이성적 영혼"이다. 데카르트의 이원론에는 빈정대는 어투로 "기계 속 영혼"이라는 별명이 붙었다.[10] 윌 스미스(Will Smith)가 주연한 2004년 영화 「아이, 로봇」(I, Robot)을 본 사람이라면 특별히 능력 있는 로봇을 지칭할 때 반복해서 등장하는 이 표현을 기억할 것이다. "이 기계 안에는 영혼이 있나 봐요."

데카르트의 이층적 이원론

지성
자유로운 자율적 자아

몸
자연법에 따라 움직이는 기계 장치

데카르트는 "나는 생각한다. 고로 나는 존재한다"라는 말로 유명하다. 이 문구에서 그는 진정한 인간 정체성은 지성에만 있다고 전제한다. 몸은 진정한 자아의 일부분이 아니라, 마치 선박 조종사나 자동차 운전자처럼 지성의 필요와 욕구에 부응하는 기계 장치에 불과하다. 철학자 대니얼 데닛(Danial Dennett)은 "17세기 데카르트 이후, 우리는 마치 자동차를 소유하고 조종하듯이 몸을 소유하고 조종하는, 무형의 영혼 같은 자아상을 갖게 되었다"라고 설명한다.[11]

보통의 철학 교과서는 데카르트가 독실한 가톨릭 신자였으며, 그의 이층적 분리가 사실상 기계론적 세계관과 교회의 가르침을 양립 가능하게 하려는 시도였다는 점은 언급하지 않는다. 영적 영역을 보호하려는 그의 전략은 그것을 물질 영역과 완전히 분리하는 것이었다.[12] 한 철학자가 설명하듯이, 데카르트의 이원론은 "교회와 과학자의 타협과 화해를 불러온 듯했다." 규칙은 "각자의 관할권, 곧 과학자는 물질과 그 기계적 운동 법칙에, 신학자는 정신과 인간 존재의 영혼에 머무는" 것이었다.[13]

현명한 전략이었다. 그런데 과연 효과가 있었을까? 아니었다. 이 전략은 논리적이지 않다. 어떻게 자유로운 지성이 기계나 로봇처럼 자동으로 움직이는 몸에 영향을 미칠 수 있을까? 어떻게 지성이 아무 생각 없이 기계 법칙으로 행동이 결정되는 몸을 조종할 수 있겠는가? 이 두 개념은 논리적으로 배치된다. 이렇게 해서 '데카르트주의'라는 용어는 결정론적 기계에 연결된 자유로운 주체 사이의 화해할 수 없는 갈등을 가리키게 되었다.

가톨릭 철학자 자크 마리탱(Jacques Maritain)은 이렇게 설명한다. "데카르트 이원론은 인간을 완전한 두 물질로 나눈다. 한편에는 기하학적 확장에 불과한 몸이 있고, 다른 한편에는 생각만 하는 영혼이 있다." 인간 존재는 "뿔뿔이 분열되었다."[14]

　그럼에도, 사람들은 데카르트의 이층적 이원론을 대체로 받아들였다. 어떤 면에서 매력적으로 보였을까? 과학자들에게는 그 기계론적 철학이 인간의 자연 지배를 정당화하는 것처럼 보였을 것이다. 자연이 기계라면, 우리는 자연법칙을 찾아서 그것을 다스리고 조종하기만 하면 된다.[15] 데카르트 스스로가 인류에게 능력을 부여하여 "자연의 주인과 소유자"가 되기를 기대했다고 말했다. 인간의 의지가 맹목적이고 기계적인 자연 작용과 맞붙어서 우리가 원하는 것을 자연에서 탈취할 수 있었다. 데카르트는 지성이 몸과 그 한계들에서 벗어날 수 있다고 약속했다.

낙태의 논리

이런 역사가 낙태 찬성 논리를 어떻게 설명해 주는지 보이는가? 최소한 데카르트 이후로, 사람들은 지성을 진정한 자아로 여겼다. 우리 존재에서 "고로 나는 존재한다"라고 생각하고 말할 수 있는 부분은 지성이다. 몸은 생물학과 화학 차원에서만 기능하는, 인격의 하위 부분으로 축소되었다. 그 차원에서는 사실상 오늘날 모든 사람이 태아가 인간, 곧 생물학적·생리학적·유전학적 인간이라고 동의한다. 가족계획연맹(Planned Parenthood)이 태아의 눈과 심장, 폐, 뇌 조직 등 식별 가능한 장기를 채취하여 팔고 있는 현실에서 더는 태아가 "단순히 세포의 집합"이라고 주장할 수 없다. 사실상 어떤 생물 윤리학자도 생명이 수정 단계에서 시작한다는 것을 부인하지 않는다.[16]

하지만 이층적 은유에서, 태아를 생물학적으로 인간이라고 말하는 것은 하층부 곧 과학 영역에 속한다. 거기서 몸은 생각 없는 기계로 축소되어 다른 자연처럼 사용되고 착취당했다. 얼마든지 폐기할 수 있는 물질에 불과한 것이다.

이것은 생물학적으로 인간이라고 해서 더는 윤리적 지위를 부여하거나 법적 보호를 장담해 주지 않는 **이유**를 설명해 준다. 인간과 인격은 엄연히 다르다. 인간 생명은 본질적 목적이나 존엄성이 없는 물질로 축소되어, 우리가 거기에 부여하기로 한 어떤 목적에든 부응하게 되었다.

그렇다면 낙태에서 핵심 문제는 인간 몸의 지위다. 인간의 몸은 인간의 존엄성을 담지한, 인격체에 꼭 필요한 부분인가? 아니면, 인격 밖에 위치하여 차를 몰 듯이 우리가 원하는 대로 통제하고 조종할 수 있는 물질에 불과한가?

사람들은 의식적으로 사람됨 이론을 채택하지 않더라도 얼마든지 그에 영향을 받을 수 있다. 낙태를 실행하는 데서 그 이론이 전제되어 있다. 순전히 논리적으로만 보면, 낙태를 지지하려면 인간 생명 초기 단계에는 아무 가치가 없다고 결정해야 한다. 그래야 이유를 막론하고 얼마든지 죽일 수 있다. 그런 다음에, 나중에 어느 단계에서 그것이 높은 가치를 지닌 다른 종류의 존재가 되어 살인이 범죄가 된다고 정해야 한다.

논리상으로만 보면, 낙태를 받아들일 때 우리는 몸/인격 이원론의 일정한 형태를 암묵적으로 받아들이는 것이다. 그런 용어를 사용하지 않는다 해도 말이다. 우리 행동은 우리가 확실히 생각을 정리하지 못한 개념을 은연중에 암시할 수 있다.

물론 사람들이 실제로 낙태 여부를 결정할 때는 개인적인 이유 때문인 경우가 많다. 직장이나 학업 중단, 재정 문제, 사회적 낙인을 두려워한다. 그리스도인 여성들의 경우에는 '교회 사람들이 어떻게 생각할까?' 하는 두려움이 가장 먼저, 가장 크게 다가왔다고 내게 말해 주었다. 이런 것들이 진짜 염려하는 문제들이고, 교회가 재정 지원, 아동 돌봄, 직업 훈련, 상담, 무엇보다도 은혜와 자비 사역에 가장 먼저 나서야 한다.

하지만 사람됨 이론을 논의할 때는 사람들의 개인적인 이유나 감정에 대해 이야기하는 것이 아니라, 낙태를 지지하는 내재된 논리에 대해 이야기하는 것이다. 비유를 들면, 누군가 당신에게 어떤 사람이 그리스도인인 이유를 묻는다고 상상해 보자. 그런 다음, 그 누군가가 왜 기독교가 진리인지 논리적 근거를 묻는다고 상상해 보자. 당신의 대답은 꽤 다를 것이다. 사람됨 이론은 낙태 주장 배후에 숨겨진 전제다.

누가 인격체의 자격이 있는가?

사람됨 이론에 내재한 이원론을 알아차렸다면, 이제 낙태를 지지하는 친구들과 대화할 수 있는 새로운 도구를 갖춘 셈이다. 이 이론의 가장 분명한 문제는 사람됨을 어떻게 정의할지에 대해 아무도 동의할 수 없다는 점이다. 생물학적으로 인간이 되는 것으로 부족하다면, 도대체 인격이란 무엇이며, 언제부터 시작되는가?

생명 윤리학자마다 각기 다른 대답을 내놓는다. 어떤 이들은 발달 중인 유기체가 신경 활동을 나타내거나, 통증을 느끼거나, 일정 수준의 인지 기능이나 인식, 지성에 도달하거나, 미래를 인식하기 시작할 때 인격이 드러난다고 제안한다. 플레처는 인간 생명을 존중하고 보호할 만한 가치가 있는 때를 정의하는 열다섯 가지 자격을 제안한다(예를 들면, 지성, 자기 인식, 자제력, 시간 감각, 타인에 대한 배려, 의사소통, 호기심, 신피질 기능). 이 중에 어느 것이라도 점수가 너무 낮으면, 플레처가 보기에는 인격체의 자격이 미달이다. "단순한 생물학적 생명"에 불과한 것이다.[17]

하지만 이런 인지 기능 중에 **어느** 것이 정말로 인간 생명을 정의하는 핵심 기능일까? 그 인지 기능들은 어떻게 발달되어야 하는가? 전혀 합의가 이루어지지 않는다. 임신 단계 중에 태어나지 않은 아기가 인격체가 되는 정확한 지점을 선택하는 일은 임의적이고 주관적이다.

문제는 이런 특징이 대부분 점진적으로 나타난다는 것이다. 누구에게는 있고 누구에게는 없는 특징이 아니라, 정도의 문제, 즉 **양적** 차이라는 점이다. 우리가 찾지 못하는 것은 비인격에서 인격으로 중대한 변화가 일어나는 확실한 **질적** 변화 지점이다.

이와 관련해서, 발달이 다 이루어진 성인들도 이런 특징들을 다양한 정도로 나타낸다. 나보다 지성이 뛰어난 누군가를 만난다면, 그 사람은 나보다 더 인격체라는 의미인가? 그는 나보다 더 많은 권리를 누려야 하는가? 생명우선론자 스캇 클루센도르프(Scott Klusendorf)는 사람마다 편차가 있는 특징들에 법적 보호의 근거를 두는 것은 "만인이 역사의 잿더미와 똑같이 창조되었다는 명제를 격하시킨다"라고 말한다.[18]

"만인이 똑같이 창조되었다"라고 단언하는 유일한 논리적 근거는 창조주에게 호소하는 것이다. 그래서 미국의 독립 선언에도 인권은

"창조주가 부여한다"라고 쓰여 있다. 이들이 늘 자신의 고상한 이상에 합당하게 살지는 못했더라도(일부는 노예 소유주였다), 이 점에서만큼은 옳았다. 대표적인 무신론자 프리드리히 니체(Friedrich Nietzsche)마저도 "'신 앞에 모든 영혼이 평등하다'라는……기독교의 개념이……**모든 평등권 이론의 원형을 제공한다**"라고 인정했다.[19]

미국을 세운 이들에게 이 기독교 개념은 너무나 확실했기에 "우리는 이 사실들이 **자명하다**고 주장한다"라고 썼다. 하지만 오늘날에는 이 사실들이 더는 자명하지 않다. 창조주의 존재가 평등권에 대한 유일한 논리적 근거를 제공한다는 분명한 주장의 틀을 잡을 필요가 있다.

정말로 차별하는 사람은 누구인가?

시기는 어떤가? 대부분의 사람이 아기가 태중에 있을 때 인격체가 된다고 말한다. 1장에서 소개한 영국의 방송인 미란다 소여는 아기가 태어나기 전 어느 시점부터 인격이 시작된다고 결론을 내렸다. "배아가 고통을 느끼거나 인격이 시작될 정도로 충분히 발달하면,……그 생명을 폐기하는 것은 잘못이다."[20]

하지만 생명 윤리학자 존 해리스(John Harris)는 그런 생각을 비웃는다. "인간 배아가 9개월간 발달해도 인격이라고 부를 만한 것의 출현과는 상당한 거리가 있다." 해리스는 인격을 "자기 존재를 가치 있게 여길 줄 아는 생물체"로 정의한다. 살인은 살려는 확고하고 의식적인 욕구를 품을 만큼 충분히 인지적으로 발달한 경우에만 잘못이다. 해리스는 "비인격이나 잠재적 인격은 이런 식으로 잘못될 수는 없는데, 죽음이 이들에게서 자신이 가치 있게 여길 만한 것을 아무것도 박탈하지 않기 때문이다"라고 주장한다. "이들이 살기를 바랄 수 없다면, 죽임을 당해서 그 바람이 좌절될 수도 없는 법이다." 마치 생명의 가치가 우리 개인의 의지에 달려 있기라도 한 것처럼 말이다.[21]

디엔에이 이중 나선의 공동 발견자 제임스 왓슨(James Watson)은 아기가 태어난 후에 사흘을 기다려 보고 나서 살 수 있을지 결정하는 것을 지지한다. 그 근거는 어떤 유전자 결함은 태어나 봐야 알 수 있기 때문이다. 그의 동료 프랜시스 크릭(Francis Crick)도 이에 동의한다. "유전적 자질과 관련한 특정한 시험들을 통과하기 전까지는 갓난아기를 인간으로 선언해서는 안 된다. 시험을 통과하지 못한 아기는 생명권을 박탈당한다."[22] 피터 싱어는 "만 세 살짜리도 모호한 경우"라고 말한다.[23] 걸음마를 할 정도의 아이는 도대체 어느 정도나 인지 기능이 있어야 하는가?

앞서 보았듯이, 싱어는 종(그가 종 차별이라고 부르는)을 기초로 남들을 차별 죄로 고소하지만, 아이러니하게도 그는 신피질 기능을 기초로 차별을 제안한다. 하지만 왜 인류라는 종의 자격 대신 정신 기능이 도덕적 결정의 기초가 되어야 한단 말인가? 확실히, 인간 존재는 훨씬 더 객관적이고 결정하기 쉬운 것이다.

기독교의 사람됨 개념은 내가 할 수 있는 일이 아니라, 내가 어떤 존재인지에 달려 있다. 나는 하나님의 형상대로 창조되었고, 하나님이 나를 존재하게 하셨으며, 여전히 나를 아시고 사랑하신다. 인간은 큰 가치를 지닌 피조물로 취급받을 권리를 굳이 따낼 필요가 없다. 우리의 존엄성은 본질적이고, 하나님이 우리를 만드시고 아시며 사랑하신다는 사실에 뿌리내리고 있다.

의사들이 결함을 근거로 사람됨을 부인한다면, 이들은 어디에 선을 긋는가? 대수롭지 않거나 고칠 수 있는 결함은 어떻게 되는가? 영국의 한 뉴스는 데이비드 와일드그로브(David Wildgrove)라는 어느 아버지의 말을 인용한다. "사람들은 우리 아이가 내반족인 것을 알고는 낙태를 고려해 보라고 강하게 권했습니다." 와일드그로브는 소스라치게 놀랐다. 그는 내반족은 수술 없이도 쉽게 고칠 수 있다고 알고 있었다(부목과 깁스를 사용하여 얼마든지 제 위치로 교정할 수 있다). 시인 바이런(Lord Byron), 배우 더들리 무어(Dudley Moore), 1992년 동계 올림픽 금메달리스트인 피겨 스케이팅 선수 크리스티 야마구치(Kristi Yamaguchi) 같은 유명인들도 선천성 내반족이었다.

하지만 2006년의 한 연구는 오늘날 영국에서 내반족 태아를 자주 낙태한다는 사실을 발견했다. 와일드그로브의 아들은 거기에 포함되지 않았다. "우리는 거부하고, 문제를 해결했습니다. 지금 아이는 여느 아이처럼 잘 달리고 함께 어울려 축구도 합니다."[24]

낙태 후에 아이가 산 채로 태어나는 가슴 아픈 경우도 있다. 이제는 유명해진 플로이드 대 앤더스(Floyd v. Anders) 사건에서는 한 남아가 낙태 후에 21일간 살아남았다. 하지만 연방법원 판사는 어머니가 아이를 낙태하기로 했기 때문에 "이 사건에서 태아는 주 법이 보호해 줄 수 있는 인격이 아니다"라고 말했다.[25] 따라서 낙태 후에도 21일간 살아남은 아이는 "인격이 아니고", 주 법의 보호도 받지 못했다.

필라델피아 커미트 고스넬(Kermit Gosnell) 낙태 클리닉에 출동한 경찰은 끔찍한 장면을 목격했다. 낙태한 아이 중에 많은 수가 살아서 나오면, 가위로 척추를 "잘라" 일부러 죽였다. 하지만 상부에서는 경찰관들에게 낙태 수사는 경찰이 관여할 바가 아니라고 말했다. 관리자들은 낙태 시도 후에도 아이가 살아 있을 때는 어떤 식으로든 법적 보호를 받지 못한다고 느끼는 것이 분명했다. (고스넬은 나중에 일급 살인죄를 선고받았다.)[26]

칼럼니스트 조지 윌(George Will)이 예리하게 본 것처럼, 낙태 후에 살아남은 아기를 보호하기를 거부한 법은 그 목표가 단지 임신 중단이 아니라고 말하고 있는 셈이다. "낙태하려고 돈을 냈으면, 아기를 죽이는 것이 목적이다."[27]

단순히 인간 존재라는 사실을 제외한, 사람됨에 대한 모든 정의는 주관적이고 임의적이다. 그런데 이런 근거 없는 정의들에 생사의 결과가 뒤따른다. 윤리학자들이 어떤 존재가 인격이 아니라고 결정하면, 의사와 판사들은 그들에 대한 법적 보호를 거부할 것이다. 그 결과 인간의 생명은 더는 신성한 권리가 아니다.

배우 스칼렛 요한슨은 낙태가 더 이상 "'여성권 문제'가 아니라 '인권 문제'"라고 말했다.[28] 하지만 그것은 살인을 정당화하는 희한한 인권이다.

낙태를 옹호하는 주장들은 몸을 인격에 미치지 못하는 차원으로 강등한다. 그런 주장들은 몸을 만지작거리거나 조작하거나 실험하거나 아무런 도덕적 결과 없이도 파괴할 수 있는 일종의 물질로 경시한다. 인간 생명을 실재 비용과 혜택을 저울질하는 실용적 계산으로 축소한다. 클루센도르프의 말대로, 태어나지 않은 아기가 인격이 아니라면, 어떤 이유로든 태아를 죽이는 것은 "이를 뽑을 때만큼의

2. 죽음의 즐거움

이유면 족하다."²⁹ 가족계획연맹 클리닉에서는 낙태아의 신체를 연구를 위한 조직, 혹은 팔 만한 부분은 고른 다음에 나머지는 버리는 쓰레기로 취급한다.³⁰

초음파의 발달로 초기 단계 태아를 볼 수 있게 되면서 이 논쟁의 양상이 달라졌다. 태아 사진이 많은 사람들의 생각을 바꿔 놓았다. 그러나 다 그런 것은 아니다. 언론 인터뷰에서 내가 자주 받는 질문이 있다. 사람들이 엄마 배 속에서 발길질하고 손가락 빠는 아기의 모습을 보고도 어떻게 "태아는 인격이 아니"라고 말할 수 있느냐는 것이다. 내 대답은 이렇다. "당신은 세계관의 위력을 목격하고 있다. 일단 이층적 세계관을 받아들인 사람은 말 그대로 아기를 보호할 가치나 권리가 없는 단순한 유기체나 물질로 볼 수 있다."

학계의 언어를 사용하자면, 대통령 직속 생명 윤리 위원회 위원장을 지낸 레온 카스(Leon Kass)는 이층적 관점이 "이원론적으로 자연과 몸에 **반대되는** '사람됨' 개념을 세운다"라고 말한다.³¹ 기독교 윤리는 이원론을 거부하고, 몸을 지닌 구체적 존재인 인간의 존엄성을 인정한다.

산후 낙태

최근에 생명 윤리학자들은 낙태만이 아니라 영아살해에 이층적 세계관을 적용하기 시작했다. 2013년, 두 철학자가 이른바 "산후 낙태"를 주장하는 글로 엄청난 논란을 촉발했다.³²

산후 낙태는 도대체 무슨 말인가? 영아살해, 곧 신생아를 죽이는 행위를 뜻한다.

네 몸을 사랑하라

두 철학자는 갓난아기는 **인간**이지만 **인격**은 아니며, 인격이 되기 이전의 인간 생명에는 도덕적 권리가 없다고 주장했다. "단순한 인간 존재 그 자체로는 생명권을 소유할 이유가 되지 못한다." 따라서 "태아와 갓난아기는 인격체가 아니다." 그리고 "비인격에는 도덕적 생명권이 없기 때문에 산후 낙태를 금지할 이유가 없다."[33]

사람됨 이론의 핵심 요소가 무엇인지 알겠는가? 이런 철학자들에 따르면, 갓난아기는 "단순한 인간"에 지나지 않기에 "비인격"이다. 비인격은 하층부에만 존재하고, 도덕적 가치가 없음을 암시한다. 연구와 실험에 사용하고 조직을 채취하고는 폐기물 더미에 던져 버리는 물질에 불과한 것이다.

생명우선 사상가들은 미국이 독일 나치와 같은 방향으로 가고 있다고 오랫동안 경고해 왔는데, 이 말은 단순한 유언비어가 아니다. 나치도 유대인을 죽이는 일부터 시작하지는 않았다. 처음에는 가스실에서 장애인들을 죽였고, 전문 의료인이 이 일을 주도했다. 의사들은 장애인이 "살 가치가 없는 생명"(lebensunwertes Leben)이라고 주장했다.[34] 충격적이게도, 2013년의 이 글에서 정확히 똑같은 문구를 사용하여, "살 가치가 없는" 생명인 유아들에게 산후 낙태를 허용해야 한다고 주장한다.

· · ·

과학과 영혼

생명 윤리학자들이 사람됨에 대해 크게 모순되는 정의들에 도달한 사실은, 생물학적 인간이라는 순전한 사실과 동떨어져서는 사실상 이 개념을 정의할 수 없음을 보여준다. 이 논란에서 생물학이 차지하는 핵심 역할은 양측이 실제로 말하는 내용에 놀라운 새 관점을 던져 준다.

예를 들어, 흔히 생명우선론자들의 동기가 영혼에 대한 종교적 가르침인 반면, 선택우선론자들은 철저히 과학에 의존한다고 말한다. 블로거 리비 앤(Libby Anne)은 "낙태 반대론자들의 대다수가 낙태를 문제로 여기는 이유는 **접합자/태아에 영혼이 있다고 믿기 때문이다**"라고 쓴다. 그녀는 "접합자에 영혼을 부여하여 낙태에 반대하는 것은 특정 종교적 신념을 대중에게 강요하고,……정교분리를 노골적으로 위반한 것"이라고 결론짓는다.[35]

하지만 이런 흔한 반대는 오히려 퇴보에 가깝다. 많은 생명우선론자들이 인간에게 영혼이 있다고 가르치는 종교 공동체의 일원인 것은 사회학적 사실이다. 하지만 생명우선론자들의 **주장**은 영혼이 아니라 과학에서부터 출발한다.[36] 과학적 증거가 먼저 그 생명의 존재를 확인해 줄 때까지는 아무도 인간 생명의 도덕적 가치를 주장하지 않는다.[37]

미국에서 많은 낙태 반대법들이 처음으로 통과된 시기가 19세기, 곧 생명이 수정 단계에서 시작된다는 의학 지식을 발견한 때였다. 유전자 주사위가 던져진 것이다. 순전히 과학적 근거에서, "첫 태동"(어머니가 배 속 아기의 움직임을 느끼기 시작하는 순간)이나 아이가 첫 호흡을 하는 순간 같은 옛 개념이 부적절하다고 판결했다. 그 결과, 낙태 금지법을 주도적으로 옹호한 이들은 교회가 아니라 의사들이었다.[38]

네 몸을 사랑하라

어쨌든 정부가 35세 성인의 영혼 소유 여부를 근거로 그 사람에 대한 법적 보호 여부를 결정하지는 않는다. 법은 그들이 인간이기에 보호한다.

물론, 사람은 생물학적 유기체를 훨씬 초월하는 존재이고, 생물학이 생명에서 가장 중요한 차원은 아니다. 하지만 생물학은 누가 인간인지를 확인해 주는 근거를 제공한다. 객관적이고 경험적으로 시험 가능하며, 보편적으로 탐지할 수 있는 인간 지위의 표시다. 몸은 우리 눈으로 볼 수 있고, 과학적으로 확인할 수 있다. 모든 사람이 동의할 수 있다. 창세기 1장에서처럼, 인간은 "각기 종류대로" 재생산한다. 따라서 모든 인간은 인격체이기도 하다. 인격이 되기 위해 추가 기준을 만족시킬 필요가 없다.

이와 대조적으로, 사람됨 이론은 어떤 인간은 인격의 자격을 갖추지 못했다고 말한다. 그렇다면, 어떤 인간이 자격을 **갖추었는지는** 어떻게 결정할 것인가? 이들이 도달해야 할 추가 기준은 어떻게 알 수 있는가? 앞서 보았듯이, 사람됨이 무엇이며, 언제 시작되는지에 대해서는 어느 생명 윤리학자도 합의를 보지 못했다. 이들의 정의는 순전히 주관적이어서 개인의 가치관을 반영할 뿐이다.

인간 존재면 됐지 거기에 별도로 사람됨이라는 개념이 도대체 왜 필요한가? 과학 저널리스트 딕 테레시(Dick Teresi)가 지적하듯이, 반려동물을 이야기할 때는 고양이나 개라는 생물학적 사실과 별도로 고양이됨(cat-hood)이나 강아지됨(dog-hood)을 이야기하지는 않는다. 반려동물이 생물학적으로 개라면, 그것으로 충분하다. 테레시는 이층적 사람됨 개념이 "철학적/종교적" 개념—사실 문제가 아니라 가치관에 대한 진술—이라고 결론을 내린다.[39] 생명 윤리학자마다 자기가 가장 중요시하는 것을 기초로 하여 인격을 구성하는 다양한 능력 목록을 제안한다.

따라서 사람됨 이론은 사실/가치 분리를 반영한다. 가치는 사실에 근거하지 않고 주관적 선택에 불과하다(서론을 보라). 몸이 하층부에 있다는 근대적 개념을 받아들이면, 인격은 상층부에 있다는 개념, 곧 객관적 기준과 동떨어진 포스트모던 개념으로 귀결할 수밖에 없다.

궁극적으로는, 누가 인격으로 적합한지 정의하는 선을 그어야 할 것이다. 하지만 객관적 기준이 없다면, 원초적 힘이 그 개념을 정의하게 될 것이다. 가장 큰 권력을 가진 이, 곧 국가가 누가 인격으로 적합한지를 결정할 것이다.

2016년 어느 국제 생명 윤리학자 집단은 정부 당국에서 보건 분야 채용 여부 결정을 내려야 한다고 촉구하는 성명을 발표했다. 이 성명서는 의사를 비롯한 의료 보건 종사자들이 낙태와 영아살해, 안락사가 도덕적으로 잘못되었다고 믿더라도 이런 행위들을 강제하는 "심사 위원회"를 세우도록 정부에 촉구했다. 성명서에 따르면, 의사들이 계속해서 저항하는 경우에는 사회 봉사 활동을 명령하고 재교육 과정에 참가하는 처벌을 받아야 한다.[40]

국가 정책으로 영아살해를 강제한 역사는 장구하다. 성경을 펴고 출애굽기 1장만 봐도 알 수 있다.

애굽 왕이 히브리 산파 십브라라 하는 사람과 부아라 하는 사람에게 말하여 이르되 너희는 히브리 여인을 위하여 해산을 도울 때에 그 자리를 살펴서 아들이거든 그를 죽이고 딸이거든 살려두라. 그러나 산파들이 하나님을 두려워하여 애굽 왕의 명령을 어기고 남자 아기들을 살

린지라(15-17절).

국가에서 인격의 자격을 결정하면, 독재와 억압의 문이 열린다. 국가가 권리를 준다면, 얼마든지 다시 가져갈 수도 있다. 인생의 어느 단계에 있는 사람이든 비인격의 지위로 강등될 수 있고, 생명권을 거부당할 수 있다. 미국을 세운 사람들이 독립 선언에 인권은 "창조주가 부여한" 빼앗을 수 없는 권리라고 썼을 때는 권리가 초월적 근원, 곧 국가보다 더 높은 근원에서 나와야 한다는 뜻이었다. 그렇지 않다면, "빼앗을 수 없는" 권리가 아니다.

누가 종교를 공공 광장으로 불러내고 있는가?

오늘날 많은 사람들이 최소한 공공 광장에서는 창조주가 부여한 권리를 이야기하는 것이 부적절하다고 생각한다. 왜 그런가? 사실/가치 분리에서, **종교적**이라고 분리된 입장은 사적이고 주관적이어서 조직 내 다른 사람들과 나누어서는 안 된다고 전제하기 때문이다. 하지만 아이러니하게도, 그 정의에 따르면 사람됨에 대한 **세속** 관점이야말로 공공 광장에서 금해야 하는 것이다. 과학적이라고 주장하지만, 실제로는 사적이고 주관적이기 때문이다.

「뉴욕 타임스」에 낙태에 대해 기고한 예일 대학교 폴 블룸(Paul Bloom) 교수의 말을 들어 보자. "생물학적 의미에서의 생명에 대해 묻는 것이 아니다. 세포 덩어리가 단순한 물리체를 넘어서는 마법 같은 순간에 대해 묻는 것이다." 도대체 어떤 "마법 같은" 힘이 "단순한 물리체"를 존엄성을 지닌 인격으로 바꾸—어 그것을 살해하는 것이 도덕적으로 잘못이 되—는 능력이 있단 말인가? 블룸은 그것은 "과학자들이 대답할 수 있는 질문이 아니라, 영혼에 관한 질문이다"라고 진지한 어조로 말한다.[41]

누가 정치에 종교를 주입하고 있는가?

직설적으로 말해, 낙태 지지자들은 과학 차원의 논쟁에서는 이미 졌다. 이들은 배아가 생물학적으로 인간이라는 사실을 더는 부인할 수 없다. 그래서 자신의 개인적 관점과 가치관이 정의하는 사람됨에 기초한 논리로 전략을 바꾸었다. 이들의 관점이 법으로 성문화되면, 이들의 사적인 가치관을 다른 모든 사람에게 부여하게 된다.

이런 전술 변화는 두어 해 전에 있었던 대단히 흥미로운 논란에서 분명히 드러났다. 스탠리 피시(Stanley Fish) 교수가 「퍼스트 띵스」(*First Things*)라는 잡지에 생명우선론자들에게는 자신의 관점을 공공 영역으로 가져올 권리가 없다는 글을 쓴 것이 발단이 되었다. 왜 그런가? 그의 주장에 따르면, 낙태 지지론자들의 관점은 과학에 근거하지만, 이들의 관점은 신앙에 근거하기 때문이다.[42] 프린스턴 대학교의 로버트 조지(Robert George)가 미국 정치학회(American Political Science Association)의 한 모임에서 피시에게 토론을 제안했다. 조지는 자신의 논문에서, 실제로는 생명우선론의 입장이 과학에 근거한다고 주장했다.

관례에 따라 두 학자는 사전에 논문을 교환했다. 모임이 시작되자 피시가 조지의 논문을 탁자에 던지면서 선언했다. "조지 교수가 옳습니다. 저분이 나를 옳게 고쳐 주었어요." 피시 교수의 인정에 놀란 객석에서는 침묵만 흘렀다.

나중에 피시는 자신의 급작스러운 태도 변경을 설명했다. 낙태 지지자들은 전형적으로 스스로를 "무지와 미신의 세력에 맞서 이성적 과학을 옹호하는" 사람으로 여긴다. 하지만 과학이 생명이 시작되는 시점을 더 뒤로 못 박자 "전략을 바꿨다.…… 요즘에는 생명이 시작되는 시점에 대해 과학적 질문을 던지는 사람들이 생명우선론자들인 데 비해…… 선택우선론자들은 단순한 생물학적 삶과 '도덕적 삶'을 구분하여 그 질문을 '형이상학적'이거나 '종교적' 질문으로 바꾸고 싶어 한다."[43]

"단순한 생물학적 삶" 대 "도덕적 삶"이라는 문구는 몸 대 인격을 말하는 피시의 방식이다. 그의 요점은 선택우선론자들이 과학 차원에서 근거를 잃어버리자 이층적 이원론을 받아들여 사람됨에 대한 비과학적·비경험적 개념에 호소하는 "전술로 바꾸었다"는 것이다.

이제 이 낡은 고정관념들을 뒤집어엎을 때다.

과학이 발달하면서, 생명우선론이 과학과 이성의 편에 서는 것임이 분명해진다. 최근에 과학자들은 정자와 난자가 만날 때 정확한 수태 시점에 난자에서 미세한 불꽃이 폭발하는 것을 발견했다. 과학자들은 이 놀라운 불꽃놀이를 영상에 담아내기도 했다. 연구원들은 "인간의 각 난자가 폭발하면서 아연을 내뿜는 모습을 지켜보는 것은 정말 경이로웠다"라고 말했다.[44] 인간 생명은 말 그대로 번쩍이는 밝은 빛에서 시작된다.

왜 낙태는 반과학인가?

낙태를 지지하는 사람들에게 남은 유일한 전략은 과학의 증거를 무시하는 것이다. 「낙태 리뷰」(*Abortion Review*)의 편집자 제니 브리스토(Jennie Bristow)는 "낙태: 더는 과학 뒤에 숨지 말라"라는 제목의 기사를 썼는데, 그 기사는 이렇게 시작한다. "반낙태주의자들이 태아 생존 가능성에 대한 '과학적 증거'를 밀어붙이는 상황에서, 여성의 선택권에 대한 **도덕적** 주장을 다시 제기할 시점이다." 마치 "과학적 증거"라는 문구는 말도 안 된다는 듯이 저자가 그 앞뒤에 붙인 인용부호를 보라. 브리스토는 반복해서 "낙태 문제는 과학 차원에서 해결할 수 없다.……여성 평등과 개인 자율성에 헌신한 사회에서 낙태에 대한 여성의 필요를 다루는 정치 이슈다"라고 주장한다.[45]

번역하면, "과학적 사실에 누가 신경이나 쓰나?"라는 뜻이다.

사람됨 이론은 생물학적 사실을 일축하면서 직접 그 사실을 말하지 않은 채 무언으로 전제한다. 태아의 생명권이 그 아이를 원하는지 여부에 달려 있다는 주장을 생각해 보라. 두어 해 전에, MSNBC 앵커 멜리사 해리스-페리(Melissa Harris-Perry)는 "언제 생명이 시작되는가? 나는 전적으로 부모의 감정에 따라 답한다"라고 말했다. 그러면서 "원치 않는 임신은 원하는 임신과 **생물학적으로** 똑같을지도 모른다. 하지만 그 체험은 완전히 다를 수 있다"라고 덧붙였다.[46]

따라서 생물학적 사실은 "부모의 감정"보다 덜 중요한 셈이다.[47]

「살롱」(*Salon*)의 한 기사는 "낙태가 생명을 종결시키면 어떻게 되는가?"라고 도전적인 질문을 던진다. 이 기사를 쓴 매리 엘리자베스 윌리엄스(Mary Elizabeth Williams)는 서두에서 과학적 사실을 인정하고 들어간다. "나는 수정 단계에서 생명이 시작된다고 믿는다.……임신 기간 내내 내 안에 인간의 생명을 품고 있다는 신념이 한순간도 흔들리지 않았다."

윌리엄스는 이 명백한 사실을 부인하는 동료 자유주의자들을 혹

네 몸을 사랑하라

평하기까지 한다. "우리가 임신이 인간 생명을 잉태한 것이 아닌 듯 행동하려 할 때는 모래에 바보 같은 의미론적 선을 그리게 된다. 태아가 인격이 되는 마술 같은 순간이 따로 있어서 그때가 언제인지 —임신 3개월, 6개월, 임신 후기—결정한다는 식으로 말이다." 물론 그런 "마술 같은 순간"이나 확실한 구분, 급격한 변화는 **없다.** 인간의 발달은 점진적이고 지속적인 과정이다.

하지만 윌리엄스는 낙태를 지지하기 때문에 논리에 따라 그런 "마술 같은 순간"을 선택해야만 한다. 윌리엄스에게 결정적 요인은 자율성이다. 자율성을 가진 사람이 누구든 그가 승자다. 윌리엄스는 그 점을 이렇게 표현한다. "태아는 자신을 잉태한 여성과 똑같은 권리는 소유하지 않은 채 인간 생명이 될 수 있다. 그 여성에게 전권이 있다. 그녀의 생명과, 그녀의 환경과 건강에 적합한 것이 그녀 안에 있는 비자율적 개체의 권리를 자동으로 능가해야 마땅하다. 항상."

윌리엄스는 다음과 같은 아픈 글로 기사를 맺는다. "태아는 생명이다. 희생할 가치가 있는 생명."[48]

낙태를 지지하는 사람들은 과학에 의존하지 않는다. 이들은 만인이 평등하게 창조되었다고 말하는 독립 선언이 틀렸다는 **윤리적** 입장을 취했다. 윌리엄스는 "모든 생명은 평등하지 않다"라고 직설적으로 말한다. 조지 오웰(George Orwell)의 『동물농장』(*Animal Farm*)을 인용하면, 어떤 생명은 다른 생명보다 더 평등하다.

누가 자신들의 신념을 강요하는가?

낙태 논쟁은 국가는 윤리 문제에 중립을 지켜야 한다는 사람들과 자신의 신념을 타인에게 '강요하기' 원하는 사람들의 충돌로 그려질 때가 자주 있다. 하지만 이미 살펴보았듯이, 사람됨 이론은 중립과는 거리가 멀다.

몇 해 전에 어느 아이비리그 대학이 주최한 기독교 세계관 학회의 강연자로 초청을 받았는데 그 모임에서 일정한 패턴을 발견했다. 강연이 끝날 때마다 예외 없이 일부 학생이 표현만 다를 뿐 똑같은 질문을 제기했다. "우리가 기독교 세계관을 이야기하면, 다른 사람들에게 우리의 관점을 강요하는 것이 아닌가?" 교육을 잘 받았다는 아이비리그 학생들도 공공 영역에서 기독교적 관점으로 말하는 것은 불합리하며, 따라서 중립성과 객관성이라는 이상을 침해한다는 세속 이론을 받아들인 듯했다.

예상대로 내 강연 후에도 똑같은 질문이 나오자 나는 반박하는 질문을 던졌다. "**세속** 입장은 중립적인가? 세속 입장은 편파적이지 않고 객관적인가?" 물론, 그렇지 않다. 세속 입장은 몸에 대한 무신경한 실용적 관점(하층부)과 인격에 대한 주관적이고 임의적인 정의(상층부)를 나타내는 이층적 인간관에 의존하는데, 이는 논란의 여지가 많다. 이 중에 어떤 내용도 중립적인 것은 없다.

정부가 그런 세계관에 근거하여 정책을 지시할 때는 전체 사회에 세속 이념을 강요하는 것이다.

문제는 그런 세계관을 딱 떨어지게 구별하기 힘들다는 것이다. 아무도 생명 윤리 논란에 인간 본성에 대한 충돌하는 두 관점이 개입해 있다고 말하지 않는다. 오히려 사람들은 과학 대 종교, 사실 대 믿음 같은 틀에 박힌 문구를 내놓는다. 이런 표현들을 들으면, 모든 사람이 자신의 세계관을 확실히 표명하도록 밀어붙여야 한다. 그래야 비로소 정말로 자유롭고 열린 토론이 가능해지기 때문이다.

NPR이 이해하지 못한 것

한번은 샌프란시스코 공영 라디오 프로그램에 손님으로 초대되었다. 사전에 피디가 나를 인터뷰하여 낙태를 포함한 다양한 주제에 대한 내 견해를 확인했다. 그는 대부분의 사람이 "태아가 인격이 되기 전까지"는 낙태가 가능하다고 생각한다고 언급했다.

나는 "이 표현에는 막대한 철학적 사고방식이 뒤따른다"라고 지적했다. "몸을 인격의 외부에 있어서 얼마든지 소모할 수 있다고 여기는, 파편화된 인간관을 전제하기 때문이다. 이와 대조적으로, 낙태에 반대하는 이들은 인간 본성을 통합된 개체로 보는 전인적 관점을 견지한다. 곧 몸에도 고유한 가치가 있다는 뜻이다."

피디는 이 주장에 놀란 듯 아무 대꾸가 없었다. 그래서 내가 계속해서 말했다. "선택우선론은 배타적이다. 기준에 맞지 않는 사람이 있다고 말하기 때문이다. 그들은 기대에 미치지 못하고, 사람의 권리를 누릴 자격이 없다고 본다."

그와 대조적으로, "생명우선론은 포괄적이다. 인류의 일원이기만 하면 된다. 이 윤리 공동체의 온전한 일원으로 존엄성과 자격을 누린다."

며칠 후에 피디가 연락해서 방송 출연이 취소되었다고 전했다. 세상 사람들은 자기 관점의 탈인간적 함의를 받아들이기 힘들 수 있다. 나는 성경적 세계관이 다른 어떤 세속 세계관보다 자유주의의 고차원적 이상을 충족시켜 준다는 것을 보여주기 위해 "포괄적", "전인적" 같은 자유주의의 전문 용어를 사용했다.

젊은이들은 베이버 부머 부모 세대보다 이 사실을 더 잘 이해하는 듯하다. 연구 결과는 30세 이하 유권자들이 부모보다 더 생명우선론 성향임을 꾸준히 보여준다. 밀레니얼 세대의 51퍼센트가 낙태가 윤리적으로 잘못이라고 믿는 데 비해, 37퍼센트만이 낙태를 윤리적으로 허용할 수 있다고 말한다.[49] 그 이유는 밀레니얼 세대가 대체로 더 보수적으로 양육되었기 때문이 아니다. 이들이 낙태를 인권 문제로 이해하기 때문이다. 초음파 이미지가 흔한 세상에서 자란 그들은 자궁에서 눈으로 확인할 수 있는 아기에게 더 큰 동정심을 느낀다. 또한 이들은 과학적 문화에서 자랐기에 심각한 미숙아로 태어난 아기―길거리 낙태 클리닉에서 낙태를 당하는 아기들과 똑같은 나이―의 목숨도 살려 성장하게 해주는 신생아 의학의 기적을 목격했다.

어느 칼럼니스트가 적었듯이, 많은 밀레니얼 세대는 "태내 생명을 의도적으로 지우는 행위를 '생식의 자유' 행위라기보다는 무고한 피해자에게 가하는 폭력 행위로 여기는 듯하다."[50]

인권은 "기독교의 신화"인가?

이 무고한 피해자들을 보호할 지적 근거가 있는 유일한 세계관이 기독교다. 세속 사상가들도 그 점은 인정하는 편이다. 세계적인 베스트셀러 『사피엔스』(*Sapiens: A Brief History of Humankind*)의 저자 유발 하라리(Yuval Harrari)는 우리가 물리적 과정에 의한 생명의 진화를 받아들이면(그는 받아들인다) 인권에 대한 논리적 근거가 없다고 주장한다.

독립 선언과 "창조주가 부여한…… 빼앗을 수 없는 권리"라는 개넘을 생각해 보라. 하라리는 자연선택이 생물들 사이에서 가장 생존 가능한 변이를 추려 내는 과정이라고 주장한다. 따라서 진화 발전의 핵심은 평등이 아니라 차이다. "따라서 '평등하게 창조된'은 '다르게 진화한'으로 해석해야 한다."

물론 물질주의 세계관에는 인간에게 권리를 '부여하는' 창조주가 없다. 하라리는 "그 어떤 목적도 없는, 맹목적인 진화 과정만 있을 뿐이다"라고 쓴다. 생물체는 자신의 진화된 능력으로 할 수 있는 만큼만 한다. "새들이 나는 것은 날 권리가 있어서가 아니라, 날개가 있기 때문이다." 이 진화된 능력은 "빼앗을 수 없는 권리"가 아니다. 이 능력은 끊임없이 변하고 있다. 빼앗을 수 없는 권리에 대해서는 이쯤 해두자.

하라리는 인권 선언의 핵심 주장을 구문별로 조목조목 분석한다. 진화 물질주의에 따르면, 인류는 쾌락을 찾는 본능에 좌지우지되는 단순한 생물학적 유기체에 불과하다. 그는 평등권이라는 개념은 "기독교의 신화"에 지나지 않는다고 결론을 맺는다.[51]

진화 물질주의의 함의가 대중의 지성에 침투하면서, 자유 사회에서 누리던 권리들은 '신화'의 위치로 전락할 것이다. 그렇다면 그 권리는 누가 지킬 것인가?

아내가 남편에게 하는 말: 자기 행동에 책임을 져라

낙태 문제에서 사실상 인구 절반이 권리를 빼앗겼다는 사실을 잊어서는 안 된다. 남자들은 임신하지 않기 때문에 이 문제에서 어느 한쪽을 주장할 권리가 없다는 말을 반복해서 듣는다. 내 페이스북 페이지에서 있었던 어느 실시간 토론에서, 한 여성이 화를 내며 "나는 남자들과는 낙태 문제를 토론하지 않는다"라고 말하는 바람에 토론이 끝나 버렸다.

많은 남성들이 이 문제를 회피하는 데 만족한다. 루벤 나바레트 주니어(Ruben Navarrette Jr.)는 "나는 선택우선론을 지지했다"라고 썼다.

> 내가 남자라는 단순한 이유로 그런 결론에 다다랐다. 많은 사람들이 그것은 타당한 이유가 아니라고 말할 테지만, 그것이 내 이유다. 임신 능력이 없어서 내 여성 친구들처럼 임신 지속 여부 같은 괴로운 결정을 하지 않아도 된다는 것 때문에 나는 곁에서 구경만 하다가 인구의 나머지 절반에게 그 결정을 맡기기로 했다.[52]

이런 태도는 일견 겸손해 보인다. 하지만 나바레트는 중립을 유지하려는 자신의 시도가 실제로는 "'겁먹고 포기하는 것'이나 마찬가지"임을 알게 되었다고 말한다.

그가 마음을 고쳐먹도록 도전한 사람은 그의 아내였다. "아내는 낙태에 반대한다.……아내는 내가 남성이기에 여성들이 자기 몸으로 하는 일에 대해 스스로 선택할 수 있도록 여성들의 의견을 따르겠다는 주장을 곧이곧대로 믿지 않는다. 아내가 보기에, 그건 비겁한 행동이다." 나바레트의 아내는 남편에게 남자답게 책임을 지라고 말했다. "배 속 아기들이 죽어 가고 있다. 수백만 생명이 사라져 간다. 이 아이들을 보호하기 위해 목소리를 높여야 한다. 그게 남자가 할 일이다. 남자는 아이들, 자기 자녀와 다른 아이들도 보호한다. 남자

네 몸을 사랑하라

답다는 건 그런 뜻이다."[53]

남자다운 남자는 여성도 보호한다. 많은 여성들이 부모와 남편, 남자친구의 강압으로 원치 않는 낙태에 내몰리고 있다. 「의학 모니터」(*Medical Science Monitor*)의 한 연구에서, 낙태한 미국 여성의 64퍼센트는 "남들로부터 낙태하라는 강압을 느꼈다"라고 답했다. 54퍼센트는 자신은 "그 당시 결정에 대해 확신이 없었다"라고 답했고, 50퍼센트는 실제로 "낙태가 윤리적으로 잘못되었다고 느꼈다"라고 답했다.[54]

절반에 해당하는 여성이 낙태를 윤리적으로 잘못된 행동으로 믿는다.

같은 연구에서 78퍼센트의 여성이 낙태 이후 "죄책감"을 느꼈고, 56퍼센트가 "슬픔과 상실감을 느꼈다"라고 답한 것은 어찌 보면 당연하다. 내 수업을 듣는 크리스토퍼라는 학생이 이렇게 말했다. "나는 낙태가 **여성**에게 어떤 영향을 미치는지 알기 전에는 선택우선론 입장이었다. 주변에 낙태한 친구들이 몇 명 있다. 다들 낙태 전에는 낙태를 원했지만, 낙태 후에는 하나같이 후회했다. 인간 생명을 포기했다고 확신하게 되었다. 그들이 죄책과 우울에 시달리는 모습을 보면서 이 문제를 다시 생각하게 되었다."

남자답다는 것은 약한 자와 권리를 빼앗긴 사람, 소외 계층을 보호한다는 뜻이다.

더 중요하게는, 그것이 곧 그리스도인이 된다는 의미다. 그리스도인들은 약하고 힘없고 남을 의지하며 궁핍한 사람들을 보호하라는 성경의 명령 때문에 낙태에 반대한다. 예수님이 제자들에게 말씀하셨듯이, "지극히 작은 자"에게 한 일이 곧 그분께 한 일이다(마 25:40).

. . .

태아를 위한 정의

팀 켈러(Timothy Keller)는 "고대로부터 성경의 하나님은 다른 종교
의 신들과는 다르셨다. 힘없는 자들과 가난한 자들의 정의 편에 서는
하나님이시다"라고 말한다.[55] 성경은 하나님의 사랑이 아직 태어나
지 않은 존재를 포함하여 모든 인류에게 미친다는 것을 분명히 한다.
시인이자 예언자였던 다윗 왕은 그 점을 다음과 같이 감동적으로 표
현한다.

> 주께서 내 내장을 지으시며
> 나의 모태에서 나를 만드셨나이다.……
> 내가 은밀한 데서 지음을 받고
> 땅의 깊은 곳에서 기이하게 지음을 받은 때에
> 나의 형체가 주의 앞에 숨겨지지 못하였나이다.
> 내 형질이 이루어지기 전에 주의 눈이 보셨으며(시 139:13, 15-16).[56]

이와 비슷하게, 욥은 하나님이 생애 초기에 자신을 창조하셨다고 말
한다. "주의 손으로 나를 빚으셨으며 만드셨는데……피부와 살을
내게 입히시며 뼈와 힘줄로 나를 엮으시고"(욥 10:8, 11). 예레미야는
하나님이 자신이 태어나기도 전에 선지자로 부르셨다고 말한다. "여
호와의 말씀이 내게 임하니라. 이르시되 내가 너를 모태에 짓기 전에
너를 알았고 네가 배에서 나오기 전에 너를 성별하였고 너를 여러

네 몸을 사랑하라

나라의 선지자로 세웠노라 하시기로"(렘 1:4-5). 이 본문들은 하나님이 사람들이 태어나기도 전에 각자의 삶에 친밀하게 개입하셨음을 분명히 보여준다.

신약성경에서 누가는 태어나기도 전에 성령으로 충만함을 입은 한 아이에 대해 놀라운 이야기를 들려준다. 세례요한은 메시아의 오심을 선포하라는 특별 임무를 맡았다. 이 예언자의 임무를 위해 그는 (어머니와 함께) 어머니의 태에서 하나님의 영을 받았다. "엘리사벳이 마리아가 문안함을 들으매 아이가 복중에서 뛰노는지라. 엘리사벳이 성령의 충만함을 받아 큰 소리로 불러 이르되 여자 중에 네가 복이 있으며 네 태중의 아이도 복이 있도다. 내 주의 어머니가 내게 나아오니 이 어찌 된 일인가"(눅 1:41-43). 복중의 자그마한 배아를 이미 "내 주"라고 표현했다.

칼럼니스트 매트 월시(Matt Walsh)는 "**예수님도 태어나지 않은 아기였던 때가 있었다.** 그분이 오시기 전에 인간 생명의 신성함에 대한 질문이 있었다면, 그 질문들은 2천 년 전에 답을 얻었다"라고 썼다.[57]

반문화적으로 사는 법

낙태를 '지지하는 종교연대(Religious Coalition for Abortion Rights) 같은 자유주의 신학 단체들은 성경이 낙태를 금하지 않는다고 주장한다. 낙태에 반대하는 명확한 성경 구절이 없는 것은 사실이다. 성경 시대 유대인들은 낙태를 허용할 수 있다고 생각하지 않았고, 따라서 낙태를 불법으로 규정할 필요도 없었기 때문이다. 이들은 낙태를 살인의 한 형태로 여겼기에 살인을 금하는 율법만으로 충분했다.

하지만 초대교회 시대에 이르러서는 그리스도인들이 입장을 취해야만 했다. 다음 단락에서 살펴보겠지만, 그리스 로마 문화에서는 낙태와 영아살해가 일반적으로 받아들여지고 벌어졌다. 따라서 교부들이 이런 관습에 얼마나 강력하고도 한결같이 반대했는지에 주목할 만하다. 초기 기독교 문헌「디다케」(Didache, 주후 50-120년)는 "아이를 낙태하지도 말고, 출생 시에 죽이지도 말라"라고 말한다. 2세기「바나바 서신」(Epistle of Barnabas)은 "낙태로 아이를 살해하지 말지어다"라고 말한다. 순교자 유스티누스는 "우리는 신생아를 위험한 환경에 노출하는 것은 악한 일이라고 배웠다.……[그러면] 살인자가 되기 때문이다"라고 썼다. 아테나고라스(Athenagoras)도 "우리는 약물을 사용하여 낙태하는 여성들은 살인하는 것이라고 말한다.……[왜냐하면 우리는] 태아를 창조된 존재, 따라서 하나님이 돌보시는 대상이라고 여기기 때문이다"라고 썼다.

3세기 초에 터툴리아누스(Tertullianus)는 이렇게 썼다. "태어난 생명을 취하는지, 출생을 기다리는 생명을 파괴하는지는 중요하지 않다. 두 경우 모두 살인이다." 4세기 카이사레아의 바실리우스(Basilius of Caesarea)는 "태아를 고의로 죽이는 여성은 살인에 대한 책임을 져야 한다"라고 썼다. 요한 크리소스토무스(Johannes Chrysostomus)는 "어째서 하나님의 선물을 학대하고……출산의 공간을 살인의 공간으로 만드는가?"라고 물었다. 제롬(Jerome)은 낙태를 "태어나지 않은 아이를 살해하는" 행위라고 했다. 아우구스티누스도 "태어나지 않은 아이를 살해하는" 끔찍한 범죄에 대해 경고했다.[58] 기독교의 역사 기록은 낙태에 대한 한결같은 반대를 보여준다. 초기 그리스도인들은 그들 문화의 선례를 따른다는 의미에서 "보수적"이지 않았다.

오히려 이들은 급진적이었고, 반문화적이기까지 했다.

태아가 온전한 인격인지 우리가 확신하지 못한다 해도, 그렇게 확신이 서지 않을 때는 "관대한 정의"가 지나치다 싶을 정도로 생명을 보호하는 편으로 조언할 것이다. 다른 어떤 상황에서도 이런 태도를 취해야 한다. 우리가 교통사고를 목격했는데 피해자가 아직 살아 있는지 여부가 불투명하다면, "확실하지 않으니, 그냥 죽입시다"라고 말하지는 **않을** 것이다. 오히려 어떻게든 그 사람의 생명을 살리려고 애쓸 것이다. 낙태에도 똑같은 원리가 적용된다.

여성들이 기독교를 사랑하는 이유

하지만 초대교회가 그와 동시에 여성을 소중히 여기는 관점을 장려하지 않았다면, 낙태를 극복하지 못했을 것이다. 이것은 오늘날 교회에 매우 중요한 교훈이다. 기독교가 낙태에 반대하기 때문에 오늘날 비판자들은 교회가 여성의 권리에 적대적이라고 생각한다. 하지만 놀랍게도, 초대교회는 낙태와 영아살해에 반대했다는 이유로 여성들에게 **매력적으로** 비쳤다.

왜 그럴까. 낙태와 영아살해가 존속하는 사회는 여성을 비하하고 이들이 재생산에 독특하게 공헌하는 것을 존중하지 않는 사회다. 이런 사회는 여성의 임신과 출산을 놀라운 능력으로 대우하지 않고, 골칫거리와 약점, 장애로 여긴다. 아이를 낳을 수 있는 여성의 능력을 가치 있고 소중히 여기지 않고, 해로운 화학물질과 치명적 장치로 여성 내부의 생명을 파괴함으로써 여성의 몸의 기능을 억압하려 한다.

지금까지는 낙태가 어떻게 태아와 관련하여 몸에 대한 저급한 관점을 드러내는지에 대해 이야기했다. 하지만 이 문제에는 두 몸이 연관되어 있어서, 낙태는 여성의 몸을 존중하지 않는 태도도 드러낸다.

초대 기독교 교회 시대 로마 사회에는 이런 경시 태도가 흔했다. 종교사회학자 로드니 스타크(Rodney Stark)는 "그리스 로마 세계는 결혼을 얕잡아 보던 남성 문화였다"라고 말한다.[59] 그리스 로마 사회는 여성도 얕잡아 봤는데, 이는 높은 낙태율에서 부분적으로 드러났다. 이 시대에 낙태는 태아뿐 아니라 여성의 주요 살해 원인이었다. 영아살해도 널리 이루어졌다. 실제로, 플라톤과 아리스토텔레스, 키케로 등 고대 세계 주요 사상가들은 영아살해를 적법한 국가 정책으로 추천했다.[60]

인류학자들은 배수관에 버려진 갓난아기들의 작은 뼈 때문에 하수관이 막힌 곳들을 발견했다. 어느 뉴스 기사는 "로마 시대에는 산아 제한을 위한 영아살해가 드물지 않았다. 갓 태어난 아기는 '온전한 인간'이 아니라고 보았으므로 영아살해는 범죄가 아니었다"라고 설명한다.[61] 그런 아기들은 대부분 여아였다. 실제로 로마인 가정에 딸이 한 명 이상인 경우는 드물었다. 역사학자들은 주전 1세기에 로마 군인이 집에 있는 임신한 아내에게 보낸 편지를 발견했다. "남자아이면 살려 두고, 여자아이면 처리하시오(죽게 내버려 두시오)."[62]

이런 배경에서 기독교 교회는 여성을 높이 보는 관점이 남달랐다. 교회는 낙태와 영아살해를 금지하여 세상에 새 생명을 가져오는 여성의 기여를 격려하고, 그런 기여를 존중하고 보호할 가치가 있다고 여겼다. 여자아이들을 하수관에 버리지 않고 남자아이들과 똑같이 사랑하고 보살폈다. 초기 그리스도인들은 단순히 낙태를 정죄하는 것을 넘어서서 대안을 제공했는데, 버려진 아이들을 구조하고 입양했다.

우리는 전통적이라는 말로 기독교를 옹호해서는 안 된다. 기독교는 처음부터 당대의 전통에 **맞섰다**. 고대와 마찬가지로 오늘날에도 낙태와 영아살해는 주로 여아에게 해당한다. 성별 선택 낙태는 중국에서 인도까지 여러 나라에서 남초 현상을 불러왔다. 여아들은 영양실조와 방치로 죽는 확률도 높다. 성인 여성은 남편과 다른 친척들 손에 폭력과 죽음을 당하기 쉽다. 국제연합은 2억 명의 여성이 인구통계학적으로 실종된 것으로 추정한다.

누군가는 이런 현상에 "젠더사이드"(gendercide)라는 이름을 붙이기도 했다.[63]

이 문제를 다룬 한 다큐멘터리는 "세상에서 가장 치명적인 말은 '여자아이네요'라는 말이다"라고 했다.[64] 이 세상에는 여성의 가치에 대한 성경의 관점이 절실히 필요하다.

어떻게 고대 사회는 여성에게 '굴욕감'을 안겨 주었는가?

초대교회에서 여성이 기독교에 끌린 또 다른 이유는 성경의 성 윤리다. 성적 부도덕이 낙태와 영아살해가 필요해진 주원인이라는 사실은 비밀이 아니다. 혼외 성관계로 원치 않는 아이가 생긴다. 역사학자 마이클 고먼(Michael Gorman)은 그리스 로마 세계에서 "단연코 [낙태의] 가장 주요한 이유는 불법 성행위를 은폐하기 위해서였다"라고 말한다.[65] 성적 쾌락주의와 낙태 사이에는 확연한 직접적 상관관계가 있다.

성적 쾌락주의는 여성을 가치 있게 여기지 않는 관점의 또 다른 표현이다. 고대 그리스 로마 문화에서, 남편들은 (남녀 불문하고) 정부와 첩, 노예, 창녀와 성관계를 맺는 것을 당연하게 여겼다. 고대 아테네 속담에 "아내는 합법적 상속자를 낳아 주고, 창녀는 쾌락을 채워 준다"라는 말이 있었다. 로마에서는 창녀에게 거둔 세금이 왕실 금고의 상당 부분을 차지했다고 한다.[66] (아마도 그래서 예수님이 창녀들과 어울리시지 않았을까 싶다. 창녀가 너무 많기 때문에!)

난잡한 성행위가 신의 허가를 받았다고 여겨지기도 했다. 로마의 신들은 간통과 강간을 즐겼다. 호메로스(Homeros)의 『일리아드』(Iliad)에서 제우스의 아내 헤라는 제우스를 전장에서 빼내려고 유혹하기 위해 몸치장을 한다. 헤라가 얼마나 훌륭하게 일을 해냈던지 제우스는 헤라를 칭찬하려고 자신이 동침했던 다른 여성과 여신, 님프들의 목록을 훑으면서(동침한 남자들은 무시한다) 그 순간 헤라처럼 자신을 훌륭하게 유혹한 이는 없었다고 주장한다. 퍽이나 감동적이다.

대조적으로, 교부들은 남편들에게 노예나 창녀와 동침하지 말라고 촉구하는 설교를 썼다. 이런 관행을 뿌리 뽑기는 쉽지 않았다. 4세기의 요한 크리소스토무스는 결혼한 남성이 자기 종과 성관계를 맺으면 안 되는 이유를 여전히 가르치고 있었다. 결혼한 여성들이 견딘 고통을 다룬 어느 고대 기독교 논문에는 노예가 남편의 애정을 가로채는 "굴욕"도 포함되어 있었다.[67]

성노예를 강요당한 이 여종들의 굴욕감은 또 어떤가? 로마 시대에 가난하고 힘없는 여성에 대한 성폭력은 일상적으로 행해졌다. 이들은 사회적으로 비인격으로 간주되었으므로 이들이 침해받을 법적 권리는 없다고 여겼다. 5세기부터 기독교 지도자들은 마침내 성노예에 반대하는 법을 통과시키기에 충분한 정치적 영향력을 행사하기 시작했다. 교부들은 이 죄를 "강압된 죄"라고 했다. 많은 여성들

네 몸을 사랑하라

(과 남성들)에게 선택권이 없는 상황에서 어떻게 교회가 성적인 죄에 반대하는 설교를 할 수 있겠는가? 노예가 주인의 성적 접근을 거부하는 것은 죽음을 뜻했다. 어느 역사학자는 고대 사회 기독교화의 가장 믿을 만한 지표는 성노예라는 불의에 대한 인식이라고 지적한다. "매춘이 고대 성문화의 중심이었기에……그 불의를 점진적으로 인식하는 것이 기독교화의 특별한 지표다."[68]

이런 역사적 사실을 곱씹어 보자. 기독교가 얼마나 한 사회에 깊이 침투했는지를 알 수 있는 가장 믿을 만한 지표가 성노예의 불법화 여부였다. 성노예와 성매매가 널리 퍼지고 있는 오늘날, 현대 그리스도인들은 자신들의 풍요로운 윤리적·인도주의적 유산을 회복해야 한다. 서양 세계가 기독교 이전의 윤리성으로 퇴보하고 있는 때에 예수님을 따르는 이들은 다시 한 번 반문화적인 사람들이 되어야 한다.

"공용 침대 대신 공용 식탁"

기독교가 여성들에게 매력적이었던 다른 이유에는 무엇이 있을까? 고대 사회에서는 많은 사람들이 사랑 때문에 결혼하지 않았다. 사회적 지위나 재산권, 법적 상속자 등을 염두에 두고 배우자를 선택했다. 이와 대조적으로, 신약성경은 남성들에게 "자기 아내 사랑하기를 자기 자신과 같이 할지니"라고 가르쳤다. 남편의 '머리 됨'을 자기를 희생하신 그리스도의 사랑을 본보기로 한 자기희생으로 재정의했다 (엡 5:25-33). 남편은 이혼으로 아내를 포기해서는 안 되었다. 신체적으로나 정서적으로나 아내를 학대해서도 안 되었다. "남편들아, 아내를 사랑하며 괴롭게 하지 말라"(골 3:19).

노예나 창녀를 찾지 말고 자기 아내와 정기적으로 성관계를 유지하라고 남편들에게 적극적으로 명령했다. "서로 분방하지 말라. 다만 기도할 틈을 얻기 위하여 합의상 얼마 동안은 하되 다시 합하라"(고전 7:5).

신약성경은 (여성뿐 아니라) 남성에게 배우자에게 충실해야 한다고 가르쳤는데, 이는 고대 세계에는 신선한 충격이었을 것이다. 기독교는 남편이 간음을 저지르면 아내에게 **잘못하는** 것이라고 가르쳤기 때문에 철저하게 구별되었다. 예수님이 "이르시되 누구든지 그 아내를 버리고 다른 데에 장가드는 자는 본처에게 간음을 행함이요. 또 아내가 남편을 버리고 다른 데로 시집가면 간음을 행함이니라"(막 10:11-12). 이런 공평한 대우는 혁명적이었다. 베스 펠커 존스는 당시에는 "남성은 간음을 저지를 수 없다고 생각했다"라고 설명한다. "'빼앗기거나 망가진다'고 여긴 것은 재산에 해당하는 여성의 몸이었다." 예수님은 "몸, 특히 여성의 몸을 사고파는 전체 시장 경제에 도전하신다. 간음은 재산권 범죄가 아니다. 인류를 향한 하나님의 의도를 침해하는 행위다……예수님은 한 몸 연합 가운데 남성과 여성을 획기적으로 평등하게 하신다."[69]

마찬가지로, 바울도 이방 문화에서는 들어보지 못한 균형을 명령했다. "남편은 그 아내에 대한 의무를 다하고 아내도 그 남편에게 그렇게 할지라. 아내는 자기 몸을 주장하지 못하고 오직 그 남편이 하며 남편도 그와 같이 자기 몸을 주장하지 못하고 오직 그 아내가 하나니"(고전 7:3-4). 이런 말은 전에는 결코 들어본 적이 없었을 것이다.

바울은 이 본문에서 선택이 아니라 의무를 말하고 있다고 강조하기 위해 법률 용어를 빌려 온다. 여기서 결혼의 "의무"라는 단어는

네 몸을 사랑하라

일반적으로는 현금 부채를 가리킨다. "주장"에 해당하는 단어는 국가의 권한을 포함했다. "분방"이라는 단어는 일반적으로는 "사취"나 "지불 거절"을 뜻했다.[70] 바울은 고대 세계에서 남성의 성적 자유를 전적으로 허용했다는 점은 상관하지 않았다. 교회에는 새로운 법이 있었다. 남성도 여성과 똑같이 배우자에 대한 정절과 독점권을 지켜야 했다. 여성이 남편의 몸을 "주장할" 수 있다는 말씀을 눈여겨보라. 얼마나 파격적인지 오늘날에도 이 말씀을 온전히 실천하는 사람은 소수에 불과할 것 같다.

바울은 이 본문에서 결혼의 상호성을 다시 한 번 묘사한다. "장가간 자는……어찌하여야 아내를 기쁘게 할까 하여……시집간 자는……어찌하여야 남편을 기쁘게 할까 하느니라"(33-34절). 이 상호성이 너무 완전하다 보니 일부 교부들은 앞부분을 불신하기도 했다. 장가간 자가 자기 아내를 기쁘게 하려고 신경 써야 한다는 말은 농담이었다고 말이다.

아내를 남편의 법적 재산으로 간주하던 시절에 바울의 글은 파격이었다. 바울서신은 여성의 지위를 고양함으로써 기독교 이전 시대에 표준이었던 이중 기준에 심각한 타격을 주었다. 또한 성경 윤리는 성을 결혼 관계에 한정함으로써 낙태와 영아살해의 필요성을 줄여 주었다. 아이들은 이들을 사랑하고 보살피는 데 헌신한 가정 가운데 태어났다.

「디오그네투스에게 보내는 편지」(*The Epistle of Mathetes to Diognetus*)라는 2세기 문헌은 그리스도인과 이방 세계를 구분해 준 놀라운 행동들을 요약해 준다. "그들은 자식을 낳지만, 자녀를 죽이지는 않는다. 이들에게는 공용 침대 대신 공용 식탁이 있다."[71]

얼마나 급진적인가.

그러니 여성들이 기독교로 몰려든 것도 당연하다. 스타크의 말대로, "그리스도인 여성은 결혼의 안정감과 평등성을 이방 이웃들보다 훨씬 더 많이 누렸다. 기독교 하위문화 내에서 여성들이 그리스 로마세계 여성 전반보다 더 높은 지위를 누렸기 때문에 기독교는 굉장히 매력적이었다."[72]

그때나 지금이나 성을 대하는 그리스도인의 태도는 우리가 주변세상에 보여줄 수 있는 가장 중요한 증거다. 그리스도인은 여성을 존중하고 어린이와 약자를 보살피는 가정 공동체를 세우도록 부름받았다.

· · ·

여성에 대한 진짜 전쟁

고대부터 낙태와 영아살해, 성적 방종을 허용하는 사회는 여성을 경시하는 사회라는 법칙이 있다. 언뜻 보기에 현대 사회에는 이 법칙이들어맞지 않는 듯하다. 서양 사회는 이런 관습을 받아들이고도 여성들이 세상에서 가장 큰 권리와 기회를 누리고 있지 않은가 말이다.

그렇긴 하지만, 거기에는 엄청난 대가가 따른다. 경제학자 제니퍼 로백 모스(Jennifer Roback Morse)는 "전문가 여성들이 그동안 해온 거래가 있다"라고 쓴다.[73] 높은 수준의 교육과 전문성을 얻기 위해 여성들은 산아 제한으로 자신의 생식력을 억제해야 한다. 아이를 낳기 가장 좋은 시기에 독한 화학약품으로 임신 가능성을 억제한다.

(세계보건기구는 호르몬 피임약을 "1종 발암물질"로 분류한다.) 모든 피임 방법은 실패할 확률이 있기에 여성들은 대비책으로 낙태에 의존할 수밖에 없다. [구트마허 연구소(Guttmacher Institute)의 통계에 따르면, 낙태 여성의 절반 정도가 피임하는 동안 임신했다고 주장한다.][74]

여성들은 교육이나 경력에서 밀리지 않기 위해서는 정서적 헌신이 없는 가벼운 관계를 통해 "성욕을 충족하라"라고 강요당한다. 기자 해나 로진(Hanna Rosin)은 대학 시절에 "여성들은 헌신하지 않고 성적 모험을 즐기……고 미래의 성공에 방해가 되지 않는 임시 관계에 들어갈 수 있는 세상에 살면서 큰 혜택을 받는다"라고 (만족하는 듯이) 쓴다.[75]

문제는, 여성이 어느 정도 경력을 쌓았다고 생각할 때는 다수가 생식력이 쇠퇴하여—성병에 걸리는 경우도 있다—자신이 원하는 가정을 꾸릴 수 없다는 사실을 발견한다는 것이다. 그제야 이들은 고가의 불임 치료를 받거나 윤리적으로 문제가 있는 대리모 임신 같은 방법을 써 보지만 결과가 실망스러울 때가 많다. 낙태 경험이 있는 여성은 임신하더라도 조산 같은 합병증으로 고생할 확률이 높다. 이 아이들은 신생아 중환자실에서 몇 개월을 보내게 된다.[76]

과연 **이것이** 여성을 위하는 길인가?

모스는 자신의 경험을 바탕으로 글을 쓴다. 그녀는 경력을 쌓으려고 결혼과 출산을 미루었는데, 원할 때는 정작 아이를 가질 수 없다는 사실을 알게 되었다. 모스와 남편은 여러 해 동안 불임으로 고통받다가 해외에서 아이를 입양했다. 그녀는 젊은 여성들이 "냉소적인 거짓말에 속아 넘어가고 있다"라고 결론짓는다. 이들은 결혼과 모성을 진지하게 생각할 수 있으려면 우선 경력을 쌓아야 한다는 사회의 명령을 받아들였다. "이들은 언젠가는 어떻게든 '다 가질 수 있다'라고 기대하면서, 가장 임신하기 좋은 시기에 스스로를 경력에 팔아넘기고 있다는 사실을 깨닫지 못한다."[77]

미국 직장의 이상적인 노동자 기준은 이른 연령에 맞춰져 있었는데, 그 시기 남자들은 대개 혼자 사는 사람처럼 직장에서 일할 수 있었다. 아내가 전업주부로 요리와 장보기, 집 관리, 자녀 양육까지 도맡았기 때문이다. 오늘날에도 똑같은 기준이 적용되고 있어서, 여성도 전문가가 되려면 혼자 사는 남자처럼 일할 수 있어야 한다. 많은 젊은 여성들이 임신 때문에 경력에서 밀려날까 봐 두려워한다.

이 문제는 내게도 해당했는데, 신학교에 있을 때 첫아이를 임신했기 때문이다. 나는 내 깊은 열망을 채울 수 있는 유일한 길을 학계에서 발견했기에, 학교를 그만두고 아이를 키우는 일은 마치 블랙홀에 떨어지는 것처럼 느껴졌다. 나중에야 내가 엄마 역할에 만족하는 것을 알게 되었지만, 그 당시에는 임신에 심각한 양가감정을 갖고 있었다. 남편은 직장 생활에서 잃을 게 **없어** 보였기에 내게만 유독 불공평한 것 같았다. 여성이 자신의 공적 생활과 경력을 포기함으로써 산업화 사회에서 감내해야 할 희생은 많은 사람들이 임신과 양육을 부정적으로 바라보고 낙태에 의지하게 되는 주요한 이유다.[78]

대학과 직장에서 어머니와 아버지가 모두 더 나은 일/가족 균형을 찾도록 관심을 갖는 것이 더 나은 해결책일 것이다. 1950년대의 이상적인 노동자 기준은 신성불가침이 아니기에, 그 기준이 더는 효과가 없을 때는 그것을 지켜야 한다는 강박을 느낄 필요가 없다. (그 기준은 당시에도 딱히 건전하다고만 볼 수는 없었는데, 자녀들이 아버지와 친밀한 관계를 맺기 힘들었기 때문이다. 아버지들이 집에 있을 때에도 '아버지 결핍증'이 흔했다.)

모스는 다음과 같이 요약한다. "지금까지 우리는[여성들은] 대학과 시장에 자신의 몸을 맞추어 왔다. 우리는 자신의 몸을 존중하여, 대학과 시장이 우리와 우리 몸에 맞추어야 한다고 요구해야 한다."[79] 즉, 여성들에게 독한 화학물질(피임약), 폭력적인 행동(낙태), 실험실 기반의 외과적 불임 시술로 자신의 몸을 괴롭혀서 독신 남성을 위해 마련된 진로에 맞추라고 요구하지 말고, 어머니든 아버지든 부모들을 지원해 줄 수 있는 진로를 계획해야 한다.

여성의 몸을 존중하는 사회는 좀 더 유연성 있는 진로를 만들어서 여성들이 생물학적으로 최상의 상태일 때 가정을 꾸릴 수 있도록 도울 것이다. 가족의 책임을 감당하기에 적합한 교육과 직업 유형을 만들 것이다. 그렇게 할 때 낙태의 주요 동기를 줄일 수 있다.

상처받은 자를 환영하기

교회가 다시 한 번 여성을 가치 있게 여기는 장소로 알려지는 것도 중요하다. 낙태 거부는 태아뿐 아니라 어머니에 대한 존중을 표현하는 방법이다.

내게는 둘의 관련성이 기독교로 개종하기 전에도 확실했다. 십대와 청년 시절, 나는 자연식품과 자연 출산, 천연 섬유 의복 같은 히피 운동에 공감했다. 낙태에 윤리적으로 반대하지는 않았다. (그리스도인이 되고 난 후에도 낙태가 윤리적으로 잘못되었다는 것을 이해하기까지 꽤 시간이 걸렸다.) 하지만 낙태를 대안으로 고려하지는 않았는데, 낙태가 몸의 자연스러운 과정에 폭력적으로 개입한다고 보았기 때문이다. 나는 여성 몸의 생리 기능을 거스르지 않고, 그와 **함께** 일하고 싶었다. 출산은 날카로운 도구와 생명을 죽이는 화학물질로 공격해야 할 질병이 아니라, 건강한 생물학적 기능이다. 결국 나는 생명우선 페미니스트(Pro-Life Feminists)라는 단체에 가입했다. 진정한 페미니즘은 여성의 몸과 재생산에서의 독특한 역할을 지지하고 확인하고 존중해야 한다는 믿음 때문이었다.

교회는 낙태 문화라는 냉소주의에 상처받은 이들을 위한 보호소로 알려지기 위해서도 애써야 한다. 낙태한 여성들은 그리스도인들에게도 낙태 이야기를 하기 두려워하는 경우가 많다. 니콜이라는 내 학생은 기독교 대학에 다닐 때 기숙사 방에서 전 남자친구에게 강간을 당했다. 임신 사실을 알게 된 니콜이 맨 처음 한 생각은 '교회 사람들이 어떻게 생각할까? 우리 가족을 피하지는 않을까?'였다고 한다. 겁에 질린 그녀는 가능한 가장 빠른 날짜에 낙태 시술을 잡았다. 지금까지 니콜은 교회 내 아무에게도 그 이야기를 털어놓지 못했다.

"그리스도인들은 낙태한 여성보다 유죄 선고를 받은 죄인에게 더 너그러울 겁니다." 니콜의 말이다. "과장처럼 들릴 수도 있지만, 한번 생각해 보세요. 많은 교회들에서 교도소 사역을 하고 있지만, 낙태 여성을 위한 사역이 있는 교회는 몇이나 되던가요?"

아이러니하게도, 니콜은 낙태할 당시에 낙태 반대론자였고, 지금도 그렇다. 교회에서 거절당할 것을 확신한 나머지 자신의 윤리적 신념까지 무시할 정도니 얼마나 안타까운 일인가. 교회가 여성들에게 어떤 메시지를 전달하고 있기에 많은 여성들이 자신들을 가장 잘 도울 수 있는 사람들에게 다가가기를 두려워하는가?

랙래: "우리 일부가 죽어 버렸어"

낙태에 상처받은 남자들은 어떨까? 임신 센터에서 일한 경험이 있는 내 학생 해나 자르(Hannah Zarr)는 아내나 여자친구와 동행한 아버지들의 절망에 대해 이야기해 준다. 손으로 머리를 감싸고 바닥을 응시하던 한 남자는 해나에게 비밀을 털어놓았다. 자신은 아이를 낳고 싶었는데 여자친구가 원치 않았다고 했다. "그 사람이 계속 물었어요. 여자친구가 낙태를 결정하면, 자기가 할 수 있는 일은 뭐냐고요." 법적으로는 아버지가 할 수 있는 일이 아무것도 없다. 가족계획연맹 대 댄포스(Danforth) 소송(1976년)에서 대법원은 배우자의 동의를 거부했고, 가족계획연맹 대 케이시(Casey)의 소송(1992년)에서는 배우자의 통보를 거부했다.

해나는 "절망으로 가득한 그 사람의 눈을 들여다보면서, 그가 자기 아이의 생명과 관련해서 법적으로 아무 결정권이 없다는 것이 얼마나 불공평한지 깨달았습니다. 그 점은 그 아이도 마찬가지였죠. 하지만 그는 아이를 보호할 방법이 달리 없었어요"라고 말했다.[80]

아내나 여자친구에게 낙태를 강요한 남자들도 나중에 후회할 수 있다. 그래미 어워드를 수상한 힙합 가수 랙래 무어(Lecrae Moore)는 2002년에 자신이 여자친구에게 낙태를 권했다고 공개적으로 인정했다. 당시에 그는 기독교로 개종했지만, 여전히 약물과 섹스에 빠져 살고 있었다. 그는 여자친구를 낙태 클리닉에 데려다주면서, 자신의 행동이—그의 표현을 따르면—"네 생명보다는 내 생명을 선택하겠다"라는 표현이라는 것을 알았다. "굿, 배드, 어글리"(Good, Bad, Ugly)에서 그는 이렇게 노래한다. "나는 내 시간에 너무 이기적이었어/내 꿈이 살아남지 못할까 봐 두려웠어/그래서 그 클리닉에 그녀를 데려다주었지/그날, 우리 일부가 죽어 버렸어."[81]

랙래는 수년 후에야 지금의 아내인 여성과 결혼을 준비하면서 자신의 죄책감을 대면하게 되었다. "나는 그 모든 일에 대한 죄책감과 회한, 수치심으로 말 그대로 무너져 내렸어요. 그것이 내 치유 과정의 출발점이었습니다."[82] 낙태는 오늘날 아프리카계 미국인의 사망원인 중 1위다.[83]

다음에 교회 예배에 참석하면, 교인들을 둘러보면서 남녀 불문하고 그중에 낙태의 영향을 받은 사람이 얼마나 될지 생각해 보라. 어떻게 하면 이들에게 소망과 치유의 성경 메시지를 전할 수 있을까? 존 파이퍼(John Piper)의 말대로, "복음은 우리에게 어떻게 살아야 하는지 가르치지만, 우리가 마땅히 살아야 할 길로 살지 못했을 때 우리를 구출해 주기도 한다."[84]

다행히도, 레이첼의 포도원(Rachel's Vineyard)과 비밀에 항복하기(Surrendering the Secret)처럼 창의적인 그리스도인들이 낙태를 후회하는 이들을 위한 회복 프로그램을 시작하여 틀을 깨고 있다. 그럼에도 낙태의 영향을 받은 사람들의 숫자는 현재 도움을 받고 있는 사람들의 숫자를 훨씬 넘어선다.[85]

"당신에게는 말할 권리가 없어"

낙태에 대한 또 다른 창의적인 반응으로는 문제가 있는 임신을 겪고 있는 사람들을 지원해 주는 임신 센터가 있다. 이 센터들은 임신부와 그 자녀들에게 실제적 도움과 사회적 지원, 재정 지원, 의류, 아동 돌봄을 제공한다.

종교가 없는 내 친구가 한번은 화가 나서 이렇게 말한 적이 있다. "너 같은 생명우선론자들은 임신한 여성을 기꺼이 지지하고 그들을 지원하기 전까지는 낙태에 대해 말할 권리가 없어." 하지만 그의 요구는 이미 수용되었다. 미국에는 낙태 클리닉보다 거의 두 배에 달하는 낙태 반대 임신 센터가 있다.[86] 이 센터는 대부분 그리스도인이 운영한다. 여성에게 관심이 많다고 주장하는 세속 사람들이 쉽지 않은 임신에 직면한 여성들에게 실제적인 도움을 주는 문제에서는 막상 나서지 않고 있다.

2016년에 미시간주 하원의원 리 챗필드(Lee Chatfield)의 아내 스테파니 챗필드(Stephanie Chatfield)가 낙태 사실을 공개적으로 밝혔다. 그녀의 남편은 익명의 정보원이 그의 신빙성을 떨어뜨릴 목적으로 낙태 사실을 공개할 계획이라는 제보를 받았다. 그래서 스테파니가 직접 그 사실을 밝히기로 한 것이다.

그녀는 페이스북에 올린 글에서, 고등학생이던 십대 시절에 파티에서 과음했다고 말했다. "그날 밤 기억이 대부분 없습니다만, 다음 날 아침의 내 모습과 몸 상태로 판단하건대 누군가에게 이용당했다는 것을 알았습니다. 3주 후에 임신 사실을 알게 됐어요." 그녀는 아무에게도 말하지 않았다. "부끄럽고 두려웠습니다." 일주일 뒤, 그녀는 낙태했다.

오늘날 그녀는 그 결정이 "인생 최악의 결정"이라고 말한다. "문제를 벗어나려는 안이한 해결책이었어요. 하지만 이후로 수개월, 아니 수년간 감당하기 힘든 죄책감에 시달릴 줄은 몰랐죠.……그 사실은 나를 계속 쫓아다녔어요. 그 때문에 울고, 그 때문에 때로는 거울을 보기조차 힘들었어요."

결국, 그녀는 자기 부모와 그 당시 전 남자친구였던 지금의 남편에게 사실을 털어놓았다. 그들은 "하나님이 그 아들 예수 그리스도를 통해 넘치도록 주시는 온전한 용서와 은혜……그리스도가 십자가에서 나를 대신하여 내 죄의 짐을 지셔서 내가 영생을 얻을 수 있다"라는 복음으로 그녀를 받아 주었다.[87]

스테파니는 페이스북 글에서 계획하지 않은 임신을 맞닥뜨린 젊은 여성들에게 말한다.

> 우리 지역에는 여러분 같은 여성들을 돕기 위한 목적으로 존재하는 위기 임신 센터가 있습니다. 거기 가서 도움을 받으세요. 아무도 여러분을 판단하지 않습니다. 오히려 사랑과 용서를 받을 수 있습니다. 용기를 내세요. 손을 내밀어 도움을 청하세요![88]

교회가 투명함과 치유의 장소로 알려졌을 때 얼마나 큰 치유의 잠재력이 있을지 생각해 보라. 많은 사람들이 그리스도인은 남들은 깔보면서 스스로 거룩하다고 주장하는 사람들이라는 인상을 가지고 있다. 우리는 교회가 스테파니 같은 사람들이 자기 이야기를 나누고 다른 사람들을 격려할 수 있을 정도로 안전하게 느끼는 장소가 되도록 힘써야 한다.

행동하는 사랑: 베이비 박스

그 사이에 지구 반대편에서는 한 목사가 버려진 아기들을 살리는 창의적인 방법을 발견했다. 노동자들이 사는 서울의 구석진 한 동네, 어느 집 벽에 작은 상자를 만들어 넣었다. 상자 바깥에는 손글씨로 이렇게 쓰여 있다. "불가피하게 아이를 돌보지 못하거나 키우지 못할 처지에 있는 미혼모 아기와 장애로 태어난 아기를 유기하거나 버리지 말고 여기에 넣어 주세요." 이 상자 옆에는 분홍색과 파란색이 섞인 담요가 있고, 종이 매달려 있어서 상자를 열면 울리게 되어 있다.

이곳은 장로교 목사 이종락 씨의 집인데, 그는 2009년부터 지금까지 600명이 넘는 아동의 생명을 구했다. 이 목사 부부가 열 명(한국에서 입양이 가능한 최대 인원)을 입양했고, 그다음에는 다른 사람들에게 입양을 주선했다.

상자 위쪽에는 시편 27:10이 새겨져 있다. "내 부모는 나를 버렸으나 여호와는 나를 영접하시리이다."

이 목사 부부는 뇌 손상이 심한 아이를 낳고 나서부터 장애 아동에게 관심을 갖게 되었다. 이 일은 꼬리에 꼬리를 무는 질문을 불러일으켰고, 그의 기독교 신앙을 재고하게 만들 정도였다. "하나님께 왜 제게 장애가 있는 아이를 주셨느냐고 물었죠."

하지만 그는 무력한 아들을 돌보면서 생명의 소중함을 확신하게 되었다. 유아기의 대부분을 병원에서 보내면서 장애가 있는 자녀를 둔 다른 가족들을 격려하기 시작했다. 이 목사에 따르면, 한국인들은 기형아를 국가적 수치로 여긴다고 한다. 성형수술이 머리 자르는 것만큼이나 흔한, 완벽함에 중독된 사회라서다.[89]

하지만 영아 유기는 한국만의 문제가 아니다. 2016년에는 미국 인디애나주 우드번의 우드번 소방서에 미국 최초의 베이비 박스가 설치되었다. 인디애나주 세이프 헤이븐 법(Safe Haven Law)에 따르면, 아기 엄마는 출산 후 30일 이내에 아이를 계속 키울지, 아니면 아무런 질문도 받지 않고 당국에 아이를 양도할지 결정할 수 있다.

어머니가 베이비 박스에 아이를 넣으면, 자동으로 잠기고 당국에 연락이 간다. 그러면 3분 내에 응급요원이 도착해서 아이를 돌본다.

너무나 자연스럽게도, 세이프 헤이븐 베이비 박스 단체를 세운 사람은 자신이 영아로 버림받은 여성이었다. 지금은 위기에 처한 아기 엄마들을 위해 다른 주에서도 추가 장소를 지원하고 있다. 모니카 켈시(Monica Kelsey)는 "저는 태어난 지 2시간 만에 생모에게서 버림받았어요. 그리스도가 유기된 아동들의 삶을 구하는 프로그램에 저를 사용해 주셔서 영광으로 생각합니다"라고 말한다.[90]

물론 최상의 시나리오는 베이비 박스가 필요 없는 날이 오는 것이다. 그때까지는, 원치 않는 아이로 버림받은 존재도 하나님이 보시기에는 큰 가치가 있다는 사실을 그리스도인들이 세상에 보여주는 한 가지 방법이 될 수 있다.

고대 세계 그리스도인들은 인도주의적인 노력이 남달랐다. 아이와 노예, 과부와 고아, 병자와 노인, 원치 않고 버려진 사람들을 돌보았다. 서양이 기독교 이전 사회로 퇴보하고 있는 오늘날, 우리는 다시 한 번 담대하고 확신 있게 일어설 준비가 되어야 한다. 비인간적 영향을 미치는 사람됨 이론 배후의 세계관에 맞서서 성경의 고차원적 인간관을 표현할 실제적인 방법을 찾아야 한다.

인구 노령화가 시작되어 점점 더 많은 노인 인구를 돌보게 되면서, 사람됨에 대한 질문은 새로운 국면을 맞고 있다. 게다가 첨단 기술은 새로운 윤리적 도전을 제기하고 있다. 다음 장에서는 안락사와 우생학, 줄기세포 연구, 배아 판매 같은 현상을 분석하면서 생명을 주는 기독교적 대안을 제시하려 한다.

3.
친애하는 소중한 유권자께

당신은 더는 인간 자격이 없다

SF 작가 필립 딕(Philip K. Dick)은 그의 여러 단편소설이 영화화된 것
으로 유명한데, 그중에는 『블레이드 러너』(*Blade Runner*), 『마이너리
티 리포트』(*Minority Report*), 『토탈리콜』(*Total Recall*) 같은 작품이 있
다. 하지만 그에게 대중의 혹평과 논란을 안겨 준 이야기는 따로 있다.
『전 인간』(*The Pre-Persons*)이라는 작품이다.[1]

딕은 1973년 대법원의 로 대 웨이드 판결 직후에 이 이야기를 썼
는데, 사람됨을 규정하는 것이 얼마나 어려운지 강조하는 것이 그의
목적이었다. 앞서 2장에서 보았듯이, 일단 사람됨이라는 개념이 생
물학과 분리되면 선을 그을 객관적인 방법은 없다. "이 시점까지는
단순한 인간이지만, 이제부터는 마술처럼 인격으로 변했습니다"라
고 논리적으로 말할 수 있는 지점은 없다.

덕이 허구로 그린 미국에서는, 아이를 합법적으로 낙태할 수 있는 나이가 계속해서 높아졌다. 처음에는 임신 초기에만 낙태가 합법이었다가 나중에는 임신 후기에도 가능해졌고, 그 후에는 낙태 압력단체에서 신생아도 처리할 수 있다고 주장했다.

이야기 속 등장인물은 "하지만 그렇다면, 대체 어디서 최후의 선을 그어야 하는 거지?"라고 혼잣말을 한다. "아이가 처음 미소를 지을 때? 처음 말을 하거나 좋아하는 장난감을 향해 손을 뻗을 때?"

입법자들은 임의대로 정한 한 지점에서 다음 지점으로 계속해서 그 선을 조정하다가 결국에는 적절한 나이를……열두 살로 결정했다. 고등 수학을 할 수 있는 나이다. 이때가 인격으로 자격을 갖출 만한 인지 능력이 생기는 때라는 것이다. "그전까지는 신체, 동물적 본능과 신체, 자극에 대한 동물적 반작용과 반응에 불과했다. 마치 파블로프의 개처럼."

그렇다면 12세 이전의 아동은 전 인간이어서 무슨 이유로든 죽일 수 있었다. 부모가 더는 아이를 원치 않는다고 정하면, 지역 낙태 센터에 전화를 걸었다. 그러면 개를 포획하는 사람처럼, 차량을 보내서 아이를 데려다가 안락사시켰다. 이 과정을 산후 낙태라고 불렀다. 이 차량은 아이스크림 트럭 같은 음향 시설도 갖추어서 유치원 노래들을 틀곤 했다. 이야기의 첫 부분을 조금 읽어 보자.

……월터는, 사이프러스 숲을 지나 다가오는 흰색 트럭을 보고는 그것이 무엇인지 즉시 깨달았다. 그는 생각했다. '저건 낙태 트럭이야. 누군가 아이를 잡아서 산후 낙태 시설로 보내려고 온 거야.'

그리고 그는 생각했다. '어쩌면 **우리** 부모님이 부른 걸지도 몰라. **날**

잡아가게 하려고.'

그는 달려가 블랙베리 덤불에 숨었다. 가시에 긁혀 아프기는 했지만, 허파에서 공기를 빼서 죽이는 것에 비해서는 훨씬 나을 것이라고 생각했다. 그들은 그런 식으로 작업을 수행했다.……그 일을 하는 커다란 방이 있었다. 누구도 원하지 않는 아이들이 가게 되는 곳이었다.[2]

요점은 생물학과 분리된 사람됨은 아무런 객관적인 기준이 없는 임의 개념이라는 것이다. 결국 어떤 집단이든 가장 힘 있는 사람들이 국가를 수단으로 인격에 대한 정의를 강요할 것이다. 태아가 인격이 아니라면, 이미 태어난 아이는 어떤가? 장애가 있는 사람은 어떻게 되는가? 불치병에 걸린 사람은 어떻게 되는가? 정신 질환자는? 노인은?

궁극적으로는 모든 사람이 위험에 처한다. 이야기의 주인공은 곰곰이 생각한다. "이제 어린아이들이 정원에 앉아서 존재하지 않는 보호를 받고 있는 양 애써 용감하게 노는 모습을 보고 있자면 가슴이 찢어지는 것 같아."[3] 인간의 지위가 권리를 충분히 보장하지 못한다면, 우리 모두는 아무에게도 보장되지 않은 안전을 소유한 척하는 이 어린아이들과 같다.

그리스도인들이 공공 광장에서 윤리 문제를 주장할 때는 종종 비난을 받듯이 자신의 가치관을 다른 이들에게 강요하려는 것이 아니다. 권력과 통제권을 추구하는 것도 아니다. 오히려 모든 사람에게 유익을 끼치는 방식으로 인권을 보호하려는 것이다. 이 장에서는 처음에는 낙태에 적용된 사람됨 이론이 어떻게 해서 안락사에서부터 배아 판매, 줄기세포 연구, 동물권, 유전공학, 우생학에 이르기까지 수많은 다른 이슈에도 적용되고 있는지 살펴볼 것이다. 사람됨 이론은 오늘날 인간 생명의 존엄성을 가장 크게 위협하는 개념이다.

안락사 트럭

필립 딕은 『전 인간』을 디스토피아 소설로 의도한 것이 틀림없다. 하지만 인간의 삶이 예술 작품을 따라갈 때가 많다. 2015년 영국 칼럼니스트 케이티 홉킨스(Katie Hopkins)는 안락사 차량을 요구하기 시작했다. 홉킨스는 인터뷰에서 이렇게 말했다. "요즘 노인이 너무 많아요. 개도 잠재울 수 있는 나라에서 사람은 안 된다는 게 우습지 않나요?" 그녀가 제안한 해결책은 무엇인가? "아주 쉬워요. 아이스크림 트럭 같은 안락사 차량이 집까지 와 주는 거예요."

홉킨스는 일부러 도발하는 언어를 사용하고 있지만, 짐짓 진지하기도 하다. "아주 멋질 거예요. 좋은 음악도 틀고요. 진심으로 하는 말이에요. 저는 안락사 차량을 아주 진지하게 생각하고 있습니다."[4]

그럴 거라고 믿는다.……그녀의 집 앞에 그 차가 오기 전까지는.

음악을 트는 아이스크림 트럭을 언급한 내용을 보니 그녀가 "전 인간"을 읽지 않았나 하는 생각이 든다. 아니면, 그냥 신문 기사를 봤는지도 모르겠다. 지난 몇 년간 네덜란드에는 이미 안락사 차량이 등장했다. 죽을 권리를 인정하는 어느 네덜란드 단체에서 이동식 안락사 서비스를 제공한다. 여러 팀이 전국을 돌면서 조력 자살을 윤리적으로 거부하는 의사의 환자들에게 치명적 약물이나 주사를 배달한다. 비판자들은 이들에게 "이동식 죽음반"이라는 별명을 붙여 주었다.

어떤 사회가 한 세계관을 받아들이면, 논리적 결과가 나타나기 마련이다. 그 과정은 빠르거나 느리게 진행할 수 있지만, 우리는 하나님의 형상대로 지음받은 합리적 존재이기에 자신의 확신이 함의하는 바를 살아 내는 경향이 있다. 2장에서 보았듯이, 이층적 이원적 세계관은 처음에는 배 속 아기들에게 적용되었다. 태아를 비인격으로, 연구와 실험에서 소모하고 폐기할 수 있는 만만한 대상으로 선언했다. 하지만 오늘날 생명 윤리학자들은 똑같은 탈인간화 논리를 이미 태어난 이들에게도 적용하기 시작했다.

사람됨 이론에 따르면, 인간의 존엄성은 삶을 의식적이고 의도적으로 통제할 수 있는 능력에 있다(상층부). 장애가 있는 환자가 질병이나 부상으로 정신적 통제력을 잃어버리면, 사람됨은 사라진다. 그 환자가 여전히 살아 있고 인간이라 하더라도 말이다(하층부).

예를 들어, 생명 윤리학자 대니얼 칼라한(Daniel Callahan)은 환자가 "사고하고, 감정을 소유하고, 관계를 맺는 능력"을 잃어버리면 "더는 '인격'으로 불릴 수 없고……몸뚱아리에 불과하다"라고 말한다. 그 시점에서 칼라한은 "생명의 신성함"이라는 원칙이 더는 적용되지 않는다고 결론을 맺는다.[5] 모든 장치를 끊고, 치료를 중단하며, 음식도 제공하지 않고, 장기도 채취할 수 있다.[6]

안락사에 적용된 사람됨 이론

인격
자율성과 통제를 행사한다

몸
얼마든지 폐기 가능한 물질

물론 의료 전문가들은 심각한 환자를 다룰 때는 항상 어려운 결정을 내려야 했다. 최선의 원칙은 지나치다 싶을 정도로 생명을 택하는 것이다. 하지만 특정 의료 처치가 생명을 살리느냐, 아니면 죽음을 연기할 뿐이냐의 여부는 개인적 해석일 수 있다. 최선의 치료에도 불구하고 환자의 장기가 모두 멈추고 있다면, 의료적 개입은 죽음의 과정을 연기하는 것에 불과하다. 그런 경우에는 고통스러운 외과적 형태의 의료 개입을 중단하는 것이 환자에게 더 인간적인 돌봄을 제공할 것이다.

하우어워스가 언급한 대로, "죽이는 것과 죽게 내버려 두는 것에는 차이"가 있다.[7]

하지만 그런 실제적 고려 사항만이 생명 윤리학을 움직이지는 않는다. 세계관도 영향을 준다. 피터 싱어는 "그런 사람됨 개념은 호모 사피엔스 종의 일원에 대한 개념과는 동떨어져 있다. 생명을 폐기하는 것이 잘못인지를 결정할 때 가장 중요한 것은 종의 일원 개념이 아니라 사람됨 개념이다"라고 주장하면서 이원적 세계관을 표현한다.[8] 다시 말해, 인간이라는 종의 일원이라는 것만으로는 생명권을 가진 인격의 자격이 부족하다. 추가 기준과 일정 수준의 정신 기능을 충족해야 한다. 그 기준을 충족하지 못하면, 당신은 그저 물질 조각에 불과하다. 당신의 몸은 실험에 사용되고 장기 채취에 이용되며 비용 편익 분석에만 사용될 뿐이다. 생명 윤리학자 톰 비참(Tom Beauchamp)은 "많은 인간들이 사람됨이라는 특징이 부족하거나 온전한 인간에 미치지 못하기에……인간 연구 대상이나 장기 공급원으로 적극적으로 사용될 만하다"라고 쓴다.[9]

우리 시대에는 싱어나 비참 같은 세속 생명 윤리학자들이 병원

정책을 세우는 의사들과 법을 제정하는 입법자들, 소송에서 판결하는 판사들, 우리 부모와 친척들—궁극적으로는 우리 자신—의 문제에 결정을 내리는 보건 전문가들에게 영향을 미친다. 따라서 세속 생명윤리학의 중심에 있는 사람됨 이론을 깊이 있게 살피는 것은 매우 중요하다.

다윈이 제시한 죽음의 길

2장에서 우리는 이층적 세계관의 발전에서 핵심 전환점이 다윈의 진화론이었음을 알게 되었다. 그러니 처음에 낙태와 안락사를 요청한 선도적 인물 중 다수가 다윈주의 지지자였던 것은 당연하다. 그중 많은 이들이 장애나 유전적 결함이 있는 사람들과 "천한" 인종으로 간주된 사람들을 제거함으로써 인류를 개선하려 한 우생학을 옹호했다. 대중은 우생학과 나치주의를 연결하는 경우가 많지만, 실제로는 나치 정권 이전에도 여러 서양 사회에서 우생학을 실시하고 권장했다.

19세기 독일의 생물학자 에른스트 헤켈(Ernst Haeckel)은 다윈의 이론을 공공연히 홍보하여 명성을 얻었다. 그의 견해에 따르면, 장애인을 돌보는 현대 문명은 적자생존의 진화 원리에 개입하는 것이다. 그는 출생 직후에 장애가 있는 유아를 죽인 "스파르타인과 아메리카 원주민의 예"를 따르도록 촉구했다. 장애가 있는 성인에 대해서도 안락사를 권장했다.[10]

신대륙에서도 다윈주의로 인해 많은 유력 사상가들이 낙태와 안락사를 받아들이게 되었다. 어느 역사학자는 "초기 안락사 운동 역사에서 가장 중심이 되는 전환점은 다윈주의의 미국 상륙이었다"라

고 기록한다.[11]

예를 들어, 많은 사람들이 『야성의 부르짖음』(*The Call of the Wild*) 같은 잭 런던(Jack London)의 유명 소설에 익숙하다. 하지만 그들이 모르는 사실이 있는데, 런던은 안락사와 우생학을 적극 지지했다. 그는 젊은 시절에 찰스 다윈의 작품들을 읽으면서, 어느 역사학자가 급진적 물질주의로의 "개종 체험"이라고 부른 체험을 했다.[12] 마치 그리스도인들이 성경을 암송하듯이, 그는 다윈의 책에 나오는 긴 단락들을 줄줄 외워서 인용할 수 있었다.

런던은 1901년에 쓴 단편소설 『생명의 법칙』(*The Law of Life*)에서 이동이 잦은 그의 부족이 눈 속에 죽도록 버리고 간 늙은 에스키모를 묘사한다. 늑대 떼가 그를 잡아먹으려고 가까이 다가오는 동안, 노인은 결국 진화란 생명체에 오로지 한 가지 과제, 곧 종이 계속 생존할 수 있도록 재생산하는 과제만 부여한다는 것을 곰곰이 생각해본다. 그 후에 개인이 죽는다면, "결국 무슨 상관이 있는가? 이것이 생명의 법칙이 아닌가?"[13]

이 이야기는 인류에게는 순수한 생물학적 생존 이상의 고차원적 목적이 없다는 주제를 뼈저리게 느끼게 해준다. 생물학적으로 유용한 기간보다 더 오래 산 사람들은 기꺼이 죽을 수 있어야 한다.[14]

1921년에 가족계획연맹을 설립한 마거릿 생어(Margaret Sanger)도 다윈의 제자였다. 현대 페미니스트들은 그녀를 산아 제한 운동 초기 인물로 존경하지만, 많은 사람들이 그녀가 사망 통제(안락사)도 권장했다는 사실은 알지 못한다. "이성의 통제하에 한 존재를 생명에 **들여온다면**, 같은 통제하에 한 존재를 생명의 **출구**로 안내해야 한다." 그녀는 "대가족이 자기 가족의 영아들에게 해줄 수 있는 가장

자비로운 행동은 그 아이를 죽이는 것"이라고 썼다.[15]

올리버 웬델 홈즈 주니어(Oliver Wendell Holmes Jr.)는 미국 역사상 가장 존경받는 대법원 판사 중 한 사람이다. 그런 그도 안락사와 우생학을 지지한 열렬한 다윈주의자라는 사실을 알면 많은 이들이 놀란다. 그는 여러 주에서 우생학을 촉진하려고 제정한 강제 불임 수술법을 지지하면서 악명 높은 벅 대 벨(Buck v. Bell) 판결(1927년)을 내렸다. 그는 개인 서신에서 "검사를 통과하지 못한 유아의 죽음"을 지지하기도 했다. 홈즈는 "기준에 못 미치는 사람들을 죽일 준비가 되지 못한 사람들"에 대한 "경멸"을 대놓고 표현했다.[16]

안락사를 지지한 또 다른 사람으로는 클래런스 대로(Clarence Darrow)가 있다. 그는 1925년 스코프스(Scopes) 재판에서 다윈주의를 지지한 유명한 법정 변호사였다. 많은 사람들이 영화 「침묵의 소리」(Inherit the Wind)를 통해 그의 이름을 안다. 대로는 영아살해를 지지하면서, "부적합한 아동은 클로로포름으로 마취해야 한다. 그 아이들에게는 살기에 적합하지 않은 짐승들을 대할 때와 같은 자비를 보여주라"라고 사람들에게 촉구했다.[17]

기독교가 '악한' 이유

다윈주의를 통해 우생학을 지지하는 여러 선도적 사상가들이 탄생한 이유는 무엇일까? 다윈의 이론은 인간을 신체의 고통과 쾌락에 좌우되는 물질적 유기체로 축소하는 물질주의 철학의 중요한 과학적 증거로 자주 여겨진다. 저널리스트 존 즈미락(John Zmirak)이 설명하듯이, 물질주의에 따르면 인간은 "고통이나 쾌락이 위치하는 단순한 잠재적 장소에 불과하다. 우리가 사람들의 쾌락을 보장해 주지 못한다면, 최소한 그들의 고통을 끝내 줄 수는 있다."[18] 이들의 고통을 끝내는 유일한 길이 생명을 끊는 것이라 해도 말이다.

그 당연한 결과는, 그런 환경에서 생명을 취하는 것을 금지하는 윤리, 특히 기독교 윤리를 금해야 한다는 것이다. 어쨌든 도덕 원리는 물질적이지 않다. 보거나 듣거나 무게를 재거나 측정할 수 없다. 그래서 물질주의 철학은 윤리는 실재하지 않는다고 결론을 내린다. 환상에 불과하다는 것이다. 사실상 고통을 피하고 쾌락을 강화하려는 인간 유기체의 욕구에 지나지 않는 것을 위장하는 겉치레일 뿐이다.

아이러니하게도, 실제로는 열성적인 물질주의자도 결국 이원론 형태로 끝난다. 물질주의자들은 이층적 은유를 사용하기 위해 과학으로 알 수 있는 물질의 관점에서 실재를 엄격하게 정의하면서 하층부에 "살려고" 애쓴다. 하지만 논리적으로는, 법적 보호를 받을 만한 온전한 인격과 죽여도 처벌을 받지 않는 인격 이하의 존재를 구별하는 선이 있다고 결정해야 한다. 그렇지 않다면, 누구든 죽여도 괜찮다고 생각할 것이다.

따라서 가장 철저한 물질주의자라 하더라도 논리적으로는 암묵적인 사람됨 이원론에 따라 작동해야 한다. 이들은 생물학적 유기체인 소모용 인간(하층부)과 권리와 자유를 지닌 인격(상층부)을 구분할 수밖에 없다. 어떤 행동에는 거기에 내재한 나름의 논리가 있는데, 안락사의 논리는 인간을 두 층으로 구분하는 것이다.

• • •

누구를 살리고 누구를 죽일 것인가?

1968년에 사람됨 개념을 가장 먼저 명시적으로 제안한 이들은 하버드 의대에서 만난 의사와 교수 13인으로 구성된 집단이었다. 이들은 환자의 사망 시점을 정하기 위해 "하버드 기준"(Harvard criteria)이라는 것을 제안했다. 과학 저널리스트 딕 테레시는 그 과정에서 "하버드 기준은 이 논쟁을 생물학에서 철학으로 바꾸어 놓았다. 심장이 다시 뛰지 않거나 숨을 쉴 수 없거나 세포가 죽으면 죽는 것이 아니라, '사람됨이 손실될' 때 죽는 것이다"라고 말한다.[19]

문제는 사람됨이라는 개념이 어떤 객관적 실재에 근거하지 않는다는 것이다. 대부분의 사람은 뇌파 검사가 뇌사 여부를 결정한다고 생각한다. 그렇지 않다. 1971년에, 뇌사 판정을 받은 일부 환자들에게서 여전히 뇌파가 잡히는 것을 발견해서 더는 뇌파 검사가 필요 없게 되었다. 요즘 의사들이 사망을 결정하는 데 사용하는 방법은 매우 다양하다.[20] 1장에서 보았듯이, 로널드 크랜포드 같은 의사들은 질문에 대답하고 전동 휠체어를 타고 병원을 돌아다니는 의식이 있는 환자들이더라도 '인격'이 아니기 때문에 음식 공급을 중단해야 한다고 주장했다.

테레시는 죽음이 "사회적 구성이 되었다. 우리는 사람을 단념하는 것이 편리할 때 그렇게 한다.…… 의사들은 누구를 살리고 누구를 죽일지를 두고 의학적 판단이 아니라 윤리적 판단을 내린다"라고 결론을 내린다.[21]

담당 의사가 더는 인격이 아니라고 판단한 환자는 그것으로 끝이다.

여론 조사에 따르면, 많은 일반인들이 그 용어에 익숙하지 않는데도 사람됨 이론을 받아들인다. 그 말은, 이들이 자기 삶의 가치가 자율성과 통제를 실행하는 능력에 달려 있다는 개념을 받아들인다는 뜻이다. 전형적으로, 조력 자살 옹호자들은 극심한 통증에 대한 인간의 두려움을 파고드는 공포 전략을 사용한다. 하지만 놀랍게도, 조력 자살을 합법화한 사법권에서 죽음을 선택하는 대부분의 사람들이 경험하는 것은 통증이나 고통이 **아니다.** 한 연구에 따르면, 사람들은 "자아와 능력, 삶의 질 소실"을 가장 두려워하고, 그런 일이 생기면 "남에게 짐이 될까 봐" 두려워하는 것을 발견했다.[22]

이와 비슷하게, 또 다른 연구는 치명적 처방을 위해 의사를 찾는 대다수가 통제력 상실을 두려워하는 것을 발견했다. 그들은 "자율성 상실"(91퍼센트)과 "활동 제한"(89퍼센트) 같은 이유들에 표시했다. 심신을 쇠약하게 만드는 고통(24퍼센트)이나 의료비 걱정(3퍼센트) 등 우리가 대체로 기대할 법한 이유에 표시한 이들은 소수에 불과하다.[23]

이런 조사 결과는 세속 사회가 통제와 자율성을 잃어버리면 삶의 가치가 없다는 개념을 사람들에게 성공적으로 주입했음을 보여준다.

2015년에 질 파라오(Gill Pharaoh)라는 75세 여성이 자녀들과 자신을 사랑한 파트너를 두고 조력 자살 클리닉에서 생을 마감했다. "노년이 즐겁지 않다"라는 이유에서였다. 이 여성에게는 심각한 건강 문제도 없었다. 오히려 "인생을 즐기고 있다"라고 말할 정도였다. 하지만 그녀는 시간이 흐르면서 "도움이 많이 필요한 단계로" 악화

될까 봐 걱정했다.[24]

요즘 사람들이 언젠가 '도움'이 필요해질 때를 두려워한다는 사실은 매우 충격적이다. 우리는 두려워서 힘들어 하는 사람들 곁을 지켜 주면서, 그들이 독립성과 생산성을 잃게 되더라도 돌봄과 존경을 받을 만한 가치 있는 인격체임을 알려 주어야 한다. 자살 상담센터에서 일하는 내 학생 앨리슨 들롱(Alison Delong)은 이렇게 말한 적이 있다. "저는 매주 사람들이 삶을 포기하지 않도록 설득하는 데 많은 시간을 보냅니다. 그들 인생이 여전히 가치 있다고 말해 주죠. 사람들이 특정한 방식으로 기능할 수 있어야 자신이 중요한 존재라고 생각한다는 사실에 마음이 무너집니다."

미래에는 그 결정이 우리 손을 벗어날지도 모른다. (자발적 안락사라고도 하는) 조력 자살이 합법인 주에서는 일부 환자들이 값비싼 의료비를 피하려고 삶을 포기하라는 압력을 받았다는 이야기도 나온다. 오리건주에서는 치료비보다는 조력 자살이 더 저렴하다는 이유로 암 환자들에게 조력 자살을 권유했다는 보도가 몇 차례 있었다. 항암제가 한 달에 3,000~6,000달러라고 하면, 치사 약제는 35~50달러 정도다.[25]

의료비를 줄일 수 있는 가장 손쉬운 방법이 의사 조력 자살이라는 데는 의심의 여지가 없다. 인간 생명의 내재적 가치를 보지 못하면, 비용과 편익이라는 실용적 계산의 지배를 받게 되는 것은 당연하다.

자발적 안락사가 더는 자발적이지 않게 되는 셈이다.

의료 전문가들이 자살 예방에서 자살 촉진으로 이동하는 모습을 보는 일은 참으로 안타깝다. 죽을 권리 운동은 안락사를 동정심으로 포장하지만, 인간 생명을 소모용으로 폄하하는 것은 동정심이 아니다. '동정심'(compassion)이라는 단어는 말 그대로 "함께 고통받는다"(com=함께, passion=고통)라는 뜻이다. 진정한 동정심은 상대를 대신하여 기꺼이 고통받으려는 마음이다. 상대를 보살피는 부담을 짊어질 만큼 사랑한다는 뜻이다.

인간이 기계에 불과하다면, 플러그를 뽑으면 되지 않는가?

사전에 동의할 수 없는 상태에서의 **비**자발적 안락사는 어떤가? 환자가 스스로 결정을 내릴 만큼 의식이 명료하지 않다면, 그 자체가 이들이 더는 인격이 아니라는 뜻으로 받아들여진다. 피터 싱어는 정신기능이 심각하게 망가진 이들은 "한때는 인격이었지만" 더는 아니기 때문에 안락사 후보라고 주장한다. "이들의 삶에는 내재적 가치가 없다.…… 생물학적으로는(biologically) 생존해 있지만, 사연이 있는(biographically) 생존은 아니다."[26]

심지어 조셉 플레처는 생명 윤리를 학대 형태로 바꾸기까지 한다. "의미 없는 삶의 연장은 자유와 지식, 침착함, 통제력, 책임 같은 인격적 특징을 희생하면서 인격의 윤리적 지위를 공격하는 것이다."[27]

예술도 이 문제를 다루고 있다. 미니멀리즘 작곡가 스티브 라이히(Steve Reich)의 오페라는 과학자들의 녹음을 나란히 놓은 오페라 대본으로 인간 생명에 대한 다양한 위협을 탐색한다. 유명한 무신론자 리처드 도킨스는 인류는 "우리 유전자가 창조한 기계"라고 말한 것으로 알려져 있다. 그 즉시 생물학자 로버트 폴락(Robert Pollack)은 논리적 결론을 끌어낸다. "나는 기계에서 플러그를 뽑을 때 아무런 죄책감을 느끼지 않는다."[28]

인간이 기계로 축소된다면, 누가 플러그를 뽑는 데 반대하겠는가?

이런 이야기는 단순히 논쟁 대상인 추상적 윤리 문제에 그치지 않는다. 나는 이 책에 나오는 주제들로 강의 초청을 자주 받는데, 안락사 문제를 다룰 때면 거의 여지없이 참석자 중 누군가가 울기 시작한다. 강연 후에 그들과 이야기를 나누면서, 부모나 조부모의 생사와 관련하여 아주 힘든 결정을 내린 적이 있음을 알게 된다.

한 강연에서는, 어느 우아한 흑인 중년 여성의 눈가에 눈물이 고인 것을 보았다. 자신을 에블린이라고 소개한 그녀는 아버지가 심장 문제로 입원해 있지만 죽어 가는 상태는 아니라고 설명했다. 그런데도 의사들은 때가 되었다고 결정을 내렸다. 안타깝게도, 에블린이 집을 비운 상태에서 의사들이 다른 가족들을 설득하여 치사 약제 주입에 동의하게 했다. 에블린은 급히 전화를 걸어 자신이 집에 돌아갈 때까지 결정을 미루어 달라고 사정했지만, 너무 늦어 버렸다. 집에 도착하니 아버지는 이미 돌아가신 후였다.

인권을 지지하는 유일한 근거는 독립 선언에 나오는 "모든 인간은 평등하게 창조되었다"라는 신념이다. 장애 여부나 나이와 상관없이 말이다. 성경적 세계관은 장애인은 그저 장애가 있는 **인격**이라고 말한다. 성경적 인간관은 전인적이고 육체적이어서 몸을 인격이 구체화된 것으로 다룬다. 밀랜더의 표현대로, 생명 윤리에서 인간의 몸을 다룰 때는 "우리가 인격이라고 아는 장소"를 다루고 있다고 끊임없이 주지시킨다.[29]

안락사 지지자들은 사람됨이 오로지 고차원적 정신 기능으로만 구성된다고 사실상 말하는 셈이다. 몸은 인격체인 우리 정체성의 일부가 아니라는 뜻이다. 하지만 뇌 기능에 근거한 사람됨이라는 개념은 매우 취약하다. 나의 사람됨은 피질이 제대로 기능하지 못하는 순간에 끝날 수도 있다. 대조적으로, 성경적 관점은 훨씬 더 탄력적이고 지속적이다. 의사 존 와이어트(John Wyatt)는 "기독교적 사고에서는 미래에 무슨 일이 생기든, 어떤 질병이나 사고가 중추신경계를 망가뜨리든, 심지어 치매에 걸리거나 식물인간 상태가 된다 해도, 당신은 하나님이 아시고 사랑하시는 독특하고 아름다운 인격으로 남을 수 있다"라고 쓴다.[30] 자신의 가치를 증명하거나 우리 삶에 가치가 있다고 남을 설득해야 한다는 압박이 사라진다.

종말에 몸이 구속될 때 마침내 각 인간 존재의 아름다움과 위엄을 깨닫게 될 것이다. 하지만 그 종말론적 관점으로 사람들을 보는 훈련은 지금부터 시작할 수 있다. 신학자 데이비드 하트(David Hart)의 표현을 빌리면, 우리는 다음과 같이 인식하는 법을 배울 수 있다. "아무리 초라한 사람이라 하더라도—다시 말해, '결함이 있는 사람'이나 '멍청이', '유전적으로 열등한 사람'조차도—모든 인간의 깊은 곳에는 영광이 숨어 있어서, 말할 수 없이 고귀하고 화려한 아름다움과 존엄과 능력이 드러나길 기다리고 있다. 우리가 지금 그것을 볼 수 있다면, 우리에게 숭배나 공포를 불러일으킬 것이다."[31]

당신의 관점을 강요하지 말라

자유주의자들은 이런 말을 자주 한다. "낙태에 반대하면, 하지 마세요. 조력 자살에 반대하면, 하지 마세요. 하지만 당신의 관점을 남들에게 강요하지는 마세요." 언뜻 보면, 일리가 있는 듯하다. 하지만 자유주의자들이 이해하지 못한 것이 있는데, 모든 사회 관습은 이 세상이 어떠한지에 대한 특정한 가정 곧 세계관을 전제한다는 점이다. 한 사회가 특정한 관습을 받아들일 때는 그것이 정당화하는 세계관도 함께 흡수한다.

그래서 낙태와 안락사 같은 문제는 단순히 개인의 사적 의사 결정에 국한되지 않는다. 그런 문제들은 어떤 세계관이 우리 공동의 삶을 형성할지를 결정한다.

다른 문제들을 고려해 보면 그 연관성이 더 확실해진다. "살인이 맘에 안 듭니까? 그러면 사람을 죽이지 마세요. 노예제도가 맘에 안 듭니까? 그러면 노예를 소유하지 마세요. 하지만 나한테 하지 말라고 하진 마세요." 아무도 그렇게 주장하진 않는다. 개인에게 사람을 죽이거나 노예 삼을 권리를 허용하는 것이 특정한 세계관, 곧 어떤 사람의 생명은 소모성이라서 법적으로 보호할 가치가 없다고 전제할 수밖에 없음을 알기 때문이다.

마찬가지로, 낙태나 안락사를 인정하는 것은 사람됨 이론을 암시할 수밖에 없다. 어떤 사람의 생명은 소모성이어서 법적으로 보호할 가치가 없다는 것이다. 사회가 그런 세계관을 흡수할 때 궁극적으로는 모든 사람에게 생사가 달린 영향을 미치게 된다. 어느 지점에서 잘라 낼지는 임의적이고, 그에 따른 탈인간화는 모든 사람을 위험에 빠뜨린다. 그리스도인들이 성경적 세계관의 진리를 주장할 때는 모든 사람을 위한 인권과 존엄성을 보호하려는 것이다.

• • •

인간 채취

이층적 이원론이 세속 윤리학에서 하는 핵심 역할을 좀 더 확실히 이해하기 위해서 인간 배아 연구부터 시작하여 뉴스 머리기사를 정기적으로 장식하는 몇몇 문제들을 추가로 살펴보자. 이층적 사고에서 인간 배아는 인격이 아니라 생물학적 개체에 지나지 않는다. 따라서 실용적 계산에 따라 사회에 유익이 된다면, 윤리적 의미를 고려하지 않은 채 얼마든지 배아를 파괴할 수 있다. 많은 사람들이 새로운 의학 치료법 연구를 위해서라면 인간 배아를 다른 천연자원처럼 배양하고 채취하고 특허를 받고 팔 수 있다는 개념을 받아들이게 되었다.

하지만 이층적 이원론을 거부한다면, 사람됨은 모든 발달 단계에서 생물학적 인간과 연결될 수밖에 없다. 배아 파괴는 윤리적으로는 어른을 죽이는 것과 흡사하다. 2장에 나오는 모든 낙태 반대 주장이 실험실 배아 파괴에도 똑같이 적용된다.

더 심각한 문제는, 대체로 배아 연구가 배아 파괴라는 직접적인 의도로 인간 생명을 만들어 낸다는 점이다. 배아가 제대로 된 인격인지 확신하지 못하는 사람들도 이 부분에서 곤란을 느끼는 경우가 많다. 사람은 어떤 외부의 목적에 부응할 때만이 가치가 있는 것이 아니라, 본질적으로 가치 있는 존재로 대우받아야 한다는 것이 기본 윤리 법칙이다. 혹은 일상 대화 언어로 표현하면, 사람을 **이용하는** 것은 잘못이다.

예를 들어, 칼럼니스트 찰스 크라우트해머(Charles Krauthammer)는 "나는 종교가 없다. 수정 단계에 사람됨이 부여된다고 믿지 않는다. 하지만 인간 배아가 도덕적으로 손거스러미와 동일하고, 맹장 정

네 몸을 사랑하라

도의 존중을 받을 만하다고 믿지도 않는다"라고 쓴다. 그렇다면 우리는 어디에 선을 그을 수 있을까? 크라우트해머는 "오로지 연구 목적을 위한 인간 배아의 의도적 배양을 금지하는 확실한 선"그어야 한다고 제안한다. 그것은 "인간 생명(잠재적 인간 생명이라 할지라도)을 목적이 아닌 수단으로 삼지 말라는 정언 명령을 명백히 위반하는 행위다."[32]

웨슬리 스미스는 더 간결하게 반대 의사를 표현한다. "아무리 초기라 해도, 인간 생명을 콩처럼 재배 가능한 단순한 천연자원으로 다루는" 것은 심각한 비인간화다.[33]

언어도 세계관의 변화를 반영한다. 아버지에게서 자녀로 생명이 전달되는 것을 강조한 고대 이스라엘에서는 "아비가 되다"(to beget)라고 번역된 동사를 사용했다. 생명의 발전에서 창조주의 중요성을 인지한 기독교 세계는 "낳다"(to procreate)라는 동사를 사용했다. 그렇다면 현대에는? "재생산하다"(to reproduce)라는 공장과 기계 언어를 사용한다. 우리가 이 과정을 실험실로 넘기고 "재생산 기술"에 대해 이야기할 때는 생명을 우리 마음대로 제어하고 개조하는 상품으로 취급하는 것을 강조한다. 그러면 체외에서 인간을 **만드는** 사람들은 얼마든지 그 존재를 **파괴할** 자격이 있다고 느낀다. 기술의 산물, 즉 우리 마음대로 할 수 있는 물체로 다룬다. 생명이 시장성 있는 재화로 축소되고 있다.[34]

아이러니하게도, 배아 줄기세포 연구는 필요하지도 않다. 성인 줄기세포 연구가 더 좋은 결과를 가져올 때가 많다. 예를 들어, 2016년 「워싱턴 포스트」 기사는 연구자들을 경악하게 한 어느 연구를 보도한다. 연구자들은 골수에서 채취한 성인 줄기세포를 뇌졸중 환자들의 뇌에 주입했다. 스탠퍼드 대학교 신경외과 과장 게리 스타인버그(Gary Steinberg) 교수는 "이들의 회복은 손가락을 움직이지 못하던 사람이 움직이게 되는 것 같은 최소한의 회복이 아니었다. 그보다 훨씬 의미가 있었다. 휠체어를 타던 71세 노인 환자가 다시 걷게 되었다"라고 말했다. 이 연구의 긍정적 결과는 "뇌 손상과 관련한 핵심 신념, 곧 그것이 영구적이고 회복 불가능하다는 것"에 도전한다.[35] 성인 줄기세포 사용은 좋은 결과를 얻으려고 배아를 파괴하는 데서 비롯되는 윤리적 문제들을 피할 수 있다.[36]

장기 채취용 아기 농장

신체 장기로 사용하려고 낙태한 아기들을 채취하는 문제는 어떤가? 우리가 태아를 사물로 비인간화하면, 자연스럽게 이런 질문이 따른다. 비닐봉지와 유리병을 재활용하듯이, 태아에게서도 혜택을 좀 받으면 어떤가? 코미디언 사라 실버맨(Sarah Silverman)은 미국의 "낙태 합법화" 이후로 "태아 조직을 과학과 교육에 활용하지 않으면 미친 짓이다"라고 주장했다. (비판하는 이들은 가스실이 나치 독일에서 합법화된 이후로 인간 피부를 전등갓에 활용하지 않으면 미친 짓이었을 것이라고 반응했다.)[37]

일단 인간 채굴 개념을 수용하면, 그다음 단계는 태아 조직의 노골적 판매다. 생명 윤리학자 제이콥 아펠(Jacob Appel)은 "여성에게 임신을 중단할 근본 권리가 있다면, 중단된 임신의 산물을 자신이 적절하다고 생각하는 대로 사용할 권리가 있지 않겠느냐?"라고 주장한다. 이 여성이 거기서 경제적 혜택을 얻으면 좀 어떤가? "많은 여성들이 그 판매 대금을 대학 학자금이나 자녀 양육에 활용할 것이다."

아펠은 다음과 같은 예측으로 마무리한다. "운이 좋다면, 언젠가는 과학 연구의 발달로 태아를 키워 자신의 장기로 활용할 수 있는 인공 '자궁' 농장이 가능해질 것이다."[38]

법에서 사람이나 장기를 사고파는 행위를 금지하는 이유를 다시 한 번 되새겨 봄 직하다. 1988년에 뉴저지 대법원은 다음과 같이 밝혔다. "문명사회에서는 돈으로 살 수 없는 것이 있다.……사회가 노동력이든 사랑이든 생명이든 살 수 있는 재산을 보장하는 것보다 더 중요하게 여기는 가치가 있다."[39] 이 뉴저지 소송은 대리모 사건을 다루었는데, 법원은 그것이 유아 판매의 일종이므로 불법이라고 판결했다. 아동 매매는 노예 매매와 똑같이 도덕적으로 문제가 있다. 인간은 절대 판매 대상이 아니다.

빌리는 자궁으로 전락하는 대리모의 위상 문제도 있다. 자신도 레즈비언이라고 밝힌 저널리스트 줄리 빈델(Julie Bindel)은 "동성애 커플 사이의 대리 임신 붐은……대개 개발도상국 출신으로, 부유한 서양 게이나 레즈비언의 이기적 변덕을 맞추느라 자궁 판매에 내몰린 여성들에 대한 잔인한 착취를 보여준다"라고 쓴다. "이 잔인함에는 어마어마한 위선도 동반된다. 인신매매나 성매매에 관여한다는 생각에는 몸서리를 칠 유럽인과 미국인들이 '생식 매매'라는 말도 안 되는 일에 빠져 버렸다."[40]

유럽 의회의 한 의원은 대리 임신이 "여성은 생식 기계로, 아이는 상거래 자산으로 축소시킨다"라고 말한다.[41]

여기서 윤리적 원리는, 어떤 것들은 상업 거래의 영향을 받지 않아야 한다는 것—어떤 사회 영역은 시장이라는 범위 밖에 있다는 것—이다. 그중에서도 가장 근본은 인권은 사고팔지 말아야 한다는 것이다. 그리스도인 윤리학자 스콧 레이(Scott Rae)의 말대로, 인간 매매를 불허하는 이유는 "한 사람의 사람됨과 개인적 성취에 너무 근접한 것들이 있어서 사람됨을 폄하하지 않고서는 물물교환의 대상이 될 수 없기" 때문이다.

레이는 그 기저에 있는 문제가 "인간이나 사람됨의 속성에 가격을 매기면, 상품화된 것과 인격을 구분함으로써 소외감이 발생하는 것"이라고 설명한다.[42] 따라서 몸을 포함하여 가격을 매길 수 있는 모든 것은 자아에 통합된 것이 아니라, 자아와 분리될 수 있는 것으로 다루어진다.

트랜스휴머니즘: 슈퍼맨의 탄생

이층적 세속 윤리를 채택한, 상대적으로 새로운 운동이 트랜스휴머니즘이다. 트랜스휴머니즘의 논리는 이런 식이다. 인간이 특별하지 않다면, 인간을 **초월하는** 새로운 단계의 생명체를 만드는 데 과학기술을 활용하지 못할 이유가 어디 있는가? 트랜스휴머니즘 지지자들은 이제 유전공학을 통해 우리가 진화의 주도권을 쥘 때가 되었다고 말한다. 이들은 오늘날 존재하는 형태의 인간 생명은 끊임없는 진화 사슬에서 한 단계, 진화의 다음 단계에서 더 발전하게 될 우연한 세포 배치에 불과하다고 주장한다. 철학자 존 그레이(John Gray)는 시적인 표현을 사용하여 인간이 "유전자의 거대한 물줄기에서 해류"에 불과하다고 쓴다.[43]

트랜스휴머니즘은 우리가 인간의 한계에서 해방되는 생체공학 유토피아의 전망을 적극적으로 홍보한다. 트랜스휴머니즘은 우리가 '포스트휴먼' 미래로 움직이고 있다고 약속한다. 그때가 되면 재력이 있는 부모들은 광범위한 유전자 개선을 통해 말 그대로 새 인류를 창조할 수 있게 된다.

인간의 몸은 도구나 장치 차원의 기계로 축소되었고, 그리하여 유전자와 디엔에이 실험의 길이 무제한으로 열렸다.

하지만 잠깐만. 이게 우생학이 아닌가? 우리는 나치 치하 우생학의 비극적 결과를 목격하지 않았는가? 트랜스휴머니즘 지지자들은 나치주의와의 불쾌한 연관성을 피하려고 새로운 우생학은 소비자 기반이라고 강조한다. 부모는 과학기술의 도움을 받아 자녀의 유전적 특징을 고를 수 있다. 현대 자유주의의 핵심 교리인 선택이 마술처럼 만사를 윤리적으로 허용 가능하게 만든다.

하지만 실제로는 새로운 우생학은 과거의 우생학만큼이나 자유에 위협이 될 것이다. 옥스퍼드의 트랜스휴머니즘 지지자 닉 보스트롬(Nick Bostrom)은, 인간 본성은 "우리가 바람직한 방식으로 고칠 방법을 배울 수 있는, 진행 중인 완성되지 않은 출발이다"라고 말한다.[44] 하지만 어떤 방식이 바람직한지 결정하는 권력을 누가 쥘 것인가? 그 중요한 권력이 부모 손에 남아 있으리라고 기대하는 것이 합리적인가? 아닐 듯하다.

인간 본성을 개조할 수 있게 되면, 실제로는 최악의 독재로 이어질 것이다.

트랜스휴머니즘의 가장 유명한 지지자 중에 프린스턴 대학교 유전학자 리 실버(Lee Silver)가 있다. 그는 『리메이킹 에덴』(*Remaking Eden: Cloning and Beyond in a Brave New World*)에서 인류가 열등 인간(untermenschen)과 그들을 지배하는 유전적 초인(übermenschen)이라는 두 종족으로 나뉘는 시나리오를 펼친다. 후자가 사회의 통치자가 되고, 전자는 저임금 노동자와 서비스 제공자가 될 것이다.[45]

실버는 진화의 다음 단계인 나치의 초인 개념에서 영감을 얻은 것이 틀림없다. 그는 이 생체공학 사회를 유토피아로 그리지만, 그곳은 강압적 디스토피아가 될 가능성이 농후하다. 그저 인간이라는 이유만으로 인간에게 독특한 존엄성이 있다는 것을 부정하자 독재의 문이 열려 버렸다. 철학자 모티머 애들러(Motimer Adler)가 경고하듯이, "우월한 인간 집단은 우리가 지금 짐 나르는 짐승으로 길들인 동물들을 다루는 행동을 정당화할 때 끌어 쓰는 것과 똑같은 사실적·도덕적 근거로 자신들의 노예화나 착취, 열등한 인간 집단의 학살까지도 정당화할 수 있게 된다."[46]

정신을 몸을 통제하는 별도의 독립체로 보는 데카르트의 이원론은 사회적으로 단순 노동자 계급을 통제하는 정신 노동자 계급으로 드러날 것이다.

이런 예측은 수많은 디스토피아 소설과 영화의 줄거리를 떠올리게 한다. 루이스는 『인간 폐지』(*The Abolition of Man*)에서 다음과 같은 잊을 수 없는 문구로 이 문제를 요약한다. "우리가 자연을 다스리는 인간의 힘이라고 부르는 것은 자연을 도구로 일부 인간이 다른 인간에게 행사하는 힘으로 드러납니다."[47]

마지막으로, 몸을 완전히 초월하기 바라는 트랜스휴머니즘 지지자들이 있다. 구글 기술 이사 레이 커즈와일(Ray Kurzweil)은 인공 지능의 발전으로 뇌를 컴퓨터에 내려받아서 일종의 디지털 불멸성을 얻을 수 있기를 기대한다. 그는 "'종'이라는 개념 자체가 생물학적

네 몸을 사랑하라

개념"이라면서, "우리가 하려는 일은 생물학을 초월하는 것"이라고 말한다.[48]

비슷한 반(反)신체 사상이 영향력 있는 미래학자이자 (남성으로 태어났지만) 여성으로 성전환한 마틴 로스블래트(Martine Rothblatt)의 활동을 불러일으킨다. 로스블래트의 책 『가상 인간』(*Virtually Human*)은 당신 인생과 개성의 디지털 데이터베이스를 사용하여 "마인드클론"(mindclone)을 만들 수 있다고 제안한다. 마인드클론이란 당신 몸이 죽고 나서도 계속해서 살아남을 디지털 의식이다. 당신은 피와 살이 있는 몸을 더 선호하는가? 그렇다면 로스블래트의 관점에서는, "육체주의"(fleshism)의 죄를 짓는 것이다.[49]

사람들은 **기독교**가 몸에 반대한다고 말한다!

피와 살을 지닌 몸을 경시하고 폄하하는 사회에서, 물질세계를 중시하는 성경의 관점은 그것이 "좋은 소식"인 한 가지 이유다. 기독교 메시지는 구원이 아니라 창조로 시작한다. 하나님이 창조하신 것은 본질적으로 가치와 의미를 지닌다.

생명이라는 생물학 책

사람됨 이론에서 주장하듯이 인간이 우연한 세포의 조합이라면, 왜 다른 종의 세포와 섞어서 인간-동물 혼성체를 만들지 않는가? 트랜스휴머니즘 지지자들은 동물 디엔에이와 인간 디엔에이를 붙이는 것에 윤리적 장애는 없다고 주장한다. 이런 유전자 이식(transgenic, "종을 넘나든다"라는 뜻이다) 기술은 인간의 능력을 강화하고 포스트휴먼 인종을 개발하는 수단으로 제안되고 있다.

똑같은 기술을 동물의 능력을 강화하는 데 사용할 수도 있다. 미래학자 제임스 휴즈(James Hughes)는 침팬지에게 인간의 지적 능력을 주기 위해서 침팬지를 유전적으로 "개선하는" 것을 옹호한다. 그것이 침팬지에게 유익하기 때문이 아니라, 인격이라는 법적 지위를 보장해 주기 때문이다. 휴즈는 "인격은 반드시 인간이 아니어도 되고, 모든 인간이 인격은 아니다"라고 말한다.[50] 그의 말은 사람됨에 대한 세속 개념이 얼마나 불확실하고 제약이 없는지를 드러낸다.

생물학자 토머스 아이스너(Thomas Eisner)는 문학적 은유를 사용하여 종은 "자연이라는 도서관의 양장본"이 아니라 "유전자라는 페이지를 마음대로 뺐다 끼웠다 하여 선택적 전이나 다른 종의 변형에 얼마든지 사용할 수 있는 책"이라고 말한다.[51]

이것은 굉장히 흥미로운 사실을 드러내는 은유다. 생명이라는 책의 저자가 없다면, 생물을 통합된 전체로 볼 수 있는 근거가 없다고 암시한다. 저자가 이야기를 쓸 때는 통일성 있는 주제가 모든 부분을 하나로 모아 준다. 하지만 생명이 맹목적이고 물질적인 힘으로 생성된 사건에 불과하다면, 생물은 유전자와 다른 예비 부분이 제멋대로 섞인 우발적인 조합으로 취급될 수 있다. 인간에게 특별한 것이 없다면, 동물과 인간의 유전자를 붙여서 포스트휴먼 종족을 만들지 못할 이유가 없지 않은가?

발생학자 브라이언 굿윈(Brian Goodwin)은 이 모든 미래파 시나리오를 추동하는 전제가 종은 없다는 다윈의 주장이라고 설명한다. 대부분의 사람은 다윈주의가 엄밀히 말하면 종의 실재를 부인한다는 것을 인지하지 못한다. 이 이론은 진화가 지속적인 개인의 사슬에서 일어나는 작은 변화를 통해 이루어진다고 제안한다. 종으로 보이는 것은 진화하는 유기체의 끊임없이 변하는 인구 가운데서 임시 집단, 유전적 흐름에서 작은 소용돌이에 지나지 않는다. [실제로는 종의 실재를 부인한 그의 주저가 『종의 기원』(*On the Origin of Species*)이라고 불리는 것은 아이러니하다.]

그 함의는 무엇인가? 굿윈은 종이 없다는 전제 때문에 "우리는 인간 본성이라는 개념조차 잃어버렸다"라고 설명한다. 인간에게 특별한 지위가 부여되지 않는다. 인간이라는 종은 없기 때문이다. 그 결과, "생명은 일련의 부분들에 불과하고", 일부 유전학자들의 진보관에 들어맞는 "상품으로 전락한다."[52] 인간 본성을 무제한으로 개조할 수 있는 수문이 활짝 열린 셈이었다.

교황을 지낸 요한 바오로 2세(John Paul II)는 세속주의자들에게는 "인정해야 할 창조 진리나 존중해야 할 하나님의 생명 계획"이 없다고 쓴다. 그래서 "모든 것을 타협할 수 있고, 흥정할 수 있다."[53] 인류 자체가 누구의 손에든 들어갈 수 있다.

하나님의 계획을 **존중할** 때 유전학 연구는 큰 유익을 주는 도구가 될 수 있다. 기독교 세계관 내에서, 우리가 다른 형태의 과학 연구를 할 때와 같은 동기로 유전학 연구를 추진할 수 있다. 과학은 우리의 첫 선조에게 주신, 자연법칙을 발견하고 그 잠재력을 재발함으로써 "땅을 정복하라"라는 문화 명령을 성취하는 수단이다. 우리에게는 인간의 존엄성을 침해하지 않는 한도 내에서 창의성과 독창성을 발휘할 자유가 있다. 많은 역사학자들이 기독교가 과학 혁명을 가장 먼저 일으켰다고 말한다. 예를 들어, 과학은 합리적인 지성이 자연을 창조했기에 자연에 합리적 질서가 있다는 확신이 필요했다.[54]

과학은 타락의 영향력을 극복하는 수단도 될 수 있어서 망가지고 깨진 부분을 고치고 원래 상태로 회복한다. 다른 형태의 의학과 마찬가지로 의학 유전학도 타락으로 인한 고통을 완화하고, 하나님이 인류를 창조하실 때 원래 의도하셨던 온전함과 건강한 삶을 회복하는 것을 목적으로 한다.[55]

흡혈귀, 뱀파이어, 바퀴벌레

트랜스휴머니즘 지지자들은 마치 과학기술이 이룬 유토피아가 당장에라도 올 것처럼 행복감에 도취되어 말할 때가 많다. 케임브리지 대학교 아드리안 울프슨(Adrian Woolfson)은 "새로운 계몽주의가 도래하는 시점"이라고 열변을 토한다. 우리는 마침내 "자신의 본성을 수정하고 인공 생명을 창조하는 가능성을 즐길" 수 있다.[56] 하지만 이 유토피아 비전은 환상일 뿐이다. 진정한 인간 사회 건설에서 가장 중요한 것은 과학기술 수준이 아니라 세계관이다. 그리고 인간 생명에 본질적 가치나 존엄성이 없다고 말하는 세계관은 그 도구나 기술이 아무리 진보했다 하더라도 절대 유토피아로 이어지지 못할 것이다.

철학자 뤽 페리(Luc Ferry)는—놀랍게도, 무신론을 홍보하는 책에서—평등권 개념을 처음 소개한 것이 기독교라고 말한다. 기독교는 부자와 가난한 자, 주인과 종 같은 고대 사회 계급을 뒤집어엎었다. 페리는 "기독교에 따르면, 우리는 모두 '형제', 곧 하나님의 피조물로 똑같은 수준에 있는 존재다. 기독교는 최초의 **보편적** 정신이다"라고 쓴다.[57]

또 다른 무신론자 리처드 로티(Richard Rorty)도 동의한다. 그는 유네스코에서 한 강연에서, 역사를 통해 사회는 특정 집단을 인류라는 가족에서 배제하는 다양한 방식을 드러냈다고 언급했다. 다른 부족이나 씨족, 인종, 종교에 속한 사람들에게 **열등 인간**이라는 꼬리표를 붙였다. 대조적으로, 로티는 기독교가 "모든 인간은 하나님의 형상대로 창조되었다"라는 확신에서 비롯된 보편권 개념을 일으켰다고 본다.

하지만 로티에 따르면, 현대에는 다윈의 영향으로 더는 창조 개념을 받아들이지 않는다. 따라서 우리는 생물학적으로 인간인 모든 사람에게 똑같은 존엄성이 있다는 것을 더는 도덕적으로 유지할 필요가 없다.[58]

이것이 함의하는 바는 분명하다. 사회가 모든 인간이 하나님의 형상대로 창조되었다는 확신을 포기하면, 인권은 누구나 차지할 수 있다. 인류의 어떤 부류든 손쉽게 배제하거나 심지어 제거할 수 있다. 이 논쟁에서 이해관계가 매우 높은 이유가 바로 그 때문이다. 웨슬리 스미스가 쓴 것처럼, "인간 생명이 단순히 인간이기에 중요하지 않다면, 도덕적 가치는 주관적이 되고 결정권이 누구에게 있느냐의 문제가 되어 버린다." 그다음에 일어날 일은 자명하다. "역사는, 우리가 다른 가치를 지닌 부류를 만들어 낼 때 정치 권력 구조가 가치가 덜하다고 폄하한 사람들이 착취당하고 억압받고 죽임당하는 것을 보여준다."[59]

미국 노예제와 20세기 전체주의 체제 역사는 사람을 단순한 사물로 다룰 때 벌어지는 도덕적으로 끔찍한 결과의 냉혹한 증거를 제시한다. 노예 소유주는 아프리카 사람들이 온전한 인간에 미치지 못한다고 주장하면서, 그들을 팔고 때리고 사냥하며 강간하고 살해했다. 나치 프로파간다는 유대인을 "쥐"와 "인류의 해충"이라고 부르면서 비인간화하고, 그중 6백만 명을 죽였다. 레닌은 적색 테러를 하면서 모든 부류의 사람을 "과거의 인간", 혹은 더 생생한 표현으로 "흡혈귀", "뱀파이어", "기생충", "인민의 적"이라고 불렀다. 그렇게 하니 이들을 강제 수용소로 보내거나 총살하기가 훨씬 수월해졌다. 1994년 르완다 대학살에서, 국영 라디오는 후투족에게 투치족을 "몰살해야 할" "바퀴벌레"로 부르게 하여 폭력을 행사하도록 선동했다.

역사의 증거 외에도, 사람됨 이론의 영향은 실험으로 증명되었다. 존 에반스(John H. Evans)는 한 기발한 사회학 연구에서 사람됨 이론을 수용한 사람과 그리스도인의 도덕관을 비교하여 측정했다. 이 실험은 사람됨 이론이 정말로 인권에 대한 낮은 지지와 연결되는 것을 발견했다. 사람됨 이론에 동의하는 대중은 가난한 사람들에게서 장기를 사는 행위, 죄수들의 의지와 상관없이 그들을 실험하는 행위, 잠재적으로 생명을 구하기 위해 사람을 고문하는 행위를 더 지지하고, 대량 학살을 막기 위해 희생할 의지가 더 적다.[60]

우리는 자신의 기본 확신을 뒷받침해 줄 논리를 생각해 내는 성향이 있다. 다윈 때문에 많은 사람들에게서 더는 보편적 인권에 대한 도덕적 근거를 찾아볼 수 없다. 우리는 비인간으로 여겨지는 이들의 인권을 부인한 데 따른 논리적 결과를 보게 될 것이다.

동물권

사람들이 내게 동물권 개념이 사람됨 이론에 배치되는지 여부를 자주 묻는다. 동물권은 생물학적·유기적 생명에 대한 존중을 표현하지 않는가? 그렇지 않다. 동물권을 지지하는 주장은 생명의 가치를 내재적 가치가 아니라 인지 능력 같은 기계적 측정으로 저울질하는 또 다른 예에 불과하다.

동물권 활동가들은 동물권이 인권 수준으로 향상되기를 원한다고 말하고, 그들의 진심을 의심하지 않는다. 하지만 이들 주장의 논리는 무엇인가? 이들은 동물에게 권리를 부여하는 행위를 어떻게 뒷받침하는가? 돼지나 개, 침팬지, 돌고래 같은 특정 동물이 일부 인간보다 더 고차원의 인지 능력을 지니고 있다고 주장한다. 따라서 이 동물들은 "열등한" 인간과 달리 인격의 자격을 갖추었다는 것이다.

이런 추론에 따르면, 모든 인간이 다 인격은 아니고, 오히려 일부 동물이 인격이다. 피터 싱어는 신생아는 인격이 아니지만, 좀 더 지능적인 동물은 인격이라고 말한다. "신생아의 생명이 동물보다 가치가 없는 것은 돼지나 개, 침팬지의 생명이 비인격 동물보다 가치가 없는 것과 같다."[61] 그는 동물에게 더 높은 인지 능력이 있다면, 의학 실험에 동물 대신 인간을 사용하기를 추천한다.

따라서 어떤 생명체의 가치는 정신 기능으로 측정한다. 동물권 운동은 사람됨 이론에 배치되지 않는다. 오히려 거기에 의존한다.

동물과 나머지 자연을 정말로 존중한다면, 정신 능력을 우위에 두고 생물학을 폄하하는 사상에 기대서는 안 된다. 진정한 존중은 모든 피조물이 하나님의 손에서 나왔기에 본질적으로 존엄과 가치가 있다는 확신에서 비롯된다. 성경은 인간이 우리가 주변 세상을 돌보는 방식으로 더 높은 권위에 책임을 지는, 창조세계의 청지기라고 가르친다(창 1:28). 잠언 12:10은 "의인은 자기의 가축의 생명을 돌보나"라고 말한다. 인류는 자기 유익을 위해 자연을 마음대로 사용할 수 있는, 진화 사다리에서 가장 높은 단계가 아니다. 오히려 우리는 그분의 창조세계를 다룬 방식에 대해 창조주께 대답해야 할 것이다.

어떻게 어린이는 인격체가 되었는가

여전히 대중은 대체로 영아살해와 안락사가 도덕적으로 잘못이라고 여기지만, 그 개념이 어디서 나왔는지는 잊어버렸다. 역사학자 바케(O. M. Bakke)는 이런 도덕적 관점을 서양에서 거의 보편적으로 만든 것이 기독교라고 주장한다.

바케는 『어린이가 사람이 될 때』(*When Children Became People*)에서 고대 그리스와 로마에서는 어린이를 비인격으로 간주했다고 설명한다. 고대 사회는 동심원으로 시각화할 수 있는 모습으로 조직되었다. 중심에는 자유인으로 태어난 성인 남성이 있었는데, 그들에게 가장 큰 가치가 있었다. 여성과 외국인, 노예, 어린이를 비롯한 다른 사람들은 얼마나 그 모델과 비슷한지에 따라 가치가 매겨졌다. 고전 문학은 "약하다", "무시무시하다", "비합리적이다" 같은 형용사를 사용하여 어린이를 조소하는 말투로 묘사한다.

이렇게 어린이의 지위를 격하하는 것에는 구체적인 결과가 뒤따랐다. 당연히, 어린이에 대한 냉담하고 차가운 관점이 나타났다. 낙태가 만연했고, 원치 않는 아동은 쉽게 포기하거나 방치했다. 밖에 버려두어 굶어 죽거나 야생동물의 먹잇감이 되었다. 어린이를 거칠게 대해서 매질은 당연하게 생각했다. 로마에서 아버지는 어떤 이유로든 자식을 죽일 수 있는 법적 권한이 있었다.

아동에 대한 부정적 관점은 여성에 대한 낮은 관점에도 기여했다.

여성이 아이를 양육하기에 어린이에게 정서적 애착을 갖기 쉽다는 사실은 약함과 천박함의 표시로 받아들여졌다. 바케는 다음과 같이 요약한다. "아동과 노예는 아버지의 재산, 곧 물질적 대상에 불과했다. 그는 법적 결과를 조금도 두려워하지 않고 자신의 아내와 자녀, 다른 가족들을 마음대로 처분할 수 있었다."[62]

거기에는 남녀노소 노예를 성적으로 학대할 수 있는 법적 권리도 포함되었다. 어린이를 포함한 성노예에 특화된 사창가는 합법이었고 굉장히 번성하는 사업이었다. 버려진 아이들이 구조되어 강제로 성노예로 일하는 경우가 자주 있었다. 어린 노예를 소유한 로마인들은 노예들을 사창가에 빌려주기도 했다.[63]

오늘날에는 고대 세계가 성 문제에서 더 "관용적"이었다는 말을 자주 듣는다. 하지만 관용은 이런 관습과는 아무 관계가 없었다. 그것은 사회적 지위의 표현이었다. 높은 지위의 사람이 더 낮은 지위의 사람을 지배하는 한에는 대부분의 성행위를 허용했다. 철학자 마사 누스바움(Martha Nussbaum)은 고대 세계에 대해 이렇게 설명한다.

> 상대의 성은……그 자체로는 도덕적으로 아무 문제가 아니었다. 소년과 여성은 얼마든지 교환 가능한, [남성의] 욕구 대상으로 취급되었다. 사회적으로 중요한 것은 삽입을 당하는 것이 아니라 삽입이다. 성을 근본적으로 상호 작용이 아니라, 누군가에게 무언가를 하는 것으로 이해했다. 수동적으로 받는 사람의 특징이 곧 더 낮은 사회적 계층이다.[64]

기독교 교회는 이런 문화 가운데 태어났다. 예수님은 이런 문화에서 어린이를 경멸의 대상이 아니라 가치 있는 존재로 다루셔서 동시대 사람들에게 충격을 주셨다. "삼가 이 작은 자 중의 하나도 업신여기지 말라……누구든지 내 이름으로 이런 어린아이 하나를 영접하면 곧 나를 영접함이니"(마 18:10, 5). 예수님은 어린이를 어른이 따라야 할 긍정적 예시로 치켜세우기까지 하셨다. "너희가 돌이켜 어린아이들과 같이 되지 아니하면 결단코 천국에 들어가지 못하리라"(마 18:3). "어린아이들을 용납하고……천국이 이런 사람의 것이니라"(마 19:14). 이전의 그 누구도 어린이를 어른의 긍정적 모델로 세운 이는 없었다. 교부들은 어린이를 소중히 여기는 관점이 전혀 생소한 문화에서 이런 말씀이 어떤 의미였을지 궁금해하면서 예수님의 말씀에 대해 엄청난 양의 글을 남겼다.

결국, 그리스도인들이 로마제국에서 정치적 영향력을 얻으면서 영아살해를 불법화하는 법을 통과시키는 데 성공했다(주후 374년). 이들은 정부가 자녀 양육 수단이 없는 가난한 가족들을 돕도록 승인하는 법도 통과시켰다. 그러면 자녀를 포기하거나 방치하려는 유혹을 받지 않을 것이다. 하지만 아동을 방치하는 관행은 법 제정만으로는 사라지지 않아서, 성직자들이 부모들을 설득하여 교회 문 앞에 버리게 유도할 때까지 지속되었다. 이렇게 해서 최초의 고아원이 생겨났다.

예수님의 끔찍한 추문

현대 그리스도인들은 기독교 세계관의 독특함을 볼 줄 아는 안목을 회복해야 한다. 우리는 주일학교를 다니던 어린 시절부터 "어린이를 사랑하네"(Jesus Loves the Little Children)라는 노래를 불렀다. 하지만 우리는 기독교가 맨 처음 어린이의 가치를 가르쳤을 때 얼마나 급진적이었는지 더는 실감하지 못하는 듯하다.

궁극적으로, 생명의 가치가 사회적 지위에 달려 있다는 근본 개념을 깨뜨린 것은 예수님의 삶과 죽음이었다. 하늘과 땅을 만드신 하나님이 자신을 낮추사 어린아이가 되셨다. 그분은 가난하고 연약한 삶을 사시고, 십자가에 죽기까지 죽음에 굴복하셨다. 우리는 꽃과 스테인드글라스에 둘러싸인 십자가나 화려한 장신구로 만들어진 십자가에 익숙하다. 대부분은 고대 로마에서 십자가형이 최하위 계층, 대개는 최악의 범죄자들, 곧 노예와 정치 반역자들을 처벌하는 야만적 처형 방식이었음을 인식하지 못한다. 교양 있는 사람은 입에 담지도 않을 정도로 크나큰 수치와 모욕을 안겨 주는 처형 방식이었다. 따라서 예수님의 처형은 끔찍한 추문으로 여겨졌다.

그런데 그분은 그런 흉측한 굴욕을 당하셔서 사회적 지위의 차이를 무너뜨리셨다. 그리스도인들은 기본 인권이 지위나 권력, 인생 단계에 달려 있지 않다는 급진적 메시지를 선포하기 시작했다. 십자가 아래서는, 가난한 사람이나 노예, 억압받는 사람, 어린이, 약한 사람 모두가 부유하고 권력 있는 사람과 동등하다. 그리스도인은 사람을 편애해서는 안 된다(약 2:1-9, 5:1-6).

초기 그리스도인들은 처음부터 아이들을 완전하고 가치 있는 인간 존재로 보았다. 바케에 따르면, 그 한 가지 결과는 그리스도인 부모가 "이방인 가족들의 일반적인 경우보다 훨씬 더 많이 자녀 양육에 참여"했다는 점이다.[65] 대체로 종이나 유모에게 자녀 양육을 맡기는 부유한 로마인들과는 대조적으로, 교부들은 부모에게 직접 자녀를 양육하라고 권면했다. 4세기에 요한 크리소스토무스는 "자녀를 돌보는 일, 아이들을 주님의 훈계와 교훈으로 기르는 일을 가장 우선시하라"라고 썼다.[66] 어쨌든 인간의 영원한 운명이 여기에 걸려 있으니 말이다.

기독교는 이 모든 방식으로 아동기에 대한 전혀 새로운 개념, 곧 아이들을 가치 있고 소중히 여기고 보살펴야 할 인격으로 간주하는 새로운 사고방식을 내놓았다.

기독교 **이전** 사회의 관습들은 기독교 이후 사회가 취해야 할 방향을 가리켜 준다. 앞에서 보았듯이, 세상이 성경적 윤리를 거부한다면, 전반적으로 인권의 기초를 잃을 뿐 아니라 아동에 대한 인도적 돌봄의 기초도 잃어버린다. 사회 비평가들은 피임과 낙태, 인공 생식 같은 관습이 이미 임신과 출산은 성인의 삶을 풍요롭게 하고 성인의 욕구를 채워 주는 장신구 같은 선택적 생활방식에 불과하다는 태도를 형성하고 있다고 주목한다. 아동기에 대한 기독교적 관점을 제거하면, 우리 사회가 아이들에 대한 특별한 보호를 계속해서 제공할 수 있을지 보장할 수 없다.

네 이웃을 미워하라

우리는 말을 동원하여 남을 조종하는 각종 선동과 홍보 시대에 살고 있다. 예를 들어, 한 갤럽 조사는 조력 자살을 완곡하게 표현하면 그것을 지지하는 사람이 20퍼센트 증가하는 것을 보여준다. 의사가 말기 환자의 죽음을 앞당겨 주는 일을 "고통 없는 수단으로 환자의 생명을 중단하도록" 허용하는 것이라고 묘사할 경우에, 미국인의 70퍼센트가 거기에 찬성한다고 한다. 하지만 안락사를 의사들이 환자가 "자살하도록" 돕는 것이라고 표현할 때는 안락사를 지지하는 수치가 51퍼센트에 불과하다.[67] 확실히 자살에 대한 도덕적 반대는 여전하다.

이것이 뜻하는 바는, 영아살해와 안락사, 조력 자살 같은 사회악이 노예제나 홀로코스트 같은 이전 역사의 큰 악과는 전혀 다른 방식으로 법에 담기게 될 것이라는 점이다. 이런 관습들은 생명 윤리라는 표제 밑에 고통을 줄이고 선택을 장려한다는 미명하에 부과될 것이다.

심지어 그런 관습들이 기독교로 치장하고 나타날 수도 있다. 몇 해 전에, 젊은 그리스도인들이 좋아하는 작가 앤 라모트(Anne Lamott)가 어떤 사람의 자살을 도왔다. 라모트는 「로스앤젤레스 타임스」(*Los Angeles Times*)에 "내가 죽인 남자는 죽고 싶지 않았지만, 자신에게 달리 선택의 여지가 없다고 느꼈다"라고 썼다. 암으로 몸이 쇠약해지고 마음도 약해지자, 그는 자살에 필요한 치사 약제를 구하라는 라모트의 제안에 마음이 열렸다.

라모트는 이 친구가 "그리스도인인 내가 조력 자살을 돕겠다고 확고하게 동의하자 놀란 듯했다"라고 말한다. 그녀는 자신의 입장을 정당화하기 위해 성경의 정보나 기독교의 도덕 사상사를 깊이 있게 들여다보지 않는다. 사실상 전혀 살펴보지 않았다는 표현이 맞다. 오히려 그녀는 인생을 학교에 비유하여, 중간에 그만두고 수료하지 못해도 괜찮다고 친구를 안심시킨다.[68] 라모트는 자신의 책에서 스스로를 그리스도인이라고 밝히지만, 하나님이 생명을 주셨다고 말씀하는 성경의 원리를 사실상 내팽개친 셈이다. 그녀의 글은 한 사람의 생명을 끝내는 매우 심각한 문제를 다루면서도, 기독교적으로 구별되는 내용이 하나도 없었다.

　라모트는 낙태 문제에서도 성경에 대한 무관심을 드러낸다. 이전에 「로스앤젤레스 타임스」에 기고한 글에서, 그녀는 자신이 생명우선 입장에 반대하면서 분노의 장광설을 표출했던 한 집회에 대해 묘사한다. "그리스도인이자 페미니스트로서" 그녀는 "로 대 웨이드 판결로 삶이 바로잡히고 구조받은 여성들"을 위해 목소리를 높일 수밖에 없다고 느꼈다.[69]

　낙태로 "바로잡히고 구조받았다"라니. 이것은 세속 윤리를 성경 언어로 겉치장하는 것과 같다. 이런 예는 스스로 그리스도인이라는 사람도 세속 세계관에 얼마든지 속아 넘어갈 수 있다는 것을 잘 보여준다. 이들은 기독교를 대안적 세계관이 아니라 영적 체험으로만 알기 때문에 그 점을 인식하지 못할 때가 많다. 성경이 구원 메시지만이 아니라 인간과 역사, 자연과 사회 등 삶의 모든 것을 볼 수 있는 렌즈를 제공한다는 사실을 인식하지 못하는 것이다.

　인간의 존엄성을 전략적으로 효과적으로 보호하려면, 구호와 플래카드를 넘어서서 다른 사람들이 그들의 사고를 형성하는 세속 세계관들을 깨닫도록 도와야 한다. 죽음과 절망을 가능하게 하는 사람들에 맞서서, "네 이웃을 사랑하는" 긍정적 예를 만들어야 한다.

부러진 뼈투성이 몸

안락사 같은 문제들이 오늘날 가장 두드러지는 한 가지 이유는 사람들에게 고통에 반응하는 긍정적 방식이 없기 때문이다. 성경은 고통과 죽음의 문제에 대해 그것들이 하나님의 원래 계획에는 없었다고 답한다. 역사의 특정한 시점에 악이 창조세계에 들어와서 원래 창조세계를 왜곡하고 망가뜨리는 대격변을 일으켰다. 악이 그토록 혐오스럽고 역겹고 비극적인 까닭이 그 때문이다. 질병과 죽음을 보고 움찔하는 반응은 아주 적절한 것이다. **하나님이 우리 편**이심을 기억하는 것이 중요하다. 그분은 악을 창조하시지 않았고, 우리보다 더 악을 미워하신다.

하지만 기독교는 하나님이 놀랍게도 인간의 상태로 들어오셔서 로마 십자가에 처형당하셔서 고통과 죽음을 경험하셨다고 가르치기도 한다. 그렇게 해서 하나님은 죽음을 새 생명을 성취하는 수단으로 뒤집어 놓으셨다. "그가 채찍에 맞으므로 우리는 나음을 받았도다"(사 53:5).

그 결과, 하나님은 힘들고 고통스러운 사건을 우리 성품을 다듬고 우리 관계를 회복하는 구원의 방도로 사용하실 수 있다. 내가 가장 좋아하는 유비는 치료를 잘못한 부러진 뼈다. 뼈가 똑바로 강하게 자라게 하려면 의사는 뼈를 다시 부러뜨려야 하는데, 고통이 따를 것이다. 영적으로 말하면, 우리는 부러진 뼈투성이다. 죄악된 패턴이 굳어져 우리 성품은 상처를 입었다. 그래서 우리의 파괴적 생활방식을 "부러뜨려" 똑바로 강하게 자랄 수 있게 하려면 위기와 어려움이 따를 때가 많다.[70]

악은 여전히 악하지만, 놀랍게도 하나님은 그보다 더 크셔서 악을 선으로 바꾸실 수 있다.

세속 심리학자들도 고통이 삶을 바꿀 수 있다는 것을 알고는 그런 경험에 "외상 후 성장"(post-traumatic growth)이라는 이름을 붙였다. 「사이콜로지 투데이」(*Psychology Today*)의 한 기사에 따르면, 사별이나 이혼, 중증 질병, 실직, 전쟁처럼 정신적 외상을 초래하는 사건을 겪은 많은 사람들이 실제로는 그 경험을 통해 성장했다고 한다. "이들은 고통을 받는 다른 사람들을 더 동정하게 되었다.……그래서 더 깊이 있고 만족스러운 관계를 갖게 되었다. 가장 공통된 변화 중 하나는 이들이 더 철학적이거나 영적인 삶의 태도를 갖게 되었다는 점이다."[71]

말하자면, 위기가 영적 추구의 원동력이 되었다. 심리학자 주디스 닐(Judith Neal)은 "외상 후 성장"을 통과한 40명을 연구하고는 그 과정을 다음과 같이 묘사한다.

> 처음에는, 대부분이 "영혼의 어두운 밤"을 경험했다. 이전의 가치관에 의문을 품고, 인생의 의미를 전혀 찾지 못했다. 그 후에는 자신에게 일어난 일을 이해하려고 애쓰는 영적 탐색기를 겪고 새로운 가치관을 발견한다. 마지막으로, 자신이 의지해서 살아갈 새로운 영적 원리들을 발견한 후에는 이 새로운 원리들을 적용하는 "영적 통합" 단계로 들어갔다. 이 시점에서 이들은 살아 있다는 사실에, 심지어는 그런 어려움을 통과했다는 사실에 감사하면서 인생에서 새로운 의미와 목적을 발견했다.[72]

가장 놀라운 부분은 마지막 단계다. 이들은 자신이 겪은 어려움이 내면 성장의 원동력이 되었기에 그 어려움에까지 감사하게 되었다. 그래서 내리는 결론은, 어떤 사람이 고통을 겪고 있다는 이유만으로 안락사 후보로 가정해서는 안 된다는 것이다.

물론, 그런 긍정적 결과가 자동으로 나오지는 않는다. 고통은 우리를 깊어지게 할 수도 있지만, 분노와 억울함, 후회를 불러올 수도 있다. 핵심은 우리가 고통 가운데 하나님을 향하는지 여부다. 그렇게 되면 "받으신 고난으로 순종함을 배[우신]" 예수님의 길을 따라갈 수 있다(히 5:8).

• • •

엘라: 휠체어 영웅

때로는 굉장히 뛰어난 실생활의 예가 조력 자살 같은 관행에 반대하는 최고의 논리가 된다. 엘라 프렉(Ella Frech)은 홈스쿨을 하는 용감한 열한 살이다. 엘라는 세계 프로 여성 휠체어 스케이팅(WCMX)에서 최근 2위에 올랐다. 스케이트장에서 출발하기와 뒷바퀴로 타기, 난간 타기 등을 정기적으로 연습한다. (당신은 휠체어를 스케이트보드처럼 타면서 소름 끼치는 기술을 보여줄 수 있다는 사실을 알고 있었는가?)

엘라는 영화 「미 비포 유」(Me Before You)에 항의하는 기사를 썼다. 영화는 휠체어 탄 젊은이가 조력 자살을 하는 이야기다. 엘라는 자신의 기사에 "할리우드는 왜 내가 죽기를 원하나?"라는 부제를 붙였다.

기사는 "부정하지 말라"라는 말로 시작한다. "할리우드 영화들은 당신들이 나를 정말로 어떻게 생각하는지 그 진실을 내게 말해 준다." 엘라는 「밀리언 달러 베이비」(Million Dollar Baby)처럼 예전에 나온 안락사 영화들을 언급한 뒤에 계속해서 이렇게 말한다.

「미 비포 유」는 사고를 당해 척추 손상을 입고 남은 평생을 휠체어에서 살아야 하는 한 남자의 이야기다. 당신은 그가 나 같은 인생을 살아야 하므로 당연히 죽고 싶어 한다고 생각할 것이다.

도대체 나 같은 인생이 뭐가 잘못되었나?[73]

엘라는 할리우드는 당신의 몸이 온전하지 않으면 자신과 사회에 그만 부담을 주고 자살해야 한다고 말하는 세계관을 홍보하고 있다고 쓴다. 그녀의 결론이다.

당신은 하나님을 믿지 않을지도 모르지만……나는 믿는다. 그래서 모든 사람이 가치 있다고 믿는다. 우리 모두가 하나님의 형상으로 창조되었다고 믿는다. 그래서 나는 모든 사람이 어떤 식으로든 가치 있다고 믿는다. 사람이 타인에게서만 가치를 얻을 수 있다고 믿는다면, 사람들은 그 가치를 없애 버릴 수 있다. 하지만 우리의 가치가 하나님에게서 온다면, 걷는 사람이 걷지 못하는 사람보다 더 가치 있다고 말할 권리가 아무에게도 없다.[74]

대부분의 사람은 장애인 권리 운동이 거의 한목소리로 조력 자살을 반대한다는 사실을 인식하지 못한다. 장애가 있는 사람들은 자신이 죽음 운동의 주요 표적임을 알기 때문이다.

유령 소년: "나는 바니가 싫었어요"

또 다른 예로, 12년 동안 자기 몸에 갇혀서 외부 세계와 소통할 방법

네 몸을 사랑하라

이 없었던 한 남자를 만나 보자. 마틴 피스토리우스(Martin Pistorius)는 열두 살에 질병을 앓고 나서 코마 상태에 빠졌다. 두어 해가 지나서 의식을 되찾았을 때는 말을 할 수도, 사지를 움직일 수도 없었다. 모든 사람이 그가 여전히 식물인간이라고 믿었다. 이런 악몽 같은 상태를 "락트인 증후군"(locked-in syndrome)이라고 한다. 의사들은 마틴이 죽을 때까지 편안하게 지내야 한다고 말했다. 그의 부모가 매일 그를 데이케어 센터에 맡기면, 직원들은 그를 텔레비전 앞에 몇 시간이고 앉혀 두고 어린이 만화 재방송을 보게 했다.

오늘날 마틴은 자신이 종일 억지로 봐야 했던, 어린이 TV 쇼에 나오는 보라색 공룡을 언급하면서 "'바니'를 얼마나 싫어했는지 몰라요"라고 말한다. 더 심각한 문제는, 그가 다양한 요양보호사들에게서 정신적·신체적·성적 학대를 당했다는 점이다. 목소리를 내지 못했던 그는 아무에게도 그 이야기를 할 수 없었다. 심지어 심각한 좌절감에 빠진 자기 엄마에게서 "네가 죽었으면 좋겠어"라는 말까지 들었다.

하지만 마틴의 아빠는 포기하지 않았다. 그는 날마다 마틴을 씻기고 먹이고 옷을 입혀 케어 센터에 데려다주었다. 마틴이 스물다섯 살 때 이해심 많은 어느 치료사가 거의 알아차리기 힘들 정도로 미세한 미소와 움직임을 감지했다. 치료사는 마틴의 부모를 설득하여 검사를 받게 했고, 놀랍게도 그의 뇌는 완전히 정상으로 작동하고 있었다. 그 이후로 마틴은 컴퓨터로 의사소통하는 법을 배워 읽기와 쓰기를 익혔고, 대학을 졸업하고, 웹디자이너 교육을 받고, 결혼까지 했다.

마틴은 자신의 책 『엄마는 내가 죽었으면 좋겠다고 말했다』(Ghost Boy)에서 이 모든 과정 내내 하나님의 임재를 강력히 느꼈다고 말한다. 그의 가족은 교회에 다니지 않았으므로 그가 기독교 교리에 대해 아는 것은 전무했다. "내가 왜 그토록 하나님의 임재를 강력히 느꼈는지는 모르겠다.……하지만 무슨 이유에서인지 그분이 나와 함께 계심을 본능적으로 알았다.……내 믿음은 시들지 않았다. 그분은 마치 호흡처럼 꾸준하게, 공기처럼 내 곁에 계셨다."[75] 마틴은 나중에 그의 아내가 된 아름다운 그리스도인 여성을 만나고 나서 마침내 자신이 평생 함께 계시다고 느꼈던 하나님에 대해 알게 되었다.

자궁을 "안전한 장소"로 만들기

물론 뇌 손상을 입은 대다수는 깨어나지 못한다. 하지만 1996년 연구는 식물인간 환자의 절반에 가까운 43퍼센트의 환자가 오진이었다는 사실을 보여주었다.[76] 생사와 직결된 결정이 어려운 까닭은, 인간의 지식이 절대로 확실하지 않기 때문이다. (히브리인들은 사람이 죽은 것처럼 보여도 다시 살아나는 경우가 있다는 것을 알았다. 그래서 사람이 죽으면 정말로 죽었는지 확실히 하려고 사흘 후까지 기다리는 것이 전통이었다. 이런 전통이 예수님이 무덤에 사흘간 계셨던 이유를 설명해 줄 수도 있겠다.)[77]

결과가 좀 더 예측 가능한 경우에도, 우리는 어떻게 반응해야 할까? 생명을 종결해야 할까, 아니면 하나님이 허락하실 때까지는 그 생명을 사랑해야 할까?

조셉과 자넬 뱅크스 부부는 초음파 검사를 통해 배 속 쌍둥이가 붙어 있어서(심장과 간을 공유했다) 출생 후 생존 가능성이 희박한 것을 알게 되었다. 예상대로 두 아기 조시아와 조시아스는 죽은 채 태어났다. 의료진은 임신 기간 도중에 한 차례 이상 낙태를 제안했지만, 자넬은 "하나님이 우리에게 아이들을 맡겨 주신 동안에 최대한 오랫동안 함께할 수 있는 기회에 감사했어요"라고 말한다. 부부는 이 쌍둥이의 누나와 형에게 생명과 죽음이라는 중요한 문제들을 설명해 주는 기회로 삼기도 했다.[78] 벳시와 그의 남편은 배 속 아들 제이슨이 무뇌증(뇌와 두개골의 주요 부위가 없는 기형)이라는 것을 알았다. 무뇌증 아이는 태어나도 며칠밖에 살지 못한다. 부부는 주변의 낙태 권유에도 불구하고 제이슨을 막달까지 품고 하나님이 생명을 주시는 한 사랑하기로 했다.[79]

마셜과 수전의 아들 토비는 초음파 검사를 통해 파타우 증후군을 진단받았다. 태아가 자궁 밖으로 나오면 오래 살지 못한다는 뜻이었다. 낙태하고 싶지 않았느냐는 질문에 수전은 이렇게 대답했다. "우리는 하나님이 생명을 주시고 취하시는 분이라고 믿습니다. 내가 이 아이를 알 수 있는 유일한 기회가 배 속에 있을 때뿐이라면, 그 기간을 단축하고 싶지 않아요. 이 아이가 알 수 있는 유일한 세상이 자궁뿐이라면, 내가 할 수 있는 한 그 세상을 안전하게 만들어 주고 싶습니다."[80]

앞의 사례를 비롯한 여러 경우에 부모들은 죽음이 아니라 삶을 택한다.

눈송이 아기들

그리스도인들은 현대 과학기술이 불러온 도덕적 문제들에 기발한 해결책을 내놓고 있다. 배아 입양을 생각해 보자. 배아를 파괴하는 연구를 체외 수정(IVF)에서 배아를 많이 만들어 낸다는 사실로 정당화할 때가 많다. IVF는 아내에게서 난자를 추출하여 페트리 접시에서 남편의 정자로 수정하는 과정이다. 그렇게 해서 만들어진 배아를 아내의 몸에 다시 넣는다. 대개는 실제로 사용하는 배아보다 훨씬 더 많은 배아들이 만들어지기 때문에 남는 배아는 연구용으로 사용하든지 의료 폐기물로 버리게 된다.

윤리 원칙이 철저한 부부들은 실제로 사용할 수만큼만 배아를 수정해 달라고 클리닉에 요구하기도 한다. 하지만 그래도 IVF 클리닉에서 다른 부부들을 위해 만든 배아의 여분을 어떻게 처리하느냐 하는 질문은 남는다. 어떤 경우에는, 부부가 아이를 더 원할 경우에 대비하여 남는 배아를 냉동 보관하기도 한다. 놀랍게도, 이 냉동 배아를 해동하여 어머니의 자궁에 주입하면, 보통 임신과 똑같이 임신이 되어 태아가 성장한다. 이 작은 아이들을 "눈송이" 아기라고 불렀다.

냉동 배아를 주입할 수 있다면, 입양하지 못할 이유가 어디 있는가? 나이트라이트 크리스천 입양센터(Nightlight Christian Adoptions)와 국립 배아 기증센터(National Embryo Donation Center) 같은 기관들은 클리닉과 부부들을 연결하여 냉동 배아 입양을 추진한다. 휴스턴 뱁티스트 대학교(Houston Baptist Univeresity)에 재직 중인 내 친구이자 동료 브루스 고든(Bruce Gordon)은 자기 부부가 아이를 가질 수 없는 것을 알게 되었다. 나라 반대편에 거주하는 또 다른 그리스도인 부부는 체외 수정을 하고 남는 배아 두 개를 냉동했다. 브루스 부부는 그 배아를 입양하여 가족을 꾸리게 되었다.

배아 입양의 이점은 무엇인가? 브루스는 "보통의 입양보다 훨씬 저렴하다. 또한 부모에게 금연이나 금주처럼 건강한 아기를 보장할 수 있는 산전 관리 기회를 준다"라고 말한다.

브루스의 아내 매리-앤이 덧붙였다. "아기는 태 속에서부터 부모와 연결될 수 있다." 한 보고서에 따르면, "태아는 배 속에서 들을 수 있기 때문에 갓난아기는 이미 자기 어머니의 목소리에 친숙하다. 녹음한 목소리를 재생하는 실험에서, 갓난아기는 다른 여성들의 목소리보다 자기 어머니의 목소리를 더 선호한다."[81]

나는 인공수정 병원에서 작성한 고든의 계약서를 읽어 보았는데, 냉동 배아를 인격체로 인정하지 않으려고 세심하게 고른 복잡한 동사를 보고 실소를 금치 못했다. 병원에서는 이 과정을 배아 입양이 아니라, "세포 이식"으로 표현했다. 배아는 "임신 성공"을 목적으로 "생물학적 물질"로 구성된 "저온 보존 견본"이었다. 살아 있는 인간 배아가 아니고서는 어떻게 "임신에 성공"할 수 있단 말인가?

배아 입양은 이미 살아 있는 작은 인간의 생명을 보존하고 이들이 사랑 많은 부모들에게 양육받을 기회를 줄 수 있는 혁신적이고 인간적인 전략으로 증명되고 있다.

총체적 인간을 위한 총체적 돌봄

실제적 해결책의 또 다른 예는 호스피스 돌봄이다. 대부분의 사람이 호스피스 운동이 기독교에 뿌리를 두고 있다는 사실은 모른다. 호스피스 운동은 1960년대 영국 의료 인도주의자 데임 시슬리 손더스(Dame Cecily Saunders)로부터 시작되었는데, 그녀의 깊은 성공회 신앙에서 비롯된 것이었다. 수년간 죽어 가는 환자들을 돌보는 호스피스 사회복지사로 일한 그녀는 더 좋은 전략이 나오기를 간절히 바랐다.

순전히 과학적 관점에서만 훈련받은 의사들은 몸을 단순히 세포와 장기의 집합체로 보는 경향이 있다. 최근에 의료 기술이 발전하면서, 환자들은 낯선 사람들에 둘러싸여 고립된 제도적 환경에서 죽어 갔다. 몸에 온갖 기계를 부착하고, 때로는 고통스러운 외과적 치료를 받으면서 말이다. 그런 치료 형식이 물리적 생명은 조금 연장해 줄 수 있을지 모르나, 전 인격의 필요를 제대로 다루어 주지는 못했다. 실제로, 안락사와 조력 자살에 대한 요구는 대부분 그런 냉혹하고 비인간적인 접근, 곧 환자를 수단 방법을 가리지 않고 생명을 연장해야 하는 물리 체제로 다루는 접근에 대한 반작용이다. 손더스는 "죽어 가는 사람들의 신체적·영적·심리적·사회적 고통을 다루어 주어야 한다는 내 이해를 바탕으로, '총체적 고통'이라는 신조어를 만들었다"라고 말했다.[82] 죽어 가는 많은 사람들에게 가장 큰 고통은 정서적 고립이다.

손더스는 고통을 조절해 주는 완화 치료, 정서적 지지를 위한 심리 상담, 환자를 돌보는 가족들을 위한 실제적 도움 등 다른 형태의 돌봄과 의료 돌봄이 균형을 이루어야 한다고 주장했다. 호스피스 돌봄에서는 환자가 마지막 순간까지 가족과 친구들에 둘러싸여 명료한 정신으로 가능한 한 온전하게 사는 데 모든 것이 맞추어져 있다. 많은 환자들이 이때에 관계의 갈등을 해결하고, 사랑하는 사람들과 관계를 돈독하게 하고, 자신의 유한성에 직면하는 영적 도전들을 풀어 나가곤 한다. 이 기간이 이들 인생에서 진정으로 의미 있는 단계가 될 수 있다.

호스피스 돌봄은 일부 비그리스도인들의 생각도 바꿔 놓았다.

스스로를 세속 인문주의자로 묘사하는 종양학자 이언 헤인즈(Ian Haines)는 전에는 "안락사가 유일한 인간적 해결책"이라고 믿었지만, "이제는 그렇게 믿지 않는다"라고 말한다. 왜 생각이 바뀌었을까? 헤인즈의 설명에 따르면, 통증 조절 기술이 발달하여 대부분의 환자가 더는 극심한 통증을 겪지 않고 의미 있는 행동을 할 수 있게 되었다. "환자와 그 가족이 서로 하나가 되어 추억을 돌아보거나 새로 태어난 손자 손녀를 돌보거나 결혼식이나 졸업식에 참석하여 깊이 있고 풍성한 시간을 누릴 기회"가 있다. 죽음우선론자들은 안락사를 "존엄 있는 죽음"으로 옹호하지만, 헤인즈는 "완화 치료를 통해 불치병도 안락사가 제공하는 것만큼 존엄하거나 그보다 훨씬 더 존엄하게 죽을 수 있는 수준까지 도달한 것을 보았다"라고 결론짓는다.[83]

슬프게도, 이것은 오늘날 생명 윤리학, 심지어 호스피스 운동 내부에서도 소수 의견이 되어 가고 있다. 많은 호스피스 전문가들이 안락사와 조력 자살을 정당화하는 이층적 세계관을 받아들이고 있다. 어느 안락사 지지자가 표현하듯이, 이들은 "호스피스를 독으로" 바꾸고 있다.[84]

죽음 문화에서 반대는 없다

생명 윤리학자들의 논쟁은 결국 법이 되어 법원을 통해 시행된다. 조력 자살을 합법화한 나라에서는 이미 이런 일이 벌어지고 있다. 2015년 네덜란드에서는 한 의사가 자살 약물을 달라는 환자의 요구를 거부했다는 이유로 고소를 당했다. 2016년 벨기에의 가톨릭 양로

원에서는 교회가 운영한다는 전제로 의사가 여성에게 치사 약제를 주지 못하게 해서 고소를 당했다.[85]

죽음 문화에서는 어떤 반대도 허용하지 않는다.

이 말은 무슨 뜻인가? 결국 전 세계 그리스도인 의료 전문가는 법의 강제로 자신의 성경적 신념에 반하는 행동을 할 수밖에 없을 것이다. 그렇지 않으면 직장을 잃고 의료 기관의 문을 닫거나. 이제는 우리 동료와 이웃, 학생과 자녀에게 좀 더 인간적인 생명관을 설득하기 위해 행동할 때다.

성 윤리 영역에서도 성경적 관점이 절실히 필요하다. 다음 장에서는, 놀랍게도 세속 성 윤리가 낙태와 안락사를 추동하는 것과 똑같은 이층적 몸/인격 이원론에 기초한다는 사실을 발견할 것이다. 인간에 대한 분리된 관점이 혹업 문화를 어떻게 형성하는지를 이해하면, 오늘날의 성적 혼동에 치유의 진실을 전달하는 일에 더 잘 준비될 것이다.

4.
조현증 성

훅업 문화에 빠진 사회

최근에 한 지역 교회에서 변증 강연을 마친 후, 이십대 젊은이 몇 명이 나를 찾아왔다. 그중 한 청년이 쓴웃음을 지으며 "이제 데이트 방법을 알려 주는 강연을 들어야겠네요. 팁 좀 알려 주시죠"라고 말했다. 이야기가 오가면서, 그 십여 명 중에 데이트해 본 친구가 한 사람도 없다는 사실을 알게 되었다.

오늘날의 훅업 문화는 비인격적 섹스는 미화하면서도, 진정한 관계를 어떻게 시작해야 하는지에 대해서는 아무것도 알려 주지 않는다. 저녁에 그냥 밖에 나가 함께 식사하면서 대화를 나눈다? 이 젊은이들 중에 그렇게 해본 이는 아무도 없었다.

보스턴 대학 케리 크로닌(Kerry Cronin) 교수도 자신의 세미나에 참석하는 학생 중에 아무도 데이트 경험이 없다는 사실을 알고 충격을 받았다. 그래서 크로닌은 데이트 방법을 수업 내용에 포함하기로 했다. 마지막 과제는 "실제로 데이트 신청하기"였다. 시간이 지나면서, 크로닌 교수의 "데이트 신청" 과제는 캠퍼스에서 상당한 유명세를 얻었다. 학생들은 크로닌 교수를 "데이트 박사"라고 불렀다.[1]

데이트 박사는 어떻게 진단하는가? 왜 이렇게 많은 젊은이들이 관계 형성 능력을 잃어버렸는가? 이들이 가장 자주 듣는 "사회적 대본"에서, 재미를 보려면 정서적 애착 관계 없이 신체적 관계만 맺으라고 말해 주기 때문이다.

최근에 젊은이들과 대화할 기회가 없었던 사람이라면, 훅업 문화가 얼마나 삭막한지 잘 모를 수도 있다. 훅업 문화는 키스에서 성관계까지 다양한 수준의 신체 접촉이 있을 수 있다. 게임의 법칙에 따르면, 절대 정서적으로 애착 관계를 형성해서는 안 된다. 관계와 헌신, 배타성은 금물이다. 대본에 따르면, 당신은 마치 아무 일도 없었다는 듯이 이 경험에서 빠져나올 수 있어야 한다.

학생 수백 명을 인터뷰한 연구원 도나 프레이타스(Donna Freitas)는 훅업 문화는 "**신체적** 친밀감과 **정서적** 친밀감 사이에 극단적인 분열을 낳는다"라고 결론을 내렸다. 훅업 문화는 젊은이들에게 "상대방의 사람됨을 존중할" 필요가 없다고 가르친다.[2]

훅업 문화는 낙태와 영아살해, 안락사를 지지하는 주장 배후에 있는 것과 똑같은 사람됨 개념을 반영하는가? 놀랍게도, 그 대답은 '그렇다'이다. 똑같은 데카르트의 이원론이 프레이타스가 신체적 친밀감과 정서적 친밀감 사이에서 목격한 "극단적인 분열"에도 책임이 있다. 이원적 사고방식은 젊은이들에게 성적인 몸과 전 인격을 분리하라고 권장한다. 몸의 가치를 폄훼하고, 관계에서 윤리적·정서적

네 몸을 사랑하라

깊이를 제거한다.

젊은이들은 긍정적 용어로 표현된 성경적 윤리를 꼭 들어야 한다. 성경적 윤리는 이층적 분열을 극복하고 몸과 인격을 다시 통합한다. 젊은이들이 "상대방의 사람됨을 존중하는" 법을 배울 때 그 결과로 훨씬 더 건강하고 만족스러운 성관계가 나타날 것이다.

「롤링스톤」이 한 말

훅업 문화가 데카르트 이원론에 기초한다는 말은 무슨 뜻인가? 대부분의 대학생은 데카르트의 저술을 읽어 본 적이 없을 것이다. 하지만 분열된 사고방식은 완벽하게 묘사할 수 있다. 잡지 「롤링스톤」(*Rolling Stone*)의 한 인터뷰에서, 나오미라는 학생은 훅업 때문에 "사람들이 관계에 서로 전혀 다른 두 요소, 곧 정서적 요소와 성적 요소가 있다고 전제하게" 되었다고 말했다. "사람들은 둘 사이에 확실한 선이 있는 것처럼 행동한다."[3]

당신은 이원론의 용어를 알아차릴 수 있는가? 젊은이들은 성관계가 생각과 감정(상층부)과는 동떨어진, 전적으로 육체적인(하층부) 관계일 수 있다고 전제한다. 둘 사이에 "확실한 선"이 있다는 것이다. 이것은 데카르트가 말한 "기계 속 영혼"의 새로운 버전에 불과하다. 우리는 그 구분을 다음과 같이 그려 볼 수 있다.

훅업 문화: "둘 사이에 확실한 선"

인격적
정신적·정서적 관계

신체적
성관계

몸으로 맺는 관계 중에 가장 친밀한 성교가 **인격적** 관계와 분리되었다. 성은 순전히 재미를 위한 행위, 사랑하거나 헌신하지 않아도 즐길 수 있는 행위로 묘사한다. (마치 어떤 행위를 하기로 동의하면, 그것이 바른 행위가 되기라도 하는 것처럼) 여기서 가장 중요한 것은 합의다.

젊은이들이 이런 대본을 별로 좋아하지 않더라도, 외워서 연기할 수 있다. 앨리샤라는 학생은 "훅업은 대본이 아주 철저하다.……몸을 제외한 다른 모든 것에는 신경을 끄고, 정서적으로 상처받지 않는 법을 배우게 된다"라고 말한다.[4] 또 다른 학생 팰런은 "정서적 친밀감에서 섹스로 이어져야 하는데, 지금 우리는 정반대다"라고 한탄한다. 졸업반 스테파니가 맞장구를 친다. "몸이 먼저고, 성격은 두 번째죠."[5]

성은 자아의 구체화된 표현이 아니라 신체의 해방과 오락 도구로 취급된다.

마일리 사이러스가 어렵다고 생각한 일

하지만 훅업 각본을 실행에 옮기기란 쉽지 않다. 프레이타스는 학생

네 몸을 사랑하라

들이 자신의 감정과 성관계를 분리하려면 굉장히 애써야 한다는 것을 알게 되었다. 학생들은 의미 없는 성관계가 실망만 안겨 주는 것을 잘 안다. 그래서 상처받고 외로워한다. 이들은 제대로 관계 맺는 법을 알았더라면 좋았을 것이라고 남몰래 인정한다. 서로 있는 모습 그대로 전 인격을 알고 인정해 주는 진정한 관계를 맺는 법 말이다. 마일리 사일러스(Miley Cyrus)조차 이렇게 말한다. "성관계는 식은 죽 먹기다. 5초면 상대를 구할 수 있다. 우리는 대화할 수 있는 상대, 꾸미지 않는 자연스러운 모습을 보여줄 수 있는 상대를 원한다. 대단한 것을 바라는 게 아니다."[6]

동시에 학생들은 훅업 문화에 대한 불만족을 표현하면 안 된다는 심각한 압박을 느낀다. 학생들이 프레이타스에게 말하기를, 성관계 이상을 원한다고 인정하면 애정에 굶주려서 집착하고 의존적인 사람으로 낙인이 찍힌다는 것이다. "마치 누가 더 초연한지 경쟁하는 대회 같아요.……하지만 이런 이야기를 입 밖에 꺼냈다가는 약하고 의존적인 사람이 되어 버리죠. 제3물결 페미니즘에 완전히 문외한인 사람이라고나 할까요."[7]

학생들은 감정을 숨기려고 술을 찾기도 한다. 많은 사람들이 자신이 좋아하지 않거나 알지도 못하는 사람과 성관계를 맺으려면 음주가 유일한 방법이라고 인정한다. 한 학생은 특히나 솔직했다. 그녀는 정기적인 훅업 파트너가 있었지만, 술을 마시지 않고는 둘 다 대화를 이어 갈 수 없었다고 인정했다. 그 학생은 「뉴욕 타임스」에 이렇게 말했다. "우리는 술이 깬 상태에서는 서로 그다지 좋아하지 않아요. 말 그대로 한자리에 앉아 커피 마시기가 힘들죠."[8]

조지 버나드 쇼(George Bernard Shaw)는 1932년 희곡 「바르게 살

기엔 너무 진실해」(*Too True to Be Good*)에서 상층부와 하층부 이미지를 사용하여 같은 문제를 강조했다. 한 등장인물이 말한다. "남녀가 약간의 재미를 위해 상대를 선택한다면, 자신이 예상한 것 이상을 골랐다는 것을 발견한다. 사람들에게는 1층만 있지 않고 꼭대기층도 있기 때문이다." 그러면서 이렇게 덧붙인다. "둘 중 하나만 가질 순 없다. 사람들은 늘 하나만 가지려고 애쓰지만, 그렇게는 되지 않는다."[9]

오늘날 젊은이들은 여전히 간절하게 "애쓰고" 있지만, 그렇게 되지는 않는다. 프레이타스는 "학생들이 뭐라고 자랑하거나 자기 친구들에게 어떻게 말하든 간에, 대다수는 성적 친밀감의 정서적 차원을 차단하는 데 서툴다"라고 쓴다.[10]

그렇게 되지 않는다는 사실은 우리에게 무엇인가 시사해 주는 바가 있다. 이는 훅업 문화가 인간 본성에 대한 부적절한 개념에 의존한다는 것을 의미한다. 사람들은 자신의 진짜 모습에 들어맞지 않은 세계관대로 살려고 애쓰고 있다. 인간은 하나님의 형상대로 창조되었으므로 세속 관점은 인간의 실제 경험에 부합하지 않을 것이다. 이들의 신념은 절대 현실과 조화를 이루지 못할 것이다. 그 결과, 실제로 비그리스도인들은 자신의 세속 세계관과 실생활의 경험 사이에서 항상 모순에 부딪히게 된다.

이 모순은 세속 관점에 결함이 있다고 주장하는 좋은 기회를 제공한다. 세속 관점은 현실에 들어맞지 않는다. 젊은이들은 자신의 진정한 본성과 어울리지 않는 세계관을 살아 보려 애쓰고 있고, 그러는 사이에 몸과 마음의 고통이 이들을 망가뜨리고 있다.

• • •

섹스 기계 속 영혼

세속 윤리를 이해하는 핵심은 그것이 물질주의 자연관에 기초한다는 점이다. 세속 윤리는 우리 몸이 목적도, 윤리도 없는 다원주의 세력의 산물이기에 도덕적으로 중립이라고 말해 준다. 이는 우리가 몸으로 하는 일에는 아무런 윤리적 의미가 없음을 함의한다. 자아는 아무런 도덕적 결과 없이, 자신이 선택한 대로 마음껏 몸을 자유로이 사용할 수 있다.

프린스턴의 피터 싱어는 "섹스는 아무런 독특한 윤리 문제를 일으키지 않는다"라고 말한다. "성과 관련된 결정을 내리려면 정직한 고려와 타인에 대한 관심, 신중함 등이 필요하겠지만, 자동차 운전과 관련된 결정에서도 같은 말을 할 수 있기에 이런 면에서 섹스에 특별한 점은 없다."[11] 싱어가 보기에는, 성행위 자체에 아무런 도덕 관념이 없다. 성행위에 유일하게 도덕적인 차원이 있다면, 그것은 정직과 신중함 같은 태도에서 비롯된다. 차를 몰 때와 마찬가지다.

이런 무도덕 관점이 현실에서는 어떻게 드러날까? 페미니스트 저자 나오미 울프(Naomi Wolf)는 학생들을 대상으로 한 대규모 인터뷰에서 다음과 같은 사실을 발견했다. 어느 젊은 여성이 말했다. "우리는 할 일이 너무 많아요. 왜 굳이 누군가를 먼저 알아야 하죠? 시간 낭비라고요. 훅업을 하면, 곧바로 욕구를 채우고 관계를 시작할 수 있어요."[12] 이 암울하고 일차원적인 성에 대한 관점은 섹스가 단순히 신체적 욕구라고 전제한다. 타인과 연결되고 싶다는 좀 더 깊이 있고 전인적인 열망이 빠져 있다. 익명의 형식적인 만남이면 "욕구를 채우는 데" 충분하다는 것이다.

우리는 이것을 잠언 30장이 그리는 성에 대한 관점이라고 부를 수도 있겠다. 거기서는 간음을 저지른 누군가를 묘사한다. "그가 먹고 그의 입을 씻음같이 말하기를 내가 악을 행하지 아니하였다 하느니라"(잠 30:20). 다시 말해, 섹스는 식욕 같은 자연 현상이다. 성욕을 느끼면 채우면 그만이다. 별로 대수롭지 않은 일이다. 이 얼마나 성에 대한 천박한 관점인가.

어떤 사람들은 성적 쾌락주의가 섹스에 **지나치게 큰** 중요성을 부여한다고 생각할지도 모른다. 하지만 실제로는 **지나치게 적은** 중요성을 부여할 뿐이다. 성적 쾌락주의는 몸을 단순히 신체적 충동의 지배를 받는 신체적 유기체로 다룬다. 섹스는 전 인격의 풍성한 내면생활과는 동떨어진, 철저하게 신체적 행위로만 다룬다. 따라서 성적 쾌락주의는 섹스 행위와, 평생 함께하기로 헌신한 남녀가 자기를 준다는 섹스의 의미를 분리하여 그 깊이를 박탈해 버린다.

가톨릭 저자(이자 과거에 레즈비언이었던) 멜린다 셀미스(Melinda Selmys)는 재미와 놀이를 앞세우는 섹스에 대한 선전 기저에는 몸에 대한 "근본적 절망"이 있다고 말한다. "자유 섹스와 자기애라는 모든 화려한 문구 배후에는 몸에는 아무 **의미**가 없고, 말 그대로 무의미하다는 근본적 신념이 있다." 따라서 당신이 몸으로 하는 일에는 아무런 도덕적 결과가 따르지 않는다. 셀미스는 "몸으로 무엇이든 원하는 대로 할 수 있다. 진공청소기로 쾌감을 줄 수도 있고……무슨 이유에서든 누구에게라도 몸을 줄 수 있다. 몸은 그저 일종의 웨트 머신, 곧 당신이 바라는 어떤 목적이든 그것을 위해 사용하고 교환할 수 있는 도구에 불과하다"라고 말한다.

과학자와 철학자들이 자연이 대형 기계에 불과하다고 결정하면,

그것은 도덕성에 영향을 미친다. 인간의 몸은 "웨트 머신"이 된다. 셀미스는 암암리에 "당신 몸은 당신이 아니라, 진짜 당신—구체적 형태가 없는 영혼—을 통제하는 껍데기나 매력적인 로봇에 불과하다"라고 인정해야 한다고 결론을 내린다.[13]

섹스 기계 속 영혼.

생태계 운동에 대한 문헌들에서 데카르트 이원론이 인간을 자연과 소외시켜서 환경을 망가뜨리고 오염하게 되었다고 주장하는 경우가 자주 있다. 하지만 도덕성과 연결하는 경우는 드물다. 똑같은 이원론이 많은 사람들을 자신의 몸에서 소외시켜서 몸을 성적으로 학대하게 되었다. 밀랜더의 말처럼, 환경 운동은 우리가 "자연을 단순히 우리의 지배 대상으로 다루지 않아야" 한다고 가르쳤다. 그런데도 많은 사람들이 "몸을 대상화하고 도구화하는 데는 희한하게도 무관심하다."[14]

페미니스트들은 성적 쾌락주의가 여성을 대상화한다고 불평하지만, 문제는 훨씬 더 심각하다. 성적 쾌락주의는 인간의 몸 자체를 대상화하기 때문이다.

"포르노 스타처럼 하세요"

안타깝게도, 성인문화도 별 도움이 되지 않는다. 대개 성교육은 신체 기관, 건강상의 위험, 피임, 섹스 기법 등 신체적 차원에만 초점을 맞춘다. 대학에서는 섹스토이 회사들을 캠퍼스에 초청하여 상품을 전시한다. 예일 대학교 성 주간에는 포르노 스타를 강연자로 초청한 적이 있고, 학생들은 사도마조히즘이나 근친상간, 수간 등을 주제로 한

4. 조현증 성

워크숍에 참석한다. "교훈: 지루하면 안 돼요. 포르노 스타처럼 하세요."[15] 하지만 성교육 프로그램은 어떻게 관계를 맺고 유지하는지는 가르치지 않는다.

성인문화는 젊은이들에게 헌신하지 않고 정서적으로 초연할 수만 있다면 이미 충분히 성숙해서 성관계를 맺을 준비가 되었다고 말해 주고 있다. 샬릿은 섹스와 사랑을 분리할 수 있는 사람이 세련된 사람이라는 메시지가 이런 종류의 문서에 나타난다고 말한다. "이들은 평생에 걸쳐 무의미한 만남을 시작할 준비가 되었다. 반대로, 아직도 사랑을 꿈꾸는 이들은 미성숙하기 때문에, 친밀감 없는 섹스를 추구할 만큼 냉정해질 때까지 인형과 트럭을 가지고 조금 더 놀다 와야 한다."[16]

교육자들은 "도덕주의자"가 되는 것을 너무나 두려워한 나머지, 학생들에게 말하는 내용을 관장하는 정치적 올바름이라는 엄격한 규칙에 굴복한다. UCLA 정신과 의사 미리엄 그로스먼(Miriam Grossman)은 자신에게는 옳고 그름의 도덕적 관점에서 학생들을 상담할 권한이 없었다고 밝힌다. 심지어 해로운 행위를 말리는 것도 허용되지 않았다고 한다. 그녀는 상담에 부과된 여러 제약에 좌절하여 『보호받지 못한 자들: 캠퍼스 정신과 의사의 상담에서 정치적 올바름이 모든 학생에게 끼치는 해악에 대해』(*Unprotected: A Campus Psychiatrist Reveals How Political Correctness in Her Profession Endangers Every Student*)라는 제목으로 책을 쓰기도 했다.

예를 들어, 그로스먼은 올리비아라는 신입생이 찾아온 경우를 이야기한다. 학생은 첫 경험을 한 남자에게서 관계 직후에 버림을 받고 깊은 우울에 빠져 있었다. "선생님, 왜 사람들은 헤르페스나 임신 같은 것에서 몸을 보호하는 방법은 이야기해 주면서, 섹스가 **마음**에 어떤 영향을 미치는지는 말해 주지 않나요?"

왜 그럴까? 그로스먼은 질문을 던진다. "피임, 건강한 다이어트, 수면 위생, 스트레스 관리 등에 대한 정보는 학생들에게 쏟아지는데, 가벼운 섹스가 젊은 여성의 정서에 남기는 큰 혼란에 대해서는 일언반구가 없는 이유는 무엇일까?"[17] 그로스먼은 폭넓게 조사를 했음에도 불구하고, 젊은이들에게 얄팍한 신체적 차원을 넘어서도록 의도된 교육 자료를 사실상 찾지 못했다.

오늘날의 성교육은 성의 의미를 매뉴얼 정도로 축소해 버린다.

젊은이들에게 그들에게 필요한 유일한 보호가 안전한 섹스를 위한 약물과 장치 사용법을 가르치는 것이라고 제안하는 것은 사기를 떨어뜨린다. 그들이 자신의 신체적·심리적·영적 건강에 영향을 미치는 문제들에서 도덕적 행위자로 행동하도록 능력을 부여해 주어야 할 상황에서 그들의 도덕적 기능을 부인하여 어린아이 취급을 하는 셈이다. 불라라는 남학생은 학생 신문에 "나는 이렇게 중요한 영역, 곧 이성 관계를 다루는 대학 과정이나 지도가 없다는 현실이 놀랍기만 하다"라고 기고했다.[18]

젊은이들을 조기 성적 실험으로 몰아넣는 성인문화의 다른 일면도 잊지 말자. 사업체와 기업들이 공모하여 여자아이들을 위한 "천박한" 패션을 만들어서 아동에게 성적 매력을 부여한다. 그게 심해지면 "기저귀를 차기에는 너무 섹시해요"라고 말하는 유아복까지 등장한다. 인형에 그물 모양 스타킹과 새빨간 란제리, 진한 화장을 입힌다. 광고업자들은 성으로 상품을 팔고, 영화 제작자들은 성으로 관객을 끌어모으고, 가수들은 노래와 뮤직비디오에 성적인 가사를 녹여 낸다.

역설적으로, 성적 실험을 즐기는 젊은이들은 대체로 자신이 성인문화에 반항하고 있다고 생각한다. 하지만 실상은 성인문화가 던져준 대본을 충실히 따라가고 있다. 장삿속에 희생되고 있다. 우리 시대의 진정한 반항은 순결을 실천하는 것이다. 그러려면 진정한 용기가 필요하다.

"이름은 필요 없고, 그냥 섹스만"

왜 세속 성 윤리는 정서적 초연함을 그토록 강조할까? 주요 목표가 쾌락이면, 파트너를 온전한 인격으로 고려하는 것이 방해가 되기 때문이다. 셀미스는 "섹스가 쾌락의 교환으로 축소되면, 상대방의 인격이 부담스러워진다"라고 설명한다.

> 성의 목적이 쾌락에 불과하다면, 얼마 안 있어 자신만의 인격과 욕구를 지닌 상대방은 부담이 될 것이다. 그렇다면 "이름은 필요 없고, 그냥 섹스만" 하는 관계가 이상적인 관계가 된다. 파트너는 각자 상대를 이용하여 쾌락을 얻으면 그만이다. 그리고 가능한 한 자신의 주관적 경험 영역에 완전히 분리된 상태로 남으려 한다.[19]

상대의 인격을 인지하는 것은 비인격적 섹스에 "부담"이 된다.

그런데 아이러니하게도, 비인격적 섹스를 추구하는 사람에게조차 그런 섹스가 만족을 주는 경우는 드물다. 성행위의 즐거움은 신체적 차원에 그치지 않는다. 우리가 다른 사람과 연결되려 할 때는 신체적 쾌락을 얻으려는 욕구가 아니라, 최소한 어느 정도는 인격적 접촉에 대한 기대가 동기가 된다.

하버드 대학교 정신의학 교수 윌리엄 비어슬리(William Beardsley)는 젊은이들이 "진정한 **성적** 친밀감은 **인격적** 친밀감과는 상관이 없다"라고 자신을 설득하려고 애쓰고 있다고 말한다. 하지만 이들은 스스로 속이고 있다.[20] 인간은 몸과 인격이 한 단위로 기능할 수밖에 없다. 성경적 세계관이 말하는 그대로다.

기독교는 죄와 죄책에 대한 가르침 때문에 부정적이라는 비난을 받을 때가 많다. 하지만 실제로는 성에 대해 세속 관점보다 훨씬 더 긍정적인 관점을 유지하고 있다. 줄리 슬래터리(Juli Slattery)와 다나 그레시(Dannah Gresh)는 『가리개를 열고』(Pulling Back the Shades)에서 "당신은 더 나은 것을 위해 창조되었다는 것이 진실이다. 당신의 성과 심오한 영적·관계적 갈망을 분리할 필요가 없고, 오히려 성은 그 갈망의 표현이다"라고 쓴다.[21]

포르노 대 친밀감

비인격화된 섹스의 가장 극단적인 예가 포르노그래피다. 포르노를 보는 사람은 여성의 몸과, 인격체인 상대에 대한 관심을 철저히 분리한다. 포르노그래피는 몸을 한 사람의 목적을 위한 대상이나 도구로 다룸으로써 통합체인 인간을 갈라놓는다.

안타깝게도, 오늘날 많은 젊은이들이 포르노로 성교육을 받고 있다. 나오미 울프는 자신이 어느 대학교에서 인터뷰한 학생들을 묘사한다. "인터넷이 생긴 이후로 학생들은 포르노와 친밀감을 느끼는 것이 분명해졌다. 하지만 친밀감—과 이성의 마음—은 그 어느 때보다 더 얻기 힘들어졌다."22

요즘 젊은이들은 어릴 때부터 성적 **이미지**에 파묻혀 지내지만, 성적 **친밀감**은 점점 더 얻기 힘들어지고 있다.

세속 연구자들조차 포르노의 유해한 결과를 점점 더 두려워하고 있다. 어느 「워싱턴 포스트」 기사는 포르노가 "공중 보건의 위기"라고 경고한다. "이제 과학은 논란의 여지가 없다." 예를 들어, "가장 많이 빌려 보는 유명 포르노 영화들을 분석한 결과, 연구자들은 분석한 장면의 88퍼센트에 신체적 공격이 포함된 것을 발견했다." 피해자는 대부분 여성이었다. 그 결과, 주류 포르노그래피를 보는 사람들은 "(잡히지 않는다는 보장만 있다면) 강간이나 성폭행을 저지를 것이라고 말할 가능성이 높다."23

요즘 남자아이가 처음 포르노그래피를 접하는 평균 연령이 만 9세다. 이 아이는 성인이 될 때까지 10년 넘게 포르노를 소비하게 된다. 이것이 그가 진짜 여성과 맺는 관계에 어떤 영향을 미치겠는가? 「타임」에 따르면, "그중 많은 사람들이 살아 있는 진짜 여성에게는 성적으로 반응하지 못한다. 포르노그래피에만 반응할 수 있다. 실제로도, 포르노그래피를 선호한다."24 다시 말해, 이들은 진짜 사람과 관계를 맺을 때 발생하는 어려움을 피하는 편을 선호한다.

이런 남자들이 결혼하면 포르노가 배우자와 관계 맺는 능력을 망가뜨렸다는 사실을 알고 충격을 받는다. 포르노는 이들이 이성을 대상화하도록 훈련했다. 말 그대로 이들은 온전한 인격체인 여성과 어떻게 관계를 맺어야 하는지 모른다.

포르노에 대한 최초의 종적 연구에 따르면, 결혼 후에 포르노를 보기 시작한 남자들은 이혼 확률이 두 배가 높다.25 다른 연구들은 포르노를 시청하면 실제로 뇌가 축소되고 신경 활동이 줄어드는 것을 확인해 주었다.[26] 포르노에 중독성이 있어서 폭력을 낳고 관계를 망가뜨리며 성매매와 매춘을 뒷받침한다는 것을 보여주는 확고한 데이터도 있다.

그런데도 십대와 젊은이들은 포르노를 대수롭지 않게 생각하는 경향이 있다. 바나(Barna) 설문 조사에 따르면, 이들은 "과식"이나 "재활용을 하지 않는 것"이 포르노보다 더 비난할 일이라고 응답했다.[27] 그래서 신 약물에 맞서 싸우기(Fight the New Drug)라는 단체는 특히 젊은이들에게 "포르노가 사랑을 죽인다"라는 메시지를 전달하고 있다. 예를 들어, 한 설문 조사는 포르노가 여성에게 막대한 압박을 가하는 것을 발견했다.

소녀와 젊은 여성들은 소년과 남성들에게 그들이 원하는 것을 주어야 한다는 큰 압박을 받고 있다. 과장된 역할과 행동을 취하고 자신의 몸을 단순한 섹스 보조 기구로 제공하여 남자아이들이 포르노에서 보는 것을 실생활에서 구현해 내야 한다는 압박이다. 오늘날 포르노 문화에서 성장한 소녀들은 자신이 남성의 만족과 쾌락을 위한 휴게소가 되어야 한다는 것을 금세 배운다.[28]

예수님이 죄는 먼저 우리 마음을 지배하려고 한다고 말씀하신 이유가 있다. "음욕을 품고 여자를 보는 자마다 마음에 이미 간음하였느니라"(마 5:28). 우리는 이 말씀을 다음과 같은 현대어 표현으로 번역할 수 있다. "여성을 대상화하지 말라. 여성을 성욕의 대상으로 축소하여 그들에게서 온전한 인격체로서의 정체성을 빼앗지 말라." 포르노그래피는 비인격화된 섹스를 통해 말 그대로 젊은 세대가 예수님의 금령을 위반하도록 훈련하고 있다. 그리고 포르노가 가르친 정신 습관이 진짜 관계로 스며들고 있다.

다음 단계는 (섹스돌과의) 로봇 섹스라고 말하는 사람들도 있다. 미래학자들은 10년 이내에 섹스 로봇이 포르노보다 대중화될 것이라고 예상한다. 스페인 바르셀로나에는 이미 최초의 섹스돌 사창가가 문을 열었다.[29] 물질주의 철학은 인간이 복잡한 기계에 불과하다고 사람들에게 가르쳤고, 이제 우리는 그 논리적 결과, 곧 기계가 진짜 사람을 대체하는 현실을 보고 있다. 궁극적 비인간화.

섹스의 과학

아이러니하게도, 과학은 몸과 인격이 연결되어 있다는 새로운 증거를 끊임없이 발견하고 있다. 성을 다룬 최신 서적 중 아무 책이나 한 권 펼쳐서 읽어 보면, 옥시토신과 바소프레신 같은 호르몬의 역할이 나올 것이다. 과학자들은 출산과 수유에서 옥시토신이 하는 역할 때문에 먼저 옥시토신에 대해 알게 되었다. 어머니가 아기에게 젖을 줄 때 이 화학물질이 배출되는데, 돌봄과 양육 본능을 자극한다. 그래서 애착 호르몬이라고 불리기도 한다.

과학자들이 성교 중에도 옥시토신이 (특히 여성에게서) 나오는 것을 발견했을 때 얼마나 놀랐을지 상상해 보라. 따라서 섹스할 때 상대에게 애착을 느끼는 것은 단순한 감정이 아니라, 인간 화학 작용의 일부다. 옥시토신은 신뢰감을 낳는 것으로 알려졌다. 어느 섹스 치료사가 표현하듯이, 성관계를 맺을 때 우리는 "자신도 모르는 사이에

네 몸을 사랑하라

화학적으로 헌신하고" 있다.[30]

결론적으로 말하면, 당신이 아무 제약이 없는 훅업 관계를 맺고 있다고 생각하더라도, 당신의 의도와는 상관없이 실제로는 화학적 결합이 형성되고 있다. 「글래머」(*Glamour*) 잡지의 어느 칼럼니스트는 호르몬 때문에 "너무 빨리 애착을 느낄 때가 자주 있다"라고 경고한다. 그냥 가벼운 섹스를 의도한 경우에도, "생명 활동이 당신의 의도를 능가한다."[31]

그래서 바울은 이렇게 말했는지도 모른다. "음행하는 자는 자기 몸에 죄를 범하느니라"(고전 6:18). 섹스는 우리 몸의 생리적 차원 깊은 곳까지 관여한다.

남자들도 마찬가지다. 친밀한 성 접촉에서 남성의 반응을 책임지는 주요 신경 화학 물질은 바소프레신이다. 바소프레신은 구조적으로 옥시토신과 비슷하고, 유사한 정서적 효과를 낸다. 과학자들은 바소프레신이 여성과 자녀의 유대감을 자극한다고 믿는다. 바소프레신에는 일부일처제 분자라는 별명이 있다.[32]

그로스먼이 관찰한 대로, "우리는 결합하는 존재로 설계되었다고 할 수 있다."[33]

바울의 말은 그의 시대보다 오늘날 더 진실처럼 들린다. "창녀와 합하는 자는 그와 한 몸인 줄을 알지 못하느냐? 일렀으되 둘이 한 육체가 된다 하셨나니"(16절). 듀크 대학교 로렌 위너(Lauren Winner)는 바울의 말을 이렇게 번역한다. "누군가와 동침하는 사람은 말로 하든 안 하든 자기 몸으로 약속하는 것임을 알지 못하느냐?"[34]

이 말이 함의하는 바는 반복된 훅업은 몸의 "약속"을 반복해서 깬다는 것이다. 이 깨진 약속이 너무 고통스러워서 많은 젊은이들이 그 고통을 극복하려고 냉소적인 태도를 개발한다. 많은 경우, 이들의 정서적 분리는 심리학자들이 방어적 분리라고 부르는 형태를 띤다. "네가 나한테 상처를 줄까 봐 겁나. 그래서 나는 너한테 약한 상태가 되지 않으려고 정서적 담을 쌓을 거야." 하지만 그 결과로 깊은 애착은 더 힘들어질 뿐이다. 결혼을 원하는 젊은이들조차도 지속적인 헌신을 어려워한다. 유고브(YouGov) 여론 조사에 따르면, 밀레니얼 세대의 거의 절반이 일부일처 관계에 대한 희망—심지어 욕구조차—포기했다고 한다.[35]

훅업 문화는 사회 구조를 흐트러뜨리고 있다. 생리적 배출을 위해 이합집산하는 고립되고 소외된 성인을 낳는다. 많은 사람들이 헤어짐을 반복하면서(혹은 아예 처음부터 관계를 시작하지 않아서) 행복하고 만족스럽고 지속적인 결혼과 가정을 세우는 데 필요한 강하고 회복력 있는 연합을 형성하는 법을 배우지 못한다.

포르노그래피에 중독성이 있는 이유도 그것이 말 그대로 뇌의 화학 작용을 바꿔 놓기 때문이다. 다른 많은 중독처럼, 포르노그래피도 뇌에 도파민을 쏟아붓는다. 이 현상이 반복되면, 이렇게 화학물질이 가득 찬 상태가 뇌의 보상 경로를 바꾸어 기본값이 될 수 있다.

뇌 과학자들은 이를 가리켜 신경가소성이라고 한다. 함께 활성화하는 신경 세포는 함께 연결된다.

결국 뇌는 과도한 화학물질로 뒤덮여서 일부 도파민 수용체를 정지해 버린다. 즉 포르노를 보는 사람은 똑같은 "황홀감"에 도달하지 못하고, 똑같은 도파민 효과를 느끼려면 더 노골적인 포르노를 찾아야 한다. 이렇게 해서 포르노에 중독된다.[36]

최신 과학은 인간이 통합된 전체라고 확인해 준다. 몸/인격 분리는 우리 존재에 들어맞지 않는다. 실제로, 젊은이들을 대상으로 한 성교육과 재교육이 절실히 필요한 이유는 이들이 태생적으로 가볍고 무의미한 성 경험을 즐기지 못하기 때문이다. 젊은이들은 정서적 친밀함과 충실함을 간절히 바라고 있다.

마음의 프로작은 없다

친밀감과 충실함을 찾지 못한 많은 이들이 심리 치료에 도움을 청한다. 정신과 의사 폴 맥휴(Paul McHugh) 박사는 수많은 젊은 여성들이 그를 찾아와 결혼하고 싶지 않은 상대와 번번이 성관계를 맺게 되는 상황을 상담한다고 말한다. 이런 여성들은 "나한테 문제가 있는 게 틀림없어요. 박사님, 약 좀 주세요"라고 말한다. 이들은 상처와 실망에서 벗어나는 데 도움을 받으려고 프로작을 요구한다. 맥휴는 그들에게 "당신에게는 아무 문제가 없다"라고 말해 준다. 문제는, "남자라면 곧바로 같이 침대에 뛰어들고 봐야 한다"라고 그들을 압박하는 세상이다.[37]

철학 교수 앤 말로니(Anne Maloney)는 자기 학생들도 똑같은 고충을 토로한다고 말한다. "우리 주립 대학 건강 센터에서 가장 많이 처방하는 약이 항우울제와 피임약이라는 사실은 우연이 아니다."[38]

하지만 아무리 많은 양의 프로작이나 졸로프트도 이런 형태의 우울을 해결해 주지는 못한다.

젊은 남자들은 훅업 문화에 불만족을 표시해서는 안 된다는 압박을 더 크게 느끼는 경우가 많지만, 많은 이들이 갈수록 냉소적으로 변한다. 어느 「베니티 페어」(Vanity Fair) 기자가 "틴더"(Tinder) 같은 데이팅 앱을 사용하는 젊은 남성 몇 명을 인터뷰했다. 대략 1억 명 정도가 핸드폰을 매일 24시간 싱글 클럽처럼 사용하고 있다. 기업 금융 전문가 댄은 데이팅 앱이 온라인 음식 배달 서비스와 비슷하다고 말한다. "다른 점이 있다면, 음식 대신 사람을 주문한다는 것이죠."

남성들은 이런 "배달 서비스"에 만족할까? 아니다. 이들은 데이팅 앱이 훅업을 너무 쉽게 만들어서 관계를 맺으려는 유인을 축소한다고 불평한다. 기자는 "데이팅 앱에서 맘에 안 드는 부분이 무엇이냐고 물었을 때" 젊은 남자들은 번번이 "'너무 쉬워요', '너무 쉬워요', '너무 쉬워요.'"라고 대답했다고 쓴다. 뉴욕에 사는 25세 남성 알렉스는 "로맨스는 완전히 죽어 버렸다"라고 한탄했다.[39]

「베릴리」(Verily)에서 인용한 한 젊은 남성은 이렇게 말한다. "저는 광고와 TV 프로그램, 대중문화에서 남자들은 가벼운 관계만 원한다고 묘사하는 방식을 견디기 힘들었어요.……그런 관계에 누가 만족합니까? 모든 사람은 그보다 더 지속성 있는 관계, 의지하고 신뢰할 수 있는 사람을 원해요. 표류하는 감정과 쾌락에만 의지하는 것이 아니라, 희생에 기초한 진정한 관계를 기대합니다."[40]

· · ·

성 치료사의 처방

로저 리비(Roger Libby)는 "오프라", "도나휴", "제랄도" 같은 대형 토크쇼에 모두 얼굴을 내민 성 치료사다. 자주 화제에 오른 그의 공로는 연인들에게 PSD(Pre-Sex Discussion), 곧 성관계 이전에 논의를 권유한 점이다. 리비는 획기적 발견을 발표할 때의 과장된 몸짓을 총동원하여, 연인이 먼저 "대화"를 나누는 경우에 성관계가 훨씬 더 만족스럽다고 말한다. "PSD는 미래의 배우자에게 상대방의 감정과 욕구, 기대를 알려 주는 친밀하고 즐거운 대화다.……PSD는 상호 정직을 격려한다. 솔직하지 못한 섹스는 무의미하거나 오래 지속하지 못하거나 즐겁지 않다." 리비는 "제대로 된 PSD는 위험은 최소화하고, 즐거움은 극대화한다"라고 결론짓는다.[41]

누가 짐작이나 했겠는가? 사람들이 상대를 아주 조금이라도 **인격**으로 알게 되면, 더 큰 성적 쾌락을 경험한다. 그래서 각종 연구에서 번번이 성적으로 가장 행복한 사람들이 결혼한 중년 보수 그리스도인들로 나타나는 것이다.[42]

그런데 왜 그렇게 많은 서양인들이 그런 상식적 진리를 보지 못했을까? 훅업 문화의 더 깊은 뿌리는 무엇인가? 성에 대한 잘못된 개념이 어디에서 나와서 어떻게 발전했는지 알게 되면, 사람들이 성에 대한 진실을 보도록 도울 수 있다. 3장에서 살펴보았듯이, 계몽주의 이후로 많은 선도적 사상가들이 인간을 복잡한 물리적 유기체로 보는 물질주의 세계관을 채택하기 시작했다. 이 물질주의 세계관은 인생의 목적은 신체적 고통은 피하고 쾌락은 극대화하는 것이라는 논리적 결론으로 이어진다.

물질주의 세계관은 도덕적 이상과 원칙 같은 **비물질적** 실재는 어떻게 다루는가? 이상은 실험실에서 관찰하거나 무게를 재거나 측정할 수 없다. 그래서 철저한 물질주의자들은 그런 것들을 비현실적이라고 일축한다. 그들은 유일한 선은 쾌락이라는 실용적 윤리를 지지한다. 역사학자 로이 포터(Roy Porter)는 "계몽주의의 위대한 역사적 분수령은 쾌락을 인정한 것"이라고 말한다. "신과학은 인간에 대한 기계적 모델, 곧 쾌락을 추구하고 고통을 피하는 동기를 지닌 기계로 보는 관점을 촉진했다."[43]

한 라디오 프로그램에서 "왜 미국은 그런 윤리적 바탕으로 향하고 있는가?"라는 질문을 받은 적이 있다. 나는 이렇게 대답했다. "그것은 세계관이 우리 생각에 미치는 힘을 증명해 준다. 인간이 자극-반응 메커니즘으로 움직이는 복잡한 기계에 불과한 것이 사실이라면, 쾌락과 고통으로만 움직인다는 것이 논리적 결론이다. 인간의 몸은 쾌락 기계다. 인간은 신체적 쾌락을 극대화하는 한에는, 자신이 원하는 대로 몸을 사용할 것이다."[44]

성이라는 종교

성에 대한 현대적 정신을 빚은 핵심 사상가들은 누구인가? 어떤 이들의 생각이 오늘날 대학에서 유치원에 이르기까지 교과서에서 가르치는 내용을 형성했는가? 이런 역사를 살펴보면, 아이러니하게도 순전히 물질주의 세계관을 채택한 이들도 성을 대체 종교로 둔갑시키는 경우가 많은 것을 발견한다. 물질을 하층부에 그려 넣었는데, 물질주의자들도 성의 종교적 의의를 주장하면서 상층부로 올라가려는 형국이다.

성이 종교가 되면, 아무것도, 특히 기독교 윤리가 방해가 되어서는 안 된다. 가장 유력한 성 이론가들은 하나같이 "도덕 비판자들"[철학자 브라이언 라이터(Brian Leiter)에게서 빌린 표현]이었다. 이들은 도덕을 인간 행복의 걸림돌로, 우리가 거기에서 해방되어야 하는 악한 세력으로 취급한다.[45] 그중 가장 영향력 있는 몇 명을 만나 보고, 이들이 오늘날 정치적으로 올바른 성 정통을 어떻게 형성했는지 살펴보자.[46]

지그문트 프로이트: 성은 본능이다

지그문트 프로이트(Sigmund Freud)는 동그란 렌즈와 뾰족한 흰 수염, 손가락 사이에 낀 통통한 시가 같은 독일 과학자에 대한 고정관념에 들어맞는다. 프로이트는 성을 전적으로 생물학적 욕구로 보는 열렬한 다윈주의자였다. 그는 쾌락이 우리의 전체 "정신 기관"의 "주목적"이라고 썼다. 성 역사학자 조너선 네드 카츠(Jonathan Ned Katz)는 프로이트가 인격을 "만족을 사명으로 여기는 기계"로 생각했다고 말한다.[47]

프로이트는 문명사회에서 성적인 제한은 필요하다고 인정했지만, 개인에게는 성적인 제한이 해롭고 건강하지 못하며 신경증을 일으킨다고 가르쳤다. 그는 결혼 서약 내에서만 성을 유지하는 사람들에게 경멸감을 감추지 못했다. "허약한 사람들만 성적 자유에 대한 그런 엄청난 침해를 묵인했다."[48] 프로이트는 성적 자유가 정신적·성적 건강의 첩경이라고 현대 세계를 설득하는 데 막대한 영향을 미쳤다.

마거릿 생어: 성은 구원이다

가족계획연맹 설립자 마거릿 생어는 또 다른 도덕 비판자였다. 생어는 역사의 큰 드라마를 우리 몸과 마음을 윤리의 제약, 곧 "자기 부인과 '죄'라는 잔인한 도덕"에서 해방하려는 투쟁으로 묘사했다. 그녀의 관점에 따르면, 성적 해방은 한 사람이 "내면의 평화와 안정감,

아름다움"을 찾을 수 있는 "유일한 방법"이었다.[49] 성적 해방은 진화의 다음 단계, 곧 "인종을 개조하고" "진정한 문명사회"를 창조하는 단계로 나아가는 수단이기도 했다.

생어는 분명한 종교적 언어를 사용하기까지 했다. "성을 통해 인류는 세상을 변화시킬 큰 영적 깨달음을 얻을 수 있는데, 그 깨달음이 지상의 천국으로 가는 유일한 길을 밝혀 줄 것이다."[50]

이것이 종교적 비전이 아니라면, 달리 무엇이 종교적 비전이란 말인가? 물질주의 사상가들에게는 생물학적 본능에 몰입하는 것이 곧 구원의 수단이 되었다.

알프레드 킨제이: 성의 유사 과학

2004년 영화 「킨제이 보고서」(*Kinsey*)는 그를 선구적 영웅으로 그렸다. 하지만 알프레드 킨제이(Alfred Kinsey)도 똑같은 도덕 비판자였다. 그는 성이 "**어떤 형태든 수용할 만한**, 보통의 생물학적 기능"이라고 반복해서 강조했다.[51]

킨제이는 성을 도덕에서 해방시키기 위해 순전한 신체의 오르가슴 행위로 축소했다. 그런 다음에, 기혼이나 미혼, 동성이나 이성, 성인이나 아동, 모르는 사람이나 매춘부, 심지어 인간이나 동물 사이의 모든 오르가슴은 도덕적으로 동등하다고 주장했다. 이런 상황에 매우 다양한 관계적·정서적·사회적·윤리적·영적 차원이 개입할 수 있다는 사실은 무시했다. 그 모든 상황을 단순히 "성적 배출 수단"으로 간주하고, 모두 똑같이 수용할 수 있다고 선언했다.

요즘 유행하는 구호처럼, "사랑은 다 똑같은 사랑"이라는 것이다.

킨제이는 그보다 앞선 이들처럼 다윈의 물질주의에 심취해서, 환원주의 용어로 인간을 "인간 동물"이라고 언급했다. 그는 동물들 사이에서 볼 수 있는 모든 행동이 인간에게도 규범적이라고 생각했다. 예를 들어, 그는 어떤 포유동물은 수컷끼리, 심지어 다른 종과 성 접촉을 하는 모습을 관찰할 수 있다고 주장했다. 따라서 동성애와 수간은 "보통의 포유동물에게서 볼 수" 있고, 인간에게도 허용할 수 있다고 결론짓는다.

킨제이는 자신의 접근법이 과학적이라고 주장했지만, 확실히 그의 연구 방법은 그렇지 않았다. 그는 성범죄자와 사도마조히스트, 관음증 환자, 노출증 환자, 소아성애자 등을 필요 이상으로 표본에 포함했다. 특히 소아성애자들은 불법 행위를 했다. 그런데도 킨제이는 성폭행당한 아이들이 그것을 즐겼다는 소아성애자들의 주장을 액면 그대로 받아들였다.

킨제이는 이런 비과학적 연구 방법에 아무 우려도 표하지 않았는데, 궁극적으로 과학은 그의 관심사가 아니었기 때문이다. 스탠퍼드 대학교 교수 폴 로빈슨(Paul Robinson)에 따르면, 킨제이는 역사를 "과학의 힘과 미신의 힘[종교와 윤리]이 경쟁하는 거대한 윤리 드라마"로 보았다. 그는 성경에 기초한 성 윤리의 도입이 인류 역사의 가장 중요한 분수령, 곧 우리가 구원받아야 하는 일종의 "타락"인 것처럼 말하기까지 했다.[52] 성적 해방은 인류를 종교와 윤리의 억압에서 구원하는 수단이 될 것이다.

빌헬름 라이히: 뉴 에이지 성

1960년대에 심리학자 빌헬름 라이히(Wilhelm Reich)는 인간 잠재력 운동에서 숭배 대상이 되었다. "성 해방"(동명의 책에서)이라는 문구를 만든 사람이 라이히였다. 그는 성적 본능에 완전히 몰두하는 것을 통해 구원의 복음을 가르쳤다. 그의 표현을 빌리면, "인생에서 행복의 핵심은 **성적** 행복이다."[53] 그는 인간의 모든 기능 장애는 "아무런 억제 없이 생물학적 에너지의 흐름에 굴복하는 능력, 쾌락을 주는 무의식적인 몸의 수축을 통해 억눌렸던 모든 성적 자극을 완전히 해방하는 능력"을 개발함으로써 고칠 수 있다고 약속했다.[54]

라이히의 성적 에덴에서 마귀는 기독교 윤리였다. 그는 기독교 윤리가 죄책과 신경증을 유발하여 "사람을 죽이는 철학"이라고 맹비난했다. 이런 그의 철학을 묘사한 책의 제목이 『성을 통한 구원』(*Salvation through Sex*)이다. 이 책은 라이히에게 오르가슴이란 "지상 천국으로 인도하는, 남자의 유일한 구원"이라고 설명한다.[55]

로버트 리머: 성은 "예배 행위"다

라이히의 사상은 로버트 리머(Robert Rimmer)의 1966년 소설 『해라드의 실험』(*The Harrad Experiment*)을 통해 널리 전파되었다. 이 책은 3백만 부가 팔리고, 결혼과 가정을 다루는 대학 강의에 필독서로 선정되었다. 또한 미국 대학교에 남녀 공용 기숙사가 생긴 배후에 주요 역할을 한 것으로 알려져 있다. 리머의 성에 대한 관점은 노골적으로 종교적이다. 한 등장인물은 성교가 "사실상 예배 행위"라고 말한다. 다른 등장인물은 "연인들이 이 순간[성교]에 상대에게 느끼는 감정은 온전한 종교적 의미에서 경배라고 할 수 있다"라고 말한다. 성을 통해 우리는 사랑받는 사람이 "선천적으로 신성한" 존재임을 볼 수 있다.[56] 고등학생 때 사귀던 남자아이가 내게 『해라드의 실험』을 선물해 준 적이 있다. 리머가 말하는 성의 종교로 나를 개종시킬 작정이었던 것 같다.

1990년 판 후기에 리머는 성이 "새로운 종교, 곧 신이 필요 없는 인본주의적 종교가 될 수 있다"라고 썼다.

푸코: 성이 "우리 영혼보다 더 중요하다"

성 혁명 설계자들은 구원의 비전에 경도되었던 것이 틀림없다. 물질주의 철학은 철저하게 하층부, 곧 사실과 과학 영역에 머문다고 주장한다. 하지만 다른 사람들처럼 물질주의자들도 인생의 의미를 찾고, 따라서 상층부에 올라가려고 한다. 그것이 물질주의를 종교로 바꾼다는 의미라 해도 말이다.

그런데 왜 물질주의자들은 성을 자신들의 종교로 삼는가? 물질주의에서는 인간 정체성의 핵심이 생물학적·자연적·본능적 본능, 특히 성적 본능에 있기 때문이다. 성이 종의 생존에 가장 중요하다. 다윈의 진화론도 생식을 진화 과정의 핵심으로 꼽을 정도였다. 진화론은 성공의 독립적 기준을 제공하지 않기 때문에 결국 차등 생식이 본질이다. 독자 생존이 가능한 자손이 이긴다. 생식이 진화 발전의 열쇠다.

프랑스의 포스트모더니스트이자 성의 역사에 대한 세 권짜리 책을 집필한 미셸 푸코(Miched Foucault)는 과거에는 생물학자들이 성과 생식을 단순히 생명체의 여러 기능 중 하나로 다루었다고 쓴다. 하지만 몇백 년 사이에 성은 생명 활동 중의 하나에서 인간의 핵심 정체성이 되었다. 푸코의 표현을 빌리면, 이제 유전학자들은 "생식 메커니즘에서 생물학적 차원을 도입하는 요소, 곧 생물의 모체뿐 아니라 생명 그 자체의 모체를 본다." 성은 "우리 정체성"을 파악하는

"마스터 키"로 취급되고 "성이 모든 것을 설명해 준다." 그는 "성을 위해 죽을 가치가 있다"라고 말하기까지 한다. 성이 "영혼보다 중요하다."[57]

우리 아이가 이런 내용을 읽는다면?

당신은 왜 프로이트에서부터 푸코에 이르는 사상가들의 저술에 신경을 쓰는가? 이들이 성이라는 종교의 성인과 신학자 역할을 하기 때문이다. 이들의 가르침이 오늘날의 성 정통을 형성한다. 많은 젊은 이들이 성교육을 받으면 섹스를 해야 한다는 압박을 느낀다고 말한다. 어느 연구에서는, 십대들이 여자친구나 남자친구보다 성교육 수업에서 더 큰 압박을 느낀다고 보고했다.[58] 놀라운 일도 아니다. 성해방이 구원의 대안이라면, 성교육 수업은 채용 센터가 된다.

많은 가정들에서 세속 사회를 차단하여 자녀를 급진적 사상에서 보호하려 한다. 아이들이 어떤 책을 읽고, 어떤 영화를 보고, 어떤 음악을 듣는지 감시한다. 하지만 세속 세계관에는 딱 떨어지는 이름표가 붙어 있지 않아서 그것들을 쉽게 알아차리기 힘들다. 오히려 세속 세계관은 알아보기 힘든 모습으로 변형하여 우리가 숨 쉬는 공기의 일부가 된다. 가장 강력한 세계관들은 우리가 미처 알아차리지 못하는 사이에 흡수하게 된다. 아무도 그것에 대해 이야기하지 않는데도, 삼투압처럼 그런 전제들을 빨아들인다.

프로이트로부터 푸코까지 거슬러 올라간 개념들이 오늘날 만연한 성 정통을 형성한다. 이것이 성 문제를 판결하는 판사들의 태도에 영향을 주고, 기자들이 뉴스를 전달하는 방식을 안내한다. TV 시트

콤과 슈퍼마켓 타블로이드, 잡지 기사에 이런 태도가 들어 있다. 대중가요 가사에도 반영되어 있다. 사실상 연예 산업 전반에 이런 사상이 스며 있다. (성적인 제약을 **좋게** 묘사하는 영화를 몇 편이나 보았는가?)

가장 중요한 점은, 성 정통이 우리 자녀를 가르치는 교사와 자녀가 읽을 성교육 교과서를 집필하는 저자의 관점을 형성한다는 사실이다. 우리가 이 사상가들의 책을 한 번도 읽은 적이 없다고 해도 사실상 모든 사람이 이들의 성에 대한 관점에 영향을 받았다.

독립적으로 사고하려면 이 이론의 출처를 파악하고, 기독교 세계관을 실행 가능한 대안으로 제안하는 법을 배워야 한다.

역사는 바울이 로마서 1장에서 말한 내용—모든 사람이 궁극적 실재에 대한 정의에 자기 삶의 근거를 둔다—을 증명해 준다. 성경의 초월적 하나님을 거부하는 사람은 그분 대신 다른 것을 그 자리에 둔다. 이들은 "썩어지지 아니하는 하나님의 영광"을 피조물과 바꾼다(롬 1:23). 간단히 말해, 우상을 만든다.

근대 출범 이후로, 많은 서양 사상가들이 물질주의자였다. 이 말은 그들이 궁극적이고 스스로 존재하시며 존재의 제1 원인이신 하나님의 자리에 물질을 두었다는 뜻이다. 물질이 그들의 우상이다. 그렇다면 논리적으로, 이들은 인간을 오로지 다윈의 과정에 따라 진화하는 물질적 유기체로 정의해야 한다. 생물학적 욕구와 본능이 인간 행위를 형성한다. 성적 본능을 해방하는 것이 구원의 길, 곧 성적 유토피아로 가는 길이다.[59]

이것은 현대 사회가 성적으로 변해 가는 현실을 멈추기가 그토록 힘든 이유를 설명해 준다. 성 해방은 단순히 성적 만족이나 흥분의 문제가 아니다. 구원의 비전, 온전한 이념 문제다. 거기에 맞서기 위해 그저 윤리적 반대만 표할 수 없다. 한 사람의 윤리는 항상 무언가를 반영한다. 그 윤리는 그 사람의 세계관에서 비롯된다. 제대로 영향을 미치려면 배후에 있는 그 세계관에 개입해야 한다.

• • •

몸짓 언어

어떻게 하면 성을 더 큰 도덕 세계, 곧 진선미의 비전과 다시 연결할 수 있을까? 목적론적 세계관에서 모든 피조물은 하나님의 영광을 선포한다. 인간이 성으로 재생산한다는 사실은 진화의 요행이 아니다. 인간을 창조하신 하나님의 경이로움과 아름다움을 드러내는 원래 창조 계획의 일부다.

그 함의는 몸이 나름의 언어로 "말한다"는 것이다. 미소는 친절을 뜻하고, 얼굴에 주먹을 날리는 행위는 적대감의 표시라는 것은 다들 안다. 문화마다 조금씩 차이는 있지만, 광범위한 유사성이 있다. 다른 사람의 손을 잡는 행동은 무슨 뜻인가? 상대에 대한 관심과 애정을 뜻하지 않는가? 입맞춤은 어떤가? 그것은 어떤 뜻을 전달하는가?

시인 존 던은 몸이 우리가 영혼의 의도를 읽을 수 있는 책과 같다고 썼다. "사랑의 신비는 영혼 속에서 자라나지만/그래도 육체는 사랑이 적혀 있는 책인 것을."[60]

이것은 몸으로 거짓말할 수 있는 이유를 설명해 준다. 당신은 정말로 좋아하지 않는 사람과 손을 잡거나 입을 맞춘 적이 있는가? 그렇게 해야 할 것 같은 압박을 느껴서인가? 아니면 상대가 당신이 실제로 관심 있는 것보다 더 관심이 있다고 **생각해** 주기를 원해서인가? 어느 경우든, 그런 상황을 다시 곱씹어 보면 우리가 거짓말을 하고 있었음을 알 수 있다. 우리 몸짓이 사실이 아닌 무언가를 "말했다."

유다가 예수님을 배신한 방법이 그토록 역설적인 이유도 그 때문이었다. "유다야, 네가 **입맞춤으로** 인자를 파느냐?"(눅 22:48, 저자 강조) 하필이면 그 많은 방법들 중에서.

몸짓은 의미심장하다. 가장 친밀한 형태의 **신체적** 결합인 성교는 결혼생활에서 **인격적** 연합의 궁극적 형태를 표현하게 되어 있다. "갈 데까지 갔다"라거나 "최종 단계까지 갔다", "거래가 성사되었다"처럼 성관계를 표현하는 문구들은 그것이 최고의 성적 행동임을 암시한다. 그래서 성관계는 다른 모든 차원에서도 "갈 데까지 가는" 관계─상대에게 법적으로, 경제적으로, 사회적으로, 영적으로 헌신할 때─에서만 가능하다. 당신의 온전한 자아를 벌거벗은 약한 모습으로 드러낼 준비가 되었을 때만이 신체적으로도 벌거벗은 약한 모습을 드러내야 한다. 루이스의 표현대로, 혼외 성관계는 "원래 함께 어울려 모든 차원에서 연합을 이루도록 만들어진 것에서 딱 하나(성적인 연합)만을 떼어 내려" 애쓰는 것이다.[61]

그러면 내 학생들은 꼭 이런 질문을 던진다. "사랑하는 것으로 충분하지 않습니까?" 그 대답은, 사랑조차도 한 사람의 전 자아와 미래를 성경이 말하는 벌거벗은 상태로 다른 사람에게 헌신하는 것에는 미치지 못한다는 것이다. 성경적 윤리는 우리가 몸으로 하는 말과 삶의 나머지 부분으로 하는 말이 일치해야 한다고 요구한다. 몸으로 진리를 말해야 한다.

팀 켈러는 "성은 두 사람이 서로 '나는 전적으로, 영원히, 배타적으로 당신께 속했다'라고 말하도록 하나님이 정하신 방식"이라고 쓴다.[62] 결혼 밖에서 성관계를 맺을 때는 우리 몸에 거짓말하는 셈이다. 우리 행동이, 실제로는 그렇지 않은데 우리가 모든 차원에서 연합해 있다고 "말하고" 있다. 자기모순을 초래하고 있다. 연극을 하고 있다. 자신에게 솔직하지 못하다.

어떤 사람들은 하나님이 우리의 성관계처럼 하찮은 일들에는 신경 쓰시지 않는다는 말이 매우 영적이라고 생각한다. 어느 가톨릭 페미니스트는 "하나님은 우리가 몸으로 상대에게 하는 일에는 신경 쓰시지 않는다. 서로 인격체로 다루는지에만 신경 쓰신다"라고 쓴다.[63] 하지만 정말로 우리가 한 사람의 몸을 **아무렇게나** 대하고도 상대를 인격체로 존중할 수 있는가? 그런 뚜렷한 몸/인격 구분은 성경적이기보다는 영지주의적이다. 성경적 윤리는 몸으로 구체화된 존재로서 온전한 인격이라는 풍부한 개념을 표현한다. 우리 몸은 중요하다.

야다 야다

성경에서 성을 처음으로 언급하는 본문은 창세기에 나오는 아담과 하와 이야기인데, 몸과 인격의 상관관계를 강력하게 보여준다. "남자가 부모를 떠나 그의 아내와 합하여 둘이 한 몸을 이룰지로다"(창 2:24). "한 몸"이라는 문구는 이성 간의 신체적 반응만을 가리키는가? 아니다. **신체적** 결합을 언급한 것은 사고와 정서, 영을 포함한 다른 모든 차원의 즐거운 연합까지 모두 표현하려는 의도였다. 성경은 신체적 결합을 모든 차원에 걸친 온전한 인격체의 연합으로 보는 놀라운 관점을 제공한다.

창세기는 '안다'라는 동사로 성관계를 표현하는 멋진 완곡어법을 사용한다. "아담이 그의 아내 하와와 동침하매 하와가 임신하여 가인을 낳고"(4:1, 개역개정은 '동침하매'로 번역한다—옮긴이). '안다'는 뜻의 영어 단어(know)는 히브리어 '야다'(yada)를 번역한 것으로, 경험으로 아는 것을 뜻한다. 시편에서 가장 개인적인 구절에 사용된 것과 같은 단어다. "여호와여, 주께서 나를 살펴보셨으므로 나를 아시나이다['야다']"(시 139:1). 성경 다른 곳에서는 경건한 왕 요시아를 이렇게 묘사한다. "그는 가난한 자와 궁핍한 자를 변호하고⋯⋯이것이 나를 앎['야다']이 아니냐? 여호와의 말씀이니라"(렘 22:16). 이 단어는 심오하고 인격적인 앎의 방식을 함축하는데, 성적 완곡어법으로 사용될 때는 성이 두 사람의 진정한 결합을 의도한다는 뜻이다.

성경은 부부 관계에도 하나님과 그 백성의 관계를 반영하는 최고의 존엄성이 있어야 한다고 가르친다. 하나님은 호세아 선지자를 통해 이스라엘 백성에게 말씀하신다. "내가 네게 장가들어 영원히 살되 공의와 정의와 은총과 긍휼히 여김으로 네게 장가들며 진실함으로 네게 장가들리니 네가 여호와를 알리라['야다']"(호 2:19-20). 언약 결혼은 하나님과 인간의 관계를 보여주는 시각 이미지로 의도되었다.

신약성경에서는 결혼에 대한 같은 이미지가 그리스도와 그 신부된 교회에 적용된다. 바울은 "남편들아, 아내 사랑하기를 그리스도께서 교회를 사랑하시고 그 교회를 위하여 자신을 주심같이 하라"라고 말한다(엡 5:25). 요한은 세상 종말에 대한 환상을 보면서 "또 내가 보매 거룩한 성 새 예루살렘이 하나님께로부터 하늘에서 내려오니 그 준비한 것이 신부가 남편을 위하여 단장한 것 같더라"라고 말한다(계 21:2). 사람들이 사랑과 신실함이 넘치는 부부 관계를 볼 때 하나님이 그 백성을 얼마나 사랑하시는지를 볼 수 있어야 한다.

창조: 성은 하나님의 계획이었다

어떻게 하면 성경이 성에 대해 말하는 내용을 균형 있게 이해할 수 있을까? 성경은 모든 피조물이 창조, 타락, 구속이라는 세 막으로 된 위대한 드라마에 참여한다고 가르친다. 성이 부패하거나 더럽다고 생각하고 싶은 유혹이 있다면, 성을 맨 처음 만드신 분이 하나님이라는 사실을 기억해야 한다. 성은 타락 이후에 세상에 들어오지 않았다. 하나님의 형상대로 지음받은 인간의 원래 창조 때부터 존재했고, 하나님은 그것이 "매우 좋았다"라고 선언하셨다. 하나님은 남자와 여자를 창조하시고 "생육하고 번성하여"라고 명하셨다. 문화 창조는 아이를 낳는 것에서 출발한다.

우리가 하나님의 형상대로 창조되었다는 성경의 가르침은 인간이 자연의 일부일지라도 자연에서 온전한 정체성을 찾지는 않는다는 뜻이다. 인간은 단순히 자연계의 일부로 축소될 수 없다. 성처럼 우리가 다른 생물체와 공유하는 특징들도 순전히 생물학적 관점에서는 온전히 이해할 수 없다. 성은 그 목적이 쾌락이든 생식이든 생물학적 욕구와 필요일 뿐 아니라, 인격체가 나누는 교감이다. 남녀의 교제는 세 위격이 삼위일체 내에서 나누시는 교제를 반영하게 되어 있다.

하나님은 세 위격 가운데 계신 한 본질이시라는 것이 삼위일체에 대한 전통적·신학적 정의다. 그것이 실제로 의미하는 바는 궁극적 존재이신 하나님이 동양 종교들에서처럼 비인격적인 힘이 아니라, 사랑 안에서 서로 자신을 주시는 구별된 인격들로 존재하신다는 것이다. 존 와이어트는 "인간은 하나님의 형상으로 창조되었기에 우리 인격에 하나님의 본성을 반영한다. 우리는 사랑 안에서 하나님과 다른 사람들에게 우리 자신을 주는 존재로 창조되었다"라고 쓴다.[64]

그래서 바울은 결혼 관계를 "이 비밀"이라고 부른다(엡 5:32). '비밀'을 뜻하는 그리스어는 숨겨져 있던 무언가가 드러나는 것을 의미한다.[65] 성은 하나님의 성품을 드러낸다. 로마서 1장은 창조 질서가 하나님에 대한 증거인데, 우리 몸도 창조 질서의 일부이므로 하나님을 드러내고 그분의 성품을 증언한다고 말한다. 우리는 몸이 하나님의 본질에 대해 말해 주는 내용을 귀 기울여 "들어야" 한다. 세 위격이 교제하며 존재하시는 하나님은 몸을 지닌 인격을 창조하셨는데, 이들은 남자와 여자로 신체적으로 서로 향하게 만들어졌다.

타락: 해체

창세기를 더 읽어 나가면 역사 드라마의 2막, 곧 타락을 알게 된다. 성경은 첫 인류가 하나님께 불순종했을 때 "그들의 눈이 밝아져 자기들이 벗은 줄을 알고 무화과나무 잎을 엮어 치마로 삼았더라"라고 말해 준다(창 3:7). 역사상 많은 사람들이 이 본문을 읽고 성이 원죄라고 결론을 내렸다. 그렇지 않다면 왜 벗은 몸을 가렸다고 언급하겠는가? 하지만 이는 본문을 오해한 해석이다.

창세기는 우리가 원래 창조된 상태에서는 남녀가 "벌거벗었으나 부끄러워하지 아니하니라"라고 말한다. 이 흥미로운 문구는 죄가 없는 상태에서 두 사람이 두려움이나 수치심 없이 서로 취약한 상태로 완전히 솔직했다는 뜻이다. 몸과 영혼이 너무 완전하게 통합되어 있어서 몸이 그 인격을 온전히, 정직하게, 진정으로, 왜곡 없이 표현했다. 하지만 우리 선조가 죄를 지은 이후로, 이 몸-인격의 연합이 무너졌다. 하나님은 그들이 하나님 말씀에 불순종하면 "반드시 죽으리라"라고 경고하셨다(2:17). 그들은 즉사하지는 않았지만, 몸과 영혼의 분리를 경험하기 시작했다. 이제 몸은 거짓말을 하고, 남을 억압하며, 한 사람의 죄악된 목적을 다른 사람에게 제시하는 데 사용될 수 있었다. 태초의 벌거벗은 상태로 표현된 개방성은 남 탓과 고발, 두려움과 수치심으로 바뀌었다. 인류 최초의 부부는 상대방에게 담을 쌓기 시작했다.

아담과 하와는 서로를 피해 숨었을 뿐 아니라, 하나님을 피해 숨었다(3:8). 실제로 창세기 3장의 주제는 **타락**이 다른 사람들과의 관계, 하나님과의 관계, 자연과의 관계를 포함한 모든 관계를 파괴했다는 것이다. 자연은 이제 인간의 두 가지 근본 소명, 곧 노동의 부르심("가시덤불과 엉겅퀴"의 이미지)과 관계의 부르심("임신하는 고통"에 대한 경고)을 거스른다. 소외감이 조화로운 창조 질서를 대체한다.

타락의 결과로 성이 왜곡되어 성의 진정한 목적인 한 몸 연합 외에 많은 것을 의미하게 되었다. 오늘날에는 **특정** 형태의 성행위는 잘못이거나 나쁘다는 사실을 사람들에게 설득하기가 점점 더 힘들어지고 있다. 많은 서구인들이 성행위의 의미가 우리 마음속에 있다고 생각한다. 어떤 구체적인 상황에서 성이 어떤 의미를 지니는지는 우리가 결정한다. 자신의 해석으로 성행위에 의미를 부여한다.

하지만 역설적이게도, 성의 의미가 그렇게 제각각이라면 객관적으로 성은 아무 의미가 없게 된다. 말 그대로 무의미하다. 텍사스주 오스틴의 한 드럼 주자는 「롤링스톤」에서 섹스는 "또 다른 몸의 일부와 접촉하는 몸의 일부"에 불과하다고 말했다. "실존적으로 무의

미하다"는 것이다.[66]

이처럼 "무엇이든 상관없다"는 성 관념은 성생활에서 그 깊이와 의미를 제거해 버린다. 그러니 많은 사람들이 끊임없이 탐욕스럽게 성경험을 찾아 헤매면서도 진정한 만족은 찾지 못하는 것이 당연하다.

구속: 몸을 위한 복음

죄로 세상이 망가진 후에도 하나님은 세상을 포기하지 않으셨다. 아담과 하와가 동산을 떠날 때 하나님은 언젠가 만물을 다시 바로잡을 구세주를 약속하셨다. 이것이 역사 드라마의 제3막이다. 타락 때문에 "피조물이 다 이제까지 함께 탄식하며 함께 고통을 겪고 있[다]." 하지만 구속을 통해 "피조물도 썩어짐의 종노릇 한 데서 해방되어 하나님의 자녀들의 영광의 자유에 이[른다]"(롬 8:22, 21). 우리 영혼만이 아니라 몸도 구속을 받을 것이다.

요한 바오로 2세는 오늘날 많은 윤리 문제들이 몸과 관련된 것을 깨닫고는 『몸의 신학』(Theology of the Body)을 썼다. 그는 기독교 메시지의 핵심이 몸과 인격의 소외를 치유하는 것이라고 주장했다. 그는 그것을 가리켜 "몸의 구속"이라고 하는데, "성과 인격의 재통합, 곧 남성성과 여성성의 급진적 '인격화'를 가리킨다."[67]

이 인격화 과정은 이생에서도 시작할 수 있다. 사도 바울은 성적인 죄를 포함하여 죄 행위들을 나열하며 책망한 후에, "너희 중에 이와 같은 자들이 **있더니** 주 예수 그리스도의 이름과 우리 하나님의 성령 안에서 씻음과 거룩함과 의롭다 하심을 받았느니라"라고 말한다(고전 6:11, 저자 강조). 다시 말해, 너희는 이 죄악되고 파괴적인 삶의 방식에서 해방되었다. 이는 우리의 성생활에서 몸과 인격의 철저한 재통합을 통해 부활 생명을 살아가는 것이 지금도 가능하다는 뜻이다.

성경은 선한 창조세계, 죄와 타락의 실재, 구속의 치유 메시지를 포함하여 성에 대해 균형 잡힌 관점을 제시한다.

교회는 치유가 필요한 사람들을 환영하여 이 메시지를 신뢰할 만하게 만들어야 한다. 내가 가르친 대학원생 카트리나는 알코올중독과 성 학대 가정에서 자란 끔찍한 사연을 들려주었다. 자주 그렇듯이, 성인이 된 그녀는 똑같이 파괴적인 방식을 반복했다. 하지만 자기 자녀가 또다시 악순환을 반복하는 것을 보고는, 마침내 그 악순환을 깨기로 결단했다. 절박한 심정으로 교회에 나가기 시작했고 기독교로 개종했다. 하지만 그녀가 자신의 고통스러운 과거를 교회에서 이야기했을까? 절대 안 될 말씀이었다. 그녀는 내게 이렇게 털어놓았다. "사람들이 내가 과거에 얼마나 많은 죄를 저질렀는지 알아낼까 봐 두려웠어요. '망가진 물건'이나 '중고품' 취급을 받을까 봐 두려웠어요."

사람들이 치유를 발견해야 마땅한 곳에서 약한 모습을 드러내기를 두려워한다니 얼마나 큰 비극인가. 교회는 성경의 윤리적 진리를 확실히 전하면서도, 성 혁명의 거짓말에 상처받은 피해자들의 쉼터가 되어야 한다.

· · ·

로마 노예와 창녀

래래 무어는 자신의 책 『부끄러움을 모르는』(*Unashamed*)에서 성을 주제로 한 기독교 집회에 처음 참석했을 때 받은 충격을 이야기한다. "강연자는 우리 몸이 소중하다고 말했다.……이전에는 한 번도 영성과 성을 연결해 본 적이 없었다. 내가 얼마나 가치 있는 존재인지 말해 준 사람도 없었다."[68]

래래처럼 많은 사람들이 성경의 성 윤리가 몸을 높이 평가한다는 사실을 처음 알고는 놀란다. 사람들은 그리스도인을 몸과 성을 부정적으로 생각하는, 내숭 떠는 사람과 청교도로 생각할 때가 많다. 예를 들어, 「살롱」의 한 기사는 생명우선 운동의 진짜 목표는 여성의 "행복하고 건강한 성생활"을 방해하는 것이라고 비난했다.[69] 하지만 사실 기독교는 우리의 성심리 정체성을 훨씬 더 존중하는 관점을 견지한다.

기독교는 성에 반대하는 것이 아니라, 몸에 찬성한다.

신약성경의 원어인 그리스어의 특징을 파악한다면 성경적 관점을 더 분명히 알 수 있다. 예를 들어, 갈라디아서 5:21 같은 구절에서 바울은 그리스도인들이 '포르네이아'(porneia, '포르노그래피'의 어원)에 관여해서는 안 된다고 말한다. 옛 번역들은 이 단어를 "흥청거림"으로 번역하여, 성경이 소박한 재미와 파티에 반대하는 것처럼 생각하게 만들었다.

최신 번역은 "간음"이나 "성적 부도덕" 같은 용어를 사용한다. 하지만 이 표현도 굉장히 순화된 것이다. '포르네이아'라는 단어는 "구매하다"라는 뜻의 단어에서 나왔는데, 당시 다신교 문헌에서 이 단어는 "매춘"을 뜻했다. '포르네이아' 관행은 최소한 오늘날만큼이나 비인간적인 행위였다.

고대 로마와 그리스에서, '포르네'(porne) 혹은 창녀는 대개 노예

4. 조현증 성

였다. 성노예는 자주 신체적인 학대를 당했다. 고대 연구자 사라 루덴(Sarah Ruden)은 "그리스의 화병 그림에서, 남자들이 재미로 이들을 때리는 모습을 볼 수 있다"라고 말한다.[70] 아우구스티누스 시대 로마의 서정 시인 호라티우스(Horatius)는 성노예 구매법을 추천해 준다. 호라티우스는 노예 매매를 집 매매와 비교하면서, 거래자들이 결점을 숨기는 법을 잘 알기 때문에 제품을 세심히 살펴야 한다고 경고한다. 주전 3세기 그리스 작가 헤로다스(Herodas)는 자신이 데리고 있던 창녀가 학대를 받았다고 불평한 포주 이야기를 들려준다. 어느 고객이 "그녀를 끌고 가서 기절할 때까지 때려서" "만신창이"를 만들었다. 그런데도 포주는 곧바로 그 창녀를 새 고객에게 팔아넘기면서 "원하는 대로 마음껏 때려도" 좋다고 했다.[71]

루덴은 '포르네이아'의 본질이 "다른 인간을 물건 취급하는 것"이었다고 설명한다. 바울의 원래 독자들은 더는 사람을 사물로 취급할 수 없음을 알았을 것이다.[72] 바울은 '포르네이아'를 비롯한 다른 죄와 함께 옛 생활을 "죽이라"라고 말한다(골 3:5). 몸은 '포르네이아'를 위하여 있지 않고 "오직 주를 위하여" 있다(고전 6:13).

남종이나 여종이나 '포르네이아'를 거부한 이는 사형에 처해질 수 있는 시대였다는 점을 염두에 두라. 초기 순교자 중에는 자기 주인을 성적으로 섬기기를 거부하고 그리스도 안에서 자유를 선포하고 처형당한 노예들도 있었다. 이집트 알렉산드리아의 노예 포타미애나(Potamiaena)는 주인의 접근을 거부하자 주인이 화가 난 나머지 그녀가 그리스도인이라고 관리에게 고발해 버렸다. 관리는 그녀를 검투사들에게 넘겨 윤간하겠다고 협박했지만, 포타미애나는 자신을 끓는 물에 서서히 넣어 처형해 달라고 설득했다. 죽음을 앞두고도 빛난 그녀의 성품을 보고 근위대 바실리데스(Basilides)를 포함한 몇몇 사람이 개종했다. 바실리데스도 포타미애나처럼 순교했다.[73]

기독교는 사람들에게 강제 섹스와 결혼을 거부할 수 있는 용기를 주었다. 설령 그렇게 해서 체포와 감금과 죽임을 당하는 한이 있더라도 말이다. 존스가 쓴 대로, "기독교가 시작된 세계에서 진정한 합의는 보기 드물었다. 기독교가 하나님이 개인에게 자유를 주신다고 전제한 성 윤리를 개발하면서부터 상호 합의한 성행위를 처음 만들었다고 말할 수 있다."[74]

처음부터 기독교는 전통과는 거리가 멀었고, 철저히 반문화적이었다.

"설교만큼이나 영적인" 성

성경적 성 윤리의 기저에는 창조세계를 높이 보는 관점이 깔려 있다. 바울이 성적 부도덕을 반대할 때 어떻게 표현하는가? 성적 쾌락을 폄하하는가? 아니다. 몸을 귀하게 여기라고 한다. "너희 몸이 그리스도의 지체인 줄을 알지 못하느냐? 내가 그리스도의 지체를 가지고 창녀의 지체를 만들겠느냐? 결코 그럴 수 없느니라!"(고전 6:15) 성 윤리에 대한 바울의 근거는 우리 몸이 그리스도의 몸, 곧 이 땅에 그리스도가 임재하신 장소에 속했다는 존엄성이 있다는 것이다.

그런 다음에 바울은 굉장히 놀라운 말을 한다. "너희 몸은……성령의 전인 줄을 알지 못하느냐"(19절). 성전은 사람들이 하나님을 만나러 가는 거룩한 장소였다. 놀랍게도, 이 본문은 당신의 몸이 사람들이 하나님을 만나는 곳이라고 말하고 있다. 또한 다른 사람들의 몸에서 **당신은** 하나님을 볼 것이다.

그리스도인들은 어렸을 때부터 오랫동안 이 문구를 들어 오면서 적응된 무기력 상태에서 벗어나야 한다. 원래 역사적 맥락에서, 이 본문은 정말 믿기 힘든 내용이었다. 고대 세계에서 사실상 모든 주요 "사상", 곧 플라톤주의와 신플라톤주의, 영지주의, 마니교, 힌두교 범신론은 물질세계를 하찮게 보는 관점을 가르쳤다. 이런 철학들에서는 물질과 영혼의 완전한 분리, 물리적 세계에서 탈출하는 것을 구원으로 생각했다. 그러기 위해 지지자들은 몸의 욕구를 억압하려고 금욕주의 식이요법을 채택했다.

1장에서 보았듯이, 그리스도인들조차 어느 정도는 금욕주의의 영향을 받았는데, 이는 성/속의 분리를 낳았다. 종교개혁의 가장 혁명적인 주제 중 한 가지는 성/속 분리를 거부하고 창조세계의 신성함을 인정한 것이었다. 종교개혁 초기에 마르틴 루터는 수도원을 떠나 결혼했다. 전직 수도사와 전직 수녀가 만나 결혼했다. 이 한 가지 행동만으로 루터는 성경적 세계관에서 본 결혼의 신성함과 가족의 가치에 대해 자신이 한 모든 말보다 더 많은 것을 말했다.

"청교도적"이라는 말은 근엄하고 엄격하고 내세와 관련된 사고방식이라는 의미로 사용될 때가 많다. 하지만 사실 청교도들은 모든 생명은 거룩하다는 종교개혁의 관점을 공유했다. 청교도 설교자 윌리엄 퍼킨스(William Perkins)는 성이 설교만큼이나 "영적"이라고 주장했다. "그렇다. 결혼생활은 순전하고 영적이며……하나님의 율법 안에서 행한 행동은 무엇이든, 몸으로 한 행동일지라도……신성하다."[75]

돈 웰튼은 종교개혁의 영향을 이렇게 요약한다. "종교개혁이 중세 기독교와 가장 크게 다른 점은 몸의 폄하를 거부한 것이다. 특정한 윤리 경계 내에서는, 신체의 능력을 온전히 찬양했다. 이제 다시 옛 성경 말씀을 노래할 수 있게 되었다. '내가 주께 감사하옴은 나를 지으심이 심히 기묘하심이라. 주께서 하시는 일이 기이함을 내 영혼이 잘 아나이다'"(시 139:14).[76]

이 새로운 태도는 특히 성에 적용되었다. 중세 신학자들은 전형적으로 아가서를 하나님과 인간 영혼의 사랑을 이야기하는 알레고리로 해석했다. 물론, 모든 사랑은 신의 사랑을 어느 정도 반영한다. 하지만 이제는 아가서를 관능적 사랑의 기쁨을 노래하는 책으로 있는 그대로 이해할 수 있다. "나의 사랑하는 자는 내 품 가운데 몰약 향주머니요.""내 신부야, 네 입술에서는 꿀 방울이 떨어지고 네 혀 밑에는 꿀과 젖이 있고.""남자들 중에 나의 사랑하는 자는 수풀 가운데 사과나무 같구나. 내가 그 그늘에 앉아서 심히 기뻐하였고 그 열매는 내 입에 달았도다"(아 1:13, 4:11, 2:3).

매우 풍부하고 시적인 표현이다. 그리스도인 윤리학자 스콧 레이와 폴 콕스(Paul Cox)는 "아가서의 왕족 커플은 많은 부부들이 결혼생활에서 되살리고 싶은 깊은 열정을 표현하면서 서로의 사랑을 충분히 즐긴다"라고 쓴다.[77]

히브리어 본문에는 영어 번역보다 관능적 표현이 훨씬 더 분명히 드러난다. "몸은 아로새긴 상아에 청옥을 입힌 듯하구나"(5:14). 구약학자 트렘퍼 롱맨(Tremper Longman)은 이렇게 쓴다.

히브리어가 굉장히 에로틱해서 대부분의 번역자는 명확한 의미를 그대로 옮기지 못한다.……이불 밑에서 부끄러워하는 기계적인 몸짓은 없다. 오히려 두 사람이 아무런 수치심 없이 흥분한 채 상대의 성을 온

전히 즐기면서 서로 앞에 서 있다.[78]

잠언은 남편들에게 말 그대로 아내의 가슴을 "연모하라"라고 명령한다. "너는 그의 품을 항상 족하게 여기며 그의 사랑을 항상 연모하라"(잠 5:19). 구약성경 율법에는 현실적이면서도 근사한 특징이 있는데, 새신랑은 군대나 다른 직무에 소집하지 말아야 한다는 내용이 있었다. "사람이 새로이 아내를 맞이하였으면 그를 군대로 내보내지 말 것이요. 아무 직무도 그에게 맡기지 말 것이며 그는 일 년 동안 한가하게 집에 있으면서 그가 맞이한 아내를 즐겁게 할지니라"(신 24:5). 이는 주변 다신교 문화에서 여성을 천하게 보는 관점과는 확연히 구별된다. 고대 유대 율법은 아내에게 "행복을 주는 것"이 남편이 할 일이라고 말했다.

그렇다면 "정욕이 불같이 타는 것보다 결혼하는 것이 나으니라"라는 바울의 말은 어떻게 되는가?(고전 7:9) 마치 바울이 스스로를 통제할 수 없으면 결혼해야 한다고 말하는 것처럼, 이 말씀을 부정적으로 해석하는 경우가 많다. 하지만 "정욕이 불같이 타는 것"은 그리스어 '피로츠타이'(*pyroutsthai*)를 번역한 표현인데, 이 단어는 "사랑에 좌절한다"라는 의미의 은유였다.[79] 즉, 이 단어는 열정적인 사랑을 함의한다. 이 본문은 성욕을 결혼생활에서 중요하게 생각하지 **않았던** 로마 사회를 배경으로 이해해야 한다. 대부분의 결혼이 중매로 성사되었다. 배우자를 선택하는 기준은 사랑이 아니라, 지위와 돈, 법적 상속인 등이었다. 남자들은 노예나 창녀에게서 성적 만족을 채웠다.[80] 폼페이 유적은 에로틱한 프레스코로 이정표를 만든 매춘굴이 가득한 성에 찌든 문화를 보여준다. 이런 프레스코들은 "행복이 여기 있습니다"(Hic habitat felicitas)라거나 "돈으로 나를 사세요"(Sum tua aere) 같은 문구로 지나가는 사람들을 유혹했다.[81] 그렇다면 여기서 바울이 정말로 말하고 있는 것은, 당신이 누군가에게 열정적인 관심을 품게 된다면, 무슨 수를 써서라도 그 사람과 결혼하라는 뜻이다. 성적 에너지를 결혼생활에 쏟으라는 말이다.

바울은 성이라는 지니를 결혼이라는 램프에 집어넣었다. 성경은 노예나 창녀, 다른 남성과의 성관계를 금지함으로써 남성의 모든 성욕과 애정, 성 에너지를 아내에게 집중해야 한다고 말하고 있었다. 이는 극적인 사회 변화를 불러왔고, 여성과 결혼의 지위를 격상하는 데 막대한 영향을 미쳤다.

싱글은 어떻게 해야 할까?

동시에 성경은 싱글의 삶을 무시하거나 결혼한 사람보다 낮게 여기지 않는다. 안타깝게도 오늘날 교회는 급증하는 싱글 인구에 대처하는 면에서 시대에 뒤떨어져 있다. 바울은 싱글에게 독특한 장점이 있다는 점을 분명히 한다. 싱글들은 소명과 사역에 좀 더 전폭적으로 헌신할 수 있다(고전 7장을 보라). 섬기려는 열정이 있는 사람들에게, 싱글만이 가능한 온전한 집중은 진정한 축복이 될 수 있다. 싱글의 삶은 심오한 영향을 미치고 싶은 마음의 열망에 답이 될 수 있다. 자신의 시간과 감정을 활짝 열어서, 가족을 우선해야 할 윤리적 책임이 있는 기혼자들보다 훨씬 더 넓은 영역에서 사랑하고 섬길 수 있다. 성경은 결혼과 싱글을 똑같이 정당하고 가치 있는 삶과 섬김의 형태로 대하면서 독특한 균형을 유지한다.

두어 해 전에 어느 유럽인 영화감독을 만났다. 그는 전 세계를 여행하면서 기독교 다큐멘터리를 제작했다. 금발에 매력적인 사람이었지만, 손에 결혼반지를 끼고 있지 않았다.

그가 설명했다. "이 일이 출장이 잦아서 아내와 가족에게 충분히 시간을 내줄 수 없다는 것을 처음부터 알았어요. 그래서 싱글로 지내면서 이 독특한 형태의 사역을 감당하기로 마음먹었죠." 교회는 사역에 독특하게 기여하는 싱글들을 존중하고 지지할 방법을 찾아야 한다. 사도 바울에게 돌봐야 할 가족이 있었다면, 그처럼 선교여행을 다닐 수 있었을까? 그가 독신 생활의 유익을 이야기하는 것은 당연하다. 싱글에게는 사역의 최전선에 설 기회가 있다.

신약 시대 교회는 천국에서는 "장가도 아니 가고 시집도 아니 가고"라는 예수님의 가르침에 깊은 인상을 받았다. 결혼이 하나님과 그 백성의 연합을 상징한다면, 우리가 그 연합을 실재로 누릴 천국에서는 그 상징이 필요 없을 것이다. 처음부터 교회는 싱글의 삶을 지지함으로써 이 종말론적 소망을 증명했다.

초기 순교자 중에는 구혼자나 중매결혼을 거부하고 싱글로 남은 여성들이 있었다. 주변 사회에서는 절대 용납하지 않는 대안이었다. 시칠리아의 아가사(Agatha of Sicily)는 몇 차례 결혼 제안을 거절했는데, 그중에는 그녀를 그리스도인으로 고발하여 억지로 결혼하려 한 로마 재판관 퀸틸리아누스(Quintilianus)도 있었다[주후 250-253년 데키우스(Decius)의 박해기에 있었던 일이다]. 그녀가 마음을 바꾸지 않자 고문하고 옥에 가두어 결국에는 죽임을 당했다. 로마의 아네스(Agnes of Rome)는 고위층 구혼자들의 결혼 제안을 번번이 거절하다가, 그중 한 사람이 그녀를 그리스도인으로 고발했다. 그녀는 디오클레티아누스(Diocletianus) 통치기인 주후 304년에 처형당했다. 루시(Lucy) 는 중매결혼을 거부하고 주님께 삶을 드리고 가난한 사람들에게 재산을 나누어 주었다. 약혼자가 그녀를 그리스도인으로 고발해서 디오클레티아누스 박해기에 처형당했다.[82]

결혼을 거부한 사람들은 기독교 공동체와 섬김의 삶이 의미와 만족에 이르는 철저히 다른 길을 제공했다고 선포하고 있었다. 이들의 본보기는 성이나 연애, 결혼 없이도 온전한 인간의 삶을 사신 예수님이셨다. 성은 좋은 것이지만, 우상이 될 필요는 없다. 성과 결혼을 인생의 의미로 격상해서는 안 된다.

의도적 공동체

싱글과 이혼한 사람들이 가장 크게 두려워하는 것이 외로움이다. 하지만 싱글이라고 해서 특히 교회에서 깊이 있고 강력하고 친밀한 관계를 맺을 기회를 박탈당해서는 안 된다. 예수님이 친히 "사람이 친구를 위하여 자기 목숨을 버리면 이보다 더 큰 사랑이 없나니"라고 말씀하셨다(요 15:13). 누구를 위하여? 친구를 위하여.

성이 만연한 사회에서, 사람들은 성과 친밀감을 동일시하는 경향이 있다. 연애 관계 없이도 만족할 수 있다는 생각을 하지 못한다. 하지만 대부분의 다른 문화권에서는 우정을 더 풍성하게 이해했다.

(인류 역사의 대부분을 차지하는) 전근대 사회에서, 우리가 지금 가게에서 사는 물품을 대부분 가내 공업으로 생산했을 때는 가정에 늘 또 다른 어른이 있었다. 빵을 굽고, 버터를 휘젓고, 옷감을 짜고, 밀을 심고, 소젖을 짜고, 말을 키우는 일을 비롯한 집안일을 도와줄 손길

이 있었다. 결혼하지 않은 성인도 밤에 빈 아파트로 홀로 돌아갈 필요가 없었다. 그들도 확대 가족의 중요한 일부분이 될 수 있었다.

한 세대 전만 해도, 결혼해야 한다는 압박은 덜하고 확대 가족 같은 대안이 더 많이 용납되었다. 우리 종조부는 평생 싱글로 살면서 역시 결혼하지 않은 두 누이와 집안일을 나누어 하셨다. 예수님 시대의 나사로가 마리아와 마르다와 집안일을 나누어 맡았던 것처럼 말이다. 많은 문화권들에서 이런 일은 여전히 흔하다. 최근에 우리 동네 길 건너편에 이집트 출신 그리스도인 난민들이 이사를 왔는데, 결혼하지 않은 이모가 이 가족과 함께 산다.

이전에는 교회도 수도원과 수녀원처럼 싱글들이 공동체에서 살수 있는 구조를 앞장서서 만들었다. 개신교도들은 수도원이 성/속의 분리를 상징한다고 여겨 문을 닫아 버렸다. 하지만 그 과정에서, 개신교에서 대체하지 못한 아주 중요한 무언가를 잃어버렸다. 수도원은 인정된 집단 거주 상황을 제공하여, 싱글들이 그 안에서 사역하면서 친밀하고 헌신된 관계를 경험할 수 있었다.

오늘날의 도전은 싱글의 삶을 지원해 주는 새로운 구조, 곧 싱글, 그중에서도 특히 자주 소홀히 여기는 나이 든 싱글들을 가족과 교회로 다시 통합하는 구조를 만드는 것이다.[83] 일부 교회에서는 의도적 공동체를 조성했다(예를 들면, 가족과 싱글이 같은 아파트 단지에 함께 사는 형태). 2016년에 「크리스채너티 투데이」(*Christianity Today*)는 "공동 거주"에 대한 기사를 실었는데, 고질적인 소외와 외로움을 극복하기 위해 주택을 공유하는 경향이 증가하는 추세다.[84]

마지막으로, 그리스도인들은 결혼하고 싶지만 데이트의 기술을 잃어버린 싱글들을 위해 "데이트와 연애" 과정을 시작할 필요가 있다. 내가 가르치는 학생들 같은 젊은이들의 이야기를 많이 듣는데, 이들은 단체로 어울리기는 하지만 이성 개인과 일대일로 시간을 보내는 법을 배우지 못했다. 마크라는 대학생은 교회가 "사고 기술을 훈련하기보다 규칙을 가르치는 것"으로 성 혁명에 대응했다고 말한다.[85] 교회는 실용적인 관계 기술을 가르치는 일에 앞장서야 한다.

· · ·

적이 되어 버린 아기

성에 대한 관점은 결혼과 가족, 자녀와 사회에 대한 이해에 영향을 준다. 예를 들어, 제니퍼 풀와일러(Jennifer Fulwiler)는 가톨릭으로 개종했지만, 개종 이후로도 수년간 낙태를 지지했다. 왜 그랬을까? 그녀의 대답은 세속 친구들의 사고방식에 대해 귀중한 통찰을 준다.

풀와일러는 성에 대한 세속 관점이 자신의 태도를 형성했다고 설명한다. 그녀에 따르면, 성교육 강의에서 사용하는 문서는 거의 전적으로 기술, 곧 섹스와 피임법과 관련된 질문에만 집중했다. 그런 자료들은 "사랑"이나 "결혼", "가족", "자녀" 같은 단어는 거의 언급조차 하지 않았다. "내가 분명하고 확실하게 들은 메시지는 쾌락과 결합이 성의 목적이라는 것이었다. 성관계를 통해 생명이 생길 수도 있다는 가능성은 전혀 언급되지 않아서 완전히 잊어버릴 정도였다."[86]

풀와일러는 공립학교 성교육을 수년간 받은 후에 이렇게 설명한다. "나는 계획하지 않은 임신을 길 가다가 벼락을 맞는 일과 비슷하게 생각했다. 전혀 예측할 수 없는 부당한 일로 여겼다." 그녀는 낙태를 여성을 자연재해와 비슷한 사건으로부터 보호하는 인도적인 방법으로 여겼다. "여성들이 자신도 도저히 어찌할 수 없는 원치 않는 임신으로 고통받기를 원치 않았다.……난데없이 나타나 모든 것을 망치는 아기는 적이 되어 버렸다."

적이 되어 버린 아기. 전쟁에서 하듯이, 사회는 적을 비인간화하여 살인을 정당화하려 한다.

그리스도인들이 쓴 문서조차 성과 아기의 관계를 경시하는 풍조가 있다. 개종 후에 풀 와일러와 그의 남편은 초교파 기독교 그룹에서 제작한 결혼에 대한 비디오 시리즈를 보았다. "그들은 '좋은 섹스'라는 부분에서 자녀나 아이는 단 한 번도 언급하지 않았다. 결합과 등 마사지, 친밀감, 몸매 유지 등을 이야기하는 사이에, 섹스와 생명 창조를 연결한 내용에 가장 근접한 것이라고는 부부가 피임이라는 주제를 의논해야 한다는 간단한 언급뿐이었다. 이들에 따르면, 성은 생명 창조라는 개념과는 완전히 동떨어진 이야기였다."[87]

우리에게 성의 쾌락을 누릴 권리가 있다고 말하는 사회에서, 많은 사람들이 성의 생물학적 기능은 부인하면서 아기를 적으로, 원치도, 환영하지도 않는 방해꾼으로 대하게 될 것이다. 성에 대한 세속 관점을 다루지 않고서는 낙태를 효과적으로 다룰 수 없다. 풀와일러가 언급한 대로, "사회는 그 사회가 인간 생명을 창조하는 행위를 존중하는 만큼만 인간 생명을 존중할 수 있다."[88]

체스터튼(G. K. Chesterton)은 "성은 기관을 생산하는 본능이다.……그 기관이 가족, 곧 소국이나 소연방이다." 이 기관은 경제적 상호 의존과 사회적 책임, 자녀 양육, 교육, 오락, 예배, 외부인에 대한 자선 등을 포함한다. 당신은 가족이라는 기관을 집으로 그려 볼 수 있다. 체스터튼은 계속해서 말한다. "성은 그 집의 대문이다.······ 하지만 이 집은 대문보다 훨씬 더 크다. 물론 어떤 사람들은 대문 근처에서 얼쩡대기만을 좋아하고 절대 집 밖으로 나서지 않는다."[89] 하지만 대부분의 사람은 대문 근처에서만 노는 것은 매우 근시안적이라고 말할 것이다.

기독교는 훨씬 멀리 본다. 성에 대해 만족스럽고 다차원적인 관점을 제공한다. 성은 인생의 다른 많은 유의미한 층위로 열린 입구다.

"행복한 훅업"?

십대의 성을 통과의례로 다루는 성교육 프로그램과 가벼운 섹스를 미화하는 대중매체에도 불구하고, 십대의 절반 이상은 성 경험이 없다는 사실은 잘 알려져 있지 않다. 2016년 질병 통제 예방센터 (Centers for Disease Control, CDC) 보고서에 따르면, 고등학생의 거의 60퍼센트가 성행위에 관여하지 않았다. 1991년 이후로 28퍼센트가 증가했다.[90] 공립학교 성교육 과정에서 이런 십대들을 긍정적으로 지원해 주어야 할 때다.

대안 프로그램이 있다. 성 위험 예방(Sexual Risk Avoidance, SRA) 프로그램은 전 인격을 다루면서, 십대들이 인생 목표를 세우고 그 목표에 도달하는 기술을 개발하도록 돕는다. SRA 프로그램은 금욕만 가르치는 프로그램이 아니다. 거기에는 피임법도 포함되지만, "성교육 수업이 콘돔 권유 수업으로 둔갑하는 것은 피한다."[91] 이 프로그램은 십대들이 섹스를 기다리도록 확실히 권면한다. 연구에 따르면, 학생들이 성적으로 활발해지면 피임을 사용할 가능성이 적지만, 섹스를 더 늦게까지 미루고 파트너도 더 적다.

그리스도인 십대들에게도 이런 기술이 필요하다. 최근에 순결을 잃은 어느 16세 소녀가 기독교 조언 사이트에 이런 글을 올렸다. "성은 결혼 여부와는 아무 관계가 없다고 생각한다. 성은 일이 잘못되었을 때 나올 결과에 대해 준비가 되었는지를 자문하고, 각자가 내려야 할 선택이다."[92] 이 십대는 교회에 다닐지는 모르지만, 비용과 편익을 저울질해 보고 성에 대한 세속 이론을 실용적 결정으로 받아들인 것이 틀림없었다.

더 놀라운 사실은, 그리스도인 온라인 데이트 서비스 크리스천밍글(ChristianMingle)의 한 설문조사에서 자신을 그리스도인 싱글이라고 밝힌 사람들의 61퍼센트가 사랑 없이 가벼운 성관계를 맺을 의향이 있다고 말한 것이다. 23퍼센트만 사랑해야 성관계가 가능하다고 대답했고, 결혼할 때까지 기다리겠다고 말한 사람은 11퍼센트에 불과했다.

인터넷에서 대학생들에게 "행복한 훅업" 방법을 조언해 주는 기사를 우연히 읽은 적이 있다. 저자는 "성행위에 대한 확실한 동의와 상호 합의"가 있어야 한다고 추천했다. 그러면 "훅업 경험이 모두에게 좀 더 긍정적일 것"이라고 말했다.

저자의 약력을 훑어보고 보수 기독교 대학에 다니는 학생인 것을 알고 놀랐다.[93]

기독교계에서조차 젊은이들에게 "거절"을 권하는 것만으로는 부족하다는 사실을 확실히 알 수 있다. 최근에 어느 젊은 여성이 내게 이렇게 말했다. "교회에서 자라면서 들은 주 메시지는 '임신하면 안 된다'는 말이었어요." 하지만 순전히 부정적인 접근은 위선을 낳

222
네 몸을 사랑하라

을 때가 많다. 수년 전에, 우리 가족은 널리 존경받는 어느 성경 교회에 출석했는데 고등학생이던 아들이 청소년부가 매우 맘에 들지 않는다고 털어놓았다. 아이는 "교회 애들이 내가 다니는 공립고등학교 애들보다 더 나빠요. 술도 더 많이 마시고, 욕도 더 많이 하고, 성관계 이야기를 끝도 없이 늘어놓거든요"라고 말했다. 그런데도 십대들이 자신의 행동을 조심스럽게 감추고 있었기에 교회 지도자들은 이런 형편을 잘 몰랐다.

젊은이들에게는 단순한 규칙 이상이 필요하다. 그 규칙을 이해하게 해줄 이유가 필요하다. 영화에서부터 노래 가사와 성교육 자료에 이르기까지 이들을 둘러싼, 성을 "대수롭지 않게 여기는" 관점에 맞설 세계관적 근거가 절실하다.

음식을 "대수롭지 않게 여기는" 관점을 교육받은 아이가 있다고 생각해 보자. 아이는 음식은 그저 맛있으면 그만이라고 배웠다. 느낌만 좋으면 무엇을 먹든 상관없다. 음식은 철저히 개인의 문제이므로, 아무도 특정한 음식이 당신에게 좋거나 나쁜지 판단할 수 없다. 당신은 브로콜리를 싫어할 수도 있지만, 나한테 좋은 음식이 당신에게는 좋지 않을 수도 있으니 괜찮다. 음식은 개인의 취향 문제다. 아이가 평생 이런 대본을 듣는다면, 그렇게 믿고 쿠키와 피자, 아이스크림을 꾸준히 먹으면서도 몸이 아픈 이유를 모를 것이다. 아이는 음식과 영양이라는 생물학적 사실의 연관성을 이해하는 도구를 전혀 제공받지 못했다. 이 아이에게는 신체의 건강한 성장을 위해 무엇이 필요한지 이해할 수 있는 정보가 필요하다.

마찬가지로, 젊은이들은 성과 전 인격의 성장에 필요한 것의 연관성을 이해하는 도구를 제공받지 못하고 있다. 음식이 단순히 개인 취향 문제가 아니듯이, 성도 그렇다. 젊은이들에게는 성이 객관적 도덕 질서와 어떻게 연결되는지에 대한 정보가 필요하다.

2017년 CDC의 한 보고서는 성을 자제한 십대들이 아침 식사와 운동, 충분한 수면 등 다른 건강한 행동에도 폭넓게 관여할 가능성이 높다는 것을 발견했다. 이들은 흡연이나 약물, 우울증, 데이트 폭력에 연루될 가능성도 낮다. 왜 건강한 행동은 이렇게 몰려서 나타나는 성향이 있는 것일까? 연구자들은 이유를 찾지 못한다. 하지만 포커스 온 더 패밀리(Focus on the Family) 글렌 스탠튼의 말을 빌리면, "우리 아이들은 결혼이라는 안전한 항구에 성이라는 소중한 선물을 아껴 두는 것이 낡아 빠진 도덕주의나 건강하지 못한 성적 억압이 아님을 보여주는……매우 강력한 과학 증거가 있다는 사실을 알아야 한다."[94] 이것은 건강하고 생명을 주는 선택의 종합적인 패턴이다.

교회에서 "할 일과 하지 말 일" 같은 성경적 행동 규칙을 가르치는 것만으로는 부족하다. 교회 용어를 깨고 나와서 젊은이들이 주변 포스트모던 문화에서 흡수하고 있는 언어로 말하는 법을 배워야 한다. 교회는 세속 세계관이 궁극적으로는 비인간적이고 만족스럽지 못한 이유를 설명해 주어야 한다. 성경적 윤리가 이성적으로 강력하고 개인적으로 매력적이라는—경쟁하는 어떤 윤리보다 인간에 대한 고차원적이고 긍정적인 관점을 표현한다는—설득력 있는 예를 만들어야 한다.

사랑하는 학생들에게: "진짜 성 주간"

어떻게 하면 사람들에게 성에 대한 전인적·성경적 관점을 교육할 수 있을까? 어느 대학생이 독자적으로 이 일을 추진했다. 뉴멕시코 대학교 "생명을 위한 학생"(Students for Life) 대표 사드 패터슨(Sade Patterson)은 학교 측에서 다른 대학들과 함께 "성 주간"을 개최한 이후에 걱정이 커졌다. 워크숍에는 "신사를 유지하면서 섹스하는 법"과 "셋이 섹스하는 법" 같은 제목이 붙었다. "추잡한 롤라", "매춘 단속반"처럼 에로틱한 이름의 연사를 초청했다. 주최 측에서는 성과 연관된 "수치심을 없애야" 한다면서 성기 모양 의상을 입고 돌아다녔다.

패터슨은 "성적 대상화와 책임감 부재가 확연히 드러났다"라고 쓴다. "무슨 짓이든 괜찮고, 아무 결과도 따르지 않는다고 친구들에게 가르치려는 주최 측의 노골적인 의도가 뻔히 보였다."

패터슨은 "진짜 성 주간"을 열기로 마음먹었다. 행사에 대한 설명은 다음과 같다. "우리는 남녀의 몸, 성교 배후의 생물학, 성행위가 우리 사고와 관계에 미치는 영향—성행위가 어떻게 인간을 화학적으로 연결하는지, 하룻밤 성관계가 여성의 마음에 아무 영향을 미치지 않는다는 사고와는 어떻게 대조적인지—을 토론하는 워크숍부터 시작했다." 대학에서 후원하는 성 주간은 학생들에게 낙태에 해로운 영향이 없다고 안심시켰지만, "우리 세미나에 참석한 여성들은 낙태 결정으로 고통받고 있었고, 눈물과 포옹, 격려가 오고 간 행사에서 용서와 치유를 받았다."[95]

임신한 학생들은 후원 단체와 연결해 주었다. 패터슨이 설명한 대로, "재학 중에 임신한 학생들이 느끼는 가장 큰 압박은 자퇴 아니면 낙태다. 학교를 계속 다니면서 부모 노릇을 할 수 있도록 힘과 지원을 받는 학생들은 찾아보기 힘들다." 패터슨은 학생이면서 임신했던 자신의 경험을 바탕으로 이야기한다. 스무 군데가 넘는 단체에서 부스를 열고 진료소와 임신 센터, 육아 프로그램, 자녀 양육 보조, 상담가, 성폭행 인식 등에 대한 정보를 제공했다.

급진적인 학생들은 패터슨의 새로운 성 주간을 좋아하지 않았다. 낙태 홍보 학생 단체인 생식 정의를 위한 연합(Alliance for Reproductive Justice)은 가족계획연맹과 섹스토이를 파는 단체 셀프서비스 성 자료센터(Self Serve Sexuality Resource Center)와 팀을 이루어 행사를 방해했다. 패터슨의 홍보 포스터를 찢고, 낙태 찬성 강연으로 맞불을 놓는가 하면, "동성애를 혐오하는" 행사라고 고발하고, 대학 총장에게 행사를 중단시키라고 요구했다. 학생들의 참여를 막으려고 행사장 바로 앞에 부스를 차리고 성기 모양 의상을 다시 입고 콘돔을 나눠 주었다.[96]

하지만 캠퍼스의 문란한 문화에 대안을 제공할 필요를 확신한 패터슨은 꿋꿋이 버텼다. 몸/인격의 분리에 맞서 그녀는 "우리의 생물학은 사실상 일부일처 관계를 가리킨다"라고 말했다.[97]

오늘날 성 혁명은 한 단계 더 나아가서, 몸과 인격을 분리할 뿐 아니라, 몸과 우리 내면의 성 정체성과 성욕을 분리한다. 동성애를 옹호하고 정당화하는 이론들의 뿌리에는 이층적 이분법이 자리하고 있다. 다음 장에서는 어떻게 하면 거기에 더 효과적으로 반응할 수 있을지 살펴보자.

내 몸을 사랑하라

5.
부적절한 몸

동성애 서사는 어떻게 몸을 비하하는가

션 도허티(Sean Doherty)는 다른 남자에게 성적으로 끌린다. 그는 기독교 윤리를 가르치는 교사이고, 아내와 세 자녀를 두었다.

그런데 어떻게 그럴 수 있을까?

도허티는 "십대 후반에 그리스도인이 되었습니다. 그전부터 남성에게만 매력을 느꼈죠. 독신으로 남는 것만이 내게 가능한 길이라고 마음을 정했어요. 하나님이 남자와 여자를 위해 결혼을 창조하셨다는 성경의 가르침을 인정했습니다. 나는 게이였기 때문에 내게 가능한 윤리적 대안은 평생 싱글로 사는 것이었습니다"라고 말한다.[1]

도허티의 관점은 어떻게 바뀌었을까? 그는 "하나님이 주신 성 정체성"을 반영하기 시작했다고 설명한다. "내가 남자라는 눈에 보이는 사실이요.……그래서 창조에서 남성인 나를 향한 하나님의 원래 의도는 여성과 성적 관계를 맺는 것이었습니다." 하나님은 에덴동산에서 남자와 여자를 서로의 상대나 보완으로 창조하셨다. 킹 제임스 버전의 표현을 따르면, 여성이 남성에게 "적당하다"(meet, 창 2:18, 20).

간단히 말해, 도허티는 자신의 감정이나 욕구와 상관없이 자신이 생물학적으로, 유전적으로, 생리적으로, 염색체가 여성을 향하는 남성이라는 사실에 집중했다. "정말로 내 신체적 정체성과 비교하면, 내 느낌은 상대적으로 피상적이라고 생각하게 되었습니다." 그는 자기 몸에 자신의 정체성을 맞추기 시작했다.

세월이 흐르면서 도허티는 미세한 변화를 느끼기 시작했다. "성적인 감정을 부인하거나 무시하지 않으면서도, 더는 그 감정을 내 성 정체성으로 여기지 않고 내 몸을 내 정체성으로 여기게 되었습니다." 그는 놀랍게도 자신의 성욕이 변하는 것을 발견했다. "내 감정을 바꾸려고 노력해서 내 꼬리표를 바꾸기보다는, 내 꼬리표를 바꾸고 내 감정을 거기에 맞추기 시작했어요." 자신의 감정을 충분히 바꾼 그는 마침내 한 여성과 사랑에 빠졌고 결혼까지 했다.

도허티는 감정이 중요하지만, 그것이 자기 정체성을 정의하지는 않는다고 결론을 내렸다. 감정은 하나님의 목적을 보여주는 믿을 만한 안내자도 아니다. 우리는 타락하고 죄를 지었기 때문에 시간이 흐르면서 감정은 오르락내리락한다. 자기 정체성에 대한 가장 믿을 만한 표시는 하나님이 남성과 여성으로 허락하신 정체성, 곧 구체화된 우리의 신체다.

그렇다고 해서 남성에 대한 성적 관심이 완전히 사라졌을까? 아니다. 타락하고 죄를 지은 모든 인간이 그렇듯이, 그도 배우자가 아닌 다른 누군가에게 끌릴 때가 있다. 그런 일이 생길 때 대개 그 누군가는 남성이다. 그는 "아직도 대체로는 동성에게 끌린다고 말해야 할 것 같습니다." 하지만 결혼과 관련해서는 "어떤 사람이 대체로 여성이나 남성에 끌리는지 여부는 조금도 중요하지 않습니다. 중요한 것은……특정한 한 사람에게 끌려서 결혼으로 부름을 받느냐의 여부입니다"라고 쓴다.

성경은 남녀가 다르게 창조된 것이 좋다고 가르친다. 이렇듯 서로 보완하는 인간의 본성은 상호 관계 가운데 다른 위격으로 존재하시는 삼위일체 하나님의 본성을 반영하는 연합에 대한 갈망을 말해준다. 문제는 그 창조 질서를 받아들이느냐, 거부하느냐 하는 것이다. 우리는 창조의 선함을 인정할 것인가, 부정할 것인가? 우리는 몸을 의미의 저장소, 곧 도덕적 진리의 근원으로 보는가? 우리가 존중하도록 부름받은 몸의 목적론이 있는가? 아니면 우리는 몸을 도덕적 메시지는 없는 단순한 물질로 보는가? 이런 것들이 동성애 문제에서 중요한 세계관적 질문들이다.[2]

우리가 성과 관련된 결정을 내릴 때는 그저 몇 가지 규칙을 따를지 말지를 결정하는 것이 아니다. 우주와 인간 본성에 대한 자신의 관점을 표현하는 것이다. 우리는 동성애를 지지하는 주장들이 앞에서 언급한 것과 동일한 이층적 세계관, 곧 창조세계의 선함과 몸의 목적론을 부인하는 세계관을 암묵적으로 수용한 것을 발견할 것이다.

내 목적은 동성애를 유발하는 원인이나 사람들이 변할 수 있는지 없는지를 설명하는 특정 이론을 지지하는 것이 아니다. 도허티처럼 변하는 사람도 있지만, 변하지 않는 사람도 많다. 변하는 사람도 대개는 시간이 흐르면서 서서히 점진적으로 바뀐다. 오히려 내 목적은, 기독교를 적대적이고 차별적인 종교로 낙인찍는 자동적인 반응에 반대하는 것이다. 오늘날 기독교를 고려하는 데 가장 큰 장애물은 기독교의 윤리적 기준이다. 많은 사람들이 "기독교는 진리인가?"라고 묻기보다는 "왜 그리스도인들은 그렇게 편협한가?"라고 묻는다. 이 장에서는, 실제로는 성경적 윤리가 세속 윤리보다 창조세계와 몸에 대한 더 고차원적 관점을 표현한다는 사실을 보여주려 한다. 성경적 윤리는 인간 존재를 더 존엄하고 가치 있게 여길 뿐 아니라, 궁극적으로는 더 만족을 준다.

"원래 그렇게 태어나서"

대부분의 사람이 동성애 욕구에는 생물학적 근거가 있다고 가정한다. 확실히 성욕은 인간 존재의 심오하고 강렬한 측면을 표현해 주고, 그 느낌대로 행동하는 것이 자연스러운 듯하다. 하지만 1장에서 살펴보았듯이(그 부분을 다시 읽으면 도움이 될 것 같다), 과학자들은 확실한 생물학적 근거를 찾지 못했다.[3]

　많은 과학자들이 일란성 쌍둥이 연구를 가장 믿을 만한 증거로 생각하는데, 그런 연구들이 유전적 원인 가설을 뒷받침해 주는 것 같지는 않다.[4] 인간 게놈 연구소(Human Genome Project) 소장이자 미국의 가장 중요한 유전학자인 프랜시스 콜린스(Francis Collins)는 "성적 지향은 유전의 영향을 받지만, 디엔에이에 내장되어 있지는 않다. 관여하는 유전자가 어떤 것이든 예정이 아니라 소인을 나타낼 뿐이다"라고 쓴다.[5] 간단히 말해, 우리는 유전자 결정론을 수용할 필요가 없다.

　그런데도 이 문제의 양편에 있는 사람들은 유전학 관련 주장에 너무 큰 에너지를 쏟는 듯하다. 유전에 기초한 특징이 우리에게 좋지 않을 수 있다는 것은 누구나 다 안다. 레이디 가가(Lady Gaga)는 "나는 원래 이렇게 태어났어"라고 노래할지 모르지만, 게이를 지지하는 존 코르비노(John Corvino)조차도 "원래 이렇게 태어난 것은 **중요하지 않다.** 그럼에도 유전의 영향을 받은 특징 중에 바람직하지 않은 특징이 많은 것이 사실이다"라고 쓴다.[6] 우울증과 알코올중독, 약물중독, 심장병 같은 소인이 유전일 수 있다(가족력의 성향이 있다). 하지만 대부분의 사람은 자신의 유전적 유산에 어떻게 반응할지는 자신에게 도덕적 책임이 있다고 동의할 것이다. 유전적 상관성을 찾는 것은 사람들에게 동정심을 품는 데는 도움이 될 수 있지만, 유전학은 어떤 행동이 옳고 그른지, 우리에게 좋거나 나쁜지를 알려 주지는 않는다.

더군다나, 심리학자 베셀 반 데어 콜크(Bessel van der Kolk)는 "유전자는 고정되어 있지 않다. 인생에서 벌어지는 사건들이 생화학적 메시지를 유발하여 유전자를 켜거나 끌 수 있다"라고 쓴다.[7] 이것은 우리에게 유전자를 마음대로 통제할 능력이 있다는 뜻이 아니다. 하지만 어떤 특징이 유전이라고 해서 고정되어 바뀔 수 없다고 결론지어서는 안 된다는 의미다.

일부 연구자들은 성욕이 유전이 아니라고 해도 여전히 생물학, 곧 태아기 호르몬이나 뇌 구조에 뿌리를 두고 있다고 반응한다. 예를 들어, 어떤 연구는 동성애 남성과 이성애 남성의 뇌를 비교할 때 다양한 부위에서 차이를 발견한다. 하지만 뇌의 차이는 경험의 영향을 받을 수도 있다. 「뉴욕 타임스」에 실린 한 기사는 "오른손잡이 바이올린 연주자들이 왼손가락의 움직임을 관장하는 뇌 부위가 확대되어 있는 것처럼, 런던의 택시 운전사들은 운항을 다루는 뇌 부위가 확대

되어 있다"라고 보도한다.[8] 바이올린을 켜는 나는 그 사실이 매우 흥미롭게 다가온다.

성적 흥분의 신체적 연관성을 측정하는 연구도 있다. 남성들을 자기공명영상에 연결하고 나체 사진을 보여주면, 여성에게 매력을 느끼는 남성의 뇌는 여성을 볼 때 불이 들어오는 반면, 남성에게 매력을 느끼는 남성의 뇌는 남성을 볼 때 불이 들어온다. 남성들을 사진에 대한 생식기 반응을 측정하는 기계에 연결할 때도 비슷한 차이가 발생한다. 많은 성 연구자들이 이런 연구들을 통해 성욕은 생물학적으로 선천적이고 고정되어 있다고 결론을 내린다.[9]

하지만 그런 결론은 나오지 않는다. 뇌의 패턴은 고정되어 있지 않다. 4장에서 우리는 신경가소성과 포르노그래피의 관계—포르노그래피가 뇌의 신경 통로를 어떻게 재조정하는지—를 살펴보았다. 신경생리학자들은 어린 시절 학대나 군대 전투, 교통사고 같은 트라우마로 뇌의 패턴이 바뀔 수도 있다는 것을 발견했다. 사람들이 자신의 트라우마를 다시 체험할 때 뇌의 어떤 특징적 패턴(특히, 뇌에서 위협을 기록하는 부위인 편도체)이 크리스마스트리처럼 밝아진다. 이런 패턴들도 고정되지는 않는다. 트라우마 치료 직후에 찍은 뇌 사진은 신경 통로가 재조정될 수 있다는 사실을 보여준다. 베셀 반 데어 콜크가 쓴 대로, 치료는 말 그대로 "편도체의 설정을 바꿀" 수 있다.[10]

종교에서도 신체적 연관성이 나타난다. MRI는 사람들이 종교 체험을 할 때 뇌의 어느 영역이 활성화되는지 보여준다. 가톨릭 수녀가 기도하거나 불교 수도승이 명상할 때 서로 비슷한 뇌 사진이 나타난다. 그러면 수녀나 수도승이 되는 것은 고정되고 선천적이며 유전적으로 프로그램화된 것이라는 뜻인가? 물론 아니다. 그렇다면 왜 성적 반응을 보여주는 뇌 사진에서는 그런 결론을 도출하는가?

여러 연구가 정말로 보여주는 것은, 우리가 몸으로 구체화된 존재라는 것이다. 우리의 사고와 욕구는 뇌에서 신체적 연관성을 나타낸다.[11] 반 데어 콜크는 슬픔과 분노, 행복과 공포에 대한 연구들에서 "뇌 사진이……감정의 각 유형이 다른 감정들과는 구별되는 특징적인 패턴을 나타내는 것을 보여주었다"라고 말한다.[12] 따라서 성적인 감정이 신체의 반응을 일으킨다는 것은 당연하다. 과학은 기독교에서 가르치는 것과 똑같이 인간이 몸과 마음의 연합체라는 사실을 강조한다. 사고와 감정은 몸에 영향을 미친다. 잠언에서 말하듯이, "좋은 기별은 뼈를 윤택하게 하느니라"(15:30). "마음의 즐거움은 양약이라도 심령의 근심은 뼈를 마르게 하느니라"(17:22).

흥미롭게도, 동성애와의 연관성 중에 가장 믿을 만한 것은 유전적인 특징이나 신체적인 특징이 아니라 행동의 특징이다. 연구들은 "어린 시절의 성별 비순응―다른 성처럼 행동하는 것―이 꾸준하게 반복해서 되풀이되는 성인의 성 정체성과 강력한 연관성이 있다"라고 밝힌다.[13] 이 연관성은 각종 연구가 강력하게 뒷받침해 주기 때문에 6장에서 더 자세히 살펴볼 것이다. (5장과 6장은 한 단위로 읽어야 한다.)

· · ·

내 몸이 '나'인가?

원인이 무엇으로 밝혀지든지 간에, 분명한 점은 동성애가 남성이나 여성이라는 개인의 생물학적 성에 들어맞지 않는다는 것이다. 그 사실이 포스트모던 성 이론의 출발점이다.

영향력 있는 철학자 주디스 버틀러(Judith Butler)는 퀴어 이론의 창시자로 일컫는다. 퀴어 이론은 "성과 젠더, 욕구의 부조화에 초점을 맞추는" 이론이다.[14] 버틀러에 따르면, 우리는 우리 존재의 세 측면 사이에 "내적 일관성"이나 "경험의 통일"을 자연스럽게 갈망한다.[15] 하지만 자신을 레즈비언으로 밝히는 버틀러는 이 통합된 이상에 들어맞지 않는다. 그녀의 결론은 우리가 내적 통일에 대한 타고난 갈망을 거부해야 한다는 것이다. 그녀가 보기에는, 사실상 그것을 "타고났다"고 부르는 것 자체가 억압이다. 퀴어 이론에서 그녀의 목표는 생물학적 성을 젠더와 욕구와 묶는 연결고리를 깨는 것이다. 그녀는 붕괴와 분열에 초점을 맞춘 인간 본성 이론을 홍보한다.

세 블록으로 연결된 어린이 장난감을 생각해 보자. 맨 위 블록은 동물 머리, 가운데 블록은 몸통, 아래쪽 블록은 다리다. 아이들은 블록을 이리저리 옮기면서 상상 속 동물을 만든다. 코끼리 머리에 기린 몸, 플라밍고 다리를 가진 동물처럼 말이다. 인간이 신체적 성과 젠더, 성욕을 짜 맞춘 존재라고 설득하려는 버틀러의 시도를 읽으면서 내 머릿속에 떠오른 이미지가 이것이다. 그녀는 통합된 일치가 더 좋거나 자연적이라는 사고는 허구에 불과하다고 말한다. 당신이 원하는 대로 블록을 옮겨 가며 맞추면 그만이다.

퀴어 이론은 인간을 서로 상관없다고 이야기하는 분절된 부분으로 잘라서 비이성애 행위를 변호한다.

퀴어 이론 대 몸

우리는 퀴어 이론의 일관성 있는 논리를 인정해야 한다. 생물학과 생리학, 해부학, 생화학 차원에서 남성과 여성이 서로 부합한다는 사실은 아무도 부인하지 않는다. 인간의 성과 생식 체계가 그렇게 설계되었다. 따라서 비이성애적 정체성을 받아들이면 내적 분열을 초래한다. 한 사람의 생물학적 설계에 반하는 것이다.

암암리에 그 사람은 이렇게 말하고 있다. 내가 왜 몸의 구조에 신경 써야 하나? 왜 내 몸이 내 정체성을 형성해야만 하는가? 내 성적인 몸이 내 윤리적 선택에 대해 무언가를 말해야 하는가? 몸은 내 인격의 정체성과 분리되어 있다. 몸에는 우리가 윤리적으로 존중할 의무가 있는 본질적 존엄성이나 목적이 없기라도 한 것처럼 말이다.

이것은 바로 몸을 아주 하찮게 여기는 관점이다.

이렇게 한번 생각해 보자. 어떤 사람이 생물학적 성과 성욕의 괴리감을 느낀다면, 제대로 된 행동은 심리 상태를 자신의 진정한 자아로 받아들이는 길뿐이라는 것이 오늘날 널리 받아들여지고 있다. 하지만 왜인가? 왜 감정이 몸보다 더 중요하다고 전제하는가?

동성애 행위를 하는 사람은 몸의 폄하를 의식적으로 의도하지 않을 수도 있다. 하지만 우리 행동은 우리가 확실히 생각을 정리하지 못한 개념을 논리적으로 암시할 수 있다. 우리의 선택은 형이상학을 암시한다. 이 경우에는, 앞에서 언급한 똑같은 이층적 세계관과 거기서 파생한 구체화된 존재에 대한 부정적 관점이다. 신약성경에서 동성 행위가 몸을 "욕되게" 한다고 말하는 것도 당연하다. "그러므로 하나님께서 그들을……내버려 두사 그들의 몸을 서로 욕되게 하게 하셨으니"(롬 1:24).

많은 사람들이 성경 윤리가 가혹하고 판단적이라고 비난한다. 하지만 사실 성경 윤리는 우리의 생명 활동을 인격의 중요한 일부로 존중하는 태도에 기초한다. 성경은 인간 존재의 의미에 대한 풍성하고 다차원적인 관점을 제공한다.

성경은 몸을 위한다

여기서 핵심 질문은 어떻게 우리 정체성을 정의하느냐 하는 것이다. 오늘날에는 주로 욕구와 감정과 매력이 사람을 움직인다고 대체로 전제한다. 성적인 느낌이 정체성을 정의한다는 것이다.

이와 대조적으로, 션 도허티는 성경에 "나오는 성에 대한 정의가 훨씬 더 물질적이고 신체적이다. '하나님이……남자와 여자를 창조하시고'"라고 쓴다(창 1:27). 기독교 성 윤리는 인간이 원래 창조된 방식에 기초한다. "태초"부터 우리는 우리가 어떤 존재인지, 하나님이 우리를 어떻게 만드셨는지, 온전한 인간이 된다는 것이 무슨 뜻인지를 배운다.

사람이 자신의 성적 감정을 바꾸도록 돕는 치료와 사역이 있다. 하지만 직접 감정을 바꾸는 것은 효과를 보기 어렵다. 도허티는 "제게는, 성(남녀의 성차라는 의미에서)은 하나님이 창조 때 인류에게 주신 선물이기 때문에 남성이라는 내 성 정체성이 이미 확고히 고정되었다는 발견이 훨씬 더 큰 해방감과 도움을 주었습니다"라고 쓴다. 그는 감정에 집중하는 것보다는 "하나님이 좋은 선물로 주셔서 내가 이미 가진 것(남성의 몸)을 받거나 인정하는 것"이 더 나은 전략이었

네 몸을 사랑하라

다고 결론을 내린다.[16] 간단히 말해, 도허티는 하나님이 주신 생물학적 정체성이 자신의 유익을 위한 것이라고 신뢰하는 법을 배웠다.

기독교는 성에 반대하고 몸에 반대한다는 비난을 자주 받았다. 하지만 정말로 몸에 반대하는 것은 세속 윤리다. 게이 활동가들은 몸—남성과 여성으로서의 생물학적 정체성—을 경시하고, 우리의 감정과 욕구로 진정한 자아를 정의한다. 이들은 몸이 우리의 성 정체성이나 윤리적 선택에 아무런 기준을 제시하지 않는다고 가정한다. 본질적으로, 세속 세계관은 몸을 업신여기는 고대 영지주의를 되살렸다. 생물학적 성을 심리적 감정에 종속하지 않고, 남성과 여성으로서 몸을 존중하는 것은 기독교다.[17]

물론 많은 사람들이 "결혼 평등" 같은 구호를 지지한다. 그렇게 하는 게 인정을 베푸는 것이라고 생각하거나, 다른 관점들은 차별적이라고 생각하기 때문이다. 하지만 여기서는 사람들의 주관적 감정이나 동기의 진정성을 이야기하는 것이 아니다. 사람들이 의식적으로 알아차리든 그렇지 않든 간에, 우리는 동성애를 뒷받침하는 윤리의 논리를 찾으려 한다. 대법원은 오버거펠(Obergefell) 판결에서 합법적 결혼은 생명 활동과 아무 연관이 없다고 판결했다. 결혼의 목적은 "인격"을 보호하는 것이라고 했다. 하지만 생명 활동과 인격을 굳이 구분하는 이유는 무엇인가? 왜 몸을 하찮게 여기고, 인간을 자신의 생물학적 성과 소외시키는 이층적 이원론을 받아들이는가?

성경 윤리는 창조세계의 높은 가치를 확고히 한다. 목적론적 관점에서는, 자연은 그 자체로 긍정적인 특징이 없는—구분되지 않는—물질이 아니다. 자연은 계획과 설계, 질서와 목적을 드러낸다. 그래서 자연은 우리의 윤리적 결정에 이성적 근거를 제공한다. 성 정체성은 심리적 정체성과 조화를 이루어야 한다. 그 목표는 자기 소외를 극복하고 내적 일관성을 회복하는 것이다.

· · ·

우리는 "두 세계"에 살고 있다

오늘날 사람들이 성경의 성 윤리를 이해하기 힘든 주요한 이유는 이들의 사고가 자연 질서와 도덕 질서를 구분하는 이층적 사고방식으로 훈련되었기 때문이다. 학계에서는 자연에 영적·도덕적 의미가 없다고 보는 물질주의적 관점이 자연에 목표가 있다는 목적론적 관점을 몰아냈다. (근대적 자연관이 미친 영향에 대해서는 2장을 보라.) 그 결과, 대부분의 사람이 더는 몸의 메시지에 "귀를 기울이지" 않는다. 예를 들어, 남녀의 구조적 차이가 관계와 상호 사랑, 자기희생에 대해 어떻게 말하는지 듣지 않는다.

자연과 분리된 윤리는 단순한 사회적 구조에 그치고 만다. 우리가 결정하면 그만이다. **근대적** 자연관은 필연적으로 **포스트모던** 윤리관을 낳는다. 포스트모던 성 이론에 따르면, 당신의 정체성은 생명 작용이 아니라 마음에 기초한다. 당신이 느끼는 바가 바로 당신이다.

세속 이웃—과 세속 사상에 젖은 그리스도인 이웃—과 어울리기 위해서는 포스트모더니즘에 대해 최소한 알아야 할 것이 있다. 포스트모더니즘은 어디에서 비롯되었고, 성 문제에 대한 사람들의 사고에 어떤 영향을 미치고 있는가?

포스트모더니즘의 기원을 알려면 18세기 철학자 임마누엘 칸트

(Immanuel Kant)로 거슬러 올라가야 한다. 그는 독실하고 경건한 루터교 가정에서 자라 평생 싱글로 살았지만, 그의 사상은 오늘날 포스트모던 성 개념의 발판이 되었다. 칸트는 데카르트의 이층적 이원론이 중단한 곳에서부터 시작했다(3장을 보라). 칸트는 인류가 "두 세계"에 거주한다고 말했다. 하층부에서 인간은 **자연**의 일부다. 고전물리학이 말하는 결정론적 세상의 기계라는 뜻이다. 상층부에서 인간은 **자유** 세계에서 윤리적 선택을 내리는 자유로운 행위자로 활동한다. 철학자들은 이를 칸트의 자연/자유 이분법이라고 부른다.[18]

이것이 진정한 이분법인 까닭은 "두 세계"가 논리적으로 모순되기 때문이다. 논리적으로 말하면, 자연법칙이 모든 행동을 결정하는 물질세계에서 자유는 불가능하다. 두 "세계"를 포괄할 수 있는, 논리적으로 일관성 있는 세계관은 없다. 칸트는 이 모순을 해결할 방법을 찾지 못했다. 그의 철학은 통일된 전체로 일관성이 없다는 뜻이다. 철학자 로버트 솔로몬(Robert Solomon)은 "칸트는 지식에 대한 이해와 윤리에 대한 이론 사이에 깊은 간극을 남겼고, 그럼으로써 인간 마음에도 마치 둘로 갈린 것 같은 간극을 남겼다"라고 쓴다.[19]

내 마음이 실재를 결정한다

그런데 칸트는 인간의 지성을 더 심하게 둘로 "갈라놓았다." 그는 하층부—자연 세계—조차 지성이 만든 것이라고 제안했다. 그는 우리가 자연에 대해 어떻게 **알** 수 있느냐고 말했다. 감각 인상이 눈과 귀를 통해 마구 뒤섞여 혼란스럽게 쏟아져 들어온다. 어떻게 해서 이런 인식이 우주에 대한 일관되고 질서정연한 개념으로 체계를 잡는가?

인간 지성의 작용 덕분이다. 칸트에 따르면, 인과관계와 전후, 시간과 공간, 숫자 등 질서정연한 원리를 제공하여 우리 감각을 정리하는 것이 바로 지성이다. 인간의 지성은 감각적인 정보의 홍수에 질서를 주입하는 정신의 격자판으로 구성된다. 끊임없는 인식에 구조를 부여한다. 세계가 합법적이고 질서 있게 **보이는** 것은 인간의 지성이 그 합법적 질서를 만들기 때문이다. 진흙 덩어리를 틀에 넣어 모양을 만드는 것처럼 말이다.

그 결과, 칸트의 철학에서 우리는 하나님이 조직하신 세계에서 살지 않는다. 인간 의식이 조직한 세계에서 산다. 칸트는 "마음이 자연의 입법자다"라고 썼다.[20] 마치 "분화되지 않은 물질 덩어리, 곧 폐허와 공허" 앞에 서 있는 인간에게 "……이 있으라!"라고 말할 능력이 있기라도 한 것처럼 말이다.

칸트는 이를 자신의 "코페르니쿠스적 혁명"이라고 불렀는데, 확실히 급진적이기는 했다. 코페르니쿠스가 태양을 행성계의 중심에 둔 반면, 칸트는 인간 의식을 실재의 중심에 두었다. 그의 표현을 따르면, 지금까지 "사람들은 우리의 모든 지식이 현상을 따라야 한다고 전제했다." 하지만 그것을 뒤집으면 어떻게 될까? "현상이 우리 지식[곧 우리 지성]을 따라야 한다고 가정한다면" 말이다.[21]

그래서 칸트는 지성을 절대화하여, 다른 모든 것이 따라야 하는 궁극적 실재로 취급했다.

그렇게 함으로써 칸트는 모든 인간 지식을 정신 구조로 축소하는 포스트모더니즘의 씨를 뿌렸다. 솔로몬은 칸트와 함께 "자아는 이 세계의 또 다른 개체에 불과하지 않고, 중요한 의미에서 **세계를 창조한다**"라고 쓴다.[22]

이것이 얼마나 급격한 전환인지 이해하려면, 계몽주의 이후로 많은 서양 사상가가 자연이라는 하층부가 유일한 실재라고 주장한 물질주의자였다는 점을 생각해 보라. 이들은 물질을 절대화했다(앞 장들에서 예를 살펴보았다). 칸트는 지성이라는 상층부가 주요 실재—이며 우리가 아는 자연을 창조하기까지 한다—라는 주장으로 반박했다.

어쨌든 자아가 진정 자유롭고 자율적이려면, 객관적으로 정돈된 우주와 직면해서는 안 된다. 우주는 원재료, 곧 내재한 질서가 없는 단순한 '물질'로 축소되어야 한다. 우리가 우리 지성과는 독립적으로 존재하는 세상에서 질서를 인지한다고 **생각할지도** 모른다. 하지만 칸트에 따르면 그것은 환상이다. 실상은 쿠키 틀이 밀가루 반죽에 모양을 찍듯이, 인간의 지성이 우리의 지각에 끊임없이 질서를 부여하고 있다. 우리가 지각하는 세상은 인간 의식이 만든 구조다.

이것은 윤리에 어떤 의미가 있는가? 칸트에게, 계몽된 자아는 완전히 자율적이다(autonomous). 문자 그대로의 의미에서(auto=자아, nomos=법) 말이다. 자율적 자아에게 도덕률의 모든 외부 근원은 본질적으로 억압적이다.[23]

세상을 다스리는 철학자들

칸트의 철학이 온전한 함의를 펼치기까지는 몇 세기가 걸렸다. (플라톤은 철학자가 세계를 다스려야 한다고 말했는데, 이들이 죽은 후에 수백 년이 지나 정말로 그렇게 되었다.) 오늘날 포스트모더니즘은 칸트의 이분법을 그 논리적 결론으로 취한다. 포스트모더니즘은 몸을 포함한 물질세계를 대체로 인간 지성이 만든 구조로 다룬다. 우리가 도덕적으로 존중하거나 존경할 책임이 있는 창조 질서는 없다. 의식이 우리의 실재를 결정한다.

포스트모더니즘의 도약판은 "사실은 존재하지 않고, 해석만 존재한다"라는 니체의 슬로건이었다.[24] 포스트모더니즘에 따르면, 성 문제에서 생물학적 사실은 존재하지 않고, 해석만 존재한다. 성적인 몸 그 자체에는 아무 도덕적 의미가 없고, 지성이 그 의미를 부여할 뿐이다.

포스트모던의 몸/인격 분리

자율적 자아
자신의 해석을 몸에 자유로이 부여한다

물리적 몸
아무 본질적 정체성이나 목적이 없는 물질

동성애 관계를 맺는 사람이 포스트모던 윤리를 의식적으로는 수용하지 않을 수 있다. 하지만 우리 행동은 우리가 확실히 생각을 정리하지 못한 개념을 논리적으로 암시할 수 있다. 동성애는 감정과 욕구가 정체성을 정의한다는 포스트모던 관점을 수반한다. 몸을 자신의 생물학적 구조와 모순되는 방식으로 사용할 수 있다는 것이다. 요한 바오로 2세가 설명하듯이, 오늘날 많은 사람들이 자유로이 선택하는 자아와 자신의 인격적 정체성을 동일시한다. 반면에, 몸은 "인격과 관계없이", 우리의 통제하에서 인격에 미치지 못하는 소유물이 되어 우리 욕구를 만족시키도록 조종당할 수 있다.[25] 자신을 이교도 레즈비언으로 묘사하는 커밀 팔리아는 다음 말로 동성애를 변호한다. "하나님이 아니라 운명이 이 육신을 우리에게 주었다. 우리는 우리 몸을 주장할 절대적 권리가 있으며, 우리가 원하는 대로 몸을 처리할 수 있다."[26]

반대로, 기독교는 우리가 맹목적 힘이 아니라 인격적 창조주의 사랑이 담긴 목적으로 조직된 우주에 살고, 그 구조와 조화를 이루며 살도록 부름을 받았다고 확인해 준다. 비판자들은 성경 윤리를 부정적이고 억압적으로 묘사한다. 하지만 실제로 목적론적 세계관은 성을 하나님과 그분의 아름다우신 성품을 보여주는, 인간의 심오한 설계의 일부로 인정한다.

"게이 대본"

세속 사회는 많은 사람들에게 설득력 있는 "게이 대본"을 제시한다.[27] 동성애 욕구를 경험한 사람이 자신의 진정한 자아를 발견했으며, 그들이 동성애 성향을 자신의 진정한 정체성으로 공개적으로 인정하면 가장 만족스러울 것이라고 말해 주는 대본이다. 수많은 영화와 소설, 기사, 노래, TV 프로그램에서 이 대본을 재연한다. 게이 대본은 특히 젊은이들의 사고를 형성하는 강력한 서사가 되었다.

성적 매력을 정체성의 핵심에 두는 개념이 최근에서야 생겼다는 점은 아이러니하다. 물론, 역사 내내 사람들은 동성과 성행위를 했다. 하지만 누군가는 할 수도 있는 행위, 딱 그 정도로 여겼지, 바꿀 수 없는 정체성으로 보지는 않았다. 역사학자 조너선 네드 카츠는

『이성애의 발명』(*The Invention of Heterosexuality*)에서 고대부터 "동성애"라는 단어가 불변의 조건이나 본질적 정체성이 아니라, 누군가는 할 수도 있는 행동을 묘사하는 데 사용되었다고 쓴다. 인간의 분류가 아니라 행동을 가리키는 말이었다.[28]

그렇다면 언제 이 단어의 뜻이 바뀌었을까? 19세기에 기독교의 윤리적 영향력이 줄어들면서, 의학이 성에 대한 정의를 물려받았다. "옳다"와 "틀리다"라는 윤리 용어가 "건강하다"와 "일탈하다"라는 이른바 객관적 과학 용어로 바뀌었다.[29] 푸코는 이 새로운 "의사-성 제도"하에서 과거에 "습관적 죄"였던 것이 이제는 "특이한 천성"이 되었다고 말한다. "일시적 일탈"이 이제는 "종(種)"이 되었다.[30] 과학은 이성애와 동성애를 타고나서 변하지 않는, 다른 심리 유형으로 제시한다.

수용소의 레즈비어니즘

하지만 오늘날 과학은 다시 한 번 변하고 있다. 최신 연구는 성욕이 대부분의 사람이 생각하는 것보다 더 유동적이라는 것을 발견했다. 스스로 레즈비언이라고 밝힌 리사 다이아몬드(Lisa Diamond)는 미국 심리학회(American Psychological Association)와의 연구를 통해 성적 감정이 고정되어 있지 않다는 것을 발견했다(자신도 그 결과에 놀랐다). 성적 감정은 환경과 문화, 배경의 영향을 받을 수 있다. 배타적이고 변하지 않는 동성애 성향을 지닌 이들은 표준이 아니라 사실상 예외다.[31] 성이 "변하지 않는다"라고 선언한 대법원의 오버거펠 판결은 이미 시대에 뒤떨어진다. 다이아몬드는 직설적으로 말한다. "우리는 그게 사실이 아니라는 걸 안다.……동성애자들은 '우리는 원래 이렇게 태어나서 바뀔 수가 없으니 도와 달라'라는 말을 원고적격의 근거로 사용해서는 안 된다."[32]

다이아몬드는 모든 사람에게 유동적인 능력이 있다거나 우리가 마음대로 성욕을 바꿀 수 있다고 주장하는 것이 아니다. 하지만 성이 유동적이라고 말하면, 우리 모두가 환경의 압박과 가능성에 취약함을 인정하는 것이다. 가브리엘라라는 학생은 자신의 성을 의문시해 본 적이 전혀 없었던, 전통적인 작은 소도시에서 성장했다. 하지만 집을 떠나 대도시의 대학에 다니면서 레즈비언 친구들을 사귀었고, 유혹을 느끼기 시작했다. "동성애가 저한테 문제가 될 줄은 꿈에도 생각하지 못했어요." 가브리엘라가 내게 말했다. "하지만 구체적인 기회가 닥치자 거기에 끌리는 모습을 보고 얼마나 놀랐는지 몰라요." 몇 년 동안 가브리엘라는 레즈비언으로 지내다가 깊은 영적 체험을 했다. "하나님이 나를 남성과 관계를 맺는 여성으로 만드셨다는 것을 깨닫고, 하나님의 길이 내게 최선인 것을 믿기로 결심했습니다."

성적 유동성은 교도소처럼 한쪽 성만 있는 환경에서 일시적으로 동성애가 나타나는 이유를 설명해 줄 수 있다. 알렉산드르 솔제니친 (Aleksandr Solzhenitsyn)은 『수용소군도』(GULAG Archipelago)에서 스탈린이 양성을 분리한 이후로 구소련 교도소 체제에서 동성애가 나타난 과정을 묘사한다. "이런 분리로 남성보다 여성이 더 크게 고통받았다.……레즈비어니즘이 급속도로 발달했다."[33]

오늘날 대학 캠퍼스에서는 동성애 관계를 실험하는 것이 거의 통과의례가 되었다. "졸업 전까지만 레즈비언"(Lesbian Until Graduation, LUG)처럼 이를 가리키는 속어가 생길 정도다. 이런 관습을 따라야 한다는 압박이 상당한 곳도 있다. 음악을 전공하고 최근에 주립 대학을 졸업한 리사라는 젊은 여성은 내게 이렇게 말했다. "순수미술 분야에서는 동성애자가 아니면 하찮은 사람으로 취급받아요."

일부 지역에서는 부모들이 자기 자녀가(심지어 초등학생까지) 다양한 성 정체성 실험에 대한 엄청난 사회적 압박을 받고 있다고 이야기한다. 열한 살짜리 딸을 둔 친구는 이런 말을 해주었다. "요즘 학교에서는 젠더 이슈를 엄청 크게 만들어서, 아이들이 서로 '너 게이야?' '너 트랜스젠더야?' 같은 질문을 끊임없이 한대. 딸아이 반에 레즈비언 아이들이 있는데, 우리 딸한테 여자친구가 되어 달라고 했다는 거야. 나는 아이에게 성 말고도 한 사람의 인격에는 훨씬 더 흥미로운 요소가 많다고 일러 주고 있어!"

팀 켈러: 전사인가, 도시인인가?

성적 유동성은 우리가 자신의 성적 감정과 욕구를 해석하는 방식이 사회적 세력에 영향을 받을 수 있음을 의미한다. 팀 켈러는 앵글로색슨 전사 대 맨해튼 도시인이라는 다음과 같은 사고 실험을 제안한다.

주후 800년 영국의 앵글로색슨 전사를 상상해 보자. 그에게는 두 가지 강력한 내적 충동과 감정이 있다. 한 가지는 공격성이다. 그는 자신에게 무례한 사람들을 때리고 죽이기 좋아한다. 전사 윤리가 존재하는 수치와 명예 문화에 사는 그는 공격성과 자신을 동일시할 것이다. 그는 이렇게 혼잣말을 할 것이다. "그게 나야! 그게 내 정체성이라고! 나

네 몸을 사랑하라

는 그걸 표현할 거야." 그가 느끼는 또 다른 감정은 동성애다. 그 감정에 대해서는 "그건 내가 아니야. 나는 그 충동을 조절하고 억제할 거야"라고 말할 것이다.

다음으로는 오늘날 맨해튼에 사는 젊은이를 상상해 보자. 그에게도 똑같은 두 가지 내면의 충동이 있다. 둘 다 똑같이 강력하고, 조절하기 힘들다. 그는 뭐라고 말할까? 공격성을 보고서는 이렇게 생각할 것이다. "이건 내가 원하는 모습이 아니야. 치료와 분노 조절 프로그램에서 도움을 받아야지." 하지만 자신의 성욕을 보고서는 "이게 내 모습이야"라고 결론을 내릴 것이다.

켈러는 이 사고 실험을 통해 무엇을 말하고 있는가? "우리의 정체성은 단순히 내면에서 비롯되지 않는다. 오히려 어떤 도덕적 해석 틀을 받아서, 자신의 다양한 감정과 충동 위에 올려놓고, 샅샅이 추려낸다. 이 틀이 어떤 감정이 '나'이고 표현해도 되는지, 어떤 감정이 내가 아니고 표현해서는 안 되는지 결정하도록 도와준다."

인간은 스스로 창조하고, 스스로 존재하고, 스스로 정의하는 존재가 아니다. 우리가 누구인지, 어떻게 살아야 하는지 알려 줄 외부의 근원을 찾는다. 어떤 감정과 충동은 선하고, 어떤 감정과 충동은 건강하지 못하거나 부도덕하여 재조정해야 하는지를 결정하게 도와줄 규칙이나 기준을 찾는다. 켈러는 다음과 같이 결론을 내린다. "그렇다면 우리의 앵글로색슨 전사와 현대 맨해튼 젊은이는 어디서 해석틀을 얻는가? 자신의 문화와 자신의 공동체, 자신의 영웅 이야기들에서 얻는다." 이들은 스스로 자신의 진정한 자아를 선택하고 있다고 생각할지도 모르지만, 실제로는 "어떤 감정은 버리고 어떤 감정

5. 부적절한 몸

은 받아들이면서 자신의 감정을 걸러 내고 있다. 이들의 문화권에서 괜찮다고 허용하는 자아가 되기로 선택하고 있는 셈이다."[34]

자신의 정체성 선택하기

문제는, 성욕을 우리 정체성을 정의하는 특징으로 본다면, 그것이 고정되고 침범할 수 없는 것이 된다는 것이다. 누군가의 정체성에 의문을 품는 것은 그 사람의 자아와 가치에 대한 공격으로 간주된다. 성적인 감정에 따라 행동하려고 하지 않는 사람은 억압과 자기혐오라고 비난을 받는다.

하지만 왜 성적 감정을 정체성의 핵심에 두어야 하는가? 성경은 하나님의 형상이라는 관점, 곧 우리가 그분의 형상을 반영하도록 창조되었다는 관점에서 정체성을 정의하는, 더 설득력 있는 대본을 제시한다. 우리는 하나님의 자녀로 사랑받고 구원받는다. 이런 진리에 우리 삶을 기초할 때 성적인 느낌과 상관없이, 그것이 변하든 변하지 않든 우리 정체성은 확고해진다.

심리학자들은 감정과 행위, 정체성 사이에 유용한 구분을 제안한다. 우리는 자신의 감정을 선택하지는 않지만, 행위와 정체성은 선택한다. 동성애 감정을 경험한 이들 중 많은 사람들이 동성애 행위를 하지 **않는다**. 동성애자의 정체성을 취하는 사람은 훨씬 더 적다.[35]

미국 심리학회에서 2009년에 발표한 한 보고서에 따르면, 동성애 욕구를 느끼는 일부 사람들은 그 욕구를 억누를 때 오히려 더 행복하다고 한다. 보고서는 "동성애 욕구에 따라 행동하는 것이 만족스러운 해결책이 아닐 수도 있다"라고 말했다. 특히 종교적 정체성이 중요한 사람들에게는 그렇다.[36] 이 문제를 다루는 APA 태스크포스를 책임졌던 주디스 글래스골드(Judith Glassgold)는 "어떤 사람들에게는 종교적 정체성이 너무나도 중요한 삶의 일부이기에 다른 모든 것을 초월할 수 있다는 점을 인정해야 한다"라고 말했다.[37]

간단히 말해, 놀랍게도, APA는 동성애 감정을 가진 사람이 그들을 공개적으로 인정해 줄 때 가장 행복하다고 말하는 "게이 대본"이 틀렸다고 밝혀 냈다. 오히려 우리는 우리의 가장 깊은 확신에 일치하는 자신의 정체성을 선택하고, 그것을 살아 내기가 힘들고 버거울 때도 그렇게 살아갈 때 가장 행복하다.

일부 게이 활동가들은 성 정체성에서 선택의 역할을 오랫동안 강조했다. 널리 읽힌 1992년 어느 기사에서, 도나 민코위츠(Donna Minkowitz)는 다음과 같이 썼다.

> 동성애가 선택이 아니라 천성이라는 대부분의 계통은 가혹한 억압에 대한 반작용으로 나왔다는 사실을 기억하라. 게이 활동가들은 100년 전부터 "우리 잘못이 아니야!"라고 주장하기 시작했다.……"우리가 선택한 것이 아니니 처벌하지 말라!" 100년이 흘러, 이제는 이 방어적인 자세를 포기하고 당당히 걸어야 할 때다. 당신은 게이의 삶을 선택하지 않았는지도 모른다. 그래도 괜찮다. 하지만 나는 선택했다.[38]

비슷한 기세로, 명예 훼손에 반대하는 게이 레즈비언 연합(Gay and Lesbian Alliance Against Defamation, GLAAD)의 공동 창립자 대럴 예이츠 리스트(Darrel Yates Rist) 비이성애자가 "유대인과 흑인처럼" 유전적으로 소수라는 생각을 일축한다. 리스트는 "계략은 통하지 않을 것"이라고 쓴다.

> 결국, 과학은 우리가 우리 삶을 통해 미묘한 선택을 하여 구체적 [성적] 표현으로 인도하도록 유도하는, 유전과 환경의 복잡한 작용을 묘사할 방법을 어떤 식으로든 발견할 것이다. 좋다. 하지만 궁극적으로, 성적 욕구를 규정할 개인의 책임을 포기하는 것은 비겁한 일처럼 보인다.[39]

기준의 변화

어떻게 하면 우리의 정체성에 대해 "개인적 책임"을 지고 우리의 깊은 확신과 조화를 이루어 살 수 있을까? 성경에서 말하는 회개의 정의는 주로 마음이나 정신적 관점의 변화를 뜻한다. 그리스어로는 '메타노이아'(metanoia)라고 하는데, 문자적으로 마음을 바꾼다는 의미다['노이아'(moia)는 마음을 뜻하는 '누스'(nous)의 한 형태다]. 바울은 "마음을 새롭게 함으로 변화를 받아"라고 쓴다(롬 12:2). 예수님도 회개를 마음이나 신념의 변화와 연관 지으신다. "회개하고 복음을 믿으라"(막 1:15).

우리는 그 말씀을 "너희의 해석 틀을 바꾸라"라고 바꾸어 표현할 수 있을 것 같다.

레베카의 사연을 예로 들어보자. "저는 성장기에 교외 지역에 살았는데, 도심에 있는 동성 친구들을 만나러 갈 때 부모님이 차를 사용하지 못하게 하셨어요. 운전해서 나를 보러 올 만큼 충분히 동기부여가 된 아이들은 남자애들뿐이었죠." 그래서 레베카는 십대 시절

네 몸을 사랑하라

에 데이트는 굉장히 많이 했지만, 친한 여자친구들이 없었다. "집을 떠나 대학 갈 나이가 되었을 때는 여자친구들과의 우정이 무척 그리웠어요. 레즈비언인 한 학생을 만나자마자 푹 빠졌죠. 주저하는 기색은 전혀 없었어요. 기숙사 방에 돌아가자마자 내가 원하는 게 바로 이거라는 걸 알았죠."

이후로 오랫동안, 심지어 그리스도인이 되고 한 남자와 결혼한 후에도 레베카는 "여자에게 끌리는 일"이 반복되었다. "결국엔 남편에게 이 문제를 털어놓았어요. 남편은 당신이 생물학적으로 여성이기에 지금의 감정과 상관없이 궁극적으로는 여성보다는 남성에게서 더 만족감을 얻을 수 있으리라고 대답해 주었어요." 그러고 나서 남편이 덧붙였다. "그건 나도 마찬가지예요. 나는 생물학적으로 남성이기에 내 감정과 상관없이 궁극적으로는 남성보다는 여성에게서 더 만족감을 얻을 수 있을 겁니다. 하나님이 우리를 그렇게 창조하셨어요."

레베카는 그의 말이 논리적이라고 보았고, 그것이 그녀의 해석 틀을 바꾸어 놓았다. 이 일은 그녀가 여성에 대한 원치 않는 관심을 줄이는 전환점이 되었다. 그러면 레베카는 그 유혹에서 완전히 자유로워졌을까? 아니다. 예를 들어, 그녀는 내게 이렇게 말한 적이 있다. "아직도 「오렌지 이즈 더 뉴 블랙」(*Orange Is the New Black*) 같은 TV 시리즈에서 레즈비언 장면이 나오면 못 보겠어요." 하지만 그녀의 삶과 결혼생활을 방해했던, 강렬하고 강박적인 여성에 대한 끌림에서 조금씩 해방되었다. 이제 자녀를 둔 그녀는 성을 개인의 쾌락과 연애 관계만을 위한 것이 아니라, 안전하고 사랑이 넘치는 가족을 만드시려는 하나님의 더 큰 계획의 일부로 본다. 그런 가족이야말로 정의롭고 인정 많은 사회의 기초일 것이다.

칸트의 주장과 반대로, 우리의 지성이 세계 질서를 만들지 않는다. 우리는 하나님이 창조하신 객관적 질서의 존재를 인정하는 정신의 틀을 받아들일 때 가장 만족을 느낀다.

올리버 오도노반은 "성적 발달에서의 책임은 자연, 곧 우리가 받은 몸 형태의 질서 잡힌 선에 대한 책임을 함의한다"라고 쓴다.[40] 그 선을 성취하기 어려울 때가 있더라도, 그 기준을 바꾸거나 포기해서는 안 된다. 목적론적 윤리학에서는 사람들의 '텔로스'—하나님이 우리가 기능하고 번성하도록 설계하신 방식의 관점에서 진정으로 그들에게 선한 것—를 지지해 주는 것이 그들을 사랑하는 방법이다. 그것이 몸과 마음이 통합된 연합체인 인간에 대한 존중을 표현하는 윤리다. 결국에는 그것이 더 풍성하고 깊이 있는 성관계를 낳을 것이다.

성경을 발견한 마약상

자신의 감정이 완전히 변하지는 않았다는 선 도허티와 레베카의 고백은 의미심장하다. 우리는 사람을 엄격한 분류 체계로 생각하는 경향이 있다. 마치 어떤 사람은 100퍼센트 동성애자이고 어떤 사람은 100퍼센트 이성애자여야 한다는 식으로 말이다. 하지만 앞에서 보았듯이, 최신 연구 결과는 많은 사람들이 완전히 동성애자나 이성애자는 아니라는 사실을 보여준다. 리사 다이아몬드의 연구에 따르면, 자신을 동성애자로 여기는 남성의 40퍼센트와 여성의 48퍼센트는 과거에 이성에게 성적 매력을 느꼈다고 응답했다. 이성애자 중에서는 남성 25퍼센트와 여성 50퍼센트가 과거에 동성에게 성적 매력을 조금이라도 느낀 적이 있다고 밝혔다.[41]

두 집단 모두 똑같은 도전에 맞닥뜨리고, 모두 회개하라는 요청을 받는다. 자신의 정신적 틀을 성에 대한 성경적 관점으로 바꾸고, 값비싼 대가를 치르는 순종으로 자신의 확신을 살아 내야 한다.

크리스토퍼 위안(Christopher Yuan)은 그리스도인이 되기 전에는 주기적으로 게이 사우나를 찾아서 약물에 찌든 채 익명의 상대들과 하루에도 여러 차례 성관계를 맺곤 했다. 결국에는 마약 거래로 수감된 교도소에서, 그는 쓰레기통에 처박힌 성경을 발견했고 그리스도인이 되었다. 자신의 회심 과정을 담은 책『다시 집으로』(Out of a Far Country)에서 그는 이렇게 쓴다. "나는 늘 동성애의 반대는 이성애라고 생각했다. 하지만 실제로는 동성애의 반대는 거룩함이다."[42] 모든 그리스도인은 자신의 성적 감정과 상관없이 거룩함으로 부르심을 받았다. 위안은 설명한다. "그리스도 안에서 새롭게 찾은 [내] 정체성 때문에 내 유혹이 변하든 그대로이든 상관없이 하나님께 순종하며 살게 되었다. 성경적 변화는 아무런 싸움이 없는 상태가 아니라, 그런 싸움 가운데서도 거룩함을 선택할 수 있는 자유다."[43]

분노나 질투심을 느끼기로 선택한 사람, 혹은 약물이나 포르노그래피의 유혹을 느끼기로 선택한 사람이 없듯이, 동성애 유혹을 느끼기로 선택한 사람은 없다. 목회적 접근에서는 이런 유혹을 느낀다는 이유만으로 상대가 비난받는다고 느끼거나 수치심을 느끼지 않도록 주의해야 한다. 많은 사람들이 죄책감과 수치심에 사로잡힌 채 동성애 욕구와 맞서 싸우기도 하고 그것을 숨기기도 하면서 거기서 벗어나기를 오랫동안 간절히 기도한다. 레베카가 내게 말했다. "내가 여성에게 끌린다는 사실을 깨달았을 때는 환자가 된 느낌이었어요. 마치 나병에라도 걸린 것처럼요. 그래서 오랫동안 아무에게도 말하지 못했어요."

하지만 유혹이 죄는 아니다. 성경은 예수님도 "모든 일에 우리와 똑같이 시험을 받으신 이로되 죄는 없으시니라"라고 말한다(히 4:15). 에이미 리어던(Amy Riordan)은 그리스도인이 되기 전에 레즈비언 관계를 맺고 있었다. 이후로도 오랫동안 레즈비언 포르노그래피 중독과 씨름했다. 그녀는 유혹과 죄의 차이를 깨닫기 전까지 엄청난 수치심에 시달렸다고 한다. "유혹을 받는 것 자체가 죄는 아니다. 예수님도 항상 유혹을 느끼셨지만, 죄는 짓지 않으셨다. 이 사실이 내게서 막대한 죄책감의 무게를 거두어 주었다. 원래부터 그런 죄책감은 가질 필요가 없었는데 말이다."[44]

우리에게는 유혹에 어떻게 반응할지를 결정할 수 있는 선택권이 있다. 약물을 살지, 컴퓨터에서 포르노그래피를 찾을지, 동성애 행위를 할지 여부를 얼마든지 선택할 수 있다. 동성애에 끌리든, 이성애에 끌리든, 결혼한 사람이든, 싱글이든, 모든 사람은 거룩함을 선택하라는 부름을 받았다.

· · ·

"하나님이 나를 게이로 만드셨다"

어떤 그리스도인들은 하나님이 동성애에 끌리는 사람들을 창조하신다고 말한다. "하나님이 나를 게이로 만드셨다." 사람들이 자신의 성을 매우 자연스럽게 느끼는 것은 사실이다. 리어던은 레즈비언 관계에 유혹을 느낀 경험에 대해 쓰면서, "그 생각을 너무 골똘히 한 나머지, 원래부터 내 일부인 듯한 느낌이 들었다. 레즈비언이 된다는 생각이 내 이름처럼 현실감 있게 다가왔다"라고 말한다.[45]

하지만 오늘날 존재하는 모든 것이 하나님이 원래 세상을 창조하신 방식을 반영하지는 않는다. 동성애에 끌리지만 독신으로 지내는 샘 앨베리(Sam Allberry) 목사는 그 점을 이렇게 표현했다. "하나님이 금지하신 것에 대한 욕망은 어떻게 하나님이 나를 만드셨는지가 아니라, 어떻게 죄가 나를 왜곡했는지를 드러낸다."[46]

팀 윌킨스(Tim Wilkins)는 오랫동안 동성애자로 살았지만, 지금은 결혼해서 자녀도 있다. 그는 하나님이 어떤 사람들은 게이로 창조하셨다면, "그들에게 잔인한 장난을 치신 것이다. 그들의 마음과 감정은 동성애 성향으로 만드시고, 생리는 정확히 그 끌림과 반대로 만드셨으니 말이다"라고 말한다.[47] 감정이 생리 작용과 싸우고 있어서는 온전한 인간이 될 수 없다.

우리의 성적 정체성과 심리적 정체성이 조화를 이루는 통합이 이상적이다. 물론, 이생에서는 천국에서 누릴 완벽함과 똑같은 완벽함을 기대해서는 안 된다. 일부 상담 프로그램에서는 열심히 노력하면 동성애 성향을 극복하고 이성애자가 될 수 있다면서 무리한 결과를 약속했다. 이런 프로그램들은 고통스러운 실망과 환멸로 이어진 경우가 많았고, 그 결과로 대중의 비판을 촉발했다. 치료 요법이 어린 시절 트라우마를 정서적으로 치유하는 것 같은 심리적 유익을 줄 수 있을지는 모르지만, 어떤 프로그램도 유혹에서 완전히 자유로워지는 것을 보장하지는 못한다.[48]

프랜시스 쉐퍼가 『진정한 영적 생활』(True Spirituality) 같은 책들에서 반복해서 강조했듯이, 성화 과정은 이생에서 완벽한 치유는 아니더라도 "상당한 치유"를 낳는다.[49] 우리가 양자택일을 요구한다면, 결국에는 아무것도 얻지 못하는 경우가 많다.

성경적 세계관에는 타고난 성향에서 정체성을 취할 수 없는 이유에 대해 균형 잡힌 설명을 제공해 주는 지적 자원이 있다. 성경은 타락의 파괴적 영향력을 매우 현실적으로 이야기한다. 세상이 타락했다는 말은 무슨 뜻인가? 우리는 뭔가를 잘못했을 때, 접시든, 팔이든, 관계든, 때로는 인생이든 어떤 것을 망가뜨리거나 부서뜨리게 된다는 것을 안다. 최초의 인류가 뭔가를 잘못했을 때 모든 것을 망가뜨리고 말았다. 그들은 우리 몸의 신체 구조를 포함하여 전 세계를 부서뜨렸다.[50] 이 세상에 악과 고통이 존재하는 이유, 우리 욕구와 성향이 이상과는 동떨어질 때가 많은 이유들에 대해 성경은 타락이라는 답을 내놓는다.

하지만 하나님은 타락한 세상의 망가진 모습조차도 해결하겠다고 약속하신다. 예수님이 날 때부터 앞을 보지 못하는 사람을 만나셨을 때 제자들이 물었다. "누구의 죄로 인함이니이까? 자기니이까, 그의 부모니이까?" 예수님은 둘 다 비난하지 않으셨다. 맹인이 된 것은 타락으로 망가진 세상에 사는 결과다. 하지만 예수님은 비록 그가 날 때부터 맹인이지만, "그에게서 하나님이 하시는 일을 나타[낼]" 수 있다고 약속하셨다(요 9:1-3).

가장 중요한 질문은 "그 원인이 무엇인가?"가 아니라 "하나님이 그것을 통해 어떻게 일하실 수 있느냐?" 하는 것이다.

바울은 "하나님을 사랑하는 자 곧 그의 뜻대로 부르심을 입은 자들에게는 모든 것이 합력하여 선을 이루느니라"라고 확인해 준다(롬 8:28). 모든 것, 고통스럽거나 해롭거나 우리의 통제를 벗어난 것조차도 말이다. 우리가 이런 것들에 반응하는 방식에 우리 성품을 성숙하게 하고 깊이 있게 만드는 잠재력이 있다. 그렇게 해서 우리는 다른 사람들에 대한 사역에서 더 성장한다.

내 말이 의심스럽다면, 고린도후서를 읽어 보라. 근친상간조차도 회개하면 우리를 거룩하게 만들 잠재력이 있다. 바울은 고린도전서에서 "너희 중에 심지어 음행이 있다 함을 들으니 그런 음행은 이방인 중에서도 없는 것이라. 누가 그 아버지의 아내를 취하였다 하는도다"라고 썼다(아마도 양어머니일 것이다. 고전 5:1). 하지만 고린도후서에서는 이렇게 쓸 수 있었다. "보라, 하나님의 뜻대로 하게 된 이 근심이 너희로 얼마나 간절하게 하며 얼마나 변증하게 하며 얼마나 분하게 하며 얼마나 두렵게 하며 얼마나 사모하게 하며 얼마나 열심 있게 하며 얼마나 벌하게 하였는가"(고후 7:11). 상황이 어떻든, 앞으로 나가려면 이렇게 질문해야 한다. 하나님은 이런 상황에서 어떻게 선을 위해 일하고 계시는가?

동성애 성향을 경험한 많은 사람들이 하나님께 이 성향을 없애 달라고 오랫동안 기도했다. 바울도 "육체에 가시"라는 끈질긴 고통을 감내해야 했다(고후 12:7). 가시를 없애 달라고 반복해서 기도했지만 없어지지 않았다. 하나님은 그 "가시"가 바울이 하나님을 더 깊이 의지할 수 있도록 이끄는 연약함을 만들었다고 대답하셨다. 가시 이미지는 타락의 결과를 "가시덤불과 엉겅퀴"로 상징한 창세기에서 가져온 것 같다. 모든 사람은 타락한 세상에 살기에 성생활에서든, 가족이나 직장이나 건강 문제에서든 고통을 받는다. 하지만 고통 가운데 하나님을 찾으면, 우리의 "가시"는 성화의 도구가 될 수 있다.

· · ·

턱시도를 입은 소녀

어떻게 하면 그리스도인들이 수치심과 죄책감이라는 부정적 메시지를 넘어서 성에 대한 전인적·인간적 관점을 전할 수 있을까? 한때 레즈비언이었던 진 로이드(Jean Lloyd)는 동성애에 끌리는 사람에게 도움이 되지 **않는** 말이 무엇인지 설명해 준다.

로이드는 열다섯 살 때 고등학교 크리스마스 댄스 행사에서 남녀 구분 없는 복장으로 반항을 표현하려고 턱시도를 입었다. 여러 해 동안, 로이드는 공개적으로 레즈비언이었다. 이후로 그녀는 10년 넘게 싱글로 지냈다. 그런데 "나보다 더 내 정체성에 대한 진실을 잘 아시는 분을 믿기 시작했다. 그분의 형상을 여성인 내 존재와 몸에 새기신 분, 성을 설계하시고 나의 유익을 위해 거기에 경계를 설정하신 분을." 자신도 놀랄 정도로, "이성애에 대한 욕구가 조금씩 생겨났고" 오늘날에는 결혼해서 두 자녀를 두고 있다.[51]

로이드는 세월이 흐르면서 많은 목사들이 "동성애에 대한 불같은 설교"에서 "사랑의 선언"으로 옮겨 갔다고 말한다. 다 좋은 일이다. 하지만 그중 일부 목사는 조금 더 나아가서 성경적 성 윤리가 "억압적이거나 비합리적이거나 불친절하다고 거부했다. 따라서 동성애자를 사랑하는 행동에는 동성애 성관계와 행위를 격려하고 인정해 주는 일도 수반된다."[52]

로이드는 그것은 사랑의 반응이 아니란 점을 제발 알아 달라고 쓴다. 진정한 사랑은 "내가 창조주의 계획에 따라 살면서 내 몸을 존

네 몸을 사랑하라

중하도록 도와주는 반응이다. 나는 여성으로 태어났다. 하나님이 나를 여성으로 창조하셨다. 내 영적인 삶과 지금 내가 몸으로 사는 삶을 갈라놓는 영지주의 이원론에 빠지지 말라."[53] 다시 말해, 그녀는 이렇게 말하고 있다. 내 몸과 나를 소외시키는 이원론으로 나를 밀어 넣지 말라.

또한 사랑의 반응은 각자가 순결에 대한 성경의 기준을 지키게 만든다. 동성애 욕구가 있든 이성애 욕구가 있든, 성의 목적은 결혼 생활 내에서의 결합이라는 성경 메시지는 동일하다. 로이드는 "내게도 기독교 공동체 내의 다른 모든 사람과 똑같은 도덕적 기능과 책임이 있어야 한다. 결혼하지 않은 이성애자가 순결을 요청받고, 그리스도 안에서 그분의 명령대로 살아갈 능력이 있다고 한다면, 나도 마찬가지다. 나를 다른 기준으로 대하는 것은 하나님 앞에서 내 존엄성을 하찮게 여기는 것이다. 나도 거룩한 삶으로 부름을 받았다"라고 쓴다.[54]

시편 139편은 하나님이 모태에서 우리 몸을 "짜 맞추셨다"라고 말하는데(새번역), 거기에는 남성 정체성이나 여성 정체성도 포함된다. 우리 몸의 생리 구조는 진화로 우연히 생긴 것이 아니다. 남성과 여성이 상호 사랑과 새 생명의 양육을 위해 언약을 형성하는 하나님의 목적을 표시한다. 사랑을 주는 행위는 생명을 주는 행위다. 오도노반이 쓴 것처럼, "그리스도인들은 전형적으로, 결혼 조례에……창조의 현실이기에 타협 불가능한 목적론적 구조가 있다고 믿었다."[55] 도덕성은 어떻게 그 창조의 현실에 온전히 참여할 수 있는지, 온전히 인간이 될 수 있는지 말해 준다.

"고자"는 어떻게 되는가?

성경은 결혼과 독신을 둘 다 존엄하고 가치 있는 상태로 똑같이 다룰 뿐 아니라, 어떤 사람들에게는 독신의 "은사"가 있다고까지 가르친다. 하지만 그런 은사를 받았다고―싱글로 살라는 특별한 부르심을―느끼지 않지만 적절한 결혼 상대를 찾지 못하거나 동성에게 끌리는 사람들은 어떻게 되는가?

바울은 스스로 "육체에 가시"를 선택하지 않았고, 대부분의 사람이 우리가 가장 크게 희생하는 영역을 선택하지 못한다. 예수님은 결혼과 독신에 대한 질문을 받으셨을 때 "고자"(*enunch*)라는 표현을 사용하셨다. 이 용어를 인터넷에 검색해 보면, 많은 저자들이 예수님이 동성애자에 대해 말씀하고 계신다고 주장하는 내용을 볼 수 있다. 하지만 역사적 증거는 그런 해석을 지지하지 않는다. 한 역사학자는 신약성경 시대에 그리스어나 라틴어 어느 쪽도 독신 남성을 가리키는 단어가 없었다고 설명한다. 그래서 그리스도인들이 "고자"라는 용어를 독신이라는 의미로 사용했다는 것이다.[56]

예수님이 고자를 언급하면서 자신의 상태를 선택하지 않은 사람들을 포함하신 것이 의미심장하다. "어머니의 태로부터 된 고자도 있고 사람이 만든 고자도 있고 천국을 위하여 스스로 된 고자도 있도다"(마 19:12).

어머니의 태로부터 된 고자에는 오늘날 간성이라고 하는 사람들이 포함될 수 있겠다. 신체 기형을 가지고 태어나는 이들은 생식력이 없는 경우가 많다. 하나님은 이들이 풍요로운 영적 추수를 거둘 수 있다는 약속으로 이들을 격려한다. "잉태하지 못하며 출산하지 못한

너는 노래할지어다. 산고를 겪지 못한 너는 외쳐 노래할지어다. 이는 홀로 된 여인의 자식이 남편 있는 자의 자식보다 많음이라. 여호와께서 말씀하셨느니라"(사 54:1).

다른 사람이 거세하여 고자가 된 사람들도 고대 세계에 드물지 않았다. 부유한 가정에서는 여성 숙소에서 일하거나 성노예로 일하는(어린 외모를 유지하기 위해서) 남종을 거세하는 일이 많았다. 정부 고관들, 특히 황후나 다른 여성 왕족 가까이에서 일하는 이들은 고자가 되어야 하는 경우가 있었다. 구약성경의 예로는 "궁녀를 주관하는 내시 헤개"가 나오는 에스더서를 들 수 있다(2:15). 황후 이세벨을 시중드는 이들은 "두어 내시"였다(왕하 9:32). 신약성경에서 에디오피아 여왕 간다게의 국고를 맡은 관리인도 내시였다(행 8:27).

타인에 의해 내시가 된 이들 중에는 전쟁에서 잡힌 포로도 있었다. (포로가 왕족인 경우에는, 거세를 통해 경쟁 왕조의 설립을 원천봉쇄할 수 있었다.) 선지자는 히스기야왕에게 "또 왕의 몸에서 날 아들 중에서 사로잡혀 바벨론 왕궁의 환관이 되리라 하셨나이다"라고 경고했다(왕하 20:18, 사 39:7). 이 후손에는 다니엘과 그의 세 친구 사드락, 메삭, 아벳느고가 포함되었을 것이다. 이들은 바벨론의 고위 관료들이었고, 이들의 감독관은 "[왕의] 환관장"이라고 불린다(단 1:3).[57]

이사야 선지자가 이스라엘에게 포로 귀환을 예언할 때 이 포로 고자들을 언급한다. 고자는 "마른 나무"가 아니라는 확인을 받는다. 하나님이 "나의 언약을 굳게 잡는 고자들에게는 내가 내 집에서, 내 성 안에서 아들이나 딸보다 나은 기념물과 이름을 그들에게 주며 영원한 이름을 주어 끊어지지 아니하게 할 것이며"라고 약속하시기 때문이다(사 56:3-5). 하나님은 결혼처럼 독신도 하나님의 복을 받을 수 있다고 약속하고 계신다. 각각은 우리를 하나님과의 깊은 관계로 이끌어서 궁극적으로는 다른 사람들을 섬기는 데 더 쓰임받게 만드는 독특한 도전이 있다.

동성에게만 매력을 느끼지만 독신으로 살고 있는 목사 에드 쇼(Ed Shaw)는 신약성경 세계에서 사람들이 가장 걱정한 것은 섹스를 포기하는 것이 아니라, 자녀를 포기하는 것이라고 지적한다. 사람들은 후손을 통해 자신의 이름을 미래에 남기는 방법을 찾았다. 자녀는 전근대 사회에서 가장 중요한 사회적 보장 형식이기도 했다. 자녀가 없는 사람들은 노년에 자신을 돌봐줄 사람이 없었다. 그럼에도, 초대교회 많은 사람들이 큰 희생을 감수하고 독신을 택했다. 왜 그랬을까? 쇼는 그렇게 해서 교회가 "영적 후손을 가질 수 있었다"라고 쓴다.[58] 독신들은 자신의 가족인 교회 공동체에 철저하게 헌신했다.

오늘날 교회의 도전은 상호 의존적인 공동체를 형성하여 독신들이 동료 그리스도인들에게서 자신의 가족을 찾는 일이 다시 가능하도록 하는 것이다.

프로이트로부터의 해방

싱글들을 지지하려면 강력하고 친밀한 우정이라는 이상을 재발견해야 한다.[59] 우리는 모든 관계는 궁극적으로 성적이라고 가르친 프로이트의 영향력과, 사람들이 친한 우정을 의심하게 만드는 태도에서 벗어나야 한다.

멜린다 셀미스의 표현을 빌리면, '에로스'(eros, 성적인 사랑)와 '필리아'(philia, 우정의 사랑)는 "둘 다 똑같은 태고의 욕구, 곧 생식에 대한 생물학적 욕구가 아니라, 하나가 되려는 영적 욕구를 표현한다. '에로스'는 이 욕구를 신체적 표현, 곧 '한 몸' 연합으로 이끄는 반면, '필리아'는 영혼의 연합으로 이끈다." 성경은 다윗과 요나단의 예를 보여준다. "요나단의 마음이 다윗의 마음과 하나가 되어 요나단이 그를 자기 생명같이 사랑하니라"(삼상 18:1).[60] 우리는 교회에서 '필리아' 우정을 키워서 싱글들이 하나님의 가족 안에서 깊은 영적 교제를 경험할 수 있게 해야 한다.

동성 관계를 지지하는 주장들은 친밀감과 결혼을 동일시하면서, 결혼하지 않으면 고립되고 비참한 인생을 살게 된다는 인상을 심어 준다. 하지만 아이러니하게도, 일부 교회에서도 그와 똑같은 인상을 줄 정도로 결혼을 격상하여 싱글들에게 큰 좌절을 안겨 줄 수 있다. 그는 자신을 게이 가톨릭 신자라고 밝히는 독신을 유지하고 있다. 그는 "우리 사회는 지나치게 성에 집착하게 되었지만, 성과 로맨스는 사랑과는 다르다. 그리스도 중심의 순수한 우정은—때로는 도전적일지라도—거룩함으로 향하는 긍정적이고 만족스러운 길을 제공했다"라고 쓴다.[61]

교회는 결혼이 친밀감의 한 종류이지만, 다른 종류의 친밀감도 얼마든지 가능하고 만족스러우며 다른 사람들을 사랑하고 섬길 수단이 될 수 있다고 가르쳐야 한다.

나는 기독교로 개종한 직후에 한 루터교 성경학교를 다녔다. 그곳의 수석 관리자는 강인하고 능력 있는 싱글 여성이었는데, 수십 년 동안 다른 싱글 여성들과 집을 공유했다. 이들의 상호 사랑과 지지는 장기적으로 헌신한 싱글 관계의 아름다움을 보여주는 생생한 본보기였다.

마지막으로, 우리는 결혼을 배제해서는 안 된다. 『사랑 안에서 참된 것을 살라』(*Living the Truth in Love: Pastoral Approaches to Same Sex Attraction*)라는 책은 동성애 감정이 있음에도 결혼하거나 결혼 상태를 유지한 사람들의 이야기를 들려준다.[62] 때로는 "혼합 성향" 결혼이라는 이름이 붙은 결혼도 있다. 제프 베니언(Jeff Bennion)의 이야기를 읽어 보자.

> 이십대에는, 여성과의 결혼이 불가능하고 그 결혼생활에서 행복하고 만족스럽기는 더더욱 불가능하다고 생각할 수도 있었을 것이다. 11년이 지난 지금, 나는 그 어느 때보다도 행복하다.……
>
> 나를 의심한 사람들을 비난할 생각은 없다. 내가 직접 경험하지 않았다면, 나 스스로 의심스러워했을 것이다. 세상의 지배적 문화 서사에 너무나 배치되기 때문이다.[63]

더그 메인웨어링(Doug Mainwaring)은 또 다른 예다. 그는 결혼생활을 중단하고 다른 남성들과 성관계를 맺다가 동성애 결혼 합법화를 공개적으로 지지하게 되었다. 그러고 나서 10년 후에 그리스도인이 되었다. 그는 아내와 재결합하여 함께 아이들의 양육을 마쳤다. 그는 "그 과정에서 결혼이 단순한 전통적·종교적·사회적 구조 이상임을 배웠다. 상보적인 일부일처 부부 관계는 한 사람의 인생을 통째로 투자할 가치가 있는 값진 진주다"라고 쓴다.[64]

동성애 감정을 지닌 모든 사람에게 결혼이 가능하지는 않을 것이다. 결혼이 사람을 "고쳐 줄" 수 있다는 은밀한 희망을 품고 결혼 관계에 들어가서는 안 된다. 하지만 한 가지 대안으로 늘 열어 놓아야

네 몸을 사랑하라

한다. 동성애 욕구를 지닌 많은 사람들이 결혼과 자녀 양육을 경험하고 싶은 마음에 자신의 사랑을 남편이나 아내에게 쏟기로 은밀히 선택하는 경우가 있다.

스스로 게이임을 장담하는 내 그리스도인 친구는 앞의 이야기들을 읽고 이렇게 반응했다. "믿기지 않아. 이 사람들은 스스로 속이고 있다고." 그는 대법원처럼 성적 지향이 변하지 않는다고 생각한다. 하지만 아이러니하게도, 어떤 사람이 동성애자 정체성을 떠나는 경우에만(그 반대가 아니라) 이런 반대를 제기한다. 세속 세상에서 이성애자로 살던 사람이 동성애자로 살기 시작하면 진정한 자아를 찾았다는 이유로 박수를 받는다. 하지만 반대 방향으로 가는 사람은 내면화된 자기혐오와 허위의식이라는 비난을 받으며 극심한 반대에 부딪힌다.

실제로는, 이성 결혼을 선택한 사람들은 성적 감정이 아니라 도덕적 이상이 자신을 정의한다고 말하고 있다. 어떤 남자가 메인웨어링에게 말했다.

> 수년 동안 동성 관계나 파트너를 위해 내 가정과 결혼생활을 포기하겠다는 생각을 해왔지만, 그런 이유로 가족과 결혼생활을 망가뜨리는 것은 아무런 가치가 없다고 결심했습니다.……내게는 가족과 아이들이 있고, 그들에 대한 책임을 내팽개쳐서는 안 됩니다. 그래서 시간이 지나면서는 동성애 감정을 느낄 때조차도 그것을 깊이 생각하지 않고, 결혼생활과 가족에 충실하기로 했습니다. 그리고 거기서 엄청난 만족을 느꼈습니다.[65]

감정이 우리를 정의하지 않는다. 도덕적 헌신이 우리를 정의한다. 자신의 깊은 헌신과 조화를 이루며 사는 법을 발견할 때 우리는 만족을 찾는다.

. . .

우주적인 사랑

어느 일흔다섯 살 여성이 이제 막 로사리아 버터필드(Rosaria Butterfield)의 감동적인 강연을 들었다. 버터필드는 과거에 레즈비언이었다가 기독교로 개종했다. 강연이 끝나고 이 여성은 연사를 만나 자신이 다른 여성과 50년 동안 결혼해서 살고 있는 이야기를 들려주었다. 이 여성과 파트너 사이에는 자녀도 있고 손자 손녀도 있었다.

그녀가 고통으로 갈라진 목소리로 속삭였다. "나는 복음을 들었고, 내가 모든 것을 잃을 수도 있다는 것을 알아요. 왜 이전에는 내게 이런 이야기를 해준 사람이 아무도 없었을까요? 왜 내가 사랑하는 사람들은 언젠가 내가 이런 선택을 해야 한다는 사실을 말해 주지 않았을까요?"[66]

그녀에게 사랑과 진리의 균형 잡힌 메시지를 전해 주었어야 할 그리스도인들은 어디에 있었는가?

성에 대한 성경의 가르침은 십계명으로 요약할 수 있다. "간음하지 말라." 역사적 기독교의 해석은, 성적 표현은 결혼이라는 사랑의 연합 내에 속한다는 것이다. 성관계는 부부의 한 몸 연합을 표현하고 새롭게 하는 수단, 곧 그들의 사랑을 반복해서 재연하는 수단이다.

성경은 하나님이 그 백성과 원하시는 친밀한 관계에 대한 은유로 성을 사용한다. 구약성경 전체에서 이스라엘을 부정한 아내로 묘사한다. 에스겔 16장은 여성으로 의인화된 이스라엘의 연인이신 하나님을 특별히 생생한 이미지로 그린다. "네게 맹세하고 언약하여 너를 내게 속하게 하였느니라. 나 주 여호와의 말이니라"(8절). 신약성경은 교회를 그리스도의 신부로 묘사한다. "내가 보매 거룩한 성 새 예루살렘이 하나님께로부터 하늘에서 내려오니 그 준비한 것이 신부가 남편을 위하여 단장한 것 같더라"(계 21:2).

성은 하나님의 영광을 선포하는 창조 질서의 일부다. 성은 궁극적으로 하나님의 초월하신 사랑과 신실하심을 선포하는 "언어"를 소유한다.

남녀의 결혼이라는 주제는 성경 군데군데에 두어 구절씩 나타나는 문제가 아니다. 성경은 처음부터 끝까지 사랑 이야기, 신부를 찾아 구조하시는 연인이신 하나님에 대한 이야기다. 오래된 옛 찬송은 이렇게 시작한다. "교회의 참된 터는 우리 주 예수라." 찬양은 계속해서 다음과 같은 극적인 이미지로 이어진다.

주 예수 강림하사
피 흘려 샀으니
땅 위의 모든 교회
주님의 신부라.[67]

결혼은 이 우주적 사랑 이야기를 반영하도록 의도되었다. 오도노반이 쓴 대로, 인류는 "확실히 생물학적 차원에서 인간의 출산 형식으로 이성애적 결합을 향하게 되어 있다. 공통된 사람됨에 대한 이 사실을 타협하는 것은 불가능하다. 이 사실을 받아들이거나 화를 낼 수 있을 뿐이다."[68]

우리가 이 사실을 환영하면, 창조세계의 선함을 확인하는 것이다. 남성성이나 여성성이 자연에 대한 무의미하거나 억압적인 사실이 아니라, 역사의 위대한 줄거리를 반영함을 확인하는 것이다.

성과 레위기

동성애에 대한 성경의 가르침에 가장 흔한 반대는 무엇인가? 어떤 학자들은 성경이 고대 가나안 숭배에서 행해진 사원 매춘만 금지한다고 주장한다. 성경 본문은 그 당시에는 알려지지 않았던, 서로 사랑하고 헌신하는 동성애 관계는 언급조차 하지 않는다는 것이다.

과연 성경 본문은 사원 매춘에만 국한되는가? 유대인 독자들은 그렇게 생각하지 않았다. 유대인들은 모든 종류의 동성애 관계를 거부한다는 점에서 주변 국가들과 달랐다.[69] 그리스도 이전과 이후의 500년간, 유대 저자들은 동성애 행위가 하나님의 뜻에 반한다는 데 동의했다.[70]

핵심 구절이 레위기 20:13이다. "누구든지 여인과 동침하듯 남자와 동침하면 둘 다 가증한 일을 행함인즉." 여기 나오는 표현은 어떻게 보더라도 사원 매춘에 대한 금지로만 국한되지 않는다. 더군다나 이 구절은 모든 문화와 사회에서 확실히 잘못된 관행을 금지하는 내용, 곧 간음과 근친상간, 수간 사이에 끼어 있다(10-17절).[71]

혹은 레위기 18:22을 보자. "너는 여자와 동침함같이 남자와 동침하지 말라. 이는 가증한 일이니라." 이 구절은 아이를 피비린내 나는 가나안 신 몰렉에게 바치는 희생제사를 정죄하는 구절 직후에 나온다. 아동 희생제사를 몰렉 숭배와 연관하여 언급하기 때문에 이 본문이 이교도 예배에서 아동 희생제사만 정죄하고 있고, 다른 형태의 아동 희생제사나 영아살해는 괜찮다고 주장하는 사람은 아무도 없다.

그 결과, 레위기에서 남성끼리의 성교를 금지하는 것이 그런 관행 중에 광신적이거나 우상을 숭배하는 형태만을 금지하고 있다는 주장에 크게 신빙성을 부여하는 성경 학자들은 거의 없다. 더군다나 신약성경에서 예수님이나 사도들이 동성애 행위가 죄라는 유대인의 만장일치 확신을 부인했다고 암시하는 내용은 전혀 없다.

세 유형의 율법

구약성경에서 두 유형의 직물을 한 옷감에 섞지 말라는 것처럼 확실히 특정 문화에 한정된 관습을 언급한다는 사실은 어떤가? 어떤 사람이 구약성경 율법 중에서 특정 율법만 골라내는 행동을 어떻게 정당화할 수 있을까? 신약성경 시대에 가장 논란이 분분한 문제들은 바로 이 질문을 둘러싸고 일어났다. 그리스도인들은 할례를 받고 우상에게 바친 제사 음식은 먹지 않는 등 계속해서 "유대인답게" 살아야 했는가?(갈 2:14) 그 답은 "아니다"였다. 도덕률은 여전히 적용되지만, 의식법과 민법은 그렇지 않았다.[72]

1. **의식법**은 성전 예배 곧 희생제사와 절기, 음식, 제사장직, 예배, 할례, 의식적 정결(정결법) 등을 관장하는 상징적인 법이었다. 구약 시

대에도 이런 법들은 보편적이지 않아서 다른 나라에는 적용되지 않았다. 선지자들은 도덕률과 의식법의 차이를 인식했다. "나는 인애를 원하고 제사를 원하지 아니하며 번제보다 하나님을 아는 것을 원하노라"(호 6:6). 예수님은 바리새인들에게 그 차이를 이해시키려고 같은 구절을 인용하셨다(마 9:13). 그리고 정결법을 확실하게 거절하셨다. "이러므로 모든 음식물을 깨끗하다 하시니라"(마 7:19).[73]

다른 두 직물을 섞어서 짜지 말라는 말씀은 순결과 거룩함을 상징하는 의도를 지닌 정결법이었다. 실제로, 구약성경 역사에는 메시아에 대한 상징과 전조가 가득하다.[74] 하지만 실체가 오신 후에는 아무도 전조가 필요 없었다. 바울은 "그러므로 먹고 마시는 일이나 명절이나 초승달 축제나 안식일 문제로, 아무도 여러분을 심판하지 못하게 하십시오. 이런 것은 장차 올 것들의 그림자일 뿐이요, 그 실체는 그리스도에게 있습니다"라고 쓴다(골 2:16-17, 새번역). 초대교회는 그리스도가 궁극적인 제물로 오셨다는 사실을 알고 나서 더는 제사법을 준수하지 않았다.

2. **민법**은 이스라엘이 국가였기 때문에 꼭 필요했다. 구약 시대에도 이런 법들은 보편적이지 않아서 다른 나라에는 적용되지 않았다. 고대 이스라엘이 정치 국가로 존재하지 않게 되었을 때 이 법은 종료되었다.

민법은 도덕률에 근거하지만, 둘은 똑같지 않았다. 예수님은 이혼이 **도덕적으로는** 잘못이지만, 사람들의 "마음의 완악함"(마 19:8) 때문에 **민법**에서는 허용할 수 있다고 말씀하면서 둘을 구분하셨다. 마찬가지로, 노예제나 일부다처제 같은 관습들도 도덕적으로는 이상적이지 않지만, 법적으로는 허용되었다. 이와 대조적으로, 동성애 관계는 도덕적으로나 법적으로나 허용하지 않았다.[75]

3. **도덕률**은 모든 시대, 모든 사람에게 보편적으로 적용한다. 성경은 탐욕과 불의, 억압, 폭력, 성적 부도덕에 대해 이스라엘뿐 아니라 모든 나라를 정죄한다. 신약성경은 이 도덕적 원리들이 여전히 유효함을 보여주기 위해 그 내용을 반복한다.

예수님이 친히 구약성경의 성 윤리를 승인하셨다. 그분은 결혼에 대한 질문을 받으셨을 때 창세기 본문을 그 권위로 인용하셨다. "읽지 못하였느냐?"라는 질문은 그 본문을 결정적인 내용으로 다루어야 한다는 암시였다. "사람을 지으신 이가 본래 그들을 남자와 여자로 지으시고"(마 19:4). 그리스도인은 창조 때의 인간 본성에서 자신의 본보기를 취해야 한다.

"남자의 연인"

신약성경에서 핵심 본문은 로마서 1:26-27이다. 이 본문은 "자연을 거스르다"라는 문구를 사용하는데(ESV, 옮긴이 번역), 이는 헬레니즘과 그리스 로마 문화에서 동성애 관습을 가리키는 표준 방식이었다.[76]

당시에 "자연"이라는 용어의 쓰임새는 자연계에서 관찰되는 행위를 뜻하는 오늘날의 사용 방식과는 달랐다. 오히려 **인간 본성**에 규범적인 행위, 곧 인간이 원래 창조된 방식을 반영하고 인간의 본보기에 들어맞는 행위를 뜻했다. 그런 의미에서 모든 죄는 인간 본성을 거스르는데, 바울은 계속해서 대표적인 표본 목록을 나열한다. "곧 모든 불의, 추악, 탐욕, 악의가 가득한 자요, 시기, 살인, 분쟁, 사기, 악독이 가득한 자요, 수군수군하는 자요, 비방하는 자요, 하나님께서 미워하시는 자요, 능욕하는 자요, 교만한 자요, 자랑하는 자요, 악을 도모하는 자요, 부모를 거역하는 자요, 우매한 자요, 배약하는 자요, 무정한 자요, 무자비한 자라"(29-31절). 이 모든 행위는 온전한 인간이 된다는 의미를 거스른다.[77]

일부 학자들은 바울이 이 단락에서 아동이나 노예와의 성관계 같은 강압적 행위만 금지하고 있으며, 그가 오늘날에 존재하는 서로 사랑하는 동성 관계 같은 종류는 알지도 못했다고 주장한다. (앞서 3장과 4장에서 보았듯이) 강요된 관계가 고대 로마 세계에 흔했다는 것은 사실이다. 하지만 바울은 강간이나 매춘에 해당하는 용어를 사용할 수도 있었지만, 그러지 않는다. 게다가 그는 양쪽 파트너에 도덕적인 책임을 묻는데, 어느 한쪽이 피해자라면 그렇게 하지 않았을 것이다. 오히려 그는 남자들이 "**서로** 향하여 음욕이 불 일듯" 했다고 말한다. 이는 그가 상호적 관계를 염두에 두고 있었음을 암시한다(27절).

마지막으로, 어떤 사람들은 바울이 우상숭배와 연관된 신전 매춘만 언급하고 있었다고 주장한다.[78] 하지만 이 단락에서 바울의 요점은 진정한 창조주를 거부한 **모든** 사람이 우상을 숭배하고 있다는 것이다. 그들은 "썩어지지 아니하는 하나님의 영광을 썩어질 사람과 새와 짐승과 기어 다니는 동물 모양의 우상으로 바꾸었느니라.……이는 그들이 하나님의 진리를 거짓 것으로 바꾸어 피조물을 조물주보다 더 경배하고 섬김이라"(23, 25절). 바울은 창조주를 거부한 사람은 누구든 창조 질서에 있는 무언가에 매달리고 궁극적 실재이자 생

네 몸을 사랑하라

명과 예배의 중심인 하나님의 자리에 그것을 대신 둘 것이라고 말하고 있다.

자신을 동성애자로 밝히는 루이스 크롬프턴(Louis Crompton)은 "아무리 선의라고 해도" 바울의 말이 헌신된 동성애 관계에 적용되지 않는다는 해석은 역사에 반한다고 쓴다. "바울이나 이 시기의 다른 어떤 유대 저작도 어떠한 경우에도 동성애 관계를 수용한다고 암시하지 않는다. 상호 헌신을 통해 동성애가 면죄받을 수 있다는 개념은 바울이나 유대인들이나 초기 그리스도인들에게는 전혀 생소했을 것이다."[79]

결국, 고대 세계가 성인들 사이의 헌신된 동성애 관계를 전혀 몰랐다는 말은 사실이 아니다. 많은 황제들에게 남성 연인이 있었고, 그런 사실은 공공연하게 알려져 있었다. 당대의 연애시는 다른 남성에게 빠진 남성의 열병을 묘사한다. 플라톤의 『심포지움』(Symposium)에서 아리스토파네스(Aristophanes)는 어떤 남자들은 "여성의 연인"이지만 어떤 남자들은 "다른 남자에게 애정을 품고 그들은 안는다"라고 말한다. 아리스토파네스는 당신이 사랑하는 대상이 당신의 성품을 드러내는데, 남자는 여자보다 우월하므로 남자의 연인이 여자의 연인보다 **우월하다**는 결론이 나온다고 덧붙인다. 그의 표현을 따르면, 남자의 연인들은 "최고의 젊은이와 소년들인데, 이들이 가장 남자다운 본성을 지니기 때문이다.……이들은 용맹하고 남자다우며, 남자다운 표정을 띤다. 이들은 자신과 비슷한 대상[곧 다른 남자]을 받아들인다."[80]

아리스토파네스 같은 저자들이 남성 간의 사랑을 남녀의 사랑보다 우월하게 칭송했지만, 그럼에도 그리스와 로마 법은 결혼을 이성의 결합에 국한했다는 사실은 의미심장하다. 확실히 혐오나 편견보다는, 사회는 자녀를 낳을 수 있는 관계를 법적으로 지지하고 보호해야 한다는 인식이 이들의 결혼법을 지배했다.

• • •

누가 편을 잘못 골랐는가?

비판자들은 기독교 교회가 성 윤리를 바꾸지 않으면 뒤처질 위험에 있다고 주장한다. "편을 잘못 골랐다"는 것이다. 하지만 역사는 정확히 정반대를 증명한다. 교회의 성 윤리는 초기, 특히 여성들 사이에서 기독교가 폭발적으로 성장한 한 가지 이유다.

주변 로마 사회에서 아내는 지위가 없다시피 했다. 자유인 남성은 여성과 결혼하여 법적 상속자를 얻었지만, 여자친구나 정부, 매춘부, 창녀, 다른 남성, 특히 남녀노소를 불문하고 집안의 노예(대개는 사춘기가 지난 청소년과 십대)를 통해 얼마든지 성적 만족을 추구할 수 있었다. 아내는 남편의 사랑과 관심을 얻기 위해 수많은 타인들과 경쟁해야 했다.

대부분의 부정행위는 자기 종과 동침하는 형태였다. 예를 들어, 호라티우스는 남성이 성적 에너지를 노예에게 분출하는 것을 추천하는데, 노예들은 손쉽게 다룰 수 있기 때문이다. "여종이나 집에서 자란 남종이 있어서, 바로 뛰어들 수 있다면" 왜 굳이 마다하겠는가? 그는 이렇게 덧붙인다. "나는 손쉽게 얻을 수 있는 섹스를 좋아한다."[81]

역사 기록을 보면 아내가 남편의 외도에 대해 불평하는 일이 자주 있었지만, 별 소용이 없었다. 1세기 로마에 살던 어느 시인은 남편이 남종과 성관계를 맺을 때 질투하는 아내들을 꾸짖기까지 했다. 그는 아내들에게 "소년과의 성교가 여성과의 성교보다 훨씬 더 즐겁다"라는 사실을 수용하라고 충고한다.[82] 사랑의 신 큐피드를 소년으로 그린 이유가 다 있다.

(2장에서 보았듯이) 고대 그리스와 로마에서는 높은 지위의 남성이 낮은 지위의 남성을 지배하는 경우라면 남성 간의 섹스를 윤리적으로 허용할 수 있다고 간주했다. 다른 남성을 받아들이는 파트너는 굴욕의 표시로 여겨졌다. 따라서 동성애 관계는 한 사람의 정력을 증명하는 방법이었다. 어쨌든 여성은 이미 낮은 계급이었으니 말이다. 하지만 다른 남성에게 삽입하는 것은 상대를 여성으로 취급하여 그의 남성성을 손상하고 자신의 우월성을 드러냄으로써 상대를 지배하는 수단이었다. 그 결과, 사라 루덴은 "사회는 다른 남성에게 성적 잔인함을 가하도록 남성들을 압박했다"라고 쓴다. "그리스와 로마 남성들은 대중 앞에서 강간으로 적을 협박했다."

부모들은 아들들을 세심하게 보호해야 했다. 루덴은 자기 아들을 유혹이나 유괴에서 보호하기 위해 아들 직장 근처를 맴도는 한 아버지를 묘사한다. 그녀에 따르면, "명망 있는 가문에서는 아들을 보호하기 위해, 특히 학교 오가는 길에 종을 한 명 붙이는 것"도 흔한 일이었다.

바울도 로마 사회에서 자라면서 비슷한 경험을 했을 것이다. 루덴은 "노골적인 소아성애자들이 등하굣길에 그와 그의 친구들을 괴롭히고, 우정과 교육, 운동 훈련, 돈이나 선물을 제공했을지도 모른다"라고 말한다. 바울은 길거리와 사창가 입구에서 창녀를 보았을 것이다. 자기 나이 또래 소년들이 동네 포주에게 팔려 가는 노예 경매도 보았을 것이다. 유대인인 자기 가족은 노예를 성적으로 학대하지 않았겠지만, 비유대인 친구들 사이에서 그런 행태를 잘 알고 있었을 것이다. "가정 노예들은 몸의 기능을 위한 배출구로서 대개 화장실보다도 못한 대우를 받았고, 소년 노예들의 승인된 역할은 자유인 성인들과의 항문 섹스였다."[83]

남성과 성관계를 맺는 그리스 로마 시대의 남자들은 성적·심리적 성향이 고정된, 현대적 의미의 동성애자나 양성애자가 아니었다. 이들은 그저 성행위에 아무런 도덕적 제한이 없다고 생각했을 뿐이다 (그리스는 아니지만, 로마에는 자유인 남녀는 손대면 안 된다는 예외가 있었다). 남성이 여성과 소녀들과 자유로이 관계를 맺듯이, 남성과 소년들과도 성관계를 맺는 것을 도덕적으로 허용했다.[84] 하지만 고대 로마의 유력한 남성에게는 성이나 나이에 상관없이 사실상 누구라도 만만한 대상이었다. 따라서 고대 사회는 성이 결혼과 가정에서 해방되었을 때 빚어지는 사회적 혼란에 대해 구체적인 역사적 예를 제시해 준다.

푸코를 비롯한 다른 이들은 고대인들이 동성애를 영적이고 숭고하게 보는 고차원적 관점을 지닌 것처럼 기록했다. 우리는 이런 눈가림을 대개 플라톤에게서 얻었다. 그는 젊은 남성을 향한 남성의 성적 사랑이 이상적인 아름다움에 대한 사랑을 깨운다고 썼다. 하지만 당시 문헌은 이런 영적인 해석을 뒷받침하지 않는다. 루덴이 건조하게 말하듯이, "객관적으로 읽었을 때 이 중에서 그 어떤 것도 뒷받침해 주는 출처는 없다." 이것은 "완전히 감상적이다."[85]

고대 세계에서는 사실상 아무 성행위도 "적당하게" 하기만 하면 그 자체로는 부도덕한 행위로 간주하지 않았다. 초대교회는 성행위에 거의 아무런 제약을 두지 않는 당시 문화에 맞서는 용기를 내야 했다. 그리스도인들은 처음부터 "전통적인 가치관"을 옹호하지 않았다. 만연한 사회적 기준에 **맞서** 진리를 수호했다.

초대교회는 "편을 잘못 골랐는지"도 모른다. 하지만 그래서 기독교가 역사를 바꿀 수 있었다.

각자 자기 몫을

기독교는 결혼만이 남성의 성욕을 발산할 수 있는 유일한 수단이라고 가르쳤기에 급진적이었다. "모든 사람은 결혼을 귀히 여기고 침소를 더럽히지 않게 하라"(히 13:4). 그 결과, 기독교는 여성의 지위를 크게 높이면서, 다른 모든 사람이 성적 유혹이나 포식의 만만한 상대로 취급받지 않게 보호했다.

그 원리가 십계명에 담겨 있다. "네 이웃의 아내……를 탐내지 말라"(출 20:17). 혹은 그의 남종이나 자녀나 그도 탐내지 말아야 한다.

일부일처제라는 도덕 규칙은 "각자 자기 몫을"이라는 뜻이다. 아내는 남편의 사랑을 얻기 위해 다른 사람들과 경쟁할 필요가 없다. 여성들이 기독교에 특별히 끌린 것은 당연한 일이었다. 칼럼니스트 로드 드레허(Rod Dreher)는 "바울이 표현한 기독교는 문화 혁명을 일으켰다. 남성의 성을 제한하고 통제했고, 여성과 인간 신체의 지위를 높였으며, 사랑을 결혼─과 성생활─에 불어넣었다"라고 쓴다.[86]

우리는 교부들이 얼마나 광범위하게 성 문제, 특히 남색(나이 든 남자가 십대 소년과 성관계를 맺는 행위)을 다루어야 한다는 요청을 느껐는지 잘 알지 못한다. 「디다케」는 "남자아이들을 타락시키는" 행위를 정죄하는데, 당시에 이것은 남색을 가리키는 흔한 용어였다. 요한 크리소스토무스는 남성을 성욕의 적절한 대상으로 볼 때 여성의 지위가 축소된다고 경고한다. "젊은 남성이 모든 행동에서 여성의 자리를 차지할 때 여성은 불필요한 존재가 될 위험에 처한다."[87]

아테네의 아테네고라스(Athenagoras of Athens)는 그리스도인들에게 이교도 이웃을 닮지 말라고 촉구한다. 그들은 "간음을 위한 시장을 벌이고, 젊은이들이 온갖 종류의 비도덕적인 쾌락을 저지르는 악명 높은 휴양지를 건설한다. 남성과의 관계도 마다하지 않고, 곧 남자끼리 충격적이고 혐오스러운 짓을 저지르고, 가장 고상하고 단정한 몸을 온갖 방식으로 격분하게 만들며, 그리하여 하나님의 멋진 솜씨를 손상시킨다."[88]

주교의 논지를 주목해서 보라. 남자끼리의 관계는 "하나님의 멋진 솜씨를" 손상시킨다. 성경적 세계관은 인간의 몸을 하나님의 솜씨로 존중한다. 교부들은 동성 관계에 대한 반대의 근거를 창조 신학에 두었다.

아이러니하게도, 기독교 성 윤리는 고대 로마 쾌락주의보다 우리의 성 정체성에 더 큰 중요성을 부여한다. 로마인들에게는 남성 성욕의 대상이 남성이든 여성이든 아무런 윤리적 차이가 없었다. 곧 **남성이든 여성이든** 거기에는 아무 윤리적 중요성이 없다는 뜻이었다. 대조적으로, 성경 윤리는 우리의 성 정체성이 우주의 윤리적 구조의 일부라는 영광을 지니고 있다고 말한다.

고대 역사의 이런 예들은 사회 규범이 얼마나 중요한지 보여준다. 사회에서 성을 남녀의 결혼 관계에 국한하는 명확한 선 긋기를 포기하면, 다른 어떤 곳에도 선을 긋기 어렵다.

고대 사회는 서양 사회가 어디로 향하고 있는지에 대해서도 생생한 이미지를 제공한다. 기독교의 영향력이 약해지면, 서양 사회는 고대 세계와 같은 성적 무질서 상태로 되돌아갈 것인가? 그렇다면, 그리스도인들이 철저하게 반문화적이려면 다시 한 번 용기를 내야 할 것이다. 또한 다시 한 번 성적 학대와 포식의 피해자들, 곧 성 혁명에 상처 입은 사람들을 위해 사역할 준비가 되어 있어야 할 것이다. 그리스도인들은 성경적 성 윤리의 아름다움을 자신의 말과 삶으로 드러내는 힘든 일을 감당해야 한다.

그리스도인들은 전 인격을 존중하는 이들로 알려져야 한다. 그리스도인들은 자신의 신념이 위험에 처해 있거나 "감정이 상해서" 윤리 문제에 대해 큰 소리를 내서는 안 된다. 그리스도인들은 "감정이 상했다"라는 단어를 사전에서 지워야 한다. 그리스도인들은 십자가의 상처를 나누도록 부름받았다. 이것은 우리에 관한 것이 아니다.

그리스도인들은 다른 사람들에게 진심으로 신경 쓰기 때문에 목소리를 높이고 있다는 점을 분명히 해야 한다. 성경 윤리가 아무리 설득력 있다 해도, 사람들은 지적 주장에만 기초해서는 쉽게 마음을 바꾸지 않는 법이다. 오히려 윤리적 정죄만 들으면, 마음을 바꿀 확률은 더 낮아진다. 좀 더 매력적이고, 삶에 대한 긍정적 관점을 확인해 주는 비전이 사람들을 끌어당겨야 한다. 그리스도인들은 성경적 인간관의 아름다움을 드러내는 방식으로 성경적 윤리를 제시하여 사람들이 그것이 사실이기를 정말로 **원하도록** 만들어야 한다. 또한 사람들을 진정으로 존엄하고 가치 있게 다루는 행동으로 자신들의 말을 뒷받침해야 한다.

노숙자들을 위한 집

기독교의 신빙성을 더하기 위해 우리는 성적인 문제가 있는 사람들을 포함하여 집이나 가정이 없는 사람들에게 다가갈 수 있는 집을 만들어야 한다. 그리스도인들은 동성애를 다른 범죄보다 **훨씬** 큰 죄인 것처럼 다루는 이중 기준에 따라 행동하는 경우가 많았다. 많은 사람들이 "동성애"라는 용어를 선천적인 일탈 심리 유형이라는 의미로 재정의하는 19세기 세속 관점을 받아들였기 때문이다. 원치 않는 성적 끌림으로 괴로워하는 이들에게 이런 태도는 아주 확연히 드러나서, 이들은 교회 내에서 도움을 찾을 가능성이 적다. 그리스도인들은 자신의 비성경적인 태도를 회개하고, 어떤 죄와 씨름하는 사람이든 그들이 교회에서 피난처를 찾을 수 있다고 알려 줄 방법을 강구해야 한다. 예수님은 "상한 갈대를 꺾지 아니하며"라고 말씀하셨다(마 12:20). 사람들은 교회가 자기 인생의 멍들고 망가진 부분을 보호하고 보살펴 줄 것을 신뢰할 수 있어야 한다.

그리스도인들은 자신의 성품도 타락하고 왜곡되었다는 사실을 끊임없이 되새겨야 한다. 자신도 다른 사람들과 똑같이 죄를 지을 능력이 있음을 잊어서는 안 된다. 이상적인 성 윤리를 주장하는 것은 자부심이나 자기 의와는 아무 상관이 없다. 이상적인 성 윤리는 특정한 행동이 하나님이 인류를 창조하신 방식과 조화를 이루기에 더 건강하고 만족스럽다는 확신에서 비롯된다.

교회는 버림받고 소외된 사람들을 환영하는 공동체가 되어야 한다. 외로움이라는 치명적인 감정이 인정과 공동체를 찾는 사람들을 동성애로 몰고 갈 수 있다. 4장에서 보았듯이, 그리스도인들에게는 싱글들이 헌신된 관계를 누리고 성적이지 않은 애정을 표현할 수 있는 구조를 만들 책임이 있다.

성 문제와 씨름한 사람들은 큰 고통을 받은 경우가 많다. 이들은 자신의 기독교를 밑바닥에서부터 철저하게 재고해야 했고, 교회에서 배운 내용이라고 해서 손쉽게 받아들이지 않았다. 대부분의 사람보다 큰 희생을 치렀다. 성적 친밀감과 가족을 꾸리는 일을 포기해야 했다. 이들은 살아남기 위해 하나님과의 관계라는 영적 자원을 깊이 파고 들어가야 했다. 그렇게 해서 이들은 긍휼과 동정심과 영적 지혜가 충만하여 다른 사람들에게도 제공해 줄 수 있는 "상처받은 치유자"가 될 수 있었다. 교회는 이들의 통찰과 경험에서 유익을 얻을 수 있다.

주변 문화를 바꾸려면

이 문제에 대한 대중의 문화를 바꿀 수 있을까? 물론이다. 낙태 문제에서 희망을 볼 수 있다. 이제 밀레니얼 세대는 미국에서 가장 생명 우선적인 집단이다(2장을 보라). 성 문제들에 대해서도 주변 문화를 바꾸지 못할 이유가 없다. 우리는 세계관 차원에서 사람들을 교육하고 설득하기 위해 힘써야 한다. 무엇보다도, 질문과 유혹에 맞서 싸우고 있는 사람들을 희생적으로 사랑하고 수용해야 한다. 그리스도인들이 원치 않는 임신을 한 젊은 여성들을 받아들이고, 유아복과 학업, 직업 훈련 등 정서적·실질적으로 지지해 주었을 때 낙태에 대한 태도가 변했다. 어떻게 하면 그리스도인들이 성 문제를 가진 사람들에게 비슷한 지지와 실제적 도움을 줄 수 있을까?

외부인들이 오늘날 그리스도인들을 보고 초대교회에 했던 말을 할 수 있을 때 그리스도인들이 가장 큰 영향을 미칠 수 있을 것이다. "저들이 얼마나 서로 사랑하는지 보라!"[89]

동성애 관계에 대한 윤리적·법적 수용으로 성 혁명이 멈추지 않았다. 성 혁명은 트랜스젠더를 비롯한 온갖 종류의 젠더퀴어들의 보장된 지위를 법제화하라는 요구와 함께 급속하게 전진하고 있다. 우리는 현상의 내면을 파고들어 핵심 문제들을 다루는 세계관적 접근법으로 어떻게 반응할 수 있을까? 어떻게 하면 기독교의 윤리적 비전의 진실과 아름다움을 드러낼 수 있겠는가?

6.
트랜스젠더, 트랜스리얼리티

"하나님은 나를 여자로 만드셨어야 했어요"

브랜든은 아주 어렸을 때부터 말수가 적고 예민하고 고분고분했다. 걷기 시작할 무렵, 그를 돌보던 베이비시터는 브랜든의 어머니에게 "남자아이치고는 너무 순하다"라고 말했다. 유치원에서 남자아이들이 방 한쪽 구석에서 난장판을 벌일 때 여자아이들은 동그랗게 모여 앉아 대화를 나누곤 했는데, 브랜든은 여자아이들과 어울렸다. 총이나 트럭 같은 장난감에는 관심이 없었다. 오히려 상상력을 발휘해 동물 인형들과 놀거나 복잡한 대인 관계 놀이를 하는 편을 선호했다. 브랜든은 어릴 때부터 자신이 다른 남자아이들과는 다르다고 느꼈다.

요즘에는 브랜든 같은 사람을 성별 비순응이라고 부른다.

고등학생이 된 브랜든은 괴로운 갈등을 겪고 있었다. 주변에는 존 웨인 같은 남성성 이미지가 만연한데, 자신은 완전히 동떨어져 있다고 느꼈다. 여전히 여자아이들과 어울리는 것이 좋았다. 남학생들의 대화 주제는 운동 경기와 비디오 게임이었고, 여학생들의 대화 주제는 감정과 관계였다. 브랜든은 후자를 중요하게 생각했다. 물론 여자아이들이 동성 친구에게 하듯이 브랜든에게 감정을 털어놓지는 않았다. 그래서 그는 남자도 아니고, 그렇다고 여자로 인정받지도 못한다고 느꼈다.

어느 쪽과 어울려도, 자기 자리가 아닌 것 같아서 몹시 괴로웠다. 그는 부모님께 "저는 여자아이들처럼 느끼고, 여자아이들의 관심사에 관심이 가요. 하나님은 나를 여자로 만드셨어야 했어요"라고 말했다.

고등학교에서 학급 친구들이 "기독교 남성" 그룹을 만들었지만, 리더십과 적극성 같은 판에 박힌 미덕만 강조했다. 돌봄과 양육에 장점이 있는 남성들은 어쩌란 말인가?

열다섯 살 무렵부터, 인터넷에서 성전환 수술 정보를 찾아보기 시작했다. 하지만 결국에는 자신이 원하는 결과를 얻지 못할 것이라는 결론을 내렸다. "수술을 받는다고 여자가 되지는 않는다는 걸 알았어요. 유전자와 염색체는 바꿀 수 없으니까요. 인간은 지우고 처음부터 다시 설계할 수 있는 컴퓨터 프로그램이 아니에요."

마지막으로 브랜든과 이야기를 나누었을 때는 대학을 졸업하고 첫 번째 직장에서 일하고 있었다. 하지만 대화가 끝날 무렵, 그는 자기 가슴에 손을 얹고 희미한 미소를 띠며 말했다. "하지만 내면은 아직 소녀랍니다."

오늘날 사회는 과거 어느 때보다 더 성 심리 정체성에 의문을 품도록 젊은이들을 부추긴다.[1] 성적 끌림과 성 정체성을 공립학교와 사업체, 주택 공급, 보건, 교도소, 교회에서조차 (인종과 종교처럼) 보호받아야 할 범주로 다루는 법이 통과되고 있다.[2] 이것들을 성적 지향과 성 정체성(Sexual Orientation and Gender Identity, SOGI) 법이라고 하는데, 이들의 언어를 분석해 보면 우리가 앞에서 확인한 것과 똑같이 분열된 이층적 세계관을 전제하는 것을 알 수 있다. SOGI 법은 사람이 잘못된 몸으로 태어날 수 있다는 가정에 기초한다. 따라서 이들은 남성이나 여성이라는 내면의 인지와 몸 사이에, 생리적 사실과 객관적 감정 사이에 대립을 세운다.

그리스도인들은 몸의 가치와 인간 존재의 통일성을 확인해 주는 긍정적인 성경적 세계관을 제공하는 것으로 반응해야 한다. 동시에, 그리스도의 몸에서 은사와 기질의 다양성을 확인해 줌으로써 "어울리지" 못하는 아이들을 양육하고 지지하는 일에 앞장서야 한다.

"부여된" 성

많은 사람들이 트랜스젠더 서사에서 이층적 이원론을 손쉽게 확인할 수 있다. 「트랜스젠더 키즈」(*Transgender Kids*)라는 BBC 영화는 "트랜스젠더 아동에 대한 논란의 핵심에는 뇌와 몸이 싸울 수 있다는 개념이 있다"라고 말한다.[3] 오늘날 용인된 치료법은 몸에 맞추어 성 정체성에 대한 내적 감정을 바꾸는 것이 아니라, 감정에 맞추어 (호르몬과 수술로) 몸을 바꾸도록 도와주는 것이다.

다시 말해, 어떤 사람이 몸과 마음의 불협화음을 감지할 때 마음이 이긴다. 몸은 상관없는 것으로 일축해 버린다.

SOGI 법과 정책에 사용된 표현에서 몸을 경시하는 이런 관점을 찾아볼 수 있다. 캘리포니아 교육법에 나오는 전형적인 예를 한번 보자. 성은 "출생 시 부여된 성과 연관성이 있든 없든, 한 사람의 성 정체성과, 성과 관련된 외모와 행위"를 가리킨다.[4]

여기서 가장 중요한 단어는 무엇인가? '부여된'이라는 말이다. 마치 출생 때의 성이 생물학적 사실이 아니라 임의적이기라도 한 것처럼 말이다. GLAAD는 "트랜스젠더는 자신의 성 정체성과 의사가 출생신고서에 표시한 성이 다른 사람들을 묘사하기 위해 사용된 용어다"라고 말한다.[5] 의사가 과학적 사실로 성을 관찰하는 것이 아니라, '흠, 이 아이에게는 어떤 성을 표시해 줄까?'라고 고민하는 것이다.

이런 표현은 **과학적 사실이 중요하지 않다**는 것을 암시한다. SOGI 법은 물리적인 몸을 우리 정체성에 대수롭지 않고 무의미하고 불필요하다고 폄하하는 이층적 세계관을 부과하려고 사용되고 있다. 오도노반이 쓴 대로, 트랜스젠더 서사는 "몸은 진짜 나에게 닥친 사고에 불과하고, 진짜 나에게는" 몸과는 **별도로** "진정한 성이 있다"라고 제안한다. "몸은 생각하고 느끼는 마음에 자리한 인격적 주체와 대조되는 객체다."[6]

자신을 지지(G. G.)라는 이름의 소년으로 여기는 소녀가 남자 화장실을 사용할 권리를 요구한 제4연방 순회 항소법원의 최신 판결을 생각해 보자. 판사는 "지지의 출생 때 부여된 성 혹은 이른바 '생물학적 성'은 여성이지만, 지지의 성 정체성은 남성"이라고 판결했다.[7]

"이른바 '생물학적 성'"이라니, 조롱하는 인용인가? 연방법원에서 공식 판결문을 쓰는 판사가 생물학적 성이라는 존재를 의심하고 무시하는 태도로 다루고 있다. 확실히 그는 생리학과 해부학, 유전자와 디엔에이가 이 소녀의 성에 대한 주관적 감정보다 덜 알려져 있거나 비현실적이라고 생각하는 듯하다.

성전환 토론 인터넷 포럼 중에 이런 글을 보았다. "두 다리 사이에 있는 아주 작은 살덩어리가 뭐 그렇게 중요한가?"[8] 왜 **그것이** 당신의 정체성 인식에 그렇게 큰 차이를 만들어야 하는가?

이것은 대단히 파괴적인, 몸에 대한 환원론적 관점이다. 젊은이들은 물리적인 몸이 진정한 자아의 일부가 아니라는 사상을 흡수하고 있다. 진정한 자아는 자율적으로 선택하는 자아뿐이라는 것이다. 이는 고대 영지주의가 새 옷을 입은 것이다. 유치원생처럼 어린 아동들에게 트랜스젠더 사상을 주입하는 정책들은 아이들에게 자기 몸을 폄하하라고 가르치고 있다. 자신의 생물학적 성이 전 인격적 정체성에 아무런 의미가 없다고 가르친다. 이층적 이분법 때문에 사람들은 자기 몸과 소외되었다고 느낀다.

생물학은 두 다리 사이 작은 살덩어리에 불과하지 않다. 한 유명 테드 강연에서, 심장병 전문의 파울라 존슨(Paula Johnson)은 "모든 세포에 성이 있습니다. 그 말은 남성과 여성이 세포와 분자 단위까지 다르다는 뜻이죠. 우리는 뇌에서 심장, 폐, 관절에 이르기까지 모든 기관이 다릅니다"라고 말한다.[9] 다시 말해, 당신의 성 철학과 상관없이, 의사가 환자를 수술할 때는 최상의 결과를 얻기 위해 환자의 원래 생물학적 성을 알아야 한다.

젠더퀴어, 바이젠더, 팬젠더

'트랜스젠더'라는 용어는 크로스드레서, 복장 도착자, 성전환자처럼 구분되는 여러 범주를 포괄하는 상위 개념으로 확장되었다. '트랜스젠더'는 대부분의 초기 용어들보다 사회적으로 더 용인되기 때문에 최근 들어 급속히 번졌다. 오늘날 이 용어는 젠더퀴어(genderqueer), 바이젠더(bi-gendered), 팬젠더(pangender), 젠더 플루이드(gender fluid) 등 수많은 새로운 범주를 포함하는 뜻으로 사용되기도 한다.

대중 사이에는, 잘못된 몸을 가졌다는 느낌에는 유전이나 호르몬상의 근거가 있어야 한다는 인식이 있다. 이 가정을 뒷받침하는 과학적인 증거가 일부 있다.[10] 우리는 5장에서 사실상 모든 사고와 감정이 신체적인 연관성이 있음을 알게 되었다. 마음과 몸의 연관성을 인지하면, 양성 사이에서 혼란을 느끼는 사람들에게 쉽게 동정심을 표현할 수 있게 된다. 하지만 유전자를 비롯한 기타 생물학적 요인이 트랜스젠더나 성전환을 일으킨다는 결정적인 과학적 증거는 없다.

더 중요하게는, 트랜스젠더 활동가들이 정반대로 주장한다는 점이다. 그들은 생물학이 성과는 상관없다고 주장한다. 1장에서 보았듯이(그 부분을 다시 읽어 보면 도움이 될 것이다), 트랜스젠더 활동가들은 몸과 성 정체성 사이에는 아무 연관성이 없다고 주장한다. BBC의 한 비디오에는 자신이 여성도 남성도 아니라고 주장하는 젊은 여성이 나온다. "어떤 골격과 살을 입고 태어났는지는 중요하지 않아요. **당신이 느끼는 바**가 당신을 정의합니다."[11] 이층적 세계관에서는 느낌이 가장 중요하다. 몸은 "골격과 살"에 지나지 않는다. 인간 몸의 본질적인 선함이나 '텔로스'(목적)는 전혀 존중하지 않는다. 남성이나 여성이라는 존재에 내재한 독특한 능력에는 아무런 존엄성도 부여하지 않는다.

트랜스젠더 서사는 젠더와 생물학적 성을 완전히 분리한다.

네 몸을 사랑하라

대부분의 SOGI 법과 정책은 트랜스젠더 상태를 주장하는 사람들은 의학 진단, 호르몬 치료나 수술 기록, 법률 서류 수정, 외모의 변화가 필요 없다고 확실히 말한다. 가족 연구자 글렌 스탠튼은 "성 정체성은 객관적이거나 정량화할 수 있는 의미에서 존재하지 않는다. 트랜스젠더 개인이 충족해야 할 생리학적 기준이나 법적인 기준, 의학적 기준이나 신체적 외모 기준 같은 것은 없다. 그 '실재'는 그렇게 주장하는 개인의 마음속에 존재할 뿐이다"라고 설명한다.[12] 그것은 생물학적 사실이 아니라 철저히 내면의 감정에 근거한다.

$\cdots$

퀴어 이론의 거짓말

트랜스젠더 '대본'은 크로스젠더 감정이 젊은이들을 해방시켜 진정한 자아를 찾게 해준다고 말한다. 하지만 정말 그런가? 시도해 본 많은 이들이 아니라고 대답한다. 조나 믹스(Jonah Mix)는 오랫동안 퀴어 이론에 빠져 있던 성별 비순응 젊은이였다. 그는 자신이 남성도 여성도 아니라고 했고, 타이즈를 입고 아이라이너를 그리고 매니큐어를 발랐다. "사람을 그의 몸으로 정의해서는 안 된다는 흔한 경고를 이 퀴어 세계에서 처음 들었다."

하지만 결국 그는 해방이라는 약속이 거짓말이었음을 깨달았다. 당신이 남자인지 아닌지 발견하기 위해서는 먼저 남성성부터 정의해야 한다. 믹스는 "우리가 몸으로 남성이 아니라면, 행동으로 남성이다"라고 쓴다. 전형적인 남성처럼 행동하는가? 그렇다면 당신은 남성이다. 전형적인 여성처럼 행동하는가? 당신은 여성임이 틀림없다. 아이러니하게도, 퀴어 이론은 실제로는 엄격한 성 고정관념을 강화한다.

믹스에 따르면, 이와 대조적으로 몸에서 정체성을 취하면, 남성이나 여성으로서의 정체성을 위협하지 않으면서도 폭넓게 다양한 행동을 할 수 있다. "몸이 우리를 정의할 때 인간 경험의 전반적인 폭은 열려 있다.……몸에 자유가 있다."[13]

이와 비슷하게, 트리시라는 사람이 어느 트랜스젠더 웹사이트에 이렇게 썼다. "어릴 적에 발레 수업도 좋아하고 진흙탕에서 노는 것도 좋아했다.……미니스커트를 좋아하면서도 커서는 우주 비행사가 되고 싶었다. 내가 보기에는, 트랜스젠더 운동이 모든 사람에게 파란색 상자에서 살지, 분홍색 상자에서 살지 선택을 강요하려고 열심히 싸우는 것 같다. 둘을 섞어서 고를 수는 없다. 이건 자유와는 정반대다."[14]

브루스 제너(Bruce Jenner)가 이제부터는 자신을 여성으로 알리고 케이틀린이라는 이름을 사용하겠다고 선언했을 때 이 뉴스가 어떻게 세상에 알려졌는가? 「베니티 페어」에 실린 상징적인 사진은 "케이틀린이 여성을 어떻게 생각하는지 우리가 엿볼 수 있게 해주었다." 「뉴욕 타임스」의 기사는 계속해서 이렇게 이어진다. "가슴골을 한껏 끌어모은 코르셋, 관능적인 자세, 두꺼운 마스카라, 머리 모양과 화장에 대해 농담을 주고받는 '여자친구들과의 외출'에 대한 기대……수백 년간 여성을 억압하기 위해 사용된 그런 종류의 우스꽝스러운 소리다."[15] 분홍색 상자.

포스트모던 성 이론이 말하는 것과는 반대로, 우리가 자신의 성

심리를 남성이나 여성이라는 과학적으로 알려진 생물학적·객관적 실재에 근거할 때 더 큰 다양성과 포용성이 존재한다.

생물학이 이긴다

최근 들어, 자신을 트랜스젠더로 소개하고 호르몬 요법과 수술을 요구하는 십대 인구가 폭발적으로 늘고 있다. 일부 학교에서는 또래 집단 전체가 트랜스젠더로 동시에 "커밍아웃"하기도 한다.[16]

칼럼니스트 로드 드레허는 칼럼을 읽는 독자들에게서 받은 이메일을 올리곤 하는데, 다음은 많은 학부모들의 정서를 잘 대변하고 있다.

> 갑자기 트랜스젠더라고 밝힌 십대 자녀를 둔 악몽을 겪고 있는 부모로서 저는 자신 있게 말할 수 있습니다. 동의만 하고 아무것도 안 할 의사들은 **없습니다**. 이 배후에는 아무 과학도 **없습니다**. 의학적으로 아이를 "진단할" 방법도 **없습니다**.……아이의 친한 친구 중 셋이 이미 부모의 지원을 받아 성전환을 했습니다. 그러니 왜 우리는 그렇게 못 하는지 아이는 이해하기 힘듭니다. 아이가 사이비 종교에 빠진 경우나 별 차이가 없어요.

왜 부모들이 동조해 주는가? "자녀를 잃고 싶지 않기 때문이다."[17] 많은 학교들에서 자녀가 학교에서 어떤 성을 택하는지 심지어 부모에게 알려 주지 않는 정책을 취했다.

성 정체성이 생물학적 성과 분리될 수 있다는 생각은 어디에서 비롯되었을까? 이 생각을 대중화한 초기 인물 중 하나가 존스 홉킨스 의대 존 머니(John Money)다. 그의 주요 사례가 1965년생 데이비드 라이머(David Reimer)인데, 그는 아기였을 때 잘못된 포경 수술로 음경을 크게 다쳤다. 머니는 데이비드의 부모에게 염려하지 말라고 했다. 성 정체성은 얼마든지 바꿀 수 있어서 성전환 수술과 호르몬 요법, 심리 요법으로 이 생물학적 남아를 여아로 만드는 것은 손쉬운 일이라고 했다. 이 사건은 널리 알려져서, 내가 대학원에 다닐 때도 양육(선택)이 본성(생물학)보다 중요하다는 반박할 수 없는 증거로 홍보되고 있었다. 생물학적 남성을 자신이 여성이며 소녀로 살 수 있다고 생각하게 만들 수 있다는 것이었다.

머니가 거짓말을 하고 있었다는 사실이 나중에 밝혀졌다. 그는 데이비드가 여자아이의 삶에 불만이 많은 것을 알고 있었다. 데이비드는 인형 놀이를 거부하고, 남동생의 장난감 총과 자동차를 뺏으려 했으며, 부모에게 자신이 남자아이 같다고 말했다. 데이비드가 만 열네 살이 되었을 때 우울감이 심해지자 부모는 사실을 털어놓았다. 그는 곧바로 다시 남자아이로 살기 시작했고, 결국에는 여성과 결혼했다.[18] 성 실험은 실패했다. 생물학이 이겼다. 하지만 성 정체성이 생물학적 성과 별개라는 신화는 여전히 계속되고 있다.

네 몸을 사랑하라

왜 우리는 사람들이 몸을 소중히 여기는 관점을 갖도록 격려하지 않는가? 위더스푼 인스티튜트(Witherspoon Institute)에 글을 쓰는 흑인 여성 누리딘 나이트(Nuriddeen Knight)는 트랜스젠더 운동이 피부색이 밝은 흑인을 백인으로 "넘어가" 주던 시대를 떠올리게 한다고 말한다. 그녀는 묻는다. "남성을 여성으로 '넘어가' 주거나" 그 반대일 때는 그와 비슷한 것이 아닌가? 두 경우 모두, 배후의 동기는 자기혐오인 듯하다. "백인이 되고 싶은 흑인은 자기혐오를 실천하고 있다. 여성이 되고 싶은 남성이나 남성이 되고 싶은 여성도 마찬가지다."

나이트는 질문한다. 왜 우리는 "사람들이 자기가 입고 있는 몸을 사랑하도록 격려하지 않는가? 우리는 여성들에게 자기 몸의 굴곡과 나이, 피부를 사랑하라고 말하지만, 그들(과 남성들)에게 자기 몸의 성을 사랑하라고 말하지는 않는다."[19]

우리 아들이 수업을 받는 스케이트장에, 긴 머리에 눈화장을 짙게 하고 새빨간 립스틱을 바른 어떤 사람이 들어왔다. 그 여자는 반짝이는 짧은 치마 스케이팅복에 알록달록한 타이즈를 입고 있었다. 하지만 몸집이 어딘가 이상했다. 키가 크고 옆모습이 다부진 데다, 어깨가 넓고 무릎이 우둘투둘했다. 간단히 말해, "그 여자"는 확실한 남자였다. 과한 화장 때문에 여장 남자처럼 보였다. 스케이트를 타던 다른 사람들이 낄낄대면서 경멸하는 말을 던졌지만, 나는 자기 몸을 거부하는 덫에 걸린 사람을 보면서 동정심을 느낄 수밖에 없었다.

하나님의 사랑을 받아들이는 데서 비롯되는 적절한 종류의 자기애가 있다. 성경적 세계관은 남성과 여성이라는 우리 정체성에 가치와 존엄성을 부여한다. 성 신학은 창조 신학에 뿌리내리고 있다. 하나님이 창조하신 것에는 본질적 가치와 존엄성이 있다.

이분법 혼합하기

트랜스젠더 서사는 몸이 중요하지 않다—몸은 "진짜 당신"이 아니다―고 주장하기 때문에 어떤 트랜스젠더들은 굳이 외양을 바꾸지 않는다. 한 친구가 내게 자신을 젠더퀴어라고 밝히는 동네 음악가를 소개해 주었다. 그는 외모는 완벽한 남성인데, 아이라이너를 그리고 가끔 여성 블라우스나 치마를 입을 뿐이다. 그런데도 그는 "여성"과 "그녀"로 불리기를 원한다.

일부 젠더 행동가들에게, 외모 변화를 거부하는 것은 남성과 여성이라는 이분법 범주를 아예 없애려는 의도적인 전략의 일부분이다. 트랜스젠더 활동가 리키 윌친스(Rikki Wilchins)는 「애드버킷」(*Advocate*)에 실린 글에서, 대부분의 트랜스젠더가 "최소한 어느 정도는 자신의 성 정체성과 남성성이나 여성성에 대한 일반적인 개념 사이에 일치를" 보여주기 때문에 지금까지는 트랜스젠더의 권리를 주장하기가 상대적으로 쉬웠다고 말한다. 하지만 이들이 외모를 바꾸기 거부하면 무슨 일이 벌어지는가? "논바이너리(non-binary)나 남성 같은 외모나 목소리를 지닌 젠더퀴어 개인이 이분법 세계에서 자신은 여자 화장실을 사용할 때 가장 편하다고 선언할 때 무슨 일이 벌어지는가? 조금도 과장하지 않고, 시각은 더 이상 효과가 없을 것이다." 즉, 남성의 몸을 가진 트랜스젠더 여성은 여성처럼 보이지 않는데도, 공공 화장실 같은 데서 여성의 공간을 사용하게 해달라고 요구할 것이다. 윌친스에 따르면, 그 시점에서 우리는 "이 세상의 근원적인 이성애-이분법 구조에 도전할 것이다."[20]

SOGI 법과 정책은 이미 이런 일들을 하고 있다. 수술이나 호르몬 요법 등으로 외모를 바꾸지 않더라도 그들 스스로 규정한 성으로 대하라고 요구한다.

얼마 전에 내 친구가 어느 식당에서 화장실을 이용하고 있었는데 남자 직원이 들어왔다. 내가 그날 저녁 일찍 식당에 도착해서 본 직원과 동일인이었다. 그 사람의 외모는 완전히 남자였다. (친구는 그 직원이 변기 좌석을 올려놓고 간 것도 보았다.) 그는 외모를 여성화하기 위해 아무것도 하지 않았지만, 여성의 공공장소를 사용할 권리를 주장하고 있었다.

2016년에 뉴욕시 인권위원회(Human Rights Commission)는 성을 표현하는 서른한 가지 용어 목록—앤드로지너스(androgynous), 젠더퀴어, 논바이너리, 팬젠더, 바이젠더, 젠더 플루이드, 제3의 성(third sex), 투 스피릿(two spirit) 등—을 발표했다. 고용주들은 이 용어를 사용해야 하고, 그렇지 않을 경우에는 25만 달러 이하의 벌금형에 처한다. 어떤 사람이 자기 외모를 바꾸지 않았다면, 그 사람이 어떤 성을 주장하는지 계속해서 파악하기란 거의 불가능할 것이다.[21] 이런 식으로, SOGI 법은 트랜스젠더 활동가들이 바라던 바로 그 일을 해주고 있다. 곧 남성과 여성이라는 이분법 범주 존재 자체에 도전하는 것이다.

포모섹슈얼

물론, 뉴욕시가 발표한 서른한 가지 성 표현 목록은 계속해서 늘어날 가능성이 크다. 논리적으로는, 무한대의 성이 존재할 수 있다. 왜 그런가? 신체적 특징과는 전혀 상관없이, 순전히 내면의 감정을 가리키는 개념이기 때문이다.

따라서 트랜스젠더 정책들은 우리를 성 심리 정체성에 대한 포스트모던 관점으로 이끈다. 주디스 버틀러는 『젠더 트러블』(Gender

Trouble)에서 성은 고정된 특징이 아니라, 개인의 선호에 따라 달라지는 변수라고 주장한다. 성은 마음대로 만들거나 다시 만들 수 있는 "허구", "구성", "판타지"다. 이것이 포모섹슈얼 관점에 붙은 별명이다(포모는 포스트모던의 약자다).[22]

포모섹슈얼 관점은 현실에서 무슨 뜻인가? 어느 심리치료사는 "퀴어" 잡지에 쓴 글에서 사람들이 "어느 상자에도 자신을 끼워 맞추기 원치 않는다. 게이도, 이성애자도, 레즈비언도, 양성애자도 아니라는 것이다.…… 이들은 자유로이 마음을 바꿀 수 있기를 바란다"라고 설명한다. 이 기사는 커밍아웃하고 자신의 진정한 정체성을 발견했다고 생각했지만, 나중에 이성애 관계에 끌린 사람들을 대상으로 했다. 이들은 "그러면 나는 **누구인가?**"라고 묻고 있었다. 글쓴이는 걱정하지 말라고 했다. "우리는 '나는 이런 사람이다'처럼 확정적인 과거 근대적 사고방식에 대한 도전과, '지금 나는 이런 사람이다'라는 포스트모던 사고방식으로의 이동을 목격하고 있다."[23]

생물학과 단절된 성은 우리가 선택할 수 있는 대상, 따라서 우리가 바꿀 수 있는 대상이 된다.

우리의 이층적 은유를 사용하면, 성은 포스트모던 상층부 개념이 되었다. 정의하기 힘들고, 조작할 수 있고, 유동적이며, 하층부 이야기의 생물학적 사실과의 연관성은 끊어져 버렸다. 성은 남성이나 여성의 몸을 갖는 것과는 아무 상관이 없다. 버틀러가 쓴 대로, "젠더와 성을 철저하게 별도로 제시할 때 젠더는 부유하는 술책이 된다. 그 결과, '남성'과 '남성다움'은 남성의 몸뿐 아니라 여성의 몸을 뜻하게 되고, '여성'과 '여성다움'은 여성의 몸뿐 아니라 남성의 몸을 뜻하게 된다."[24]

여전히 근대적 사고방식을 지닌 사람들은 성적 지향은 타고난다고 주장한다. 하지만 포스트모더니스트들은 타고난 것은 아무것도 **없다**고 주장한다. 성은 사회가 구성한 것이다.[25]

우리는 서론에서 이층적 몸/인격의 분리가 사실/가치의 분리와 같은 출처에서 비롯된 것을 보았다. 그러니 둘 사이의 유사점은 당연하다. 먼저, **가치**를 사실과 분리하여 주관적 개인의 선택 문제로 재정의했고, 이제는 **성**도 마찬가지 방식으로 재정의했다.

언제나 그렇듯 젊은이들은 새로운 사상을 가장 먼저 받아들이는 이들이다. 2015년 「퓨전」(Fusion)의 설문 조사에 따르면, 밀레니얼 세대의 대다수는 성이 유동적이라고 믿는다.[26] 「월드」(World) 잡지 기사는 이런 생각이 "문화적으로 '부여된' 성을 받아들이는 것보다 자유로운 방식, 곧 자신의 정체성을 통제하는 방식으로 보인다"라고 말한다. 일부 대학 클리닉에서는 "학생들이 문진표에 '남성'이나 '여성'을 표시하지 않아도 된다. 그보다는 학생들에게 '자신의 성 정체성 역사를 서술하라'라고 요청한다."[27]

즉 지금까지 어떤 성 정체성들을 거쳐 왔는지 묻는 것이다. 성 정체성은 얼마든지 변할 수 있다.

이런 생각은 비주류가 아니라 주류다. 사실상 미국의 모든 성교육 과정은 미국 성 정보 교육 위원회(Sexuality Information and Education Council of the United States, SIECUS)가 주도한다. 이 위원회에서 발표한 내용이 '공식' 견해가 된다. 그러면 SIECUS에서는 무엇이라고 말하는가? "성 정체성은 남성이나 여성, 혹은 그 혼합에 대한 한 사람의 내적 감각을 가리킨다. 성 정체성에 대한 사람들의 이해는 시간이 흐르면서 **바뀔 수 있다**."[28]

어느 NRP 프로그램에는 성 정체성에 대한 포스트모던 개념을 받아들여서 자신이 선호하는 성의 관점에서 이야기하는 학생들을 수록했다. 한 대학의 라디오 프로그램 진행자는 "이런 것들은 굉장히 유동적이어서 다양한 사건에서 다양한 성을 사용할 수도 있다"라고 말했다. 점심 식사 때는 '남성'이었다가 수업에서는 '여성'인 식이다. "우리는 지배적인 문화의 억압적인 움직임인 젠더 이분법을 거부한다고 말하는 고등학생들을 만났다."[29]

이런 포스트모던 관점은 더 어린 연령대까지 퍼져 나가고 있다. 열두 살짜리 자녀를 둔 어느 어머니는 기자들에게 "애니는 어떤 날은 여자였다가, 어떤 날은 남자였다가, 어떤 날은 둘 다이기도 해요"라고 말했다. 이 부부는 애니가 졸업식에서 입을 옷을 사러 가서 드레스와 양복을 모두 구입했다. 아이가 어느 성으로 졸업식에 참석할지 확실히 알 수 없었기 때문이다. 이 기사는 다음과 같이 설명해 준다. "애니는 성을 신체적 특징보다는 정신적 특징으로 믿는다."[30] 성은 물리적 실재에는 아무 근거가 없는, 완전히 정신적 특징이 되어 버렸다.

페이스북: "당신의 진짜 자아는?"

두어 해 전에, 페이스북은 이제부터는 사용자들이 50가지 성에서 프로필을 선택할 수 있다고 발표했다. 회사 측에서는 사람들에게 "진짜 자아"를 표현할 기회를 주기 위해서라고 설명했다.[31] 하지만 생물학적 성은 50개나 되지 않는다. 그러면 어떤 가정하에 이렇게 말한 것인가? "진짜 자아"는 생물학과는 아무 상관이 없다. 포모섹슈얼

네 몸을 사랑하라

관점은 몸을 경시하는 풍조를 드러낸다.

「크리스채너티 투데이」에 실린 한 기사에서, 성전환 수술을 받고 이제는 남자가 된 어느 연합감리교회 여성 사역자를 인터뷰했다. 그녀는 "내 몸은 내 정체성과 맞지 않았어요"라고 설명했다.[32] 그녀의 전제는 무엇인가? 자신의 몸이 "정체성"의 **일부**가 아니라는 것이다. 그녀는 자신의 온전한 자아를 신체적 정체성과는 완전히 별도로 취급했다.

몸은 자아가 거기에 부과한 어떤 목적을 위해서도 조종될 수 있는, 도덕적으로 중립적인 물질로 전락했다. 마치 점토에 틀을 누르거나 동전에 링컨 대통령의 얼굴을 찍어 내는 것처럼 말이다.

하지만 성이 생물학과 아무 연관이 없다면, 성의 **기초**는 도대체 무엇이란 말인가? 알 수 없다. 과거에 복음주의자였던 버지니아 몰렌코트(Virginia Mollenkott)는 『옴니젠더』(*Omnigender*)에서 누구나 모든 성 정체성을 취할 수 있다고 말한다. 신학 저널에 실린 이 책에 대한 한 서평은 (매우 진지하게) 다음과 같은 결론을 내렸다. "여성 안수에 반대하는 주장들은 전적인 쇄신이 필요한데, 이제 우리는 여성이 무엇인지 확실히 알 수 없기 때문이다."

오늘날 사람들은 여성이나 남성이 무엇인지 모른다.

그리스도인은 자신의 정체성을 혼동하는 사람들을 위해 울어야 한다. 자연에는 목적이나 윤리적 중요성이 없다는 다윈의 관점을 흡수한 사람들, 자신의 몸이 자신의 인격적 정체성에 아무 힌트도 주지 못하는 물질에 불과하다고 생각하는 사람들, 남성이나 여성으로서 자신의 정체성에 특별한 존엄성이나 의미가 없다고 생각하는 사람들, 자기 몸을 진정한 정체성에 대한 제약으로 부정적으로 보는 사람들 말이다. 이와 대조적으로, 어떻게 하면 우리는 성경적 정체성을 철저히 긍정적이고 단호하게 제시할 수 있을까? 기독교는 인간을 통합된 전체로 보는 인도적인 관점의 기초를 제공한다.

몸을 변호하려면 자연에는 목적과 방향이 없다는 다윈의 자연관에 도전해야 한다. 아이러니하게도, 어느 최신 다윈주의 이론으로도 성적 이형의 존재를 설명할 수 없다. 왜 성이 먼저 진화했을까? 유기체가 그냥 나뉘어서 자기 복제를 하는 무성생식이 훨씬 더 효율적인데 말이다.

무성생식 체계는 어떻게 유성생식으로 진화했을까? 그 사이에는 어떤 단계가 있었는가? 과학자들 사이에 경험적 증거에 기초하여 보편적으로 받아들여지는 이론은 없다. 개념상으로도, 무성생식에서 유성생식으로 이동 가능한 단계로 이어지는 점진적인 단계별 과정을 생각하기가 어렵다. 새로운 구조가 완전히 발달하기 전까지는 제대로 기능하지 못하여 유기체는 멸종하고 말 것이다. 「네이처」(*Nature*) 편집장 존 매독스(John Maddox)는 "다른 무엇보다 중요한 질문은 언제(그리고 어떻게) 유성생식이 진화했느냐는 것이다. 수십 년간의 추측에도, 아직 그 답을 알지 못한다"라고 쓴다.[33] 마크 리들리(Mark Ridley)는 2001년에 출간한 책 『협력적 유전자』(*The Cooperative Gene*)에서 "암수 성은 아직도 해결되지 않은 수수께끼다. 왜 성이 존재하는지 아무도 모른다"라고 썼다.[34] 유성생식이 지적 설계의 산물이라는 것, 곧 어떤 목적이나 목표가 안내한 자연적 과정이라는 것이 훨씬 더 타당하다.

목적론적 자연관은 자연의 선함을 수용하고, 창조 질서의 가치와 존엄성을 확인해 줄 근거를 마련해 준다. 성적 이형은 자연이 부과한 부정적인 제한도 아니고, 지배적인 문화가 부과한 억압적인 조치도 아니다. 사회적 존재로서 우리의 창조가 결혼과 가정, 공동체의 사랑의 상호 의존을 위해 설계되었다고 말해 주는 긍정적이고 건강한 상호 독립 형태다.

· · ·

진화와 성

놀랍게도, 포스트모더니즘 자체가 진화적인 사고―생물학적 진화가 아니라 문화적 진화―의 산물이다. 범신론적 진화 형태를 가르친 19세기 철학자 게오르그 빌헬름 프리드리히 헤겔(Georg Wilhelm Friedrich Hegel)의 사고에 그 뿌리가 있다. 그는 데카르트의 기계 속 영혼 이미지를 우주에 적용하여, 하나님을 우주라는 기계 속 영혼, 곧 세상 안에서와 세상을 통해 진화하는 영적 세력으로 재정의했다. 헤겔의 이론에서 모든 개인의 의식은 이 우주적 의식의 일부다. 그 함의는, 정신적 영역이 끊임없이 진화하고 있다는 것이다. 법과 윤리, 종교, 예술, 철학, 정치를 비롯한 모든 사상은 헤겔이 의식의 진화를 통한 "우주적 정신의 실현"[35]이라고 이름 붙인 것의 산물이다.

이것은 영원한 보편적 진리가 없음을 함의한다. 각 사회가 역사의 흐름을 거치며 나름의 관점을 개발하면서 나타나는 부분적이고 상대적인 진리만 있다. 이것을 진화론이나 역사주의라고 부르는데, 니체는 그것을 다음과 같이 솜씨 좋게 요약한다. "만물이 진화했다. 절대 진리가 없듯이 영원한 사실도 없다."[36]

6. 트랜스젠더, 트랜스리얼리티

그렇다면 헤겔은 다윈보다 거의 100년 전에 이미 사람들에게 진화의 렌즈로 역사를 해석하는 법을 가르치고 있었다. (니체는 "헤겔이 없었다면, 다윈도 없었을 것이다"라고까지 말했다.)[37] 헤겔의 추종자들은 그의 범신론을 버리고 그의 철학을 세속화했다. 하지만 헤겔의 진화론이나 역사주의는 그대로 유지했다.[38] (그들은 거기에 치명적인 자기모순이 있음을 알아차리지 못한 듯했다. 그는 보편적 진리가 없다고 말하는데, 그 말 자체가 보편적 진리를 주장하는 것이다.)

진화론이나 역사주의는 성 개념에 어떤 영향을 미치는가? 진화론이나 역사주의는 모든 것이 끊임없이 변한다고 암시한다. 우리가 누구인지 혹은 어떻게 행동해야 하는지 알려 주는 확고한 이정표란 없다. 알다시피, 윤리의 가능성 자체가 하나님이 창조하신 인간 본성이 있고, 따라서 우리의 본성을 어떻게 충족하여 온전한 인간이 될지 알려 주는 영원한 규범이 있다는 확신에 근거하고 있다. 하지만 진화가 사실이라면, 안정적이고 보편적인 인간 본성은 없고, 따라서 안정적이고 보편적인 윤리도 없다.

실존주의 철학자 장 폴 사르트르(Jean Paul Sartre)는 이 논리를 상세히 설명했다. "인간 본성의 개념을 지닌 신이 없기 때문에 인간 본성이란 것도 없다.……인간이 스스로 만든 것을 제외하고는 아무것도 없다."[39] 종이 계속해서 바뀌고 진화하듯이, 개인도 모든 안정적인 행위 기준을 뒤에 남겨 두고, 계속해서 자신을 창조하고 재창조하면서 끊임없는 삶의 유동성에 잠겨야 한다.

간단히 말해, 자아는 유동적이다. 인간이 된다는 것이 어떤 의미인지에 대한 청사진은 없다. 윤리는 역사를 통해 끊임없이 진화하고 있다.

이 배경은 푸코나 버틀러 같은 포스트모던 성 이론가들이 모든 윤리적 이상(예를 들면, 남녀의 결혼)이 인간 본성에 뿌리를 두고 있음을 격렬하게 부인하는 이유를 설명해 준다. 이들은 인간 본성 같은 것은 **없다**고 주장하기 때문이다. 어떤 윤리 원칙이 자연에 부합한다고 주장하는 사람은 이들이 "자연주의적" 오류라고 부른 것을 저지르고 있는 셈이다. 이것이 오류인 까닭은 그들이 보기에 **아무** 윤리도 자연적이지 않기 때문이다. 모든 윤리는 역사적 구성, 곧 특정 역사 시점에서 특정 문화의 산물이다. 포스트모던 이론가들은 자신들의 목표가 성을 "탈자연화"(de-naturalize)하는 것이라고 말하는데, 그것은 성이 자연에 어떤 근거도 두고 있지 않다는 뜻이다.

따라서 포스트모더니즘은 모더니즘을 그다음 논리적 단계로 이끌고 간다. 모더니즘은 자연에 어떤 목적이나 목적론이 있다는 것을 부인한다. 아무 목적을 드러내지 않는 자연은 우리의 윤리를 알려 줄 수 없다. 윤리는 탈자연화된다.

환원주의의 두 형태

포스트모더니즘
젠더는 사회적 영향력의 산물이다

모더니즘
성은 물질적 힘의 산물이다

둘 다 환원주의의 형태다. 모더니즘은 인간의 몸을 맹목적이고 목적

없는 물질적 힘의 산물로 축소하고, 포스트모더니즘은 젠더를 **사회적** 영향력의 산물로 축소하는 것으로 반응한다.

어울리지 않는 성 정체성

왜 포스트모더니스트들은 젠더를 탈자연화하기 원하는가? 우리가 성 윤리를 단순한 사회적 구성으로 축소하면, 자유로이 그것을 **해체할** 수 있기 때문이다.

그렇다면 왜 포스트모더니스트들은 성 윤리를 바꾸는 자유를 원하는가? 푸코와 버틀러를 포함한 많은 유력한 포스트모던 성 이론가들이 스스로를 동성애자라고 밝혔다.[40] 따라서 버틀러의 표현을 빌리면, 이들의 진정한 "적은 이성애주의자 규범의 자연화와 물상화"다.[41] 즉 이들의 진정한 적은 이성애주의 윤리다. 버틀러는 자신의 "성을 '탈자연화'하여……자연적 혹은 추정적 이성애에 대한 만연한 가정들을 뿌리 뽑으려는 끈질긴 노력"에 대해 쓴다. 그녀의 목표는 "소수 젠더와 성행위를 비합법화화는" "모든" 윤리적 담화를 무너뜨리는 것이다.[42]

다시 말해, 버틀러는 자신의 소수 성행위를 합법화하기 원한다. 그녀의 책에는 학구적으로 들리는 표현이 들어 있지만, 객관적 연구를 시도조차 하지 않고 있다.

버틀러의 저술을 읽다 보면, 그녀가 처한 딜레마에 동정을 느낄 수밖에 없다. 그녀는 성별 비순응자로 살아가면서 맞닥뜨린 어려움을 가슴 아프게 표현한다(그녀는 "상처를 남기는 강력한 정죄"를 받았다).[43] 우리는 학구적으로 들리는 이론 뒤에 진짜 고통을 겪는 진짜 인간이 있다는 점을 늘 염두에 두어야 한다. 그와 동시에, 성경 윤리를 위반할 뿐 아니라 몸을 폄하하고 인간을 파편화하는 성행위를 정당화하기 위해 고안된 성 이론을 받아들이는 것은 말이 되지 않는다.

젠더 유니콘: 아이들을 위한 성전환 개념

요즘에는 버틀러조차 시대에 뒤떨어진다. 트랜스젠더 학생 교육 자료(Trans Student Educational Resources)라는 단체에서 펴낸 만화 젠더 유니콘(Gender Unicorn)은 성을 서로 모순될 수 있는 다섯 가지 별도 인자 곧 출생 시 부여된 성, 성 정체성, 성 표현, 신체적 끌림, 정서적 끌림으로 해체한다. 젠더 유니콘 만화는 그 대상이 확실히 어린 이들이고, 전국 공립학교에서 학생들에게 통합된 자아는 없다고 가르치기 위해 사용하고 있다.

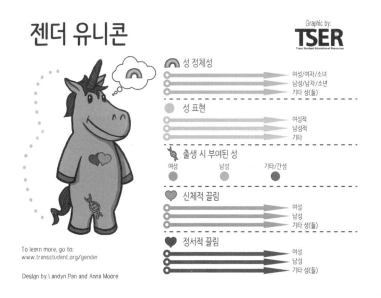

이 만화는 인간이 이질적인 부분으로 구성되었다는 메시지를 준다. 우리의 생물학적 성은 우리의 성 심리 정체성에 반영되는 다른 네 요소와 상관이 없는, 상대적으로 사소한 요인이다. 버틀러의 관점이 어느 방향으로든 돌릴 수 있는 세 블록 장난감과 흡사했다면(5장을 보라), 오늘날 학교에서는 다섯 블록으로 된 장난감을 가르치고 있다.

페미니스트들조차 이 관점이 우리를 몸과 소외시킨다고 주장하면서 이 극단적인 파편화에 저항하고 있다. 철학자 캐롤 빅우드(Carol Bigwood)는 "우리가 전체 몸을 순수한 문화적 현상으로, 젠더를 자유로이 부유하는 술책으로 축소한다면, 자신도 모르는 사이에 인간 존재를 자연과 분리하는 근대의 소외를 영구화하는 것이다"라고 쓴다. 그녀는 그 대신 자연과의 분리를 극복할 길을 찾아야 한다고 말한다. "몸을 재자연화하는" 데 목적을 두어야 한다.[44]

또 다른 페미니스트 철학자 맥신 시츠-존스톤(Maxine Sheets-Johnstone)도 포스트모더니즘이 "생물학을 부정하는" 것에 저항한다. 그녀는 우리에게 정말로 필요한 것은 "생물학적으로 변함없는 구조"에 대한 세심한 연구라고 말한다. 우리는 몸을 멀리하지 말고 "몸으로 향해야 한다."[45]

물론 인간은 단순한 생물학적 존재를 훨씬 초월한다. 하지만 감정이 변하기 쉽고, 또 실제로 자주 변하는 반면, 생물학적 성은 자신에 대해 경험적으로 알 수 있는 변함없는 사실이다. 따라서 생물학적 사실이 우리의 성 정체성을 알려 주는 것이 이치에 맞는다.

네 몸을 사랑하라

몸은 사회적 구성이다

성 이론가들은 여기에 어떻게 반응하는가? 그들은 생물학적 사실들을 성의 기초로 삼을 수 없다고 말한다. 우리가 그 사실들, 혹은 다른 어떤 사실들이라도 객관적으로 알 수 없기 때문이다. 우리는 사실을 해석할 때만이 그 사실을 이해할 수 있고, 모든 해석은 문화와 역사의 영향을 받는다. 생물학적으로 남성과 여성이 된다는 의미에 대한 모든 정의는 문화적 영향력, 따라서 이전 문화의 영향력, 그 이전 문화의 영향력……이렇게 무한히 거슬러 올라가는 영향력의 산물이다. 이것이 몸에 적용한 헤겔의 역사주의다.

포스트모던의 결론은 우리가 몸이 무엇인지 알 도리가 없다는 것이다. 특정 문화가 몸이 무엇인지 **생각하도록** 알려 준 것만 알 수 있다. 버틀러는 "문화적 의미로 해석되지 않는 몸에 대한 의지는 없다.……'몸' 그 자체가 구성이다"라고 쓴다.[46]

몸 그 자체가 사회적 구성이다? 우리는 그런 극단적인 환원주의를 어떻게 받아들여야 하는가? 포스트모더니즘이 일종의 범신론, 곧 우리가 모두 우주적인 세계정신(World Mind)의 일부라고 가르친 헤겔에 뿌리를 두고 있다는 점을 다시 떠올려 보라. 그 말은 개인에게는 자신의 원래 생각이란 것이 없다는 뜻이다. 오히려 우리 사고는 우주적 정신의 단순한 표현에 불과하다. 헤겔의 표현에 따르면, 개인은 "항상 그들 내부에서 작용하는 세계정신의 무의식적 도구다."[47]

헤겔의 계승자들은 그의 범신론을 세속화했는데, 그중에서 가장 유명한 인물이 자신이 "헤겔을 완전히 뒤집었다고"라고 말한 마르크스(Marx)다. 그의 말은, 그의 이론에서 인간은 정신적 힘(세계정신)

이 아니라 물질적 힘(경제 계층)의 무의식적 도구라는 뜻이었다. 하지만 헤겔의 모든 계승자에게 남아 있는 그의 유산은 개인의 의식이 더 큰 집단의식의 일부라는 개념이었다. 계층과 인종, 성, 민족 집단 등의 세계관이 우리 사고를 형성한다. 우리는 객관적인 과학적 사실들에 접근할 수 없다. 성에 대한 생물학적 사실들을 포함하여 우리가 사실이라고 생각하는 것은 실제로는 문화적 구성이다. 버틀러는 "'성'이라고 불리는 이 구성은 젠더만큼이나 문화적으로 구성된다" 라고 쓴다.[48]

생물학적 여성이지만 자신을 남성으로 인식하는 어느 트랜스젠더 활동가는 이 주장을 훨씬 더 직설적으로 진술한다. "어떤 몸을 남성이나 여성으로 언급하는 것은 사실이 아니라 선택이다.…… 그것은 사상적인 입장이지, 과학적 사실이 아니다."[49]

"여자아이다"라는 말은 "여자아이는 분홍색 옷을 입는다"라는 말만큼이나 이데올로기적이다.

포스트모더니스트들은 우리를 억압적인 규칙과 역할에서 해방한다고 주장하지만, 이런 관점이 정말로 해방을 가져다주는가? 전혀 아니다. 오히려 우리는 사회의 최신 세계관에 갇혀 버린다. 사회가 우리에게 그렇게 생각하도록 가르친 것 이외의 진리에는 접근하지 못한다.[50]

이런 철저한 회의주의의 치명적인 결함은 그것이 스스로를 약화한다는 것이다. 모든 인간이 진리에 접근할 수 없고 사회의 요구 사항에 갇혀 있다면, 포스트모더니스트들은 어떻게 자신의 주장이 진리라고 알 수 있겠는가?

성을 사회적 구성으로 축소하면, 몸의 지위도 크게 떨어뜨리게 된다. 레즈비언 페미니스트 쉴라 제프리스(Sheila Jeffreys)는 포스트모더니즘이 "생물학 같은 것은 없다는 신비주의 원칙에 기초한" 것 같다고 쓴다.[51] 페미니스트 철학자 수전 보르도는 포스트모더니즘이 "몸의 물질성"을 부인한다고 말한다. 보르도는 생물학에 대한 이런 극단적인 혐오를 "반생물학주의"라고 명명해야 한다고 쓴다. 이런 관점은 "몸을 쉽게 변하는 플라스틱으로" 상상하여 "우리가 선택하는 의미로 만들 수 있다"라고 생각한다. 이는 "몸의 결정력으로부터의 자유라는 새로운 포스트모던 상상력"이다.[52]

따라서 포스트모더니즘은 몸/정신 이분법의 가장 극단적인 최신 형태라고 할 수 있다. 포스트모더니즘은 몸을 무한히 변형 가능한 것으로 다루고, 몸 자체의 확실한 본성은 없다고 본다.[53]

왜 이들은 이렇게 극단적인 관점을 주장할까? 이런 주장에 사람들이 끌리는 이유는 무엇일까? 몸을 정의할 수 없으면, 몸은 성 정체성에 아무 제약을 주지 않는다. 목표는 한 사람을 남자나 여자 또는 둘 다이거나 둘 다가 아니라고 선언할 수 있는 완전한 자유다.

독립적인 자아는 자신의 견해가 자신이 선택하지 않은 것―그것이 자기 몸이라 해도―에 제약을 받는 것을 견디지 못할 것이다.

반대로, 기독교는 인간의 몸에 훨씬 더 큰 존엄성과 가치를 부여한다. 인간이 진정한 자아를 발견하기 위해서 몸으로부터 자유가 필요하지는 않다. 오히려 우리는 하나님이 주신 선한 선물인 구체화된 존재를 경축할 수 있다. 우리 목표는 몸에서 벗어나는 것이 아니라, 몸과 조화를 이루어 살아가는 것이다.

• • •

여성도 없고, 권리도 없다

아이러니하게도, 포스트모던 성 이론이 여성의 권리를 약화한다. 기독교 풍자 사이트 "바빌론 비"(*The Babylon Bee*)는 2017년 국제 여성의 날에 대해 글을 올리면서, 성이 사회적 구성이라면 여성의 권리를 위해 싸워야 할 이유가 없다는 사실을 깨달은 어느 시위 참가자의 사연을 소개했다.

> 이 여성은 갑자기 멈춰 서서 어떻게 자신의 시위 참여가 여성성의 개념이 여성에게 임의로 떠맡겨진 사회적 구성보다 훨씬 더 의미심장한 것을 나타낸다고 암시하는지를 생각했다. 목격자들에 따르면, 그녀는 손에 쥔 메가폰을 내려놓고 시위에 동참한 이들에게 이렇게 말했다. "잠시만요. 우리가 여기서 뭘 암시하고 있는지 생각해 봅시다. 우리는 이 시위에 참여함으로써 '남성'과 '여성'이 문화와 객관성을 초월하는 이상이라고 암시하고 있지 않은가요?"[54]

"바빌론 비"는 유머를 사용하여 아주 진지한 논점을 주입하고 있다. 여성의 권리를 보호하려면 여성이 무엇인지 말할 수 있어야 한다. 몸이 사회적 구성이라고 주장하는 포스트모더니즘이 옳다면, 여성이라는 단순한 사실에 근거하여 권리를 주장할 수 없게 된다. 어떤 범주를 확인할 수 없다면, 그 범주의 사람들을 법적으로 보호할 수 없는 것이다.

이미 SOGI 법을 통해 포스트모더니즘 성 개념이 법으로 도입되고 있다. SOGI 법 아래에서는 특정 성 정체성을 주장하는 사람들이 아무 증거나 진단, 진료, 외모 변화를 제시할 필요가 없다는 점을 기억해 보라. 자기가 주장하는 성이 그대로 그 사람의 성이 된다.

이런 현실이 함의하는 바는 뉴스를 접하는 사람들에게는 이미 친숙하다. 남성의 몸을 지닌 트랜스젠더 여성들은 화장실과 라커룸, 교도소, 노숙자 쉼터, 학대 여성을 위한 쉼터, 병실, 여성 학회, 대학교 기숙사, 노인 복지 시설, 스포츠 리그, 심지어 강간 위기 센터 같은 여성의 공공장소를 이용할 권리를 주장한다. 가장 논란이 많은 영역은 공립학교다. 남성의 몸인 트랜스젠더 여학생이 여자 화장실과 탈의실, 샤워실, 숙박 프로그램 시 호텔 방을 요구하는 경우다.

트랜스젠더 활동가들은 '남성'과 '여성'이라는 용어를 사용하는 것조차 반대했는데, 어떤 남성은 자신을 여성으로 밝히고 어떤 여성은 남성으로 밝히기 때문이다. 활동가들은 '임산부'나 '수유모'라는 말을 사용하는 것에도 항의했다. 여성으로 태어난 트랜스젠더 남성도 임신하고 수유할 수 있기 때문이다. 미국 조산사 연합(Midwives of Alliance of North America)은 문서를 수정하여 '부'(婦)라는 단어를 삭제하고 "임신한 사람"과 "출산한 사람"이라는 말로 대체했다.[55] 그림책 『탐폰 토니의 모험』(The Adventures of Toni the Tampon)은 어린이들에게 남성도 여성처럼 생리를 할 수 있다고 알려 준다. 이제는 "모유 수유"(breastfeeding)라는 말도 성전환자에 대한 혐오로 간주된다. 트랜스젠더 남성을 배제하지 않으려면 "수유"(chestfeeding)라고 해야 한다.

이제 더는 생물학적 기능으로 여성을 정의할 수 없게 되었다. 그렇다면 여성을 특정 계층으로 법으로 보호하는 것도 불가능해진다는 뜻이다. 성에 근거한 억압을 지정할 수 없다면, 거기에 맞서 싸울 수도 없다.

여성해방전선(Women's Liberation Front)의 매리 루 싱글턴(Mary Lou Singleton)은 "내 평생 과업은 생물학적 성 때문에 억압받는 계층의 사람들을 위해 싸우는 것"이라고 말한다. 여기에는 전 세계에서 자행되는 아동 강제 결혼과 여아 영아살해, 여성 할례 등의 가혹 행위가 포함된다. 하지만 싱글턴은 성 정체성 운동 때문에 이제는 이런 피해자들을 '여성'과 '소녀'라고 지칭하는 것조차 트랜스젠더 혐오가 될 수 있다고 말한다.

싱글턴은 "우리는 성의 물질적 실재를 법에서 삭제하는 현상을 목도하고 있다"라고 말한다.[56] 성에 근거한 보호가 법에서 말소되고 있다.

"양도할 수 없는" 권리는 없다

하지만 SOGI 법의 장기적인 영향은 이보다 훨씬 더 심각해서, 여성뿐 아니라 가족에 대한 법적 인정을 없애게 될 것이다. 「페더럴리스트」(*Federalist*) 수석 기고자 스텔라 모라비토(Stella Morabito)는 이렇게 설명한다. "기본적으로 인류에게 성이 없다고 재정의하면, 국가가 허용하지 않으면 법적인 '어머니'나 '아버지', '아들'이나 '딸', '남편'이나 '아내'도 없는 탈인간화된 사회가 되고 만다."

그러면 국가는 가족의 아주 소소한 부분까지 관여하는 전례 없는 권력을 갖게 될 것이다. "법에서 성 구분을 없애면, 생물학적 가족 관계에 대한 공인을 없앨 수 있고, 국가는 그 어느 때보다도 더 개인 관계를 규제하고 권력을 강화할 수 있다."[57] 국가는 최신 규정을 훨씬

네 몸을 사랑하라

초월하여 부모가 어떻게 자녀를 교육할지, 어떤 치료법을 쓸지, 어떤 훈육법을 사용할지 등을 결정할 수 있다.

좀 더 근본적으로는, 국가가 아동의 부모를 결정할 수 있다. 지금까지는 자연(생물학적 관계)이 누가 부모인지를 정의했다. 이 자연적인 현실을 단순히 인정하는 것이 국가의 역할이었다. 하지만 SOGI 법에서는, 아동의 생물학적 부모를 우선적으로 간주하지는 않을 것이다.

성이 탈자연화되면 부모 역할도 탈자연화된다.

이미 연방 서식도 탈자연화 가족을 반영하는 쪽으로 바뀌고 있다. 2011년에 오바마 정부 국무부는 여권 신청서의 "어머니"와 "아버지" 항목을 "보호자 1"과 "보호자 2"로 대체한다고 발표했다.[58] 사실상 미국의 모든 대학생이 지원하는 학자금 보조 신청서(The Free Application for Federal Student Aid, FAFSA)에도 똑같은 성 중립 용어를 사용한다.

지금까지는 가족은 정치 이전의 자연적인 것으로, 자연권이 있다고 보았다. 이 말은 가족이 국가보다 먼저 존재했으며, 국가는 단순히 그 권리를 **인정하기만** 했다는 뜻이다. 하지만 법이 타고난 성을 인정하지 않는다면, 더는 타고난 가족이나 타고난 부모가 아니라 법적인 부모만 인정하게 된다. 부모인 당신에게는 국가가 부여하기로 한 권리만 있는 셈이다.

국가가 무슨 권리를 주든, 얼마든지 그 권리를 거두어 갈 수도 있다. 더 이상 인권은 "양도할 수 없는" 권리가 아니다.

올더스 헉슬리(Aldous Huxley)의 고전인 『멋진 신세계』(Brave New World)는 "어머니"와 "아버지"를 음란한 말로 취급하는 독재 세계

정권을 그린다. 세계 정권은 가족 용어를 음란하게 만들어서 시민들이 그 정권에만 확실히 충성하게 한다. 시민들을 조종하고 통제하기 쉽게 만드는 것이다.

SOGI, 그러면 어떻게 할까?

SOGI 법은 그 멋진 신세계를 향해 큰 발걸음을 내디뎠다. 그 논리를 자세히 살펴보자. 이 법이 생물학적 남성인 트랜스젠더 여성 존을 생물학적 여성 제니퍼와 법적으로 똑같이 다룰 수 있는 유일한 방법은, 생물학의 적절성을 부인하고 성이 마음 곧 사고와 감정, 욕구의 상태라고 선언하는 것이다. 논리로만 따지면, SOGI 법은 생물학의 중요성을 **반드시** 부인해야 한다.

게이 활동가 집단 인권 캠페인(Human Rights Campaign)이 제공한 젠더 정의를 생각해 보자. 젠더는 "남성이나 여성, 혹은 둘 다이거나 아닌 한 사람의 가장 내밀한 자아 개념이다. 곧 어떻게 개인이 자신을 인식하고 **스스로를 부르는지**를 나타낸다."[59] 젠더는 우리가 자신을 지칭하는 것, 우리가 선택한 이름표다. 우리는 성 정체성이 마치 객관적인 사실이라도 되는 것처럼 그것을 발견하는 것이 아니다. 오히려 우리의 정체성을 선언한다. 스스로를 명명하여 존재하게 한다. 생물학보다 언어가 우세하다. 무슨 단어를 선택하든 그것이 우리다. 육신이 말씀이 되었다.[60]

이런 법적 변화는 동성애자나 트랜스젠더에게만 영향을 미치지 않는다. 법의 관점에서는 이제 타고난 성이나 생물학적 성을 가진 사람은 **아무도 없다. 모든** 시민은 자기 몸이 아니라 내면의 상태와 감정으로 정의된다. 이것이 바로 시스젠더(cisgender)라는 용어가 뜻하는 바다(타고난 성과 젠더가 일치하는 사람). 어떤 사람의 젠더가 생물학적인 성과 일치하더라도 거기에 자연적인 연관성은 없음을 암시하기 위해 이 용어를 만들었다. 남성이나 여성, 남편이나 아내, 어머니나 아버지, 아들이나 딸, 자매나 형제라는 기본 정체성은 당신의 생물학을 형이상학적으로 따르지 않고, 의지적 행위로 결정해야 한다.

하지만 **누가** 결정한다는 말인가? 궁극적으로, 가장 큰 권력을 지닌 존재, 곧 국가가 결정하게 될 것이다. 대니얼 무디(Daniel Moody)는 "당신이나 내가 '젠더'라는 말로 뜻하는 바는 중요하지 않다. 국가의 의견만 중요하다. 국가만이 그 신념을 우리에게 부여할 권력이 있기 때문이다. 법은 몸을 언급하지 않고 우리의 성 정체성을 정의하는데, 이는 성에서 젠더로의 전환이 몸에서 정신으로의 전환이라는 뜻이다"라고 설명한다.[61]

SOGI 법은 성 정체성의 생물학적 기초를 거부함으로써 모든 사람의 정체성을 정의할 권력을 국가에 부여한다. (이 문제는 7장에서 더 깊이 살펴볼 것이다.)

이것이 다른 사람들에게 무슨 해가 되는가?

모든 사회적 실천은 인간이 된다는 의미에 대한 근본적인 전제를 표현한다. 사회가 어떤 실천을 받아들이고 지지하고 찬성하면, 암암리에 그에 수반되는 세계관에 충실하게 된다. 그 실천이 법에 명기되면 더더욱 그렇다. 법은 교사 같은 역할을 하여 사람들에게 사회에서 윤리적으로 허용 가능한 것이 무엇인지에 대해 교육한다. 미국 사회가 낙태와 안락사, 젠더 프리 결혼, 트랜스젠더 정책을 수용하면, 그 과정에서 이런 실천들을 정당화하는 세계관, 곧 가족 같은 생물학적 결합과 몸을 폄하하는, 인간 존재에 대한 이층적 파편화를 흡수할 것이다. 그리고 그런 비인간화의 결과는 인류 공동생활의 모든 측면까지 파고들 것이다.

사람들은 이런 질문을 자주 한다. 동성 결혼 합법화가 다른 사람들에게 무슨 해가 되는가? 그 답은 이렇다. 사람들이 SOGI 법을 받아들이면, 그 과정에서 그에 수반하는 세계관, 곧 인간의 인격이 순전히 사회적 구성이라는 탈자연화된 정의를 흡수하게 된다. 인권은 인간 본성이라는 개념에 기초한다. 인간 본성에는 국가보다 앞서기 때문에 국가가 존중해야 하는, 협상할 수 없는 특정한 기정사실이 있다는 인식에 기초하는 것이다. 하지만 포스트모더니즘이 주장하는 대로 인간 본성 자체가 단순한 사회적 구성, 곧 우리가 만들어 낼 수 있는 것이라면, 개인에게 정해진 것이란 없기에 양도할 수 없는 인권의 근거도 없다. 자연권은 국가가 얼마든지 마음대로 바꿀 수 있는 법적 권리로 축소된다.

슬프게도, 트랜스젠더들도 나머지 사람들과 똑같이 인권을 단순한 법적 권리로 축소한 데 따른 고통을 받을 것이다. 언뜻 보기에는 트랜스젠더들을 돕는 것처럼 보이지만 결국에는 그들에게 해가 될 것이다.

가톨릭으로 개종한 마르크스주의 비평가 테리 이글턴(Terry Eagleton)은 우리가 보편적인 인간 본성을 믿지 않고서는 권리를 가질 수 없다고 주장한다. "우리가 공유한 인간 본성이라는 미덕 때문에 서로 윤리적·정치적 권리를 주장할 수 있다." 그리고 역사적으로, 평등권 개념의 근원은 기독교였다. 이글턴이 주목한 것처럼, "계몽주의는 유대 기독교 전통으로부터 보편적 정의와 평등 개념을 물려받고도, [아이러니하게도] 그것을 자주 조소했다."[62]

이 유대 기독교 전통이 계속해서 조롱을 받는다면, 도대체 무엇이 인권의 근거가 될 것인가?

교황 요한 바오로 2세는 청년 시절에 마르크스주의와 맞서 싸우다가 공산주의(를 비롯한 모든 무신론 사상)의 가장 치명적인 측면은 인간 생명을 경시하는 관점이라고 결론을 내렸다. 그는 "우리 시대의 악"은 인간 존엄성에 대한 경시라고 썼다. "이 악은 도덕적 질서보다는 형이상학적 질서에 훨씬 더 가깝다."[63] 성경 용어를 사용하면, 길을 잃는 방법이 한 가지보다 많다는 것이다. 성경은 그리스도 없이 윤리적으로 길을 잃어버린 사람들에 대해 이야기한다. 하지만 사람들이 비성경적 세계관에 따라 살 때 형이상학적으로 길을 잃는 것도 사실이다.

그리스도인들은 세속 사람들과 대화할 때 그들의 세계관에 개입해야 한다. 우리에게 "견고한 진을 무너뜨리는" 능력이 있다는 확신을 갖고서 말이다. 이 견고한 진은 무엇인가? "하나님 아는 것"을 대적하는 모든 "이론"과 "생각"이다(고후 10:4-5). 그리스도인들은 사람들이 인간 본성에 대한 세속 관점이 진정한 인간의 모습에 들어맞지 않는 것을 보도록 도와주어야 한다. 그 세속 관점은 진짜 세상과도 일치하지 않는다. 그래서 그 결과는 개인적으로도, 정치적으로도 파괴적일 수밖에 없다.

또한 그리스도인들은 포모섹슈얼 사회에서 자기 몸을 경시하고 생물학적 정체성을 거부하라는 압박을 받는 사람들에게 긍휼을 베풀어야 한다. 하나님을 사랑하는 것은 세상에서 그분의 형상을 닮은 사람들을 사랑하고, 파괴적이고 탈인간화하는 사상에 사로잡힌 사람들을 해방하도록 돕는 것을 뜻한다. 바울은 "그리스도의 사랑이 우리를 강권하시는도다"라고 썼는데(고후 5:14), 오늘날 그리스도인들도 그와 똑같은 동기로 움직여야 한다.

· · ·

하나님은 나를 여자로 만드셨어야 했어요

이 장 시작 부분에서 만났던 소년 브랜든은 어떻게 되었을까? 젊은 이들이 자신의 성 정체성을 의심해야 한다는 압박을 크게 받고 있는 오늘날, 브랜든 같은 소외감을 호소하는 이들은 트랜스젠더가 되라는 권면을 받기 쉽다. 하지만 그의 부모는 브랜든이 소년으로 남도록, 그저 특이하게 예민하고 감정적인 소년으로 살아가도록 돕기 위해 애썼다.

부모는 브랜든이 그의 몸에서 정체성을 찾도록 격려했다. 신체적으로, 해부학적으로, 생리적으로, 유전적으로, 염색체상으로 브랜든은 남성이다. 하나님이 우리 몸을 창조하셨고, 그 몸이 우리에게 성 정체성을 알려 주게 되어 있다.

브랜든의 부모는 남성도 얼마든지 부드럽고 정서적일 수 있다는 사실을 보여주려고 그에게 MBTI 같은 성격 검사를 받게 했다. 하나님이 브랜든에게 심리학자나 상담가, 의료계 종사자 등 돌보는 직업을 가진 이들을 위한 은사를 주셨을 수도 있다. 마찬가지로, 여성이 이성적이고 적극적이고 관리자가 되는 것도 얼마든지 가능하다. 브랜드의 부모는 아들에게 반복해서 말해 주었다. "**네**가 잘못된 게 아니라, **고정관념**이 잘못된 거란다."

이들은 에서와 야곱 같은 성경의 예를 곰곰이 생각했다. 둘의 대조점을 생각해 보라. 야외 활동을 좋아하는 사냥꾼 에서는 강인하고 털이 많으며, 아버지의 총애를 받았다. 반면에 조용하고 부드러운 야곱은 집에 있기를 좋아해서["조용한 사람이었으므로 장막에 거주하니"(창 25:27)] 어머니와 가까웠다. 하지만 성경은 그런 특징이 있다고 해서 야곱을 덜 남성적으로 묘사하지 않는다. 오히려 하나님은 그에게 이스라엘이라는 이름을 주시고, 히브리 민족의 족장으로 세워 영예롭게 하셨다.

신약성경에서 성령의 은사는 성별로 나뉘지 않는다. 예언과 가르침은 남성의 은사이고, 자비와 봉사는 여성의 은사가 아니다. 성령은 "그의 뜻대로 각 사람에게 나누어 주시는 것이니라"(고전 12:11).[64]

역사상 가장 위대한 인물이신 예수 그리스도는 스스로를 "마음이 온유하고 겸손하니"라고 묘사하셨다(마 11:29).

브랜든 가족의 친구들이 삶으로 교훈을 보여주었다. 한 부부는 몇 년간 결혼 상담을 받으면서 계속 좌절했다. 부부가 살펴본 책과 비디오에서, 이 남편은 전형적으로 여성의 특징을 지닌 반면, 아내는 전형적으로 남성의 특징을 갖고 있었기 때문이다. 이들은 책을 던져 버리고 나서 MBTI 유형을 활용하는 상담가를 만나 말 그대로 결혼생활을 구할 수 있었다. 이 상담가는 인간의 모든 성격 특징이 양성에다 나타날 수 있다는 사실을 부부가 볼 수 있게 도와주었다. 주변의 사회 규범과 달라도 괜찮다.[65] 브랜든은 자신의 남성 정체성을 위협하지 않고도, 이 부부에게서 자신처럼 직관적이고 관계적인 남성을 볼 수 있었다.

공주와 거북이

브랜든의 부모는 많은 고정관념들이 임의적이라는 사실을 보여주고자 역사적으로 변하는 사회적 역할에 기초하여 함께 역사 공부를 하기도 했다. (이들은 내 책 『완전한 진리』 12장을 활용했다.)[66] 산업화 이전 사회에서는 대부분의 일이 가족 농장이나 가내 공업으로 이루어졌기에 남편과 아내가 함께 일했다. 아버지만 일하지 않고, 온 가족이 일했다. 그래서 여성은 경제적으로 생산적인 노동에 참여한 반면, 남성은 오늘날 대부분의 남성보다 자녀 양육과 교육에 훨씬 더 깊이 관여했다.

그런데 산업혁명 이후로 상황이 달라졌다. 산업혁명은 노동을 가정과 분리했다. 언뜻 봐서는 단순한 이 변화가 성 역할을 완전히 바꾸어 놓았다. 아버지들은 집을 나와서 사무실과 공장에서 일해야 했기에 가족과 친밀한 시간을 보내기 힘들어졌다. 여성은 집에서 자녀를 돌보면서 수입을 만들어 내던 일을 더는 할 수 없게 되었다. 이는 남성과 여성의 역할을 크게 제한했고, 결국 남성성과 여성성의 정의를 더 좁히는 결과로 이어졌다.

오늘날 성 역할에 의문을 가진 많은 젊은이들이 이 편협한 19세기 고정관념의 잔재를 점점 더 견디지 못하고 있다. 브랜든의 부모는 우리 시대를 포함하여 역사의 어느 특정 시기에 유행하는 사회적 역할에 맞추어 살아가야 한다는 압박을 느끼지 않아도 된다고 그를 안심시켰다.

역사의 모든 시기마다 성차를 정의하는 나름의 방식이 있다. 내가 어렸을 때는 남자 형제들과 똑같은 세발자전거를 탔다. 요즘에는 여자아이들은 디즈니 공주 스티커가 붙은 분홍색 세발자전거를 타지만, 남자아이들은 닌자 거북이 스티커가 붙은 초록색 세발자전거를 탄다. 숨쉬기 힘들 정도로 답답한 성 정의가 아이들을 찍어 내고 있다. 성 비정형(gender atypical)으로 고생한 메이슨이라는 내 학생은 이렇게 말했다. "성별 비순응 젊은이들을 트랜스젠더나 게이 공동체로 몰아넣는 것이 바로 이 꽉 막힌 고정관념이라는 점이 역설적이죠." 이들은 소속감과 안정감을 얻으려고 그런 공동체를 찾는다.

안타깝게도, 오늘날 교회도 젊은이들에게 모순되는 메시지를 전달할 때가 많다. 마크 야하우스(Mark Yarhouse)가 『성별 불쾌감 이해하기』(Understanding Gender Dysphoria)에서 언급하듯이, 포용과 동정을 지나치게 강조하는 교회에서는 성과 젠더를 해체하는 세속 관점을 반영하는 반면, 좀 더 철저하고 엄격하게 성 역할을 부여하는 교회에서는 "과잉 교정"하는 경향이 있다.[67] 우리는 실제로는 역사적으로 우연하고 임의적인 성별 기대에 세례를 주어서 성경에 무언가를 덧붙이지 않도록 주의해야 한다.[68]

그리스도인들은 남성이나 여성이 된다는 의미의 더 풍성한 정의를 회복하는 창조적인 사고의 최전선에 서야 한다. 교회는 사람들이 비성경적인 고정관념에서 해방될 수 있는 첫 번째 장소가 되어야 한다. 하나님의 형상대로 구속받은 온전한 인간으로 창조되었다는 의미를 이해할 수 있는 자유를 누려야 한다.

나는 브랜든을 개인적으로 알기 때문에 그가 성별 불쾌감으로 고통받고 소외되는 모습을 직접 목격했다. 오랫동안 나는 그의 곁에서 함께 울고, 함께 아파하고, 그를 위해 기도하는 기회를 가진 한 사람이었다. 야하우스의 말대로, "[성별 비순응으로 고통받는] 사람이 구원의 길을 선택하기 바란다면, 당신은 그런 의사 결정을 가능하게 해주는 구속 공동체의 일원이 되려는 마음이 있어야 한다."[69] 그 일에 수년이 걸리더라도 말이다.

이분법과 싸우기

요즘 성 이야기를 하다 보면, 가장 먼저 나오는 질문 중 하나가 간성에 대한 질문이다. 아주 극소수의 사람이 유전자와 호르몬 이상으로 모호하거나 제대로 형성되지 못한 성기를 가진 채 태어난다. 그럴 때 의사는 신생아의 성을 확정하지 못할 수도 있다. (예전에는 이런 사람들을 자웅동체라고 했다.) 이들에 대한 표준 치료법은 어느 한쪽 성을 "부여하고" 호르몬 요법과 성형수술로 성별 기대에 맞춰 주는 것이다.

문화 전쟁의 수사법에서, 간성의 존재는 남성/여성 이분법 파괴에 사용되고 있다. 세상에는 남성이나 여성만 있지 않고 그 중간 존재도 있다는 주장을 지지하기 위해서 이들을 트랜스젠더에 포함할 때가 많다.

하지만 그 주장은 자기모순이다. 간성은 생물학적 상태인 반면, 트랜스젠더 활동가들은 생물학이 성 정체성에 불필요하다고 주장하기 때문이다.

더군다나, 간성인들은 성 이분법을 없애자고 주장하지 않는다. 미국 간성인 협회(Intersex Society of North America)에 따르면, "간성인들은 남성이나 여성 정체성을 취하는 것을 전혀 불편해하지 않으며, 성차 없는 사회를 추구하거나 스스로를 제3의 성 계층으로 인식하지 않는다."[70]

트랜스젠더 서사가 "출생 시 부여된 성"이라는 표현을 어디서 가져왔는지 궁금해하는 사람이 있다면, 이 말은 간성 아기 치료법에서 빌려 온 것이다. "부여된"이라는 용어는 신생아의 성기가 정말로 모호한 극소수의 경우에는 유용할 수 있다. 하지만 태어날 때 생물학적으로 남성인지 여성인지가 확실한 트랜스젠더에 그 용어를 적용하는 것은 아무 의미가 없다. 트랜스젠더에게는 서로 일치하는 전형적인 성 표시(예를 들어, 유전학, 생식샘, 성기)가 있다.[71]

간성을 지칭하는 더 정확한 의학 용어는 "성 분화 이상"(disorder of sex development, DSD)인데, 그리스도인들은 다른 이상 증세와 마찬가지로 그것을 타락의 결과로 설명하곤 한다. 타락한 세상에서 모든 인간은 약한 심장과 우울감, 고혈압 성향 등 마음과 몸의 여러 부위에 결핍과 이상을 지니고 태어난다. 세상은 망가져 있다. 그러니 타락의 영향이 때로는 생식계에 나타나는 것도 당연하다.

어떤 상황을 타락의 결과라고 말한다고 해서 그것이 어떤 사람의 잘못이라는 뜻은 아니다. 예수님은 날 때부터 눈이 먼 사람을 보시고 개인이 지은 죄에 대한 직접적인 벌이 아니라고 하셨다(5장을 보라). 인간이 겪는 많은 고통들은 피조물이 "신음하기" 때문이다(롬 8:22, 21). 그리스도인들은 간성인을 비롯하여 창조세계의 망가짐으로 고통받는 사람들을 환영하고 지지하라는 부르심을 받는다.

하지만 일부 그리스도인들조차 간성의 존재를 남성/여성 이

진법을 파괴하는 데 사용하고 있다. 신학자 메건 드프란자(Megan DeFranza)는 간성이 타락의 결과가 아니라 하나님의 선하신 원 창조의 일부라고 주장한다. 그녀에 따르면, 하나님은 남성과 여성만이 아니라, 그 사이에 존재하는 유전 변이 전체를 창조하셨다. 남성/여성 이분법을 주장하는 것은 "억압적"이다.[72]

원래 창조 시에 잠재적인 유전적 가변성이 폭넓게 존재했고, 시간이 흐르면서 다양한 종의 개와 장미, 인간 종족으로 발전한 것은 사실이다. 하지만 돌연변이와 오차 복사 등 유전 암호의 오류에서 비롯된 상태도 있다. 간성은 대부분이 건강하지 못한 상태로 나타나므로 오류의 경우라고 결론 내리는 편이 합당할 것이다.

드프란자조차도 이 주제를 다룬 책에서 간성을 일관되게 "결핍"과 "장애", "불능", "부족" 등의 용어로 묘사한다. 예를 들어, 사람이 "세포에 적절한 수용기가 **부족해서**" "남성호르몬(안드로겐)을 처리하지 **못할** 때" 안드로겐 불감성 증후군(Androgen Insensitivity Syndrome, AIS)이 발생한다. 혹은 선천성 부신 과형성(Congenital Adrenal Hyperplasia, CAH)은 "태아의 부신 **장애**를 일으켜서 태아 안드로겐을 과잉생산하는, 효소 **결핍** 상태"다. 이것은 "신생아기에 정말로 위중한 응급 사태에 해당한다. CAH는 영아 초기에 극심한 탈수 상태를 일으켜 사망으로 이어질 수도 있다."[73] 대부분의 간성 상태를 묘사하는 데 꼭 필요한 언어는 이들이 타락의 결과로 망가진 경우라고 암시한다.

간성에 대한 관심

최근에 간성인들이 자신의 성 정체성을 결정할 권리를 요구하기 시작하면서 매체의 주목을 받았다. 의사들이 성을 "부여하면", 드물게 나중에 이들이 잘못된 결정을 했다는 사실이 드러나는 경우가 있다.

짐 브루스(Jim Bruce)의 경우를 보자.[74] 그는 XY 남성 염색체를 지니고 태어났지만, 성기가 완전히 분화되지 않았다. 1976년 출생 직후, 수술로 외부 성기와 고환을 제거하고 그는 여자아이로 성장했다. 하지만 "난투극" 같은 장난을 좋아하고 여자아이들에게 관심을 보이는 등 수년간 어려움을 겪었다. 그는 기자에게 "내가 여자아이가 아니란 걸 알고 있었다"라고 말했다. 사춘기에는 여성 호르몬을 맞았다. 결국, 우울증과 싸우던 스무 살에 자신의 의료 기록을 추적해 보고는 충격을 받았다. "태어날 때 불임 시술을 받은 셈인데, 아무도 그런 사실을 알려 주지 않았다."

진실을 알게 된 짐은 유방 제거 수술을 받고 테스토스테론 주사를 맞고 남자로 살기 시작했다.

리앤 사이먼(Lianne Simon)[75]은 XY/XO 세포계를 지닌 그리스도인 간성 여성이다[세포 일부는 XY인 데 비해, 나머지 세포에는 X염색체 하나만 있다. 혼합형 성샘이발생증(Mixed Gonadal Dysgenesis)이라고 한다]. 남자로 자란 리앤은 이렇게 쓴다. "어릴 적에 내가 간성이라고 말해 준 사람이 아무도 없었다. 부모님조차 얼마나 알고 계셨는지 모르겠다. 의사들이 그런 이야기는 쉬쉬하던 때였다."

리앤은 몸집이 작았다(아홉 살 때 여섯 살 또래 크기였다). 소악증(턱이 작은 증세)도 있어서 귀여운 요정 같은 인상을 주었다. 리앤은 자신이 여자 같다고 느꼈고, 여성스러운 버릇 때문에 남자아이들과 어울리지 못했다. 사춘기 징후가 나타나지 않았고, 부모가 바라는 남자아이로 성장하지 못한 데 대해 깊은 수치심을 느꼈다. 다니던 대학에서는 성 문제 상담을 받지 않으면 장학금을 취소하겠다고 경고했다.

성인이 된 후에야 비로소 염색체 분석을 받았다. 그녀는 스물두 살에 모호한 성 정체성을 해결하기로 결심하고, 호르몬 처방과 수술로 여성이 되어 지금은 결혼한 상태다.

브루스와 리앤 같은 간성인에게는 분명한 생물학적 조건이 있고, 이는 극심한 고통의 원인이 되었다. 의사와 부모가 갓 태어난 아이를 남자나 여자로 키울지 결정했는데, 그것은 큰 실수였다. 그래서 오늘날에는 수술을 받기 전에 아이가 좀 더 자란 다음에 정확한 판단을 내려야 한다는 압박이 있다.[76]

남성/여성 이분법을 파괴하고 싶은 사람들이 유전자나 신체에 이상이 있는 사람들을 정치적 논쟁거리로 이용하게 내버려 두지 말고, 우리는 그들을 수용하고 보살피고 보호해야 한다. 리앤이 내게 말했다. "다른 사람 장기판에 졸이 된 기분이 어떤지 아세요? 양쪽 편에서 LGBT 진영으로 떠밀리는 그 가슴 아픈 심정은 아무도 모릅니다."[77]

분열된 자아

간성인과 달리, 트랜스젠더는 보통의 성염색체와 인체 구조를 지닌다. 하지만 성별 불쾌감으로 인한 심리적 고통은 만만치 않다. 한 사람의 몸과 성 인식이 괴리되는 것은 모든 불일치와 마찬가지로 타락의 영향이다. 앨베리가 쓴 대로, "죄는 심각한 소외, 가장 우선적으로 하나님과의 소외를 불러온다.⋯⋯그리고 우리는 자신으로부터도 소외된다. 온전하고 통합되어야 할 몸과 마음과 영혼이 완전히 분열되어 있다. 우리 존재가 어긋나 있다고 느낀다."[78]

오늘날에는 이런 부조화로 고통받는 연령층이 점점 더 낮아지고 있어서, 그리스도인들은 민감하고 공감하는 목회 방법을 개발해야 한다. 아이들이 자기 성이 "잘못되었다"라는 느낌을 선택하는 것이 아니다. 브랜든 같은 일부 아이들은 성별 비순응 특징의 측면에서 특이한 경우다. 다른 경우들을 보면, 감정에는 복잡한 심리적 뿌리가 있을 수 있다.

캐롤린은 내게 이렇게 말했다. "아들이 어렸을 때 여자애들 옷 입는 걸 좋아했어요. 치마를 입고 빙빙 돌고, 주름 장식과 레이스, 반짝이 같은 걸 좋아했죠." 남편이 여자 옷을 입은 아들을 보고 불같이 화를 냈다. "저도 걱정이 되긴 했어요. 특히나 사람들이 득달같이 너희 집 아이 게이나 트랜스젠더 아니냐고 입방아를 찧어 댈 요즘 같은 때는 그렇죠. 하지만 아들이 관계가 그리 원만하지 못한 자기 아버지보다는 나와 더 가깝게 느낀다는 걸 알고 있었어요. 수치심을 주지 않고 표현하게 놔두면, 언젠가는 그만둘 거라고 생각했어요. 그리고 정말로 그랬답니다."

성별 불일치를 경험하는 아동의 대략 80-90퍼센트는 성인이 되기 전에 그런 감정이 사라진다.[79] 그렇게 결국 자신의 성 정체성을 수용하는 아이들을 "디시스터"(desister)라고 한다.

BBC 영화 「트랜스젠더 키즈」에는 알렉스라는 디시스터가 나온다. 알렉스는 만 두 살 때 부모에게 자신이 남자라고 말했다. 부모가 남자아이로 대해 주지 않자 알렉스는 분노를 터뜨렸다. 부모는 이렇게 회상한다. "아이는 두 주먹을 꽉 쥐고 생식기를 때리면서 '나는 남자예요! 남자라고요!'라고 소리를 질렀어요." 알렉스를 양육하는 일은 "교전 지역에서 전쟁을 치르는 것"과 같았다. 다행히도, 이 가족은 알렉스가 자신이 만든 젠더 개념에서 조금이나마 벗어나도록 도와주는 클리닉을 찾았다. "여자아이로 사는 방법은 다양하다"라고 생각하게 해준 것이다. 바비 인형을 가지고 노는 여자아이도 있지만, 축구를 하는 여자아이도 있을 수 있다. 둘 다 똑같이 여자아이인 것이다.

알렉스는 여덟 살에 야구부에 들어가서 난생처음 자기와 비슷한 여자아이들을 만났다. "이 아이들은 나보다 **훨씬 더** 남자아이들 같았어요. 온갖 운동을 즐겼는데, 그런 모습은 예전에는 본 적이 없었어요." 완전히 돌아오기까지는 4년이라는 시간이 더 걸렸지만, 그때가 바로 "남자아이의 관심사를 가진 여자아이라는 내 모습을 있는 그대로 받아들이기 시작한" 때였다.[80]

안타깝게도, 트랜스젠더 활동가들은 디시스터의 존재를 부인하면서 신화로 취급한다. 2015년에는 알렉스가 상담을 받던 클리닉이 문을 닫게 만드는 데 성공했다. 트랜스젠더를 지지하는 치료사들은 성별 불쾌감을 한 사람의 고유한 자아로 즉시 받아들이지 않고 성별 불쾌감을 느끼는 "이유"를 탐색하는 것조차도 모욕적이고 편협하며 성전환자에 대한 혐오라고 주장한다.[81]

왜 인간의 몸을 나누어서 내적 자아감에 맞추는 것은 허용되고, 자아감을 몸에 맞추어 바꾸도록 돕는 것은 편협하게 여겨지는가? 감정은 변할 수 있다. 하지만 몸은 눈에 보이는 사실이라서 변하지 않는다. 몸을 성 정체성의 믿을 만한 표지로 취급하는 것은 타당하다.

사람들을 성이라는 상자에 집어넣기

여러 연구에 따르면, 동성애 성향과 트랜스젠더와 가장 강력한 연관성이 있는 것—유전적 연관성보다 훨씬 더 강력한—은 유년기 성별 비순응, 곧 전형적인 이성의 특성대로 행동하는 아이들이다.[82] 동성애 성향으로 오랜 세월 힘들어 한 어느 남성 친구가 내게 이렇게 말한 적이 있다. "어렸을 때 시와 음악을 좋아했어. 아버지는 그런 나를 도저히 이해하지 못하고 운동 경기나 전형적인 남자아이들의 활동을 강요하면서 '강한' 아이로 키우려고 애쓰셨지."

비슷한 맥락에서, 크리스토퍼 위안도 자신의 동성애 감정의 뿌리가 무엇인지 탐색한다. "중고등학교를 거쳐 대학교까지 온전히 받아들여진 적이 없었다. 나는 예민하고 꺼벙해 보이고 운동에는 젬병이었다. 대신 음악과 미술을 좋아했다."[83]

이런 비순응 아동들은 남성성이나 여성성이라는 지배적인 기준에 맞지 않는다고 느끼면서 자란다.[84] 이들이 고통스러운 소외감을 헤쳐 나가는 동안 지지와 공감이 필요하다. 교회는 이들이 자신의 독특한 기질을 소중히 여기고, 그것을 자신이 트랜스젠더나 동성애라는 증거로 해석하라는 압박에 맞서도록 격려해야 한다.

나는 기독교로 개종한 후에 어느 성경학교에 다니면서 걸스카우트 지도자인 사람과 함께 공부했다. 그녀는 자신과 비슷한 다른 스카우트 지도자들—야외 활동과 운동을 좋아하고 독립적이며, 확실히 여성적이지는 **않은**—과 깊은 우정을 나누었다. 이 친구는 교회에서 가르치는 이상적인 그리스도인 여성성과 동떨어진 것처럼 느꼈다. 그녀와 다른 스카우트 지도자 세 사람은 모두 그리스도인이었는데, 결국 레즈비어니즘을 받아들였다.

하지만 이 걸스카우트 지도자들은 기질을 성으로 오해할 수도 있지 않았을까? 크로스젠더 감정에 시달리던 내 학생 리암은 "미국 사회는 그저 성격적 특징에 불과한 것을 성으로 고정하려는 위험에 처해 있다. 성적이지 않은 특징과 행위에 기초하여 사람들을 성이라는 상자에 집어넣는다"라고 말했다.

그리스도의 몸에서는 하나님이 주신 다양한 성격 유형을 경축해야 한다. 어떤 성격 특징은 최신 고정관념에 들어맞지 않는다고 해도 말이다. 눈과 귀는 다르고, 손과 발도 다르다(고전 12:12-27을 보라). 그런 다양성은 **좋은** 것이다. 몸의 각 지체는 나름의 독특한 은사가 있고, 나름대로 독특하게 기여한다.

· · ·

낯선 사람 환영하기

그리스도의 몸은 성 혁명의 피해자들이 희망과 회복을 발견하는 장소가 되어야 한다. 오늘날 의료계에는 성별 불쾌감 아동을 성전환으로 급속히 밀어넣으려는 정치적 압박이 가해지고 있다. 스물두 살 여성 캐리는 십대 때 호르몬을 주입하고 양쪽 유방을 절제하여 남성으로 성을 바꾸었다. 두어 해 후에 다시 본래 성으로 돌아갔다. 캐리는 자신이 성에 대해 의문을 품자마자 호르몬 요법과 수술에 대한 압박을 받았다고 회상한다. "내가 트랜스젠더라면(내 치료사는 내가 트랜스젠더가 아닐 수도 있다는 인상은 전혀 주지 않았다), '지금이나 나중에 성전환을 하지 않으면, 불행/자살'이라는 게 내 선택지였다."[85]

BBC 영화 「트랜스젠더 키즈」에는 자신을 루라고 소개하는 젊은 여성이 나오는데, 그녀도 양쪽 유방을 절제하고 나서 나중에 후회했다. 그녀는 젠더 클리닉에서 이렇게 말한다. "처음부터 그들의 전제는 내가 스스로 트랜스젠더라고 말하면 그렇다는 것이었다. 어느 누구도, 어느 시점에서도 내 동기를 묻지 않았다.⋯⋯성전환을 하지 않으면 자해와 자살이라는 결과밖에 없다는 이야기를 숱하게 들었다. 그들은 성전환을 하든지, 죽든지 둘 중 하나라고 나를 설득했다."[86]

성전환 사상의 압력을 받는 치료사들은 이 연약한 십대들에게 정말로 무슨 일이 벌어지고 있는지 알아보라고 더는 권하지 않는다. 이게 사랑인가?

월트 헤이어(Walt Heyer)는 과거에 성전환자였다. 처음에는 이성의 옷을 입기 시작했다가 성전환 수술을 받고 여자로 살았다. 8년 후에 그리스도인이 되었고, 다시 성전환하여 남성으로 살고 있다. 그는 옷과 머리 모양, 신분증, 운전면허증, 심지어 성기를 바꾼다고 해도 자신의 정체성은 바뀌지 않는 것을 알게 되었다. 그의 표현을 빌리면, 그는 "성전환을 되돌려서 하나님이 원래 만드신 남성으로 살아가는 것만이 내가 온전한 정신을 회복하는 길"이라고 깨달았다.[87] 간단히 말해, 하나님이 주신 선한 선물인 그의 생물학적 정체성을 받아들이는 것 말이다.

헤이어는 수차례에 걸친 성형수술과 호르몬, 화장, 긴 머리, 매니큐어, 팬티스타킹, 하이힐에도 불구하고 "나는 남자로 태어났고, 여전히 남자였으며, 내 성은 절대 변하지 않았다"라고 결론을 내린다. "외모 변화를 제외하고는 성전환은 불가능하다는 것이 생물학적 사실이다." 우리의 선택지는 자신의 생물학적 성을 하나님이 주신 선물로 받아들이거나 거부하는 것뿐이다. (성전환자의 정체성을 만들기 위해 호르몬 요법, 얼굴 성형, 모근을 없애는 전기 분해 요법, 목소리와 자세 훈련, 모발 이식, 가슴 수술, 성기 수술 등 이토록 광범위한 몸의 변화가 필요하다는 사실 자체가 그것이 선천적이고 생물학적으로 결정된다는 주장을 약화시킨다.)

헤어는 아직 여성의 외모였을 때 교회에 다니기 시작했다. 안타깝게도, 그가 찾은 첫 번째 교회에서는 나가 달라고 부탁했다. 실제로 담임 목사가 그의 집을 찾아와 문을 두드리고는 이렇게 말했다. "우리 교회에는 당신 같은 부류는 필요 없습니다."[88] 하나님의 은혜로, 월트는 다시 남성으로 돌아가는 험난한 과정을 겪으면서 고통스럽고 심란한 정서적·영적 치유기를 통과하는 동안 그를 받아 주고 지지해 주는 다른 교회를 찾았다.

당신의 교회는 포스트포던 성 이론으로 인생이 심각하게 망가진 사람들을 사랑하고 용납할 준비가 되어 있는가?

성별 불쾌감을 겪거나 동성애에 끌린 경험이 있는 많은 사람들이 교회에서 부정적인 인상을 받곤 했다. 이들은 자신의 존재가 다른 성도들에게 위협이 되기 때문에 교회에 나오기 전에 자신의 성 문제를 먼저 해결해야 한다는 느낌을 받았다. 복음주의자들은 그리스도만이 우리를 구원하실 수 있다고 가르치지만, 교회에서 환영받기 위해 먼저 행위를 깨끗이 해야 한다면 복음주의자들이 하는 말과 모순된다. 다른 사람들에게 회개를 요구하는 그리스도인들의 말에 신빙성이 있으려면, 교회에서 사람들을 밀어낸 실수를 먼저 회개해야 할 것이다.

그런 다음에는, 이생에서는 절대 완전히 바뀌지 않을 수도 있는 사람들도—장기적으로까지—지지해 주어야 한다. 내 친구 스티븐은 어린이를 성추행했다. 그는 회개하고 수십 년간 치료를 받고 12단계 프로그램을 밟았다. 지금 그는 다른 성범죄자들을 멘토링한다. 나는 그의 영적 성숙을 매우 존경한다. 그는 대부분의 그리스도인은 그 존재조차도 모르는 수많은 영적·심리적 치유 단계들을 통과했다. 오랜 세월, 스티븐은 하나님이 자신을 온전히 치유해 주셔서 결혼해서 가정을 이룰 수 있기를 기대했다. 하지만 그 소원은 이루어지지 않았고, 그는 자신이 이생에서는 완전히 치유받지 못할 수도 있음을 깨닫게 되었다. 그가 비록 평범한 가정생활의 기쁨을 누리지는 못하더라도, 그의 소명은 다른 사람들을 돕는 일인지도 모른다. 교회는 스티븐의 배경에도 불구하고 주님에 대한 열렬한 그의 헌신을 알기에 그와 같은 사람들을 변함없이 지지해 줄 준비가 되어 있는가? (물론, 현실적인 보호책은 필요하다. 스티븐은 청소년 사역이나 어린이 사역은 스스로 거절한다.)

교회는 성자를 모시는 박물관이 아니라 죄인을 위한 병원이라는 말이 있다. 하지만 잠재적인 "환자"를 끌어들이려면, 교회가 보살핌과 치유의 공간이라는 점을 확실히 해야 한다.[89]

교회는 성 문제가 있는 사람들이 단순히 불쌍한 문제아에 지나지 않는다는 점도 인식해야 한다. 강렬한 정서적·심리적 치유를 겪은 많은 이들은 사역을 통해 다른 사람들에게 많은 것을 제공할 수 있다. 3장에서 보았듯이, 고통은 치료사들이 외상 후 성장이라고 이름 붙인 기회가 될 수 있다. 독신인 팀 오토(Tim Otto)는 이렇게 쓴다. "게이의 삶은 내가 게이가 아니었다면 당연하게 여겼을 세상에 대해 심오한 질문을 던질 수밖에 없게 만들었기에 도움이 되었다. 또한 내가 도움이 필요한 존재임을 알기에 예수님 말씀에 더 주의 깊게 귀 기울이게 만들었다."[90] 트랜스젠더 그리스도인들에 대한 어느 연구는 이렇게 결론을 내린다. "가장 혼란스럽고 고통스러운 인생 경험이 다 그렇듯이, 성 정체성에 대한 질문과 관심은 인생의 의미와 목적에 대한 더 큰 질문을 불러일으켜서 그 사람을 신성한 세계로 더 끌어들인다."[91]

지금까지는 개인의 행위와 관련된 성과 젠더에 대해 논의했다. 하지만 세속 이론들은 우리 관계에도 영향을 미친다. 특히 이제는 결혼과 부모됨, 가족에 영향을 미치는 SOGI 법이 통과되고 있는 실정이다. 이는 우리를 사회 이론의 맥락으로 끌고 가는데, 다음 장에서는 이층적 이원론이 개인뿐 아니라 관계도 파괴하는 양상을 살펴보려 한다. 이 이원론이야말로 관계가 쉽게 손상되어서 오늘날 많은 이가 외로움과 소외를 느끼는 주원인이다.

네 몸을 사랑하라

7.
선택의 여신은 죽었다

사회계약에서부터 사회 붕괴까지

필립 홀크(Philip Holck)라는 신학생의 결혼식에서는 서약이 두 차례 있었다. 첫 번째는 신부와, 두 번째는 신부의 다섯 살짜리 아들과 한 서약이었다. 그는 이 남자아이 앞에 무릎을 꿇고 이렇게 말했다. "나 필립은 매튜를 아들로 삼아 죽음이 우리를 갈라놓을 때까지 인생을 함께하고, 함께 놀고, 가르치고 사랑할 것을 맹세합니다."[1]

참으로 감동적인 이야기이지만, 신학자 테드 피터스(Ted Peters)는 이 이야기를 살짝 비틀어 위험한 새 가족관을 뒷받침하는 데 사용한다. 그는 모든 부모가 명시적이고 표현이 확실한 법적 계약을 자녀와 맺어야 한다고 주장한다. 이왕이면 결혼식과 비슷한 공식 예식도 거쳐서 말이다.

그는 가족의 기초가 생물학에서 계약으로 이동해야 한다고 말한다.

최근까지도, 법 조항과 대중의 마음에 있는 기준은 생물학적 가족이었다. 물론, 생물학적으로 아무 관련이 없는 아이를 입양하는 부부도 있다. 하지만 입양이 가능한 이유는 부모가 자연적 가족을 표준으로 받아들이기 때문이다. 이들은 입양한 자녀를 생물학적 자녀처럼 대하려고 애쓴다. 입양은 생물학적 유대의 가치를 부인하지 않고, 오히려 전제한다.

피터스는 그것을 뒤집어 보기 원한다. 생물학적 부모라도 자녀와 법적 계약을 맺어야 한다는 것이다. 생물학적 결합은 이제 더는 표준이 아니다. 부모는 생물학적 자녀를 마치 입양한 것처럼 대해야 한다. 가족의 기초가 생물학에서 선택으로 옮겨져야 한다.[2]

피터스는 루터교 신학대학에서 가르치지만, 놀랍게도 기독교 윤리가 "과학 이전의" "구시대적"이라 폐기해야 한다고 주장한다. 실제로 그는 우리가 "선택을 교묘히 피하려 애쓰는, 신의 금언이나 전통적 권위나 자연법에 기초한 전근대적 형식주의"를 거부해야 한다고 말한다.

"신의 금언", 하나님의 율법까지? 그렇다. 피터스는 "좋든 싫든 간에, 해체하는 진보 사회의 막다른 길은 개인의 선택이다. 탈출구는 없다"라고 쓴다. 그는 "개인의 선택에 대해 찡찡대거나 자기실현 추구를 욕하는 것은" 아무 소용이 없다고 준엄하게 덧붙인다. "그런 것들은 그저 우리 시대의 문화적 기정사실이다."[3]

책의 앞부분에서 보았듯이, 생물학보다 선택을 우선시하는 것이 생명과 성과 관련하여 "문화적 기정사실"이 되었다. 세속주의자나 세속 사고를 따르는 그리스도인에게나 모두 마찬가지다. 앞 장까지는 이층적 몸/인격 이원론이 개인에게 어떻게 영향을 미치는지에 집중했다면, 이제부터는 그와 같은 이원론이 관계를 어떻게 망가뜨리는지, 특히 가족 내 생물학적 유대를 어떻게 폄하하는지 살펴보려 한다. 피터스는 가족의 기초가 생물학에서 계약으로 이동해야 한다고 주장하는 다른 많은 유력 사상가들과 뜻을 같이한다. 그런 사상은 어디서 비롯되었는가? 선택을 가족 관계의 결정적인 특징으로 앞세우는 것이 정말로 좋은 사상일까?

관계에 대한 질문을 제기하려면 사회 이론을 들여다봐야 한다. 이 장에서는 서양과 서양 사상이 전파된 전 세계에서 비록 사람들이 인식하지 못할지라도 많은 사람들의 사고를 형성한 사회 및 정치 철학을 알아보려 한다. 이런 이론은 선택이나 계약으로 성립된 공동체를 내세우면서 가족 같은 자연 공동체를 경시한다. 이는 서양 사회가 몸과 생물학적 결합을 경시함을 드러내는 또 다른 표현으로, 처참한 결과를 낳는다.

어느 전체주의자의 꿈

가족의 기초가 선택으로 이동하면 자녀들은 자기 부모에게 아무런 도덕적 권리를 주장하지 못한 채 단절되리라는 점은 꽤 자명해 보인다. 부모가 그렇게 선택하지 않는 한에는 자녀에 대해 어떤 특별한 방식으로 책임이 없다는 뜻이기 때문이다. 자녀에게 타고난 의무가 없다고 생각하는 부모가 과연 자녀에게 더 헌신한다고 생각하는 사람이 정말로 있을까?

선택 사상의 정치적인 함의도 불길하기는 마찬가지다. 자녀를 선택해야 한다면, 자녀가 하나님이 주신 선물로 생물학적 부모에게 속하지 않는다면, 도대체 **누구에게** 속한단 말인가? 그 답은 국가다. 피터스 같은 학자들의 글을 자세히 읽어 보면, 국가주의가 그 근본 전제로 숨어 있는 것을 끊임없이 발견한다. 피터스는 어느 단락에서 이렇게 쓴다. "사회는 양육하는 부모의 돌봄에 사회의 자녀들을 위탁한다."[4]

잠깐만. **사회**가 우리에게 자녀들을 준다고? 사회가 우리에게 **사회의** 자녀들을 준다니. 이런 관점은 부모와 자녀 모두를 국가에 의존하는 원자로 축소한다.

국가주의는 서양 문화가 시작된 이후로 가족을 다룰 때 계속해서 반복된 주제였다. 놀랍게도, 서양 정치와 사회 사상은 이상적인 사회를 제안할 때 가족의 역할에 적대적이었다. 플라톤에서 루소(Rousseau), 스키너(B. F. Skinner)에서 힐러리 클린턴(Hillary Clinton)에 이르는 세속 지성들은 자녀를 국가의 돌봄에 맡긴다는 사상에 매료되었다. 히틀러(Hitler), 무솔리니(Mussolini), 스탈린(Stalin), 마오쩌둥(Mao)이 세운 20세기 전체주의 정권은 국가가 아주 이른 시기부터 교육을 엄격하게 통제하여 체제 이념을 의심 없이 받아들이게 했다.

역사는 선택을 우선시하고 생물학적 유대를 경시할 때 개인의 선택을 국가에 박탈당하는 것을 확실히 보여준다. 자연적인 관계로부터 해방을 요구하는 것은 국가에 자유를 잃게 된다는 것을 의미한다.

결혼 폐지

역사의 증거에도 불구하고, 오늘날 중요한 사상가들은 가족 연대를 무너뜨리고 계약을 앞세울 것을 계속해서 요청하고 있다. 국제적으로 유명한 페미니스트 법 이론가 마사 앨버슨 파인만(Martha Albertson Fineman)은 『자율성의 신화』(*The Autonomy Myth*)에서 "법적 범주로서 결혼을 폐지"하고 계약으로 대체할 것을 요청한다. 파인만은 **남편**과 **아내**라는 말을 젠더 중립 용어인 "성적 제휴"(sexual affiliate)라는 말로, **가족**을 국가가 보조하는 "돌봄이−의존자 관계"라는 말로 대체하고 싶어 한다.[5]

비슷한 맥락에서, 영국의 영향력 있는 사회학자 앤서니 기든스(Anthony Giddens)는 결혼과 가족에 별도의 계약이 필요하다고 말한다. 각 부모가 자녀 한 명 한 명과 계약서에 서명해야 한다는 것이다.[6]

계약이란 정확히 무엇인가? 계약은 재화와 용역의 제한된 교환이다. 계약의 중요한 특징은 **우리가** 관계를 정의하고, **우리가** 조건을 선택하고, 어떤 조건에서 계약을 유지할지 그만둘지를 **우리가** 선택한다는 점이다. 하나님이나 도덕법이나 인간 본성이 조건을 미리 조정하는 것이 아니다. 계약이 바라던 혜택을 더 이상 주지 못할 때는 얼마든지 종료할 수 있다. 계약은 우리 마음대로 맺거나 깰 수 있는 타인과의 거래다.[7]

대출이나 임대, 핸드폰 등 실생활에서 우리가 맺는 관계의 많은 부분들이 계약이기 때문에 이런 생각이 오늘날 잘 퍼져 나가는 듯하다. 계약 관계에서는 "내가 뭔가를(돈을) 줄 테니, 너는 용역이나 상품을 제공하라"라고 말한다. 물건에 하자가 있으면 반품할 수 있다. 사람들이 이런 계약 모델을 모든 관계로 확장하기란 심리적으로 식은 죽 먹기다. 경제적인 비유는 다른 모든 관계를 잠식하는 경향이 있다.

이와 대조적으로, 성경은 우리의 깊은 관계, 곧 하나님과의 관계와 가족과의 관계를 언약으로 제시한다. 언약 관계에서는 용역을 제공하기로 동의하는 것이 아니다. 하나님의 자녀로, 남편이나 아내로, 어머니나 아버지로서의 지위를 얻는다. 언약은 기간 제한이 없고 영원하다. 우리가 조건을 정하는 것이 아니라, 이미 정해져 있다. 우리는 하나님이 정하신, 우리 선택보다 우선하는 일련의 의무와 책임을 받아들인다. 그 내용은 도덕법에 표현되어 있고, 하나님이 창조하신 인간 본성에 기초해 있다.

모든 관계를 계약으로 재정의할 때 우리는 이 전인격적 헌신을 잃어버리게 된다. 그렇게 우리 관계는 얄팍하고 약하며 이기적이고 깨지기 쉬운 관계가 되어 버린다.

· · ·

원자로 시작된 세계

그렇다면 오늘날 왜 그토록 많은 유력 사상가들이 모든 관계를 계약으로 재정의하도록 촉구하는 것일까? 사회가 개인을 선택에 기초하여 계약을 맺는 독립적 행위자로 다루어야 한다는 개념은 어디서 비롯되었는가? 이 개념에는 나름의 역사가 있는데, 그 역사를 이해하면 거기에 더 효과적으로 반응할 수 있다.

태고부터 가장 기본적인 인간관계는 인간의 고유한 본성으로 여겨졌다. 사람이 이성에게 끌리고 함께 자녀를 양육하는 것은 자연스러운 일이다. 결혼과 연관된 규범과 의식이 굉장히 다양함에도, 핵가족은 사회의 핵심을 형성해 왔다. 전통적인 기독교 사회 사상에서, 결혼과 가족, 교회와 국가를 세운 분은 하나님이셨다. 그분이 이 기관들의 본질, 곧 과제와 책임과 윤리 규범을 정의하셨다.

그러다가 근대 초기 유럽에서 인간관계는 자연적이지도 본질적이지도 않다는 새로운 사상이 일어났다. 인간이 모든 인간관계를 만들어 냈기에 얼마든지 바꿀 수 있다는 것이다. 이런 낯선 개념은 어디에서 왔을까?

과학 혁명 이후로 사람들은 과학의 놀라운 성공에 감동하여 많은 이가 자신이 과학적 세계관이라고 생각하는 내용을 사회 이론을 포함한 다른 모든 지식 분야에 적용하기 시작했다. 과학 혁명의 정점은 물질계를 끌어당기고 밀어내는 힘의 영향을 받으면서 진공 상태에서 부딪히는 원자들로 묘사한 뉴턴의 물리학이었다. 얼마 안 있어 똑같은 비유를 사회에도 적용했다. 사회 철학자들은 뉴턴의 물리학을 모델로 "사회물리학"을 만들어 냈다. 사회물리학은 시민 사회를 많은 인간 "원자"가 모여 다양한 사회관계를 "결합하는" 곳으로 묘사했다.[8]

이런 이미지는 토머스 홉스(Thomas Hobbes), 존 로크(John Locke), 장 자크 루소가 처음 제안한 사회계약론을 낳았다. 사회계약론은 고전적 자유주의의 핵심으로, 미국의 자유주의와 보수주의를 **모두** 낳았다. 따라서 이것은 정치 스펙트럼 전체에 걸쳐 영향을 미친다.[9] 오늘날 대부분의 미국인은 사회계약론을 공기처럼 빨아들인다. 프린스턴 대학교의 한 교수는 학생들이 무의식적으로 이 이론을 전제하고 수업에 들어온다고 말한다. "학생들은 로크를 한 단어도 읽지 않고도, 그의 사회계약론 개념을 틀림없이 재현할 수 있다."[10]

이 이론이 시민 사회의 계약 모델을 낳았기에 그 내용과 그것이 오늘날 결혼과 가족을 약화하는 방식을 이해하는 것은 매우 중요하다.[11]

버섯처럼 솟아난 인류

홉스와 로크, 루소 같은 사회계약론자들의 목적은 백지상태에서부터 시작하여 시민 사회를 근본적으로 재고하는 것이었다. 그들은 윤리와 법, 관습, 전통, 사회 제도, 종교 등(특히 종교)이 축적된 세월을 제거한다면 인간 본성이 어떤 모습일지 가설을 세웠다. 수술용 메스로 문명의 모든 특징을 벗겨 내어 아무 장식도 없는 인간 본성만 남는다면, 과연 무엇이 남을까?

사회계약론자들은 문명 이전의 먼 옛날, 곧 아마도 인류가 사회 이전 태고 상태에 존재했던 때를 상상했다. 그들은 이를 "자연 상태"라고 불렀다. 그때까지는 결혼도, 가족도, 교회도, 국가도, 시민 사회도 없었다. 순전히 자기 보존 욕구에 따라 움직이는, 연결되지 않은 자율적 인간들만 존재했다. 이들이 모든 사회 기관 이전에 존재한 "원자들"이었다.

태초에 원자화된 개인이 있었다. 홉스는 우리에게 "인류가 마치 버섯처럼 땅에서 올라와 서로 아무런 의무 없이 성장한 것처럼 보라"라고 요구하기까지 한다.[12]

인류가 아무런 타고난 의무 없이 버섯처럼 솟아났다면, 사회적 관계는 어디에서 오는가? 그 답은 선택으로 만들어졌다는 것이다. 뉴턴의 원자들처럼, 개인이 모여 다양한 형태로 결합한다. 그렇게 하는 것이 자신들의 이익을 증진한다고 발견했기 때문이다.

이처럼 물리학에 기초한 비유에는 어떤 함의가 있는가? 우선, 관계가 원래 존재했던 것처럼 인간 본성의 일부가 아니라는 것을 의미한다. 오히려 인간이 맺는 관계들은 선택으로 생겨난 부차적인 파생물이다. 관계가 선택으로 만들어졌다면, 선택으로 그 관계들을 얼마든지 **다시 만들** 수 있다는 뜻이다. 우리가 원하는 대로 얼마든지 관계를 재정의할 수 있다.

둘째로, 더는 정의나 공동선 같은 윤리 원칙에서 사회적 의무가 비롯되었다고 여기지 않는다. 오히려 사회적 의무는 실용적인 근거—사람들이 자기 권리의 일부를 제한하는 것이 이익이라고 결정할 때—에 기초한다. 사회는 자기 욕구를 주장하는 개인의 총합에 불과하다. 윤리적 의무의 유일한 근거는 개인의 의지뿐이다.

이렇게 해서 사회계약론은 모든 관계를 계약으로 축소해 버린다. 사회계약론은 단순한 선택을 초월하는 모든 유기적 혹은 자연적 유대를 용해하는 산(酸)이 되었다. 그 기본 원리는 개인은 자신이 동의하지 않은 의무를 가질 수 없다는 것이다. 이런 관점은 개인을 관습과 전통, 계층, 과거의 억압에서 해방하는 측면으로 늘 제시된다. 그래서 루소도 가장 영향력 있는 작품인 『사회계약론』(The Social Contract)을 다음과 같은 유명한 문구로 시작한다. "인간은 자유롭게 태어나지만 어디서나 쇠사슬에 얽매여 있다." 계약을 자유 사회의 유일한 적정 기초로 보았는데, 계약이 선택에 근거하고, 따라서 가정된 자연 상태에서 누리는 원래의 자율성을 보존해 주기 때문이다.

세속 에덴동산

사회계약론자들이 처음 자연 상태라는 개념을 제안했을 때 그것은 분명히 창세기에 나오는 창조 기사에 대한 대안이었다. 정치 철학자 존 할로웰(John Hallowell)은 이를 가리켜서 "에덴동산이라는 기독교 신화"의 세속화 버전이라고 한다.[13] 근대의 출발점에 선 이 사상가들은 새로운 정치 철학을 제안하려면 그 기초가 될 새로운 창조 기사가 필요함을 감지했다. 사회 구조를 하나님이 정하시고 정의하신 것으로 생각하는 대신에, 새로운 신화는 인간 의지의 발명품으로 취급했다.

정치 철학자 조지 그랜트(George Grant)는 사회계약론자들이 "자연 상태를 태초의 진리인 자연의 창조로 대체하고 있었다"라고 말한다. 그들은 "창조 교리를 포기하고" 있었다.[14]

처음에는 정치와 경제학 같은 공공 영역에 주로 계약 모델을 적용했다. 정치 철학자 마이클 주커트(Michael Zuckert)가 설명하듯이, "모든 정부가 계약에 기초한다는 [주장은] 모든 정부가 인간이 만든 인공물이라고 말하는 또 다른 방식이다."[15] 이 말은 하나님이 국가를 지으셨다거나 국가가 인간 본성에 뿌리를 두지 않는다는 것이다. 자기 이익을 계산하는 고립된 자율적 개인의 계약으로 국가가 만들어진다.

오늘날에는 계약 모델이 사적 영역에까지 흘러 들어가고 있다. "우리"가 계약으로 정부를 만들 수 있다면, "우리"가 결혼과 가족 등 다른 모든 사회 기관도 나름대로 정의하지 못할 이유가 없지 않은가?[16] 하버드 대학교 정치 철학자 마이클 샌델(Michael Sandel)은 오

네 몸을 사랑하라

늘날 만연한 개인의 개념은 "무연고적 자아"라고 말한다. 무연고적 자아란 "도덕적 혹은 시민적 결합을 스스로 선택하지 않음으로써 연고가 없는 사람"을 의미한다.[17]

법에도 똑같은 철학이 심기고 있다. 가톨릭 신자이자 하버드 대학교 법학 교수인 매리 앤 글렌던(Mary Ann Glendon)은 『권리에 관한 대화』(*Rights Talk*)에서 이제는 "홀로 있는 생명체인 '자연적' 인간에 대한 사회계약론의 묘사가 미국의 법을 형성한다"라고 말한다. 법은 "자기가 결정하는 무연고적 개인, 곧 선택으로만 타인과 연결되는 존재로서 권리 소유자라는 이미지에 기초한다."[18]

하지만 이 장 나머지 부분에서 살펴보겠듯이, 결혼과 가정에 대한 계약적 관점에는 치명적인 결과가 따른다. 특히 샌델은 그런 관점이 심각한 아동 유기를 낳는다고 말한다. 충격적인 숫자의 아버지가 가정을 버리고 수많은 어머니들이 아이를 낙태한다. 유전적 연관성이 없는 남성, 즉 계부나 어머니 남자친구의 손에 엄청난 아동 학대가 발생한다.[19] 가족 유대가 점점 더 약해지면서, 국가가 가족의 기능을 더 많이 물려받아 권력과 억압이 더 커진다.

계약적 사고가 유기적·자연적 공동체를 좀먹고 있다.

우리는 로빈슨 크루소가 아니다

사회계약론이 이토록 파괴적인 이유가 무엇인가? 자연적 혹은 유기적 결합보다 계약 행위를 선호하기 때문이다. 따라서 이것은 인간의 구체화된 존재에 대한 서양 사회의 부정적 관점, 곧 몸을 평가절하하는 영지주의적 관점의 또 다른 표현이라고 할 수 있다. 올리버 오도노반의 말대로, 자유주의는 "의지력으로 만든 공동체를 선호하고 자연적 공동체를 경시하는 전철을 밟았다."[20]

결혼과 가정이라는 사회 기관은 자연, 곧 다음과 같은 자연적 사실에 뿌리를 두고 있다. 인간은 성으로 생식하는 구체화된 피조물이라는 점, 어머니는 임신과 수유, 아이 돌봄에 성인기의 큰 부분을 할애한다는 점, 그 기간에 어머니에게는 아버지의 경제적인 지원이 필요하다는 점, 성숙하기까지 긴 시간이 걸리는 아이들은 무력하고 사회적으로 도움이 필요하다는 점, 그래서 아이들에게는 양쪽 부모의 안정적이고 장기적인 사랑과 지원이 필요하다는 점 말이다. 결국 핵가족은 더 넓은 공동체의 지원이 필요하기에 조부모, 삼촌과 숙모 등의 생물학적 그물망에 연결되어 있다. 이런 것들이 자연에 대한 기초 사실이다. 할로웰이 쓴 대로, "개인이 사회를 만드는 것이 아니라, 사회 속에 태어난다.……그 사실만으로도 의무를 부과한다." 이 의무들은 우리의 형식적인 동의가 필요하지 않다. "선택의 문제가 아니라 사실의 문제다."[21]

이런 것들이 자연의 사실이기 때문에 가족(어느 특정한 가족이 아니라, 사회 제도 자체)에 대한 사람들의 태도는 자연에 대한 태도를 반영한다. 그들은 자연을 본질적으로 선하다고 보는가? 유익하고 풍요로운 헌신과 의무의 근원으로 보는가? 아니면, 자연을 자신의 독립과 자율성에 부정적인 제약으로 대하는가? 거기서 벗어나기를 간절히 바라는 제한으로 보는가?

사회계약론은 그 어떤 자연적 관계와도 상관없는 자율적인 개인에 기초한다. 나무 밑에서 뛰어다니는 원자 생물은 언뜻 보기에는 독립적이고 완전히 발달한 성인처럼 보인다. 스물한 살 남자라고 해보

자. 하지만 이 로빈슨 크루소 이미지는 아무에게도 해당하지 않는다. 홉스와는 달리, 우리는 비 온 후 버섯처럼 하룻밤 만에 솟아나지 않는다. 우리 각자는 기존의 가족과 종족, 교회, 마을, 국가 가운데 태어나 의존적이고 무력한 아기로 인생을 시작한다. 다른 사람들, 특히 우리를 사랑하고 가르치고 돌보면서 희생적으로 헌신하는 부모 때문에 성숙한 어른으로 자랄 수 있다.

루소의 말과는 반대로, 우리는 "자유롭게 태어나지" 않는다. 인간은 상호 의존과 양육을 통해 번성하는 본질적으로 사회적인 존재다. 철학자 베르트랑 드 주브날(Bertrand de Jouvenal)이 언급했듯이, 사회 계약론은 "자신의 어린 시절을 잃어버린 게 틀림없는, 아이 없는 사람들의 관점이다."[22] 현실적인 정치 이론은 자기 이익을 계산하는 합리적인 어른이 아니라, 합리적인 어른이 **되기 위해서** 사랑과 돌봄의 그물망이 필요한 무력한 아기에서부터 시작해야 한다.[23]

기독교는 하나님이 자연을 창조하셨기에 자연적 유대는 선하다고 가르친다. "네 부모를 공경하라"라는 명령은(출 20:12) 사회가 남녀 부부와 그 자녀라는 토대에 기초한다는 진리를 가리킨다. 물론, 인간은 단순한 생물학적 존재를 초월하여 정서적·지적·영적 존재이기도 하다. 그리고 가족이 제대로 기능할 때는 혈연의 한계를 초월하는 이상을 제공한다. 예수님은 "누구든지 하늘에 계신 내 아버지의 뜻대로 하는 자가 내 형제요, 자매요, 어머니이니라"라고 말씀하셨다(마 12:50). 예수님이 사용하신 비유, 곧 그리스도인들이 형제와 자매라는 비유는 가족에 대한 긍정적인 관점을 전제한다. 우리가 경험한 가족의 사랑이 우리를 하나님의 가족 안에서 서로 묶어 주는 희생하는 사랑으로 "훈련해야" 한다. 생물학적 유대가 우리를 훈련하여 생물학을 **넘어서서** 사랑을 확장해야 한다.

자율성이라는 산성이 생물학에 기초한 유대를 녹여 버리는 데 관심을 기울여야 하는 이유가 그 때문이다. 우리는 가족을 초월하여 사랑과 책임감 있게 기능하도록 우리를 훈련하는 "학교"를 잃어버리고 있다. 낙태에서부터 시작하여 몇 가지 핵심 이슈들을 살펴보자.

· · ·

낯선 침입자, 태아

많은 윤리학자들이 우리가 다른 사람들에게 동의하지 않으면 그들에 대한 의무가 없다고 주장하면서 낙태를 옹호하는 논리를 발전시켰다. 어머니의 몸이 자연스럽게 자녀를 향하게 되어 있다고 보지 않는다. 오히려 사회계약이라는 모델로 모성을 재정의한다. 마치 배 속 아기를 어머니의 사유 재산에 무단 침입한 사람처럼 여기고, 생명을 연장하려면 공식적인 동의가 필요한 것처럼 말이다. 어느 페미니스트는 "내 몸은 내 소유고, 내 안에서 무엇을 키울지는 내가 결정한다"라고 썼다.[24]

심지어 아직 태어나지 않은 아이가 마치 어머니에게 부상을 입히지 않으려면 막아야 할 침략자라도 되는 것처럼 제시하는 주장도 있다. 좌파 블로그 '데일리 코스'(Daily Kos)는 그런 주장을 직설적으로 표현한다. "태아는 빌어먹을 기생충 같아서, 기생충처럼 모태를 침범한다." 좀 더 학문적인 차원에서는, 정치학자 아일린 맥도나(Eileen McDonagh)는 태아가 "동의 없이 여성을 임신하게 만들면, 신체 통합권과 자유를 심각하게 침해한 것이다.······ 태아가 주는 부담은 치명적인 힘으로 막는 것을 정당화하기에 충분한 부상이다"라고 쓴다.[25] 낙태를 침입자에 대항하는 자기방어 행위로 취급한다.

하지만 우리가 동의한 사람들에게만 책임을 진다는 것은 사실이 아니다. 우리와 생물학적으로 연결된 사람들에게도 책임이 있다. 자녀뿐 아니라 부모와 형제자매, 조부모에게도 말이다. 철학자 패트릭 리(Patrick Lee)와 로버트 조지가 요약한 대로, "모든 의무는 동의 행위에서 나온다고 주장하면서 구체적인 책임을 발생시키는 이런 몸의 연결 관계를 무시하거나 경시하는 것은 인간의 신체적 본질이라는 중요성을 무시하는 전반적인 태도가 드러난 또 다른 예다."[26] 즉 몸/인격 이층적 이원론의 또 다른 형태다. 몸을 경시하는 태도는 생물학적 유대를 폄하하는 결과를 낳는다.

생물학적 관계는 단순한 합리적 선택을 초월한다. 어머니와 아기의 관계를 생각해 보라. 임신 기간에 어머니의 몸은 옥시토신이라는 호르몬을 만들어서 태어날 아기에 대한 친밀한 애착을 준비시킨다.[27] 내 친구 패트리샤 새뮤얼슨(Patricia Samuelsen)이 이런 말을 해준 적이 있다. "나는 절대 아이를 좋아하는 편이 아니었어. 있어도 그만, 없어도 그만이었지. 그런데 첫아이를 품에 안았을 때 전에는 한 번도 경험해 본 적 없는 감정이 북받쳐 올랐어."

나도 첫아이를 낳았을 때 같은 경험을 했다. 첫아이를 낳은 어머니 중 다수가 압도적으로 강렬한 정서적 유대감에 어쩔 줄 몰라 했던 경험을 고백한다.

아버지와 아이의 관계도 똑같이 강력할 수 있다. 아버지가 아이를 안고 있으면 옥시토신 배출을 자극한다는 연구가 있다.[28] 어떤 아버지는 처음으로 아들을 안았을 때 "품에 안은 이 빛나는 생명체가 이제 내 인생에서 가장 중요한 존재가 되었다는 신성한 책임을 깨달으면서, 뇌의 화학 작용이 극적으로 변한 것만 같았다"라고 썼다.[29]

그가 쓴 글의 제목은 "내 안의 냉소주의를 없애 버린 부성"이었다.

월 로버츠(Will Roberts)라는 내 학생도 비슷한 경험을 이야기한다. 대학생이던 그는 열일곱 살 여자친구를 임신시켰다. 그의 표현을 빌리면, 집에서 학교까지 거리가 차로 한 시간 정도였으므로 "나는 여자친구의 임신 기간을 제대로 지켜보지 못했다. 모든 시간과 에너지를 학교 수업에 쏟고 캠퍼스에서 놀기 바빴다." 그런데 여자친구가 출산할 때 병원에 동행하면서 자신이 느낀 강렬한 감정에 깜짝 놀랐다. "아들이 태어난 순간, 내 모든 사고방식과 사랑이 뒤바뀌었다. 처음으로 아이를 품에 안은 순간, 그걸로 끝이었다. 아들과 사랑에 빠져 정신을 차릴 수 없었다! 아이는 하나님의 기적이었고, 아이를 향한 무조건적인 사랑을 설명할 길이 없었다." 그토록 강력한 경험이 두 사람을 하나로 묶어 주었고, 그들은 결혼을 결심했다.

이런 심오한 연결은 단순히 합리적인 선택의 산물이 아니다. 그보다 훨씬 더 깊은 것인데, 우리 본성에 뿌리를 두고 있다.

자연적인 유대는 우리에게 도덕적인 요구를 부여하여, 우리가 성장하고 성숙하게 한다. 고전 영화 「황야의 7인」(*The Magnificent Seven*)에서 총잡이 역할을 맡은 찰스 브론슨(Charles Bronson)은 마을 소년들에게 이렇게 말한다. "나한테 총이 있으니 내가 용감하다고 생각하겠지. 하지만 너희와 너희 형제자매, 어머니께 책임을 진 너희 아버지들이 훨씬 더 용감하단다.……아버지들은 너희를 사랑해서 책임을 지신 거야. 그분들이 원해서 말이다. 내게는 그런 용기

네 몸을 사랑하라

가 없어."[30]

자연적인 유대에서 비롯된 도덕적 책임을 받아들일 때 우리의 성품이 깊어진다. 담대해진다. 용기를 얻는다.

혈통

생물학적 유대가 자유를 제한하는 것은 사실이다. 우리는 부모를 선택하지 않는다. 형제자매를 선택하지 않는다. 특정한 시간이나 장소, 친족, 종족, 국적에서 태어나기로 선택할 수 없다. 자녀도 선택하지 못한다. 하지만 이렇게 선택하지 못한 유대가 우리 정체성의 중요한 측면을 형성한다. 이들을 부인하면 정체성의 중요한 일부분을 잃게 된다. 밀랜더가 표현한 대로, 우리는 단순히 "자유로운 영혼"이 아니라 "구체화된 생명체다. 친족과 후손의 혈통이 우리 정체성과 위치를 지정한다."[31]

게다가, 우리는 이 생물학적 유대에 감사하라는 요구를 받는다. 우리가 선택하지 않은 부모를 공경하고, 우리가 선택하지 않은 자녀를 사랑해야 한다. 이들을 하나님이 주신 선물로 받아야 한다. 우리는 혈통으로 주신 사람들을 먼저 사랑함으로써 사랑하는 법을 배운다. 문제는, 우리가 이렇게 "주어진" 것을 받아들일 것인가, 아니면 거부할 것인가 하는 것이다.

내 남편은 독일의 고아원에서 입양되었다. 그래서 남편은 첫아들이 태어났을 때 자신과 생물학적으로 연결된 사람, 자신의 신체적 특징을 공유하는 사람을 처음 보는 기회를 얻게 되었다. 이 사건은 그의 삶을 뒤바꿔 놓았다. 하지만 대부분의 사람은 당연히 여기는 경험

7. 선택의 여신은 죽었다

에 지나지 않는다. 우리는 확대 가족에 생물학적·유전학적으로 통합된 것이 얼마나 크게 우리 정체성을 형성하는지 의식적으로 숙고하는 경우가 드물다. 내 남편은 입양 부모에게 진심으로 감사한다. 하지만 그가 난생처음 생물학적 가족과 연결된 것을 느꼈을 때 그것은 굉장히 감격스러운 경험이었다.

우리는 육체와 분리된 의지로만 구성된 존재가 아니다. "우리 종을 따라" 아이를 낳는 생물학적 존재다. 가족은 우리가 단순한 합리적 선택을 초월하여 우리 본성을 구성하는 의무를 갖는 주요한 경험이기에 하나님 나라에 대한 풍부한 은유를 제공한다.

조건 없는 섹스, 반지 없는 관계

우리는 결혼에서도 원자화된 계약적 사회관의 치명적인 결과를 본다. 물론 결혼은 동의하에 시작하지만, 계약이 아니라 언약으로 들어가는 동의다. 언약은 단순히 제한된 시간 동안 구체적인 봉사를 제공하기로 동의하는 것이 아니라, "죽음이 우리를 갈라놓을 때까지 좋을 때나 나쁠 때나" 스스로에게 서약하는 것이다. 우리는 결혼의 연합에서 생겨난 아이를 희생적으로 돌보기로 약속한다.

현대적 용어를 사용하자면, 결혼은 사회 제도다. 이 용어는 우리가 결혼 관계로 들어갈 때 우리 개인의 선택 이전에 존재하는 일련의 권리와 의무를 수용한다는 뜻이다. 학교나 직장에서 어떤 행위가 허용되는지를 알듯이, 결혼이라는 제도는 배우자와 자녀에게 어떤 종류의 행위가 허용되는지를 말해 준다. 이런 식으로, 결혼하면 우리는 우리가 자신의 최상의 이상에 도달하도록 도와주는 외부의 기대에 부응한다. 공공 기관들은 우리의 개인적인 헌신에 힘을 실어 준다.

이와 대조적으로, 계약적 결혼관은 각 사람을 자신이 깨우친 이기심을 추구하는 독립적인 거래 당사자로 만든다. 자연 상태의 자율적 개인과 유사하다. 실제로, 자연 상태에서 발생하는 임시적이고 비인격적인 성행위에 대한 루소의 묘사는 오늘날의 훅업 문화와 매우 흡사하다. 그는 "남성과 여성이 우연히 결합했고, 똑같이 그렇게 쉽게 헤어졌다"라고 쓴다.[32] 이렇게 단절된 개인들이 결혼하면, 결혼을 자신의 욕구를 채우는 계약으로 여긴다. (무책 이혼이 등장한 이후로, 결혼은 사실상 계약이 아니다. 다른 계약들의 경우에는 합의를 깨면 최소한 법적 처벌이 있지만, 무책 이혼은 부당한 대우를 받은 쪽에서 법률에 호소할 수 없다.)

역사상 가장 많이 인용된 법률 이론가 리처드 포스너(Richard Posner) 판사는 계약적 관점의 함의를 눈에 띄는 방식으로 설명한다. 그는 결혼과 매춘의 차이는 "근본적인 것이 아니다"라고 쓴다. "결혼 관계 당사자들은 상호 서비스를 제공함으로써 제공받은 서비스를 서로 보상할 수 있기에 서비스에 값을 매기고 장부를 적을 필요가 없다." 매춘은 똑같은 서비스를 현금을 받고 교환하는 것에 불과하다.[33]

사람들은 이런 결혼관을 좋아하지 않을 수도 있지만, 많은 이들이 결국 그렇게 귀결되는 계약적 관점을 받아들였다.

일부 전문가들은 결혼에 대해 노골적인 적대감을 표현하기 시작하고 있다. 「뉴 리퍼블릭」(New Republic)에 실린 한 기사는 "평생 동거하는 일부일처제 파트너십이라는 최근 모델이 이렇게 철 지난 이상으로 여겨진 적은 없었다.……나는 내 인생의 다양한 시기에 다양

한 욕구를 채워 줄 소수의 연인과 함께 차라리 독신 상태를 유지하겠다"라고 말한다.[34]

결혼을 이렇게 부정적으로 그리기에 결혼하려는 사람들은 당연히 점점 줄고 있다. 2016년 인구 조사에 따르면, 결혼율은 1960년 이후로 꾸준히 하락 추세다.[35] 러트거스 대학교(Rutgers University) 국립 결혼 프로젝트(National Marriage Project)의 한 연구는 오늘날 많은 젊은이들이 결혼 서약이 너무 위험하다고 보고 있다고 발표했다. 자신의 자율성을 포기할 만큼 가치 있는 거래가 아닌 것이다. 이 연구에 따르면, "오늘날의 싱글 짝짓기 문화는 결혼이 목적이 아니다. 오히려 '조건 없는 섹스, 반지 없는 관계'처럼 헌신하지 않는 문화가 그것을 잘 대변한다."[36]

과학을 지원한다고? 가정을 지원하라

하지만 사회과학 통계는 결혼하지 않는 문화에 따르는 비극적인 결과를 이론의 여지 없이 보여준다. 결혼하지 않거나 이혼한 부모의 자녀들은 정서나 행위, 건강 문제로 고생할 확률이 훨씬 더 높다. 이들은 범죄와 빈곤, 우울, 자살, 학교생활의 어려움, 미혼 임신, 약물 중독, 알코올중독 등에서 고위험군이다. 한 연구에 따르면, 어린 시절 아버지의 부재가 뇌 결함으로 이어지기도 한다. "이것은 발달기 아버지의 부재가 자녀의 신경생물학에 영향을 미치는 것을 보여주는 최초의 연구 결과다."[37]

때때로 자유주의자들은 아이들에게 부모가 별로 필요하지 않을 수도 있다고 주장한다. 가정에 급여와 돌봄의 손길을 제공해 줄 다른 어른이 있으면 된다. 그러면 동거나 이혼 후의 재결합으로도 아이들의 필요를 채워 줄 수 있다. 하지만 놀랍게도, 연구 결과들을 보면 동거나 재혼은 결혼과 똑같은 측정 가능한 혜택을 제공해 주지 않는다. 한 연구는 이렇게 결론을 맺는다. "결혼의 이점은 자녀가 양쪽 부모의 생물학적 자손일 때에 주로 나타나는 듯하다." 좌파 성향 연구 기관인 차일드 트렌즈(Child Trends)조차도 "단순히 양쪽 부모의 존재가 아니라, 두 생물학적 부모의 존재가 아동의 발달을 지원해 주는 듯하다"라고 인정했다.[38]

프린스턴의 두 사회학자는 다음과 같이 결론짓는다. "자녀의 기본 필요를 확실히 충족해 줄 수 있는 체제를 설계하라는 요청을 받는다면, 아마도 양쪽 부모 이상형과 거의 비슷한 무언가를 제시할 것이다."[39] 과학을 가장 존중하는 사람들이 결혼을 가장 존중하는 사람들도 되어야 한다.

물론, 바람직한 예외도 있다. 양(養)부모가 벅찬 도전을 잘 소화하여, 아이가 초기에 제대로 돌봄을 받지 못한 것과 트라우마의 영향을 잘 극복하는 경우다. 경건한 싱글 부모도 놀라운 일을 해낼 수 있다. [싱글 맘이 길러낸 유명한 뇌신경외과 의사 벤 칼슨(Ben Carson) 같은 사람들이 그 훌륭한 예다.] 그럼에도 전반적인 통계 추세는 부인할 수 없다. 랍비 조너선 색스는 "결혼의 붕괴는 한부모 가족들에 집중된 새로운 형태의 빈곤을 만들어 냈다"라고 말한다. 색스에 따르면, 이런 경향은 미국 사회에 역사적 인종 분열만큼이나 깊은 분열을 초래하고 있고, "이 모든 불의가 하늘에 울부짖고 있다." 이것은 "우리는 지금까지 그 어떤 시대보다 지식이 많아서, 생물학과 역사의 교훈을 거스를 수 있다"라는 교만한 생각의 비극적인 예로 역사에 기록될

것이다.[40]

과거에는 가난의 원인이 실직과 낮은 임금 등 대부분 경제적인 원인이었다. 오늘날 대부분의 가난은 가족 붕괴와 결혼하지 않은 관계에서의 자녀 양육 등 도덕적인 이유 때문이다. 결혼하지 않거나 이혼한 부모의 자녀들은 교육 제도와 의료 제도, 정신건강 제도, 복지 제도, 사법 제도 등을 통해 사회 복지가 필요할 가능성이 더 높다. 이 모든 조정은 썩 유쾌하지 않고 비용도 많이 든다. 2008년에 실시한 어느 연구에 따르면, 이혼과 결혼하지 않은 부모의 자녀 양육 때문에 매년 납세자가 1,120억 달러를 부담한다고 한다.[41] 복지 국가는 돈이 많이 든다.

그 결과, 결혼이 약해질수록 국가는 더 개입하고 더 비용이 많이 든다. 또한 국가가 가족생활의 더 많은 측면들을 규제하면서 시민들은 자유를 잃게 된다.

결혼 붕괴 비용은 전체 사회가 부담하기에 전체 사회가 결혼을 지원하는 데 함께 힘쓰는 것이 타당하다. 순전히 합리적인 근거에서, 결혼은 사회가 아이들을 잘 보살필 수 있는 가장 덜 제한적이고 가장 경제적인 수단이다. 아이들을 생각하는 사람이라면, 자유를 중요시하는 사람이라면, 강력한 결혼 문화를 만들기 위해 애써야 한다.

결혼이 "독특하게 위험한" 이유

결혼 붕괴로 고통을 당하는 이들은 아이들만이 아니다. 어른도 마찬가지다. 통계적으로, 이혼하는 사람들은 알코올중독과 질병, 우울, 정신 질환, 자살로 고통받을 확률이 더 높다. 모든 개인이 그렇지는 않지만, 통계상의 성향은 확실하다. 예일 대학교의 한 연구원은 이혼이 건강에 미치는 영향이 하루에 담배 한 갑을 피우는 것과 같음을 발견했다.[42]

개발도상국의 주요 건강 문제는 전염병이다. 하지만 제1 세계의 건강 문제는 행동과 관련된 경우가 많다. 과학은 성경적 결혼관의 지혜를 확인해 주고 있다.

예수님은 결혼에 대한 질문을 받고 창세기를 인용하셨다. 창세기 앞부분은 매우 중요한데, 죄가 세상에 들어오기 **이전에** 인간 본성의 규범을 거기서 배울 수 있기 때문이다. 예수님은 "사람을 지으신 이가 본래 그들을 남자와 여자로 지으시고"라고 말씀하시고 나서 "그런즉 이제 둘이 아니요, 한 몸이니"라고 덧붙이신다(마 19:4, 6).

"한 몸"(one flesh)이라는 문구는 무슨 뜻인가? 여기서 몸(flesh)이 단순히 인체(body)를 가리키지 않는다는 점은 확실한데, 부부가 정말 한 몸이 될 수는 없기 때문이다. 하지만 하나의 생물학적 구성단위는 될 수 있다. 사회가 여러 의례와 규칙, 의식, 예식, 서약, 약속 등 결혼의 형식을 갖추는 이유는 결혼 관계에서는 생물학적 연관성이 없는 두 개인이 하나의 생물학적 네트워크로 **통합되기** 때문이다. 둘은 그 네트워크 내에서 새로운 친족 혈통의 근원이 되고, 부부와 그 자녀가 조부모와 고모, 삼촌, 사촌, 조카 등 서로 연결된 망에 이어진다.

요컨대, 결혼이라는 비생물학적 관계가 생물학적 관계, 곧 다세대의 교점처럼 기능하기 시작해야 한다. 창세기 2:23에서 하와를 처음 본 아담의 입에서 시구가 터져 나왔다. "드디어 나타났구나! 내 뼈에서 나온 뼈요, 내 살에서 나온 살이로구나"(공동번역). 성경 다른 곳에서도 이런 문구들로 가족 관계를 묘사한다. 라반이 그의 사촌 야곱에게 "너는 참으로 내 혈육이로다"라고 말한다. 다윗은 유다 족속에게 "너희는 내 형제요 내 골육이거늘"라고 말한다. 결혼이 가족 관계의 토대로 기능함을 암시한다. 부부가 친족 네트워크 안에서 생물학적 구성단위의 역할을 한다.

매우 중요한 한 가지 의미에서, 부부는 정말로 그렇다. 부부에게는 남녀 관계에만 독특한 생물학적 기능이 있는데, 바로 자녀 출산이다. 대부분의 생명 작용은 개인이 혼자서 얼마든지 수행할 수 있다. 혼자서 걷고, 먹고, 자고, 일할 수 있다. 혼자서 할 수 없는 일이 있는데 바로 자녀를 생산하는 것이다. 새 생명을 창조하는 일은 생물학적 구성단위로 기능하는 남녀 관계에서만 가능하다.

이런 이유로, 작가 이브 터쉬넷(Eve Tushnet)은 자신을 "게이이자 가톨릭 신자"로 밝히면서도 동성 결혼에 반대한다. 그녀는 이성 결합에는 동성 결합과는 다른 심각한 결과가 따를 수 있다고, 곧 아이가 생길 수 있다고 지적한다. 남녀 "관계는 독특하게 위험하거나 독특하게 생산적일 수 있다. 따라서 이 관계들을 조직하고 조절하는 데 전념하는 제도가 존재하는 것이 이해가 된다."[43]

국가는 낭만적인 관계나 다른 형태의 강력한 정서적 관계를 규제하는 데 정치적인 관심이 없었다. 당신은 마음 내키는 대로 어떤 종류의 우정 관계도 형성할 수 있고, 국가에서 아무런 자격증도 필요없다. 하지만 국가는 결혼을 규제하는 데는 늘 관심이 있었다. 왜 그런가? 결혼은 독특하게 새 생명을 만들어 내기 때문이다. 시민과 노동자, 유권자, 교사, 자영업자들의 생물학적 근원이 없다면 어떤 사회도 생존할 수 없다.[44]

공공 윤리를 잃어버리다

안타깝게도, 동성 결합을 포함한 결혼의 재정의는 결혼을 지지하는 문화에서 남은 것마저 망가뜨리고 있다. 대법원의 오버거펠 판결에서, 미시건의 결혼법을 옹호하는 변호사는 합법적 결혼이 낭만적인 관계에 특별한 지위를 부여하려고 발달한 것이 아니라, "본래 생물학에서 발생한 목적들에 부응하기 위해 발달했다"라는 것을 설명하려 애썼다. 즉 남녀가 성관계를 맺을 때 수태된 아이를 보호하기 위해서라는 것이다. 하지만 케네디 판사는 생물학은 대수롭지 않게 묵살하고, 합법적 결혼의 목적이 동성 커플의 "인격"을 보호하는 것이라고 선언했다. ("동성 커플의 [결혼할] 권리를 인정하지 않는 것은 이들의 선택을 폄하하고 인격을 깎아내리는 것이다.")

따라서 법원은 결혼과 관련하여 몸/인격 이원론을 법으로 제정했다.

일부에서는 대법원이 더 많은 사람들이 결혼의 혜택을 받을 수 있도록 결혼을 확장했을 뿐이라고 주장한다. 하지만 실제로는, 결혼을 탈자연화했다. 젠더와 마찬가지로(6장을 보라) 결혼도 이성의 생물학적 상보성이나 부모와 자녀의 생물학적 관계와는 상관없는 것으로 취급되고 있다.

법원이 무신경하게 생물학을 무시하는 처사는 자유주의적인 법적 추론에서 흔한 주제다. 본 워커(Vaughn Walker) 판사는 캘리포니아의 제안 8호를 번복하면서 결혼을 다음과 같이 정의했다. "상대방에 대한 감정에 기초하여 함께 살고, 서로 헌신하며, 가족을 형성하기로 한 커플의 선택을 국가가 인정하고 승인하는 것이다."[45] 이 정의에 성에 대한 내용은 없다. 자녀에 대한 내용도 없다. 판사는 성과 출산이 결혼의 목적 중 **한 가지**라는 말조차 하지 않는다. 이런 내용은 그의 목록에서 완전히 빠져 있다. 그는 결혼을 순전히 감정에 기초한 선택으로 정의 내린다.

이런 정의의 문제점은 이것을 헌신된 룸메이트나 일부다처제, 기타 많은 결합들에도 적용할 수 있다는 것이다. 결혼만의 독특한 무언가를 인정하는 것이 아니다.

비슷한 분위기로, 게이 인권 단체 프리덤 투 매리(Freedom to Marry) 대표 에반 울프슨(Evan Wolfson)은 결혼을 "다른 사람을 사랑하고 헌신하는 관계"로 정의한다.[46] 동성애자로 알려진 칼럼니스트 앤드류 설리번(Andrew Sullivan)은 결혼을 "주로 두 성인이 서로에 대한 자신의 정서적 헌신을 확인하는 방법"이라고 정의한다.[47]

이것은 굉장히 무미한 결혼에 대한 정의다. 이 정의는 결혼이 다른 정서적 헌신 관계와 어떻게 다른지 설명하지 않는다. 결혼이 충실함과 배타성, 영속성 같은 독특한 부담을 지우는 이유를 설명하지도 않는다. 다른 관계들은 그런 것들을 요구하지 않는데 왜 결혼만 요구하는 것일까?

그렇지만 이것이 대법원이 오버거펠 판결에서 국법에 정한 결혼에 대한 정의다. 그 과정에서 이 정의는 모든 사람의 결혼을 약화했다. 우리의 감정이 얼마나 쉽게 변하는지 고려한다면, 순전히 정서적인 연결에 기초한 계약이 얼마나 강하겠는가? 우리는 사람들의 개인적인 헌신에 중추가 되는 공공 윤리를 잃고 있다.

"우리는 결혼에 대해 거짓말을 하고 있다"

결혼이 이미 그 독특한 특징을 많이 잃어버렸기 때문에 동성 결합에 그와 똑같은 법적 지위를 줄 수 있었다는 사실은 비극이다. 많은 이성애자들이 성을 단순히 오락으로만 보는 관점을 받아들였고, 그 과정에서 성을 정절과 배타성, 영속성이 특징인 결혼 관계 내에서 보호해야 한다는 기대를 잃어버렸다. 카츠는 "쾌락을 추구한다는 면에서 이성애와 동성애는 거의 구별되지 않는다. 이성애자들은 파트너의 성을 제외하고는 점점 더 동성애자와 비슷해지고 있다"라고 쓴다.[48]

정치학자이자 게이 인권 활동가인 데니스 알트만(Dennis Altman)이 성을 오락으로 즐기는 성향을 "미국의 동성애화"(homosexualization of America, 동명의 책 제목에서)라고 부른 이유도 그 때문이다. 그는 "더는 이성애적 삶의 방식이 게이와 레즈비언의 삶의 방식과 본질상 별 차이가 없다"라고 쓴다.[49]

오버거펠 판결에서 대법원은 그런 동등함을 공식화했다. 결혼을 정서적 애착에 지나지 않는 것으로 강등하고, 이성 결혼과 동성 결혼이 똑같다고 선언했다.

하지만 결혼이 그저 정서적 헌신에 기초한다면, 결혼을 동성 간에만 제한하는 것이 무슨 근거가 있겠는가? 왜 다른 정서적 관계들에는 법적인 지위를 주지 않는가? 어디에 선을 그어야 하는가? 이제 그 입증 책임은 결혼을 **특정** 집단에 제한하기 원하는 사람들에게 있다.

실제로, 일부 사람들에게는 그것이 바로 목적이다. 이들이 동성 결혼을 지지하는 이유는 그것이 결혼을 윤리적 기대를 공유하는 공공 기관에서 무엇을 해도 상관없는 사적인 선택으로 변화시키는 첫 단계로 간주하기 **때문이다.** 뉴욕 대학교 교수 주디스 스테이시 (Judith Stacey)는 "사람들이 고안해 내기 원하는 결혼과 친족 유형의 종류에는 거의 제한이 없다"라고 쓴다. 예를 들어, "두 친구가 성적 애착이나 낭만적 애착 같은 유대에 기초하지 않고 결혼하기로 할 수 있다."[50]

레즈비언 언론인 마샤 게센(Masha Gessen)은 진짜 목표는 항상 결혼을 아예 없애는 것이었다고 말한다. 자주 인용되는 어느 연설에서 그녀는 "결혼제도는 사라져야 한다"라고 말했다.

> 동성 결혼을 위한 투쟁에는 대체로 동성 결혼을 쟁취하고 나서 우리가 결혼을 어떻게 할지에 대한 거짓말이 개입하는데, 우리는 결혼제도가 변하지 않을 것이라고 거짓말하기 때문이다. 그것은 거짓말이다. 결혼제도는 변할 것이고, 마땅히 변해야 한다. 다시 말하지만, 나는 결혼제도는 사라져야 한다고 생각한다.[51]

문화 해설가 리처드 피어시(Richard Pearcey, 내 남편이기도 하다)는 이렇게 요약한다. "최종 단계는 결혼을 모든 사람에게 똑같이 가능하게 만드는 것이 아니라, 모든 사람에게 똑같이 불가능하게 만드는 것이다."[52]

서양의 탈문명화

결혼을 없애는 것이 동성애 운동의 진정한 목표라면, 일이 잘 진척되고 있다. 결혼이 이성 간의 생물학적 상보성에 기초하지 않는다면,

네 몸을 사랑하라

영속성과 충실성, 배타성처럼 결혼과 연관된 다른 규범과 의무에 대한 근거가 없기 때문이다.

이미 대다수의 동성애 커플은 이런 규범들을 거부한다.[53] 대부분이 "열린" 결합을 수용하는데, 이는 파트너끼리 다른 사람과도 성관계를 맺을 수 있다고 동의한다는 뜻이다. 한 연구에 따르면, 그리스도인 동성애 커플들조차 배타성의 규범을 거부한다고 한다.[54]

「뉴욕 타임스」 같은 간행물들은 동성 커플의 비배타성이 실제로 이들의 정서적 유대를 강화한다고 주장하는 기사들로 부정행위를 긍정적으로 보이려고 애썼다.[55] 이런 기사들은 "정서적인 헌신만 유지할 수 있다면, 몸으로 무슨 행동을 하든 상관하지 않아요"라고 말하는 커플들의 결합이 더 튼튼하다고 주장한다. 이것은 또 다른 몸/인격 이원론의 표현이다.

어떤 사람들은 종교적이거나 철학적인 이유로 이런 축소된 결혼관을 거부할 수 있을지도 모른다. 하지만 인간은 사회적 존재라서 주변 사회의 영향을 받는다. 그래서 많은 사람들이 강력한 결혼관에 대한 헌신이 무너지는 것을 발견한다. 결혼이 배타적이지 않은 정서적 애착에 기초한다면, 어떻게 안정적이고 지속적일 수 있겠는가?

결혼 같은 사회 제도가 약해질수록 사람들은 더 고립되고 분열되기 마련이다. 사실상 문명화 이전의, 사회계약론의 자연 상태에 있는 원자화된 개인처럼 말이다. 우리는 사회계약론을 뒤집고 있는 것 같다. 홀로 있는 자율적인 개인으로 가득한 자연 상태에서 벗어나서, 성인이—자신의 필요를 채울 때만 임시로 타인과 연결되는—고립된 개인으로 존재하는 상태로 들어가고 있으니 말이다. 우리는 문명 이전 상태로 퇴보하는 중이다.

그 과정에서, 우리는 국가에 자유를 잃어버리고 있다. 한나 아렌트(Hannah Arendt)가 『전체주의의 기원』(*The Origins of Totalitarianism*)에서 설명하듯이, 전체주의의 통제에 가장 취약한 사람들은 분열되고 원자화된 개인이다. 그 이유는 이들이 경쟁하는 정체성이나 충성심, 이들을 권력으로 그 이데올로기를 강요하는 국가로부터 보호해 줄 사회 구조가 없기 때문이다. 고립된 개인은 조종과 통제의 대상이 되기 쉽다.[56]

그리스도인들의 세속 결혼

슬프게도, 많은 그리스도인들조차 결혼이 낭만적이고 정서적인 결합을 초월한다는 개념을 잃어버렸다. 복음주의 대학에서 가르치는 애비게일 라인(Abigail Rine)은 자기 학생들이 어떻게 동성 결혼이 결혼 개념을 재정의하는지 인식하지 못한다고 말한다. 종교적으로 얄팍한 겉치장을 했을 뿐인 **똑같은 개념을 가지고 있기** 때문이다. 그 결과, "그들에게 동성 결혼에 반대하는 기독교의 주장은 몇몇 이질적인 성경 본문의 권위에 호소하는 것이며, 따라서 문자적인 해석학을 지닌 사람들에게만 설득력이 있다."[57]

학생들은 흩어진 몇몇 구절이 문제가 아니라, 전체적인 세계관이 문제라는 사실을 인식하지 못한다. 우리는 사회계약론이 묘사하는 우주, 곧 순전히 이기심에 의해 움직이는 진공 상태에서 원자들이 서로 충돌하는 공허한 우주에 살고 있는가? 아니면, 우리를 창조하셔서 공동선을 추구하는 질서 있는 관계 가운데 살게 하시는 인격적인 하나님이 만드신 우주에 살고 있는가?

네 몸을 사랑하라

성경적인 관점에서 결혼은 인간이 자기 뜻대로 재정의할 수 있는 것이 아니다. 결혼은 삼위일체의 교제를 반영하는, 최초의 공동체라는 정의를 포함한다. 건강한 사회에서라면, 한창 낭만적 사랑에 빠져 있는 젊은이들은 아무런 사전 지식 없이 처음부터 어떻게 결혼을 만들어 가야 할지 스스로 정할 필요가 없다. 이들의 확대 가족과 교회, 법, 공공 정신 모두가 젊은이들이 결혼생활과 그 책임에 대한 기대를 형성하도록 도와준다. 이런 식으로 공공 규범은 우리가 고립된 개인으로 홀로 인생 각본을 만들어 갈 때보다 더 건강하고 행복한 결혼 생활을 영위하도록 돕는다.

신학자 디트리히 본회퍼(Dietrich Bonhoeffer)는 어느 주례사에서 "결혼을 지탱하는 것은 여러분의 사랑이 아닙니다. 이 순간부터는 결혼이 여러분의 사랑을 지탱할 것입니다"라고 말했다.[58] 결혼의 규범과 의무를 지키면서 결혼에 헌신할 때 부부는 정서적인 삶의 부침을 겪으면서 계속해서 끈끈한 결합을 유지할 수 있다.

동성 커플의 자녀들

합법적 결혼을 재정의할 때는 아이들에게도 심각한 결과를 초래하게 된다. 동성애자 아버지(와 들고 나는 여러 파트너)가 있었던 던 스테파노위츠(Dawn Stefanowicz)는 "사람들은 동성 커플에게 결혼을 허용하는 것이 어떤 사람의 어떤 권리도 박탈하지 않을 것이라고 거듭 강조한다. 그건 거짓말이다"라고 쓴다.[59] 동성 커플의 합법적 결혼은 어머니나 아버지 혹은 둘 다에 대한 자녀들의 권리를 부정한다. 사실상, 국가가 자녀에게서 의도적으로 생물학적 부모를 빼앗아 가도 좋

7. 선택의 여신은 죽었다

다는 사고를 승인하는 도장을 찍어 주고 있는 셈이다.

동성 결혼 지지자들은 반드시 양쪽 부모가 다 있어야 가족을 이룰 수 있는 것은 아니라고 주장한다. 동성 부모는 인공수정이나 대리모, 체외 수정을 통해 자녀를 얻거나 입양할 수 있다. 물론, 이 모든 과정에는 여전히 남성과 여성이 모두 필요하다. 이 부모의 한쪽이나 양쪽을 그저 인정하지 않을 뿐이다.

그리고 아이들은 부모의 빈 자리에서 고통을 느낀다. 스테파노위츠는 자신의 경험에 비추어서 "동성 가정 자녀들은 자신의 슬픔을 부정하고, 생물학적 부모를 그리워하지 않는 척할 때가 많다. LGBT 가정을 둘러싼 정치 때문에 긍정적으로 말해야 한다는 압박을 느끼기 때문이다"라고 쓴다. 하지만 아이들이 부모의 죽음이나 이혼, 입양 등으로 생물학적 부모를 잃었을 때(또는 알지 못할 때) 고통스러운 공허함을 느낀다는 것은 모두가 다 아는 사실이다. 스테파노위츠는 이렇게 말한다. "게이 부모가 동성 파트너(들)를 집으로 데려올 때도 마찬가지다. 그들의 파트너(들)가 생물학적 부모를 절대로 대신할 수 없다."[60]

어머니와 레즈비언 파트너 사이에서 자란 헤더 바윅(Heather Barwick)도 비슷한 상실감을 표시한다. "동성 결혼과 양육은 자녀에게서 어머니나 아버지를 앗아 가면서, 아이들에게 대수롭지 않은 일이라고 말해 준다. 아무래도 상관없다는 것이다. 하지만 그렇지 않다. 많은 사람들이……상처받고 있다." 헤더는 이십대까지도 LGBT 운동을 지지했다. 하지만 지금은 사람들이 자신의 숨겨진 슬픔을 알아줬으면 한다. "아버지의 부재는 가슴에 큰 구멍을 냈다. 매일같이 아빠를 그리워하며 아파했다. 어머니의 파트너가 싫지는 않았지만,

또 다른 어머니가 잃어버린 아버지의 빈자리를 결코 대신해 줄 수는 없었다."[61]

동성 부모의 양육을 받은 아이들은 슬픈 감정을 표현하면 가족과 친구, 교사, 상담가들에게서 정치적으로 올바르지 않다고 꾸짖음을 당했다고 말한다.

세계 인권 선언(Universal Declaration of Human Rights)은 모든 아동에게 "가능하다면, 자기 부모를 알고 부모의 양육을 받을 권리가 있다"라고 명시한다.[62] 아이러니하게도, 오늘날에는 이런 입장을 동성 부모에 대한 차별과 모욕이라며 거부하고 있다.

계약 부모

하지만 동성 결혼의 법적인 영향력은 그보다 더 나아가서 **모든** 부모에게 영향을 미칠 것이다. 대부분의 국가에서 "혈통을 추정한다"라고 할 때는 법이 아이를 낳은 여성과 아이의 생물학적·법적 아버지로 여겨지는 그 여성의 남편으로 부모됨을 정의한다는 뜻이다. 이 둘의 이름이 출생증명서에 오르고, 그것이 평생 양육할 권리와 책임의 기초 역할을 하게 된다. 하지만 동성 커플이 자녀를 둔다면, 최소한 둘 중 한 사람은 생물학적 부모가 아니다. 출생증명서에 누구의 이름을 올려야 할까? 누구에게 친권이 있을까?

과거에는 생물학적 부모의 동성 파트너는 아이의 출생증명서에 이름을 올릴 수 없었다. 하지만 오버거펠 판결에 따르면, 동성 커플에게도 이성 커플과 똑같은 부모됨을 추정할 수 있다는 의미다. 법학 교수 더글러스 니제임(Douglas NeJaime)이 설명하듯이, 동성애 옹호자들은 생물학이나 젠더에 기초하지 않은 새로운 부모 모델에 오랫동안 공을 들였다. 그런데 오버거펠 판결이 바로 그 모델을 제공한 셈이었다. 법원은 "생물학보다는 선택적·기능적 결합에 기초한 부모 모델을 확인해 주었다.…… 생물학과 젠더는 [선택에 기초한] 가족 형성에 자리를 양보했다."[63]

다시 말해, 국가가 계약적 **결혼**관을 수용함으로써 이제는 가족 형성과 부모됨에 대한 계약적인 관점도 수용하라는 요청을 받을 것이다.

그 배후에 있는 논리는 확실하다. 이혼이나 입양, 3자 출산 등으로 동성 커플이 자녀를 갖게 되면 이 아이들은 생물학적으로는 부모와 관련이 없다. 따라서 동성 부모가 이성 부모와 똑같은 법적 지위를 얻으려면, 논리적으로 국가가 생물학에 기초한 자연적 부모됨의 전제를 없애 주어야 한다.

부모됨의 정의가 탈자연화되어야 한다.

지금까지는 양부모나 조부모, 동성 파트너 등 생물학적 부모가 아닌 성인이 친권을 원할 때 양육권 다툼이 있는 경우에만 국가에 도움을 요청했다. 그러면 국가는 "아이가 이 성인을 '어머니'라고 불렀는가?", "이들이 얼마나 많은 시간을 함께 보냈는가?" 같은 질문들을 던진다. 법원은 상대적으로 주관적인 근거에 기초하여 누가 부모 자격이 있는지 결정해야 한다.

하지만 부모됨이 생물학과는 별개라면, 국가가 **모든** 아동의 부모됨을 정의하게 될 것이다. 누가 부모 자격이 있는지 국가가 결정할 것이다. 부모됨을 국가보다 논리적으로 **앞선** 정치 이전의 실재―국가가 존중해야 할 도덕적인 의무가 있는―로 인식하기보다는, **국가가**

만든 것으로 다룰 것이다.

국가가 부모됨을 결정한다면, 국가는 그것을 정의하고 통제할 권리가 있다. 국가 당국이 가족에 개입하여 자녀의 양육과 교육 방식을 결정하거나, 국가 공무원이 부모의 신념에 반대할 경우에는 자녀를 데려가기가 훨씬 수월할 것이다. 제니퍼 로백 모스는 "국가가 만든 사회적으로 조직된 관계가 타고난 생물학적 관계보다 조직적이고 일상적으로 중요시될 것이다"라고 예측한다.[64]

따라서 탈자연화된 결혼에 대한 정의는 탈자연화된 부모됨의 정의로 이어질 수밖에 없다. 모라비토는 "시민 결혼은 생물학적 부모가 자기 자녀를 양육할 권리와 책임을 전제하는 전체적인 기초를 제공한다. 시민 결혼을 폐지한다면 더는 이런 것들이 자연스러운 권리가 아니라, 관료주의 국가의 뜻에 따라 분배되는 권리가 될 것이다"라고 설명한다.[65]

이런 식으로, 선택에 기초한 가족 모델은 역설적으로 국가에 힘을 더 실어 주게 된다.

이제 캐나다에서는 남녀의 결혼이나 양육을 주장하는 것을 (공립 학교 같은) 국가 기관에 대한 "차별"로 간주한다. 앨버타주 정부는 교사와 학교 관리자들에게 학생들과 대화할 때 "어머니"나 "아버지"라는 용어를 사용하지 않도록 지시하는 지침을 발표했다. 그 대신에 "부모/보호자"나 "파트너", "양육자" 같은 젠더 중립 용어를 사용해야 한다.[66]

중앙의 정책 기획자들은 정부에서 가족을 통제하여 자신들의 사상을 젊은이들에게 심어 주고 고분고분한 시민을 양성할 수 있기를 늘 바랐다. 정부 권력이 오만해질 때 "온정주의"(paternalistic) 국가나

"복지"(nanny, '유모'라는 뜻이 있다―옮긴이 주) 국가라고 언급하는 것은 우연이 아니다. 신학자 브라이언 맷슨(Brian Mattson)은 "온정주의는 아버지들이 없는 사회에서 나타나고, 유모는 어머니들이 없는 사회에서 나타난다"라고 쓴다. 그것이 "핵가족이 국가를 제한하는 주요한 수단 중의 하나라는 중요한 원리"의 실마리다. "핵가족이 시민 사회의 토대, 곧 개인과 국가 권력 사이 완충 지대다."[67]

가족은 정치 이론가 에드먼드 버크(Edmund Burke)가 개인과 오만한 국가 사이에 있는 "작은 소대들"이라고 부른 것 중에 가장 먼저다. 가족은 독립선언문에서 인정한 양도 불가한 권리를 보호하는 기초 방어벽이다.

오프스프링 주식회사: 아기 계약

인공 생식이 점점 더 늘어나는 것도 계약적 부모관을 부추기는 원인이다. 이 주제를 다룬 어느 기사는 다음과 같이 극적인 서두로 시작한다. "'성관계, 필요 없습니다! 이 아이는 섹스하지 않고 낳았습니다!' 어느 성 학회에서 한 여아의 두 '아버지'가 아이를 높이 들고 보여주면서 자랑스럽게 한 말이다."[68] 사랑하는 부모의 성행위와 분리된 채 실험실에서 아이가 만들어질 때 우리의 자녀관에는 무슨 일이 생기는가?

한편으로, 보조 생식은 많은 부부들이 생물학적인 이유로 보통의 방법으로 임신하지 못할 때 자녀를 갖도록 도와주었다. 그런 경우에는 의학적인 방식으로 시험관 수정을 활용한다. 제대로 작동하지 않는 자연적인 과정을 수정하거나 우회하여 자연적인 목적을 달성하도록 도와주는 것이다. 다른 여러 의료 형태와 마찬가지로, 기술을 활용하여 타락의 영향을 극복하고, 자연에 있는 결함이나 부작용을 고치거나 보상한다. 또한 다른 기술 형태와 마찬가지로, 이는 자연을 다스리라는 성경 원리의 표현이 될 수 있다.[69]

하지만 오늘날에는 아이를 원하는 사람은 누구라도 아이를 가질 권리가 있다는 태도가 만연하다. 싱글이나 폐경기, 동성 관계 같은 생물학적 장벽이 있더라도 말이다. 다시 말해, 자연적인 방법으로는 아이를 가질 수 없더라도 말이다. 기술 발전은 자연 생식을 돕는 데서 출발하여 자연을 거스르는 데까지 도달했다. 자연 생식보다 선택을 우선시하는 것이다.

아이를 가질 수 없다면, 아이를 계약할 수 있다.

이런 경우에는, 부모와 자식의 자연적 유대를 **강화하기** 위해서가 아니라, 선택으로 창조한 유대로 **대체하기** 위해서 인공 생식을 사용한다. 어느 가톨릭 작가는 실험실에서 자녀를 만들 때는 "의도가 생물학을 정복하고, 욕구가 자연에 승리한다"라고 말한다.[70] 이것은 몸을 경시하고 선택을 우선시하는 또 다른 예다. 기술관료적 사고방식은 몸과 그 기능에 대한 무한정한 지배를 찬양한다.

자연적인 부모됨과의 연결고리가 끊어진 인공 생식은 자녀가 돈을 내는 고객을 위해 기술 과정을 통해 생산하는 상품이라는 탈인간화된 사고방식을 주입할 수 있다. 사람들은 그렇게 해서 생긴 아이들을 인공물, 곧 우리가 계획하고 만들고 수정하고 개선할 수 있는 비인격화된 제품으로 간주할지도 모른다. 더군다나, 최첨단 생식 서비스 비용은 "출산을 사업상의 거래와 소비자의 구매처럼 보이게 만들" 수 있다고 피터스는 경고한다. 자녀가 "품질 관리 기준에 따라

평가하는" 상품이 되어 버린다. "돈을 내는 부모가 아이들이 돈값을 하지 못한다고 생각하면, 상품을 거부할 수도 있다."[71]

최근에는 태아에게 장애가 있는 경우에 대리모에게 낙태를 요구한 사례도 있었다. 돈을 지불하는 부모는 아이가 "돈값을 하지 못할" 것이라고 생각했다.[72]

과학 기술적인 사고방식은 자녀를 포함한 모든 것을 인간이 관리하고 가공할 수 있는 원자재로 보는 경향이 있다. 밀랜더는 과학 기술을 생식에 적용할 때 "우리 자신을 몸과 분리된 자유로운 영혼으로만 보려는 유혹을 받는다"라고 경고한다. "여기에는 몸을 경시하고 '사물'로 전락시키는, 인격과 몸의 분리라는 위험이 도사리고 있다."[73]

이번에도 문제는 이층적 이분법, 곧 "몸을 경시하는, 인격과 몸의 분리"다.

· · ·

자유를 해산하는 "자유"

세속 윤리 혁명을 진전시키는 모든 운동은 과거의 억압적인 도덕 규범에서 벗어나는 자유의 진전으로 묘사된다. 하지만 실상은 그 모든 과정이 국가에 더 많은 힘을 부여한다.

앞에서 보았듯이, 국가 권력의 급격한 확장은 낙태와 함께 시작되었다. 과거에 법은 인격을 이전부터 존재하는 실재, 곧 생물학적 인간 존재에 형이상학적으로 따라오는 무언가로 인정했다. 법은 인격을 선험적인 사실로 인정했다. 그런데 국가가 낙태를 합법화할 수 있는 유일한 방법은 생물학의 적절성을 부인하고 어떤 생물학적 인간은 인격체가 아니라고 부인하는 것이다. 국가는 정신적 능력, 곧 생각하고 느끼고 욕망하는 능력이라는 관점에서 정의하여 어떤 인간이 인격체의 지위에 걸맞은지를 결정할 권위를 떠맡았다. 안락사와 조력 자살에도 똑같은 논리가 적용되고 있다.

결혼은 어떤가? 과거에 국가는 결혼을 생물학에 기초한 선험적인 실재, 곧 인간이 성으로 생식하는 종이라는 사실에 자연스럽게 따라오는 것으로 인정했다. 법은 결혼을 선험적인 사실로 인정했다. 하지만 법이 동성 커플을 이성 커플과 똑같이 대우할 수 있는 유일한 방법은 생물학의 적절성을 부인하고 결혼을 마음 상태, 곧 당신이 생각하고 느끼고 욕망하는 것으로 선언하는 길뿐이다. 그 과정에서 국가는 결혼을 정의하는 권위를 떠안았다. 정서적인 헌신을 결혼으로 인정한 것이다.

성은 어떤가? 과거에 국가는 성을 선험적인 실재, 곧 생물학적인 성에 형이상학적으로 따라오는 것으로 인정했다. 법은 성을 선험적인 사실로 인정했다. 하지만 법이 (남성으로 태어난) 트랜스젠더 여성을 생물학적인 여성과 똑같이 대우할 수 있는 유일한 방법은 생물학의 적절성을 부인하고 성을 마음 상태, 곧 당신이 생각하고 느끼고 욕망하는 것으로 선언하는 길뿐이다. 국가는 생물학적인 성과는 별도로 법적인 성을 정의하는 권위를 떠안았다.

마지막으로, 부모됨은 어떤가? 과거에 국가는 부모됨을 선험적인 실재, 곧 부모가 자녀를 출생할 때 형이상학적으로 따라오는 것으로 인정했다. 법은 부모됨을 선험적인 사실로 인정했다. 하지만 법이 동

7. 선택의 여신은 죽었다

성 부모를 이성 부모와 똑같이 대우할 수 있는 유일한 방법은 생물학의 적절성을 부인하고 부모됨을 자녀에 대한 마음 상태, 곧 당신이 생각하고 느끼고 욕망하는 것으로 선언하는 길뿐이다. 국가는 부모가 무엇이며, 누구에게 부모 자격이 있는지를 정의하는 권위를 떠안으려 하고 있다.

각 경우에, 국가는 자연적 실재를 묵살하고 법적 명령으로 대체하는 포스트모던 접근법을 취했다. 창조세계를 존중함으로써 견제받기를 거부한다.

대중은 계약 개념을 선택을 확장하는 방식으로 받아들인다. 하지만 실상은 우리가 지음받은 자연적 관계에서 우리를 단절시키고, 국가에 권력을 넘겨준다.

우리는 공허한 우주에 살고 있는가?

우리가 내리는 모든 결정이 우리의 세계관을 확인해 준다. 우리는 그저 그 순간의 감정에 따라 행동하고 있다고 생각할지도 모르지만, 실제로는 우주에 대한 자신의 확신을 표현하고 있다. 성경적인 세계관을 표현하든, 세속 세계관에 연루되든 말이다. 세속 윤리 혁명은 자연에 아무런 윤리적 의미가 없으며, 우리는 선택으로만 연결될 뿐 선천적으로는 단절된 자율적 원자라는 확신에 근거한다. 모스가 썼듯이, 우리가 성 혁명의 요구를 따를 때는 다음과 같이 행동하는 것이다.

우리가 무의미하고 무심한 우주에 홀로 있다고 믿는 것처럼, 우리에게 내재적 가치가 없는 것처럼, 우리의 성행위에 우리가 부여한 의미 외에는 아무 의미가 없는 것처럼, 우리의 성행위가 단지 특별한 이유 없이, 구체적인 목적을 염두에 두지 않고 서로 부딪히는 생각 없는 입자들의 행동인 것처럼.[74]

기독교는 공허하고 무의미한 우주에 진정한 대안을 제공한다. 기독교는 우리는 혼자가 아니라고, 우주에는 의미가 있다고, 우리에게는 내재적인 가치가 있다고, 성에는 고유한 목적 혹은 '텔로스'가 있다고, 인간 사회는 실재한다고, 세상에는 객관적인 진선미가 존재한다고 말한다. 무엇보다도, 우리는 아무 이유 없이 우연히 만들어진 제품이 아니라, 사랑 많으신 창조주의 창조물이다.

우리 각 사람은 사랑을 받아 존재하게 되었고, 우리에게는 다른 사람들을 사랑 가운데 자리한 우주의 놀랍도록 풍성한 삶으로 초대해야 할 고귀한 부르심이 있다.

• • •

원시 공동체

사회를 재건하는 열쇠는 자연적 공동체에 대한 존중을 회복하는 것이다. 하나님은 인간을 사회적 원자로 창조하지 않으셨다. 우리를 관계 맺는 존재로 지으셨다. 성경이 묘사하는 궁극적 기원은 자연 상태에서 나무 아래 방황하는 단절된 고독한 개인이 아니다. 태초부터 결혼이라는 사회 제도 안에서 서로 관계를 맺는 부부의 모습이다. 성경적인 창조 교리는 결혼과 가족이 인간 본성에 내재한 독창적인 사회

양식이라고 말해 준다. 그 본질은 마음대로 개조할 수 없다. 가족을 역사의 쓰레기통에 내던지려는 유토피아 계획은 그것이 인간 본성에 반하는 것을 발견하게 될 것이다.

하지만 성경적 윤리는 구속이 아니다. 전 세계에서 역사를 통해, 남편과 아내의 다양한 사회적 역할, 다양한 자녀 양육 관습, 경제적 기능을 배분하는 대조적인 방식, 확대 가족의 크기와 구성에서의 차이점 등 사람들은 결혼과 가족의 기본 구조를 다양하게 변형했다. 하나님은 인류에게 창조세계에 주어진 것들을 형성하고 재형성할 수 있는 상당한 자유를 주셨다.

기독교 사회 이론의 주춧돌은 삼위일체다.[75] 하나님은 삼위일체, 곧 굉장히 친밀하게 관계를 맺으며 한 신성을 형성하는 세 위격이시다. 하나님은 세 가지 방식으로 나타나는 한 신이 아니시다. 세 신도 아니시다. 그러면 다신교가 될 테니 말이다. 전통적인 신학 표현에 따르면, 하나님은 한 존재에, 세 위격이시다. 둘 다 똑같이 하나님의 본성에 실재적이고 근본적이며 필수적이다.

이 말이 역설처럼 들릴 수 있다. 이것이 궁극적 실재가 개인성과 관계성의 완벽한 균형을 포함한다고 말하는 방식임을 깨닫기 전까지는 말이다. 혹은 철학자들의 표현대로, 실재는 통합과 다양성, 하나와 여럿을 모두 포함한다. 삼위일체 세 위격 각각은 개인적으로 독특하지만, 굉장히 통일되어 있어서 한 신성을 형성한다. 같은 방식으로, 존 와이어트는 "각 인격은 독특하지만, 타인과의 관계를 위해 만들어졌다. 홀로는 인격성을 갖출 수 없다. 기독교적 사고에서, 인격은 관계적 개념이다"라고 쓴다.[76]

"하나됨"에 해당하는 히브리어 단어는 하나님과 결혼을 언급할

네 몸을 사랑하라

때 똑같이 사용된다. "이스라엘아, 들으라. 우리 하나님 여호와는 오직 유일한['에하드'(echad)] 여호와이시니"(신 6:4). 또한 남편과 아내가 "둘이 한['에하드'] 몸을 이룰지로다"(창 2:24). 우리는 개인으로서만이 아니라 관계 가운데서 하나님을 "닮는다."

성경에서 하나님이 처음으로 "좋지 않다"라고 선언하신 때가 언제인가? 놀랍게도, 타락 이전, 죄와 악이 세상에 들어오기 전이다. 하나님은 아담을 창조하시고 "사람이 혼자 사는 것이 좋지 아니하니"라고 말씀하신다(18절). 창세기 기사는 관계가 인간 존재의 의미에서 핵심이라고 강조한다.

이 말은 사회계약론과 달리, 인간은 처음부터 본질적으로 단절된 개인이 아니라는 뜻이다. 관계는 자율적인 인간이 나중에 발명해서 자기 뜻대로 맺거나 깰 수 있는 것이 아니다. 창조 질서의 일부이기에 "심히 좋았[다]"(창 1:31). 그리고 그 관계가 우리에게 부여하는 도덕적 요구 사항은 우리의 자유에 부담을 주는 것이 아니라, 우리의 진정한 본성을 표현한다. 우리는 가족과 교회, 국가, 시민 사회라는 문명 기관에 참여함으로써 사회적 본성을 수행한다. 또한 윤리적 미덕을 개발하여 천상의 도시의 시민이라는 우리의 궁극적 목적을 준비하게 된다.

"관계" 개발

성경은 사회계약론에 대해 우리가 결혼을 **창조하여** 그 나름의 규범 구조를 가지고 기존 사회 기관에 **들어가는** 것이 아니라고 답한다. 옛날 결혼식의 고상한 언어를 빌리자면, 우리는 "결혼이라는 성지로 들어간다."

이런 표현이 다소 추상적으로 들리겠지만, 이렇게 한번 생각해 보자. 관계를 경험해 본 사람은 누구든 그것이 부분의 총합 이상임을 잘 안다. 커플들은 "당신"과 "나"와 "관계"에 대해 이야기한다. 때로 그들은 이런 말을 할 것이다. "우리 관계를 위해 좀 더 애써야겠어." 이들은 자신들의 관계가 두 사람을 초월하는 실재임을 알고 있다.

결혼은 개인을 각자의 독립된 존재를 초월하는 실재로 이끄는 윤리적 실체다. 사람들은 전통적으로 공동선의 관점에서 이런 개념을 언급했다. 관계에는 각 사람을 위한 "선"이 존재했다(개인을 위한 하나님의 윤리적 목적). 그리고 함께하는 두 사람의 삶에는 "공동선"이 있었다(결혼을 위한 하나님의 윤리적 목적). 이 더 큰 공동선은 우리가 자율적인 개인으로 남았다면 경험하지 못했을 방식으로 우리 삶을 풍성하게 해준다.

마지막으로, 결혼은 그 자체가 목적이 아니었다. 결혼의 목적은 하나님의 영광과 공동체의 공동선이었다. 청교도 성직자 존 코튼 (John Cotton)은 부부들에게 "너무 [상대에 대한] 애정에 푹 빠져서" "결혼보다 더 높은 목적을 달성하지 못하는" 것을 경고했다. 오히려 결혼을 "하나님을 섬기는 일에 더 준비되고 사람들을 하나님께 가까이 이끄는" 수단으로 보아야 한다.[77]

사회계약론과 달리, 기독교는 사회적·정치적 질서는 단순히 개인이 자신의 권리를 보호하려고 고안한 편의주의적 전략이 아니라고 가르친다. 그것은 창조 질서의 일부, 곧 우리가 온전한 인간 본성을 개발하기 위한, 우리의 '텔로스'를 성취하기 위한 배경이다. 이기심이나 자기 보존 같은 저차원적 본능이 아니라, 정의와 자비, 의무, 봉사,

희생적인 사랑 같은 고차원적 윤리적 이상이 그 동기를 부여한다.

누가 진정한 다문화주의자인가?

성경적 답변은 단순히 이론에 그치지 않는다. 그리스도인들은 개인과 관계, 통일성과 다양성의 균형 잡힌 상호 작용을 세상에 보여주기 위해 본보기 사회—지역 교회—를 건설하라는 부르심을 받았다. 교회는 그저 개인이 모인 단체가 아니라, 공동선으로 하나 된 통합된 몸이 되어야 한다. 예수님은 돌아가시기 전에 남겨 둘 제자들을 위해 기도하시면서 아버지께 **"우리와 같이 그들도 하나가 되게 하옵소서"** 라고 간구하셨다(요 17:11, 저자 강조). 예수님은 삼위일체 내 세 위격의 교제가 교회 내 구성원들이 나누어야 할 교제의 예라고 말씀하고 계신다.

동방정교회 주교 티머시 웨어(Timothy Ware)는 "교회는 이 땅에서 다양성 가운데 통일성의 신비를 재생하는, 삼위일체 하나님의 성상이다"라고 쓴다. "인류는 하늘에서 삼위일체가 살아 내는 상호 사랑의 신비를 이 땅에서 재생하라는 부르심을 받았다."[78] 우리는 교회 내에서 다양성 가운데 통일성을 실천하는 법을 배워 가면서, 우리의 모든 사회적 관계, 곧 가족과 학교, 직장과 정부에 그와 똑같은 균형을 적용할 수 있다.

이 더 큰 시각은 기독교가 환원주의적이지 않음을 의미한다. 기독교는 생물학의 영역을 가치 있게 여기지만, 인간을 생물학의 수준으로 축소하지는 않는다. 생물학에 뿌리를 둔 관계는 생물학을 초월하는 사랑과 연합으로 우리를 단련하게 되어 있다. 그리스도인들은 모든 자연적 공동체를 초월하는, 구속받은 공동체로 다시 태어나야 한다.

가장 기초적인 생물학 공동체인 가족조차도 우리의 가장 중요한 정체성을 결정하지 않는다. 하나님과의 관계가 우리의 가장 중요한 정체성을 결정한다. 요한은 그리스도인이 된 모든 이가 "하나님의 자녀……혈통으로나 육정으로나 [자녀를 갖겠다는] 사람의 뜻으로 나지 아니하고 오직 하나님께로부터 난 자들"이라고 쓴다(1:12-13). 이 구절은 특히 타고난 가족이 건강하지 못하거나 문제가 있는 이들에게 힘이 된다. 우리를 자유롭게 하는 성경은 우리가 타고난 공동체의 죄와 망가짐을 초월할 수 있다고 약속한다. 하나님의 자녀가 우리의 가장 중요한 정체성이기 때문이다.

이 삼위일체적 관점은 실제 생활에서 놀라운 균형을 낳는다. 우리는 교회에서 가족과 성, 민족, 국적 등 생물학에 기초한 차이점들을 하나님이 주신 선물로 감사하면서 축하할 수 있다. 우리의 다양성은 풍성한 질감의 공동체들을 일으킨다. 우리는 천국에서도 "각 나라와 족속과 백성과 방언에서" 각자의 문화적 유산을 가지고 사람들이 나아오는 모습을 볼 수 있을 것이다(계 7:9). 그리스도인들이야말로 진정한 다문화주의자다.

동시에, 생물학에 기초한 이런 특징들이 궁극적으로 그리스도인을 정의하거나 이들을 적대적이고 호전적인 파벌로 분리하지 않는다. 영적인 연합의 기쁨과 경이로움이 그리스도인들을 하나 되게 한다. "거기에는 헬라인이나 유대인이나 할례파나 무할례파나 야만인이나 스구디아인이나 종이나 자유인이 차별이 있을 수 없나니 오직 그리스도는 만유시요 만유 안에 계시니라"(골 3:11). 그리스도인들은 모든 인간 부류를 초월하는 구속받은 공동체로 입양된다.

문화 전쟁이 아닌 구출 작전을 벌이라!

논란의 여지가 있는 윤리 문제들을 다룰 때는 주요 목표를 염두에
두는 것이 매우 중요하다. 사람들을 설득하여 행동을 바꾸게 하는 것
이 가장 중요한 목표는 아니다. 그리스도인이 되는 장애물을 무너뜨
리는 것이다. 우리가 누구를 상대하든, 상대가 어떤 윤리 문제와 씨
름하고 있든, 그들의 첫 번째 필요는 복음을 듣고 하나님의 사랑을
경험하는 것이다. 그들 인생의 가장 중요한 문제는, 살아 계신 하나
님과 영원까지 이어지는 관계를 맺고 있느냐의 여부다.

  자신의 열여덟 살짜리 조카가 트랜스젠더인지 아닌지 고민하고
있다면서 어느 여성이 이메일을 보내 왔다. 이 여성은 내가 출연한
포커스 온 더 패밀리 라디오 프로그램을 듣고서 조카에게 내 책『완
전한 확신』(Finding Truth)을 보내도 괜찮겠느냐고 문의했다. 내 대
답은 "물론이죠"였다. 그 책은 윤리적인 질문들을 다루는 것이 아니
라, 모든 사람이 직면한 가장 중요한 질문을 다룬다. 기독교는 과연
진리이며, 우리는 어떻게 기독교를 알 수 있는가? 기독교는 경쟁하
는 다른 세계관과 종교들과 어떻게 비교할 수 있는가? 사상들을 시
험해 보고 우리가 진리를 찾고 있다고 확신할 수 있도록 사용 가능
한 전략이 있는가?

  어떤 사람이 기독교가 진리라고 확신하면, **그 이후에야** 그것이 자
신의 성에 어떤 의미인지 질문을 던질 수 있다. 그제야 비로소 자신
의 성 문제를 해결할 수 있는 영적 능력과 자원을 갖출 것이다.

윤리 문제들을 다루는 주된 이유는 이것들이 구원 메시지를 듣는 데 방해가 되기 때문이다. 사람들은 성경이 증오와 상처 주는 말이 가득하고 편협하고 부정적이라는 말을 귀에 못이 박이도록 듣는다. 성경이 죄에 대해 어떻게 가르치는지 분명히 하는 것도 중요하지만, 전체적인 맥락은 대체로 긍정적인 메시지여야 한다. 기독교만이 하나님이 주신 좋은 선물인 몸의 가치와 의미를 제대로 보는 고차원적 관점의 기초를 제공할 수 있다. 윤리 문제로 씨름하는 사람들과 교제할 때는 생명을 주는 메시지로 다가가야 한다. 아름다운 성경적 생명관으로 사람들을 끌어들이도록 애써야 한다.

어느 그리스도인 심리학자의 표현대로, 우리의 목표는 "문화 전쟁이 아니라 구출 작전을 벌이는" 것이다.[79]

자신의 관점 내부에서 타인의 관점을 비판하는 것은 효과를 내기 어렵다. 그것은 그들이 **당신에게** 동의하지 않는다는 뜻에 불과하다. 다른 사람의 관점으로 한 걸음 들어가서 상대방의 용어로 그 관점이 실패한 이유를 거기에서부터 비판하는 것이 훨씬 더 설득력 있다. 그러기 위해서 그리스도인들은 세속 세계관들에 익숙해지고, 그 탈인간화되고 파괴적인 함의를 드러내는 법을 배워야 한다. 그때에야 비로소 상대방은 기독교를 믿을 만한 대안으로 고려할 여지를 두게 된다.

• • •

어떻게 세계적으로 참여할 것인가

이 모든 내용이 우리 가족과 전 세계적인 참여에 암시하는 바는 무엇인가? 내가 그리스도인이 되게 도와준 사람들은 우리 가족이었다. 십대 시절, 내가 성장한 루터교 배경을 버렸고 다시 돌아갈 생각도 없었다. 나중에, 독일에서 학교에 다니면서 라브리를 찾았다. 라브리는 눈부시게 아름다운 스위스 알프스산맥에 프랜시스 쉐퍼와 이디스 쉐퍼(Edith Schaeffer)가 세운 복음주의 사역 단체였다(이 이름은 프랑스어로 "쉼터"라는 뜻이다). 나는 오래 머물 생각이 없었다. 라브리를 거쳐 여행하는 가족을 잠시 만나고 돌아갈 예정이었다. 하지만 거기 머무는 동안에 두 가지에 감명을 받았다. 첫째, 이전에 들어 본 어떤 진리보다 더 강력한 기독교의 진리 주장을 들었다. 둘째, 이전에 만나 본 어떤 공동체보다 더 사랑이 풍성한 기독교 공동체를 목격했다.

쉐퍼 부부는 국제 기독교 협의회(International Council of Christian Churches)와 어린이 전도 협회(Child Evangelism Fellowship) 설립과 관련하여 맨 처음 스위스에 왔다. 딸들은 대학에 입학할 무렵, 로잔에 있는 대학교에 다니기 위해 산을 내려왔다. 친구들이 하나님과 종교에 대해 질문하자, 아이들은 "우리 아빠를 만나 봐. 아빠는 그런 질문들을 잘 다루셔"라고 대답하곤 했다.

쉐퍼의 집은 알프스산맥 높은 곳에 있는 자그마한 농장 마을에 있어서 그곳을 찾은 학생들은 일주일 동안 머물 때가 많았다. 거기 다녀온 학생들은 자기 친구들에게 이야기를 전했고, 그 친구들이 또 친구들에게 이야기를 전해서 쉐퍼의 오두막은 소파에서, 복도에서, 베란다에서 잠을 자는 학생들로 넘치게 되었다.

이렇게 해서 라브리 공동체는 젊은이들이 몇 달간 머물면서 함께 사는 그리스도인 공동체를 직접 목격할 수 있는 체류 사역으로 발전했다. 사역이 성장하면서, 다른 부부와 싱글들도 공동체에 합류하여 **자신들의** 집을 학생들에게 개방했다. 나를 포함한 수많은 학생들이 기독교로 회심한 주요한 이유는 자신의 삶으로 복음을 드러낸, 그리스도인 가족들의 일상 행위 가운데 구체화된 진리를 보았기 때문이다.

가족 구성원을 한데 묶어 주는 생물학적 연결은 단순히 자신의 필요만을 채우기 위한 것이 아니라, 다른 사람들을 위한 사역에 사랑하는 관계의 기반을 제공하기 위해서다. 공동선을 섬기기 위한 것이다. 산업혁명 이전에 가정은 수많은 실용적인 기능들을 제공했다. 가정은 자녀를 교육하고, 환자와 노인을 돌보며, 가족 사업을 운영하고, 고객과 사회에 봉사하고, 가난한 사람들을 돕기 위한 여분을 생산하는 곳이었다. 가정은 더 넓은 사회로 나아갔다. 오늘날 우리는 직업이나 정치 활동, 자원 활동 단체를 통해 더 큰 선을 실천한다고 생각하기 쉽다. 하지만 가족을 통해서는 어떤가? 우리는 다른 사람들을 끌어들일 만큼 충분한 사랑의 그물망을 형성한다는 목표로 가족 관계를 키우고 세우는가? 곤경에 빠진 사람들을 섬길 만큼 충분히 강력한 본거지를 만들겠다는 생각이 있는가?

성경은 "하나님이 고독한 자들은 가족과 함께 살게 하시며"라고 말한다(시 68:6). 고독하고 상처받고 소외된 사람들을 위한 사역에 하나님이 들어 쓰실 수 있는 강하고 건강한 가족은 누가 세울 것인가?[80]

알리스 엘헤이지(Alysse ElHage)는 난장판 가정에서 자랐다. 두 살 때 부모가 이혼한 후로 집에는 수많은 남자들이 들고 났다. "엄마는 여러 차례 결혼했고, 그 말인즉 우리 삶에는 늘 다른 남자들(과 때로는 아이들)이 나타났다가 사라졌다는 뜻이다. 어느 날 갑자기 배다른 오빠나 여동생이 생겼다가, 갑자기 없어지곤 했다." 어떤 아이가 이런 혼란을 겪으면서 역기능을 피해 갈 수 있겠는가?

엘헤이지는 "다행히, 내게는 생명줄이 있었다"라고 쓴다. 어머니는 그녀를 매주 교회에 데려갔다. "나는 신앙 공동체에서 **온전한** 가족들을 만났다. 이 아이들은 서로 사랑하고 아이들을 사랑하는 엄마 아빠를 두었고, 내가 질투를 느낄 정도로 대체로 안정적이고 행복한 가정에서 자라고 있었다. 세상에는 자기 가족을 떠나거나 상처를 주지 않는 남자들도 있음을 알게 되었다." 이 남자들이 완벽하지는 않았다. 하지만 "나는 행복하고 온전한 결혼이 동화 같은 이야기가 아니라, 신실한 아버지와 남편이 정말로 있다는 것을 알고서 희망을 발견했다."[81]

당신은 당신의 가정을 외로운 사람들, 상처받고 희망을 잃어버린 사람들에게 희망을 주는 장소로 바꾸고 있는가?

이와 똑같은 전략이 성적인 죄와 씨름하고 있는 사람들에게 교회가 제공하는 최선의 해결책일지도 모른다. 수치심과 죄책감은 많은 이들에게 고립감과 외로움을 안겨 준다. 과거에 레즈비언이었던 로사리아 버터필드는 시라큐스 대학교에서 퀴어 이론을 전공한 영문학 교수로 오랫동안 일했다. 오늘날 그녀는 기독교로 개종하고 한 남성과 결혼하여 네 자녀를 홈스쿨링으로 가르치고 있다. 버터필드는 성경이 가르치는 성 윤리를 분명히 말해 주는 것만으로는 부족하다고 쓴다. 그리스도인들은 급진적인 환대를 실천해야 한다. 그녀는 그런 환대를 가리켜 집 열쇠로 복음을 나누는 것이라고 이야기한다. "특히 치명적인 외로움으로 죽어 가는 이들에게, 당신이 집 열쇠로 복음을 나누고 있지 않다면, 한번 해보면 어떤가?"

하나님은 시험당하는 모든 사람을 도와주겠다고 약속하신다. "너희가 감당하지 못할 시험당함을 허락하지 아니하시고 시험당할 즈음에 또한 피할 길을 내사 너희로 능히 감당하게 하시느니라"(고전 10:13). 하지만 하나님이 **어떻게** 피할 길을 내시는가? 당신의 책임은 무엇인가? 버터필드는 묻는다. "**당신** 가정이 피할 길인데, 당신이 너무 바쁘다면 어떻게 되겠는가?"[82]

몸이 굶주린 사람들은 몸에 좋지 않은 음식도 먹고, 정서가 굶주린 사람들은 건강하지 못한 관계에 끌릴 것이다. 성경적 성 윤리를 부정적인 순결로만 이해한다면(하지 마라, 틀렸다, 죄다), 성경적 성 윤리를 따르는 것은 거의 불가능하다. 교회는 사람들이 간절히 바라는 건강한 관계들을 제공해야 한다.[83]

사도들은 그리스도인들에게 "서로 대접하라"라고 명령했다(벧전 4:9). 사람들을 자기 집에 초대하여 영적 가족의 일원으로 대하라고 말한다. 다른 그리스도인들뿐 아니라 "나그네를 대접하라"라고 말한다(히 13:2, 새번역). 우리와 달라서 불편하게 느낄 수도 있는 사람들을 환영하라는 것이다.

알래스데어 매킨타이어(Alasdair MacIntyre)는 널리 읽힌 『덕의 상실』(After Virtue)에서 주변 사회가 연결하는 접착제 역할을 잃어 갈 때 가장 중요한 대응은 소규모 지역 공동체를 세워서 자녀와 신자들에게 무너져 가는 세상에서 생명을 주는 강력한 관계를 재건하는 법을 가르치는 것이라고 쓴다. "이 단계에서 중요한 것은, 이미 우리에게 도래한 새로운 암흑기를 통과하면서 정중함과 지적·윤리적 생활을 유지할 수 있는 지역 공동체 건설이다."[84] 우리 가족과 교회는 인간 공동체의 본보기를 가지고 스스로를 초월하여 뻗어 나가는 문명

네 몸을 사랑하라

의 중심이 되어야 한다.

가장 강력한 기독교 공동체(가족, 회중, 싱글 모임)는 더 큰 비전, 곧 사명감으로 움직이는 공동체다. 하나님이 당신에게 넉넉한 수입과 사랑스러운 배우자, 강력한 교회 공동체, 신뢰할 만한 친구들을 주셨다면, 이 모든 선물은 당신만을 위한 것이 아니다. 이를 바탕으로, 망가진 채 의미를 찾는 사람들에게 손을 내밀어야 한다. 하나님은 기독교가 말뿐이 아니라 실재라는 희망을 제공할 기회를 당신에게 주고 계신다. 희망과 치유의 메시지에 뼈와 살을 입힐 기회 말이다.

그리스도인들은 상처받은 사람들, 세속 윤리 혁명의 난민들에게 사역할 준비가 되어 있어야 한다. 이들의 삶은 자유와 자율성이라는 거짓 약속에 산산이 부서져 버렸다. 이들이 철저히 단절된 원자화된 개인이라는 말에 설득당하면, 이들의 관계는 약해지고 파편화될 것이다. 우리 주변 사람들은 점점 더 불안과 외로움에 시달릴 것이다. 이 새로운 양극화는 그리스도인 공동체가 사람들이 하나님의 헌신과 신실하심을 반영하는 아름다운 관계를 목격하는 안전한 피난처가 될 수 있는 기회다.

:::::

감사의 글

이 책은 집필 과정에서 풍성한 피드백을 받았다. 몇몇 기독교 대학과 학교, 변증학 세미나에서 강의 형태로 이 내용을 전한 바 있다. 게다가 휴스턴 뱁티스트 대학교 학부 과정과 대학원 과정에서 전체 원고 내용을 가르쳤다. 같은 학교 아너스 칼리지 학생들과 두 군데 독서 모임을 구성하기도 했다. 여름 동안 홈스쿨 그룹 스콜라의 캐스린 히트 하르트와 패트리샤 새뮤엘슨이 조직한 독서 모임에서 피드백을 받았다. 리저너블페이스의 챕터 리더 데이비드와 수 통이 또 다른 독서 모임을 조직했다. 폴 쇼클리가 성서학 대학에서 가르치는 윤리학 강의에서 초고를 바탕으로 수업도 몇 차례 진행했다.

유용한 피드백을 해준 바버라 찰리스와 마리아 던에게 감사한다. 내 가족 중에서도 원고를 읽고 논의해 준 이들이 있었다. 남편 릭 피어시는 언제나처럼 내 최고의 편집자요 대화 상대가 되어 주었다.

원고 전체나 일부를 기꺼이 읽어 준 동료들에게 감사한다. 그중 일부는 몇 주에 걸쳐 토론 모임에 참석해 주었다. 애그니스카 초픽,

사라 프리어, 트레 홀콤, 앤서니 조셉, 제러미 닐, 크리스토퍼 스넬러, 존 올리버 타일러, 제리 윌스에게 감사한다.

전문 지식이나 경험을 가진 몇몇 개인도 원고 전체나 부분을 읽고 유용한 조언을 해주었다. 라이언 T. 앤더슨, 로사리아 버터필드, 알리스 엘헤이지, 그레그 제슨, 스캇 매슨, 대로우 밀러, 스텔라 모라비토, 팀 오토, 제니퍼 로백 모스, 멜린다 셀미스, 리앤 사이먼, 글렌 스탠튼, 위렌 스톡모튼, 이브 터쉬넷, 마크 야하우스에게 감사한다. 이들은 내가 쓴 모든 내용에 동의하지는 않았지만, 원고를 두고 비판적인 상호 작용이 오갈 수 있었다.

늘 그렇듯이, 내 에이전트 스티브 라비는 열정과 에너지가 넘치도록 이 프로젝트를 지지해 주었다. 마지막으로, 베이커 출판사 관계자들에게 감사를 표하고 싶다. 특히, 편집자 밥 호색, 프로젝트 편집자 린지 스폴스트라, 마케팅 부대표 마크 라이스, 마케팅 매니저 아일린 핸슨, 아트 디렉터 패티 브링크스에게 감사한다. 탁월함에 헌신된 사람들과 함께 일하는 것은 큰 기쁨이다.

:
.

스터디 가이드

이 스터디 가이드의 목적은 독자들이 이 책에 담긴 개념들과 좀 더 깊이 교감할 수 있도록 도우려는 것이다. 이 책에서 읽은 것을 자신의 말로 바꾸어 표현하면서 그 개념들을 재진술해 보면 내용을 좀 더 충실하게 정리할 수 있을 것이다. 책을 읽으면서 새로운 개념을 알게 될 때, 이를 이미 축적해 놓은 지식과 연결하면 그 새로운 자료는 훨씬 더 큰 점착력을 갖게 될 것이다.

그렇다면, 스터디 가이드를 최상으로 활용하는 열쇠는 단순히 자기 견해와 생각을 말하는 것이 아니다. 그렇게 하는 것은 무언가 새로운 내용을 배우는 게 아니라 이미 알고 있는 사실을 되뇌는 것일 뿐이다. 사람의 사고는 낯선 개념들을 붙잡고 씨름하면서 더 넓어지고 깊어진다. 가장 효과적인 전략은, 각 질문을 대할 때 먼저 해당 본문을 참조해서 답변하는 것이다. 읽은 것을 먼저 요약하라. 그런 다음 자유롭게 자기 생각을 제시하라. (몇몇 질문들은 특히 개인적인 입장을 묻기도 한다).

변증학의 목표는 나의 기독교 신앙을 좀 더 명료하고 설득력 있게 전하는 법을 배우는 것이다. 그러므로 스터디 가이드의 질문을 하나씩 채워 나갈 때 '정답'만 구하려고 하지 말라. 기독교를 받아들이지 않는 사람에게 그 개념을 어떻게 설명할지를 생각하라. 스터디 가이드를 활용해, 앞으로 곧 있을 실제 대화를 연습하라. 운동 경기 코치가 말하듯이, "연습이 곧 실전이다." 그러니 현실 세계에 대비하여 연습하라.

질문: 각 질문마다 짤막한 문장으로 답변하라. 관련 주도 찾아서 모두 읽고, 그 배경 지식을 답변에 반영하라. (출처만 알려 주는 주는 건너뛰어도 괜찮다.) 일부 문항은 여러 질문으로 나뉘어 있다. 답변은 각 질문마다 모두 해야 한다.

대화: 장마다 간단한 대화를 구성해 보도록 요구한다. 전문 변증가들이 이와 같은 훈련 방법을 쓴다. 실제로 대화할 때는 책에서 본 어떤 문장을 그냥 통째로 상대방에게 쏟아부을 수는 없다. 자기 생각을 조금씩 조금씩 풀어 나가면서 상대방의 질문과 반론에 응수해야 한다. 그러므로 가능한 한 아주 현실적으로 대화를 구성해 보면서 실제 사람과 실제 대화를 나눌 준비를 해야 한다. 대화가 길 필요는 없지만(한 사람당 네 마디 정도), 그럴듯한 내용이 담겨 있어야 한다.

각 대화는 주어진 주제를 바탕으로 상대방이 반론을 제기한다고 가정하고 시작하라. 토론을 계속 이어 갈 수 있는 답변을 구상하라. 가상의 반론 제기자에게 창의적인 이름을 붙여 줌으로써 대화에 재미를 더할 수도 있다. 이런 식의 대화는 무엇인가를 그냥 아는 것과 아는 것을 다른 이에게 어떻게 설명할 것인가의 간극을 메우는 데 도움이 될 것이다.

스터디 가이드를 강의실에서 사용할 때는, 각 장마다 수업에서 발표할 대화를 하나만 고르고, 나머지 대화에는 보통 질문처럼 답한다. 참가자들은 자기가 구성한 대화록을 두 부씩 가져와 두 사람씩 짝을 이루어 연극을 하듯 큰 소리로 읽는다.

서론

1. 대법원의 2013년 원저 판결은 기독교 윤리에 대해 어떤 관점을 드러냈는가? 2016년 미국 시민권 위원회 위원장은 종교의 자유에 대해 어떤 관점을 표현했는가? 다른 데서 이와 똑같은 태도를 들어본 적이 있는가? 당신이 경험한 내용 중에 한두 가지 예를 들어 보라. 당신은 그런 관점에 어떻게 반응했는가?

2. 어떻게 해서 세속주의가 전 세계에 걸쳐 나타나고 있는지 설명하라. 이런 현상이 선교에 내포하는 함의는 무엇인가? 때로 사람들이 내가 쓴 세계관 관련 도서가 미국 문화에만 적용되는지 묻곤 한다. 나는 그들에게 한 선교사가 해준 말을 전해 주곤 한다. "미국 문화가 전 세계에 수출되고 있어요!" 그래서 이 책을 읽으면 전 세계 어디에 사는 사람과도 상호 작용하는 법을 알게 될 것이다.

3. 사실 개념이 어떻게 분리되는지 설명하라. 과거에 무신론자들은 기독교가 거짓이라고 주장했는데, 오늘날에는 기독교가 사실이냐 거짓이냐의 문제가 아니라, 개인의 감정과 경험의 문제에 불과하다고 주장하는 경향이 있다. 즉 기독교를 개인의 "가치관"이라는 하층부에 제한하는 것이다(주13을 보라). 이런 경향은 우리가 기독교를 사람들에게 제시하는 방식을 어떻게 변화시켜야 하겠는가?

4. 서양 사상의 두 흐름, 곧 계몽주의 전통과 낭만주의 전통을 간단하게 설명해 보라. 이 두 전통은 사실/가치 분리와 어떻게 연결되는가? **모더니즘**으로 요약할 수 있는 사상은 어떤 전통이고, **포스트모더니즘**으로 요약할 수 있는 사상은 어떤 전통인가?

1. 나는 내가 싫다

1. 사람됨 이론을 설명해 보라. 어떻게 해서 이 이론은 사실/가치 이분법이 드러난 것인가? 이것은 인간 생명과 몸을 폄하하는 관점을 어떻게 표현하는가?

2. 목적론적 자연관을 정의해 보라. 생물학과 물리적 우주에서 목적론적 관점을 드러내는 증거는 무엇인가?

3. 다윈주의는 어떻게 목적론적 자연관의 대안을 제공했는가? 이는 과학적 사고뿐 아니라 윤리적 사고에 어떤 영향을 미쳤는가?

4. 몸/인격 이원론이 다음과 같은 문제들에서 가장 흔한 논리의 핵심에 있는 이유를 간단하게 설명해 보라.

   - 낙태
   - 안락사
   - 성적 쾌락주의
   - 동성애
   - 성전환

5. 성경이 어떻게 몸을 중시하는 관점을 지지하는지 설명해 보라. 성경적 관점과 영지주의적 관점을 비교해 보라.

6. 성육신은 몸에 대한 우리의 관점에 어떤 함의가 있는가? 그리스도의 몸의 부활은 어떤 함의가 있는가? 우리는 승천을 간과할 때가 자주 있

다. 승천은 어떤 의미인가?

7. 예수님은 왜 나사로의 무덤 앞에서 눈물을 흘리셨는가? 이 사건은 악의 문제에 대한 성경적 답변을 설명하는 데 어떻게 도움이 되는가?

8. 우리의 시민권이 하늘에 있다는 신약성경 말씀은 무슨 뜻인가? 이 말씀의 진짜 의미는 그 전형적인 해석과 어떻게 대조되는가?

9. 금욕주의는 무엇인가? 바울은 금욕주의에 어떻게 반응하는가? 당신의 경험에 비추어 보건대, 오늘날 금욕주의가 흔한가?

10. 성속 이분법을 설명해 보라. 이것이 왜 문제인가? 당신이라면 본문 내용을 활용하여 그것이 성경적이지 않다고 어떻게 주장하겠는가?

11. 우리가 때로 몸과 분리되었다고 느끼는 이유는 무엇일까? 당신에게도 그런 경험이 있는가?

12. 창조, 타락, 구속의 균형을 어떻게 유지할 수 있는지 설명해 보라.

대화 1

"그리스도인들은 왜 그렇게 혐오스럽고 편견이 심한가?" 당신은 기독교 윤리에 혐오와 상처가 가득하다는 대법원 판결에 동의하는 비그리스도인과 이야기하고 있다. 낙태와 동성애를 비롯한 여러 문제에 대한 성경의 입장이 사실은 몸에 대한 고차원적 관점에서 비롯되었음을 설명해 주라.

대화 2

당신은 **이** 세상에는 별 가치가 없기에 천국에 가는 데 집중해야 한다고 생각하는 그리스도인과 이야기하고 있다. 성경이 창조세계와 몸을 소중히 여기라고 가르친다는 주장을 어떻게 변호하겠는가?

2. 죽음의 즐거움

1. 일부 사람들이 낙태를 합법화하는 법이 중립적이라고 주장하는 이유는 무엇일까? 당신이라면 본문에 기초하여 그들이 중립적이지 않다는 것을 어떻게 증명할 수 있겠는가? (63쪽도 읽어 보라.)

2. 데카르트가 그의 이층적 이원론이 기독교를 옹호할 것이라고 생각한 이유는 무엇이었는가? (주12를 꼭 읽으라.) 왜 그의 옹호는 실패했는가?

3. 이층적 이원론은 어떻게 낙태에 대한 생각에 영향을 미치는가? (1장에서 관련 내용을 다시 읽고, 그 부분을 포함하여 답변하라.) 낙태를 수용한다면, 이원론적 사고가 논리적으로 불가피한 이유는 무엇인가?

4. 생리학적으로 인간이라는 것이 사람됨의 근거가 아니라면, 그 근거는 도대체 무엇인가? 사람들이 제안한 기준의 문제점은 무엇인가?

5. 어떻게 해서 낙태를 뒷받침하는 논리가 영아살해에도 똑같이 사용되는가? 이 논리가 뒷받침하는 다른 관행에는 어떤 것들이 있는가?

6. 낙태 반대법이 종교적 신념을 부과한다고 주장하는 사람들이 있다. 당신은 본문 내용을 활용하여 어떻게 대답하겠는가?

7. 생명우선 운동은 수정 단계에 생명이 시작된다는 과학적 증거에 기초한다. 본문에 기초해서 그 증거를 요약해 보라. 당신에게는 그 증거가 설득력이 있는가? 그런 이유, 혹은 그렇지 않은 이유는 무엇인가? 당신이 잘 알고 있는 추가 증거를 말해 보라.

8. 낙태 지지자들이 과학을 부인하고, 비과학적·비경험적·형이상학적 인격 개념에 의지하게 된 과정, 곧 상층부로 이동한 과정을 설명해 보라.

9. 낙태를 지지하는 논리는 배타적이지만 생명을 지지하는 논리는 포괄적이라고 말해 주는 주장을 당신의 말로 표현해 보라.

10. 어떻게 진화론적 물질주의는 인권 개념을 "기독교 신화"로 축소하는가? 기독교 이외에 인권의 기초를 제공하는 세계관이 있는가? 당신의 답변을 변호해 보라.

11. 배 속의 아기에게 선천적 장애가 있을 수도 있다는 진단을 받은 그리스도인 커플이 있다. 의사들은 아이를 낙태하라고 권했다. 남편이 아내에게 "내 생각도 있지만, 결정은 당신이 해"라고 말했다. 당신은 남편들에게 낙태에 대한 의견을 피력할 권리가 있다고 생각하는가? 그렇게 생각하는 이유, 혹은 그렇게 생각하지 않는 이유는 무엇인가?

12. 출애굽기 21:22-25을 잘못 해석하는 경우가 많다. 주56을 읽고 사람들이 이 구절을 어떻게 잘못 해석하는지, 최신 성경학자들은 이 구절을 어떻게 해석하는지 설명해 보라.

13. 낙태와 영아살해에 반대하는 기독교의 입장이 실제로는 여성을 높

이 보는 관점을 표현한다는 점을 요약해 보라. 당신은 이에 동의하는가? 왜 동의하는가, 혹은 동의하지 않는가?

14. 그리스도인들이 인간 생명을 소중히 여기라는 성경의 가르침을 살아 낼 수 있는 구체적이고 창의적인 방법에는 어떤 것들이 있는가? 당신의 경험에서 예를 들어 보라.

대화 1

"엄마, 아빠, 저 임신했는데 낙태하고 싶어요." 당신 딸이나 아들의 여자 친구가 이런 상황이라고 상상해 보라. 혹은 낙태를 원하는 친구와 이야기하고 있다고 상상해 보라. 이 장의 내용을 활용하여, 어떻게 반응할지 연습해 보라. 낙태가 논리적으로 이원론적 인간관, 곧 인간 생명의 초기 단계를 하찮게 여기는 관점을 내포한다는 점을 설명해 보라.

대화 2

대학생인 당신이 교수와 이야기하고 있다. 이 교수는 낙태에 대한 반대는 종교에 기초한 것이고, 공적 영역에 속하지 않는다고 주장한다. 상대를 존중하는 태도를 유지하면서, 실제로는 낙태에 반대하는 사람들이 과학에 기초한 반면, 낙태를 지지하는 사람들이 과학을 거부하고 형이상학적 사람됨 개념에 의지하는 것이라고 교수를 설득해 보라.

3. 친애하는 소중한 유권자께

1. 어떻게 해서 이층적 사람됨 이론이 안락사와 조력 자살을 지지하는 주장에서 핵심인가? 어떻게 생명 윤리에 대한 논문을 보지 않는 보통 사람들도 이런 이론의 영향을 받는가? 당신의 입장은 무엇이고, 어떻

게 그 입장을 뒷받침하겠는가?

2. 어떻게 다원주의로 인해 많은 사람들이 안락사를 받아들이게 되었는가? 다음과 같은 유명 인물들의 사상을 요약해 보라. 이들의 공통된 사상은 무엇인가?

- 에른스트 헤켈
- 잭 런던
- 마거릿 생어
- 올리버 웬델 홈즈 주니어
- 클래런스 대로

3. "당신의 관점을 남들에게 강요하지 마세요." 당신이라면 본문에 기초하여 이렇게 말하는 사람에게 어떻게 반응하겠는가?

4. 배아를 연구에 사용할 때 나타나는 윤리 문제들을 묘사해 보라. 당신은 이에 대해 어떤 견해를 가지고 있으며, 어떻게 그 견해를 뒷받침하겠는가?

5. 우리가 사람을 사고파는 행위를 허용하지 않는 이유를 설명해 보라. 인간이나 인간 신체 기관을 매매하는 것은 어떻게 사람됨을 폄하하는가?

6. 데카르트의 이원론이 트랜스휴머니스트들의 미래 시나리오에 어떻게 드러나는가? 이 단락 맨 마지막 부분에 나오는 루이스의 유명한 구절을 외워 두라.

7. 다윈은 『종의 기원』이라는 책을 썼지만, 종의 실재를 부인했다. 이 모순을 설명해 보라. 종의 존재를 부인한 것에는 어떤 윤리적 함의가 있는가?

8. 본문에서는 유전기술의 성경적 근거를 무엇이라고 말하는가? 당신은 이에 동의하는가? 그 이유는 무엇인가?

9. 인권이 우리가 인간이라는 사실에 근거하지 않으면 어떻게 되는가? 여기서 예로 든 리처드 로티의 악명 높은 유네스코 연설을 요약해 보라.

10. 동물권 운동은 사람됨 이론과 대치된다고 생각하는 사람들이 있다. 그렇지 않은 이유를 설명해 보라. 그런 다음, 자연을 존중해야 하는 성경의 근거를 제시하라.

11. 신약성경의 아동관은 당신의 주변 그리스-로마 문화와 어떻게 철저하게 달랐는가? 예전 기독교 문화가 아동에 대한 로마인들의 태도를 바꾸었을 가능성에 대해 어떻게 생각하는가?

12. 아직 태어나지 않은 당신의 아이에게 치명적인 건강 문제가 있다는 것을 알게 되었다면, 낙태를 선택하겠는가? 어느 쪽이든 당신의 논리를 설명해 보라.

13. 호스피스 운동을 일으킨 그리스도인의 관점에 대해 묘사해 보라.

대화 1

"얘들아, 엄마 아빠는 할머니의 생명 유지 장치를 떼어 내기로 결정했단다." 당신이나 당신 부모가 장애가 있지만 죽음을 앞두지는 않은 할머니의 안락사를 결정했다고 생각해 보라. 본문 내용을 활용하여 안락사에 반대하는 주장을 펴 보라.

대화 2

얼마 전에, 교육을 잘 받은 어느 전문직 종사자 그리스도인이 조력 자살이 왜 잘못되었느냐고 내게 물었다. 그는 정기적으로 교회에 출석하지만, 주변에 온통 세속 사상이 자리 잡고 있어서 자살을 거부해야 하는 성경적 근거를 이해하지 못했다. 당신이 이 질문을 받은 사람이라고 생각하고, 답변을 적어 보라.

4. 조현증 성

1. 데카르트의 이원론이 훅업 문화에 어떻게 반영되었는가?

2. 본문은 "성적 쾌락주의가 섹스에 **지나치게 큰** 중요성을 부여한다고 생각할지도 모른다. 하지만 실제로는 **지나치게 적은** 중요성을 부여할 뿐이다"라고 말한다. 설명해 보라. 당신은 이 말에 동의하는가?

3. 본문은 "역설적으로, 성적 실험을 즐기는 젊은이들은 대체로 자신들이 성인 문화에 반항하고 있다고 생각한다. 하지만 실상은 성인 문화가 이들에게 던져 준 대본을 충실히 따라가고 있다"라고 말한다. 설명해 보라. 당신은 오늘날 순결을 지키려면 용기가 필요하다는 말에 동의하는가?

4. 본문에 따르면, 왜 어떤 사람들은 사람을 상대하든 포르노그래피를

보든, 비인격적인 섹스에 끌리는가? 당신은 성에 대한 기독교적 관점이 세속 관점보다 더 긍정적이라는 말을 어떻게 증명하겠는가?

5. 당신이 보기에, 많은 젊은이들이 포르노그래피에 무감각한 이유는 무엇인가? 포르노그래피의 부정적인 결과를 몇 가지 써 보라.

6. 성관계를 맺을 때 어떻게 몸에서 화학적 결합이 일어나는지 묘사해 보라. 이런 사실은 무엇을 암시하는가?

7. 왜 포르노는 중독적인가? 중독 과정을 묘사해 보라.

8. 물질주의 철학은 성 윤리 이론들에 어떤 영향을 미쳤는가?

9. 다음 사상가들의 견해를 요약해 보라. 이들에게 공통으로 나타나는 주제는 무엇인가?

- 프로이트
- 생어
- 킨제이
- 라이히
- 푸코

10. 물질주의 사상가들이 성적 쾌락을 우상으로 만드는 이유는 무엇인가? 이에 대한 답변으로, 로마서 1장의 역학을 설명해 보라. 어떻게 해서 성을 하층부에 유지하려는 성에 대한 물질주의적 관점조차 그것을 대체 종교로 취급하게 되었는지 설명해 보라.

11. 어떻게 우리 몸으로 거짓말을 할 수 있는가? 당신의 예를 몇 가지 들어 보라.

12. 본문은 팀 켈러의 말을 인용한다. "성은 두 사람이 서로 '나는 전적으로, 영원히, 배타적으로 당신께 속했다'라고 말하도록 하나님이 정하신 방식이다." 당신은 이 말에 동의하는가? 동의하는 이유, 혹은 동의하지 않는 이유는 무엇인가?

13. 성경 드라마의 3막 곧 창조, 타락, 구속이 어떻게 성에 적용되는지 설명해 보라.

14. 싱글에 대한 성경의 가르침을 요약해 보라. 교회는 이들을 더 잘 지지하고 양육하기 위해 어떤 일을 할 수 있는가?

15. 어떻게 세속 성교육은 아이가 "원수"라는 의미를 전달하는가? 당신은 그런 관점을 지닌 사람에게 성과 가족에 대한 성경적 관점을 어떻게 설명하겠는가?

대화 1

"엄마, 아빠, 저랑 제 여자친구/남자친구는 서로 사랑해요. 성관계를 갖는 게 뭐가 문제인지 모르겠어요. 다른 친구들은 다 해요." 당신 아들이나 딸, 혹은 친구가 이렇게 말한다고 상상해 보라. 본문 내용을 활용하여 성에 대한 성경적 관점을 어떻게 설득할 수 있을지 대화체로 연습해 보라.

대화 2

당신은 성경 말씀을 전하면 그만이지 세계관을 공부할 필요는 없다고 말하는 그리스도인과 이야기하고 있다. 성에 대한 근대 서양 사상을 형성한 사상가들의 예를 활용하여 어떻게 세계관이 사람들의 사고를 형성하는지, 어떻게 오락과 교육, 잡지, 영화에 스며드는지 설명해 보라. 이런 것들이 대체 종교로 기능하기 때문에 뿌리치기 어렵다는 점을 설명해 보라.

5. 부적절한 몸

1. 배타적인 동성애에 끌리던 션 도허티가 여성과 결혼하게 되는 감정 변화에는 어떤 계기가 있었는가?

2. 성적 감정에 신체적 상관관계가 있음을 보여주는 과학의 발견을 요약해 보라. 이런 발견들을 당신은 어떻게 해석하는가?

3. 동성애 행위에 동참하는 것이 (당사자가 그 점을 의식하지 못한다 해도) 어떻게 해서 논리적으로 몸/인격 이원론을 함의하게 되는가?

4. 본문은 세속 성 윤리가 몸에 반대하는 것과 달리, 기독교 성 윤리는 몸을 위한다고 주장한다. 본문에서는 어떻게 그 주장을 변호하는가? 당신은 이에 동의하는가? 동의하는 이유, 혹은 동의하지 않는 이유는 무엇인가?

5. 칸트의 이원론을 설명해 보라. 칸트의 이원론은 어떻게 포스트모더니즘으로 가는 길을 닦았는가? 커밀 팔리아의 인용문은 어떻게 성 윤리와 관련된 세속 세계관과 성경적 세계관의 대조를 잘 담아내는가?

6. 성욕이 고정되어 있고 한 사람의 정체성에 핵심적이라는 생각은 최근에 나타난 현상이다. 언제, 어떻게 이런 사고가 만들어졌는지 설명해 보라. (주29를 읽으라. 4장의 주57도 참고하라.) 성을 한 사람의 정체성의 핵심에 둠으로써 어떤 문제들이 초래되었는가? 어떻게 해서 APA조차 "게이 대본"을 거부하게 되었는가?

7. 성적 욕구와 감정이 유동적이고 변할 수 있다는 과학자들의 말은 무슨 뜻인가? 이 새로운 발견이 함의하는 바는 무엇인가?

8. 앵글로색슨 전사와 맨해튼 도시인에 대한 팀 켈러의 사고 실험이 무슨 의미인지 설명해 보라. 당신은 팀 켈러의 요점에 동의하는가? 동의하는 이유, 혹은 동의하지 않는 이유는 무엇인가?

9. 크리스토퍼 위안은 동성애의 반대는 이성애가 아니라 거룩함이라고 말한다. 그의 말뜻을 설명해 보라. 유혹과 죄는 어떻게 다른가?

10. "하나님이 나를 게이로 만드셨어." 이렇게 말하는 친구가 있다고 상상해 보라. 당신은 어떻게 반응하겠는가?

11. 예전에 레즈비언이었던 진 로이드는 동성애에 끌리는 사람들에게 진정한 사랑으로 반응하는 법을 목회자들에게 조언한다. 그녀의 조언을 요약해 보라. 당신은 그 내용에 동의하는가? 동의하는 이유, 혹은 동의하지 않는 이유는 무엇인가?

12. 성경에서 "고자"는 어떤 의미로 사용되는가? 이성에게 매력을 느끼든 동성에게 매력을 느끼든, 교회가 싱글들이 성경적 성 윤리를 살아

널 수 있도록 도우려면 어떻게 해야 할까? 당신의 경험에서 이야기해 줄 수 있는 예가 있는가?

13. 어떤 사람들은 레위기 18:22 같은 성경 구절이 고대 가나안의 사원 매춘만 가리킬 뿐, 서로 사랑하는 헌신된 동성애 관계에는 적용되지 않는다고 주장한다. 당신은 이런 주장에 어떻게 반응하겠는가? 당신의 대답을 어떻게 뒷받침하겠는가?

14. 구약성경에 나오는 법의 세 가지 유형을 설명해 보라. 이런 구분은 동성애 같은 윤리 문제에 대한 성경의 가르침을 어떻게 분명히 해주는가?

15. 성경적 성 윤리가 초대교회 기독교 인구 증가에 기여한 이유를 설명해 보라. 이것은 오늘날의 교회에 어떤 함의가 있는가?

대화 1

"엄마, 아빠, 저 게이에요." 당신 아들이나 딸, 혹은 친구가 이렇게 이야기한다고 상상해 보라. 본문 내용을 활용하여 당신은 어떻게 반응하겠는가? 당신이 나눌 대화를 적어 보라.

대화 2

당신은 친구나 친척 등 가까운 누군가와 이야기하고 있다. 상대는 동성애 관계에 대한 성경 윤리에 의문을 품고 있다. 본문 내용을 활용하여 성경 윤리를 옹호하는 내용을 대화체로 작성해 보라.

6. 트랜스젠더, 트랜스리얼리티

1. 트랜스젠더 서사가 몸/인격의 이층적 이원론과 몸을 폄하하는 성향을 어떻게 드러내는지 설명해 보라.

2. 본문은 트랜스젠더 서사가 실제로는 성 고정관념을 강화한다고 주장한다. 당신은 이 말에 동의하는가, 반대하는가? 그 이유는 무엇인가?

3. 본문에 인용한 한 흑인 여성은 여성이 되려는 남성, 혹은 남성이 되려는 여성은 "자기혐오"에 갇힌 것이라고 말한다. 당신은 이 말에 동의하는가? 동의하는 이유, 혹은 동의하지 않는 이유는 무엇인가?

4. 본문은 "논리적으로는, 무한대의 성이 존재할 수 있다"라고 말한다. 그 이유를 설명해 보라.

5. 포스트모더니즘은 성은 사회가 구성한 것이라고 말한다. 이 말은 무슨 뜻인가? 당신은 이 말에 동의하는가, 동의하지 않는가? 그 이유를 설명해 보라.

6. 어떻게 헤겔의 역사주의가 포스트모더니즘을 낳았는가? 그 진행 단계와, 포스트모더니스트들이 말하는 성의 "탈자연화"의 의미를 설명하라.

7. 본문은 포스트모더니즘(상층부)이 모더니즘(하층부)을 그다음 논리적 단계로 이끌고 간다고 말한다. 설명해 보라. 어떤 의미에서 포스트모더니즘과 모더니즘은 모두 환원주의의 한 형태인가?

8. 일부 페미니스트들이 포스트모던 성 이론을 거부하는 이유는 무엇인 가? 당신은 그들의 주장을 어떻게 생각하는가?

9. 왜 포스트모더니스트들은 생물학적 사실조차 사회가 구성한 것이라 고 말하는가? 그런 철저한 회의론의 치명적인 결함은 무엇인가?

10. 본문은 포스트모더니즘이 여성들의 권리 기반을 무너뜨린다고 주장 한다. 왜 그런가? 당신이 이 말에 동의하거나 동의하지 않는 이유는 무엇인가?

11. 본문은 SOGI 법이 국가 권력을 크게 증가시킬 것이라고 주장한다. 그 이유를 설명해 보라.

12. 마크 야하우스는 『성별 불쾌감 이해하기』에서 성과 젠더를 해체하 는 세속 관점에 항복하는 교회가 있는가 하면, 좀 더 철저하고 엄격 하게 성 역할을 부여하여 "과잉 교정"하는 교회가 있다고 말한다. 당 신은 이 중에 어느 한쪽을 본 적이 있는가? 브랜드의 부모가 성별 불 쾌감으로 힘들어 하는 브랜든을 대한 방식을 당신은 어떻게 생각하 는가?

13. 남녀 성 이분법을 흔들려는 사람들은 간성인의 존재를 언급하곤 한 다. 어떻게 기독교는 간성 현상을 설명할 자료를 제공하는가?

14. 동성애와 성전환의 강력한 연관성은 어린 시절의 성별 비순응이다. 이는 이런 아이들에게 민감하고 배려하면서 반응해야 할 전략에 대 해 어떤 시사점을 주는가?

대화 1

성 정체성으로 고민하는 당신 아들이나 딸, 혹은 친구가 이렇게 말한다고 상상해 보라. "엄마, 아빠, 나 트랜스젠더인 것 같아요. 병원비 좀 내주실 수 있어요?" 본문 내용을 활용하여 당신의 반응을 대화체로 적어 보라.

대화 2

오늘날 많은 사람들이 "기독교가 진리인가?"라고 묻기보다는 "왜 그리스도인들은 그렇게 편협한가?"라고 묻는다. 동성애에 끌리거나 성별 비순응자들에게 사실은 세속 윤리보다 성경 윤리가 더 사랑을 베풀고 인간적이며 인권을 지지하는 이유를 친절한 대화체로 설명해 보라.

7. 선택의 여신은 죽었다

1. 계약과 언약은 어떻게 다른가? 많은 현대인들이 계약을 좋게 느끼는 이유는 무엇이라고 생각하는가? (예를 들면, 사람들이 결혼을 언약보다는 계약으로 생각하기 좋아하는 이유는 무엇일까?)

2. 어떻게 사회계약론은 뉴턴의 물리학에 근거하는가? 사회 사상가들이 물리학을 자신들의 모델로 삼는 이유는 무엇이었는가?

3. 사회계약론은 전통적 자유주의의 근원이다. 사회계약론의 원리를 묘사해 보라.

4. 근대 초기 정치 사상가들이 "자연 상태"를 제안한 이유는 무엇이었는가? 어떻게 해서 이 자연 상태가 에덴동산을 대체했으며, 이것은 인간 사회의 기원에 대한 성경의 서술과 어떻게 다른가? 이 차이점들이 인

간 본성과 관계의 관점에 미친 영향을 요약하라.

5. 사회계약론이 다음 각 주제들과 관련된 사람들의 태도를 어떻게 형성하고 있는지 설명해 보라. 각각의 경우에, 당신은 이런 태도를 어떻게 비판하겠는지도 설명해 보라.

- 낙태
- 결혼
- 동성 결혼
- 인공 생식

6. 생물학을 경시하는 이층적 세계관이 낙태와 안락사, 결혼, 성, 부모됨의 영역에서 국가 권력을 어떻게 확장하고 있는지 요약해 보라.

7. 삼위일체가 기독교 사회 이론에 암시하는 바는 무엇인가? (책의 앞부분에 나오는 삼위일체 관련 논의도 살펴보라.)

8. 그리스도인이 우리의 정체성을 생물학적 차원으로 축소하지 않으면서도 우리의 생물학적 본성을 하나님이 주신 선물로 어떻게 환영할 수 있을지 설명해 보라.

9. 많은 그리스도인들이 동성애 행위에 반대하는 성경의 논리가 몇몇 성경 구절에 근거한다고 생각한다. 당신은 이 문제에서 전반적인 세계관이 중요하다는 것을 어떻게 주장하겠는가? (이 장 전체, 그중에서도 특히 360쪽과 370-377쪽 내용을 활용하라.

10. 알래스데어 매킨타이어가 "새로운 암흑기"라고 부른 이 시대에 건설적으로 반응하는 일에서 가족과 지역 사회가 중요한 이유는 무엇인가? 그렇게 할 수 있는 실제적인 방안을 몇 가지 생각해 보라.

대화 1

"내 몸은 내 소유고, 내 안에서 무엇을 키울지는 내가 결정해요." 당신은 이렇게 말하는 젊은 여성과 대화를 하고 있다. 본문 내용을 활용하여 당신은 어떻게 반응하겠는가? 가상 대화를 적어 보라.

대화 2

"동성애가 다른 사람에게 무슨 해를 끼치나요? 남의 성생활에 개입하지 마세요." 한 친구가 당신과 대화하는 중에 이런 이의를 제기한다. 당신은 어떻게 대답하겠는가? 탈자연화된 결혼관이 어떻게 탈자연화된 가족관을 낳고, 국가 권력의 확대를 불러오는지 설명해 보라. (6장 내용도 참고하여 대화를 정리해 보라.)

주

서론

1   Chairman Martin R. Castro, "Peaceful Coexistence: Reconciling Nondiscrimination Principles with Civil Liberties," US Commission on Civil Rights, September 29, 2016.

2   구체적인 예로는 John Corvino and Maggie Gallagher, *Debating Same-Sex Marriage* (New York: Oxford University Press, 2012); Ryan T. Anderson, *Truth verruled: The Future of Marriage and Religious Freedom* (Washington, DC: Regnery, 2015)을 보라.

3   Gabriele Kuby, *The Global Sexual Revolution: Destruction of Freedom in the Name of Freedom* (Kettering, OH: Angelico Press, 2015)을 보라. 『글로벌 성혁명』, 정소영 역(서울: 밝은생각, 2018).

4   Leonardo Blair, "Nearly Two-Thirds of Christian Men Watch Pornography Monthly: They Are Watching at the Same Rate as Secular Men, Says Study," *The Christian Post*, August 27, 2014.

5   Mike Genung, "How Many Porn Addicts Are There in Your Church?" *Crosswalk*, June 17, 2005.

6   Linda Lyons, "How Many Teens Are Cool with Cohabitation?" Gallup.com, April 13, 2004.

7   Bradley R. E. Wright, *Christians Are Hate-Filled Hypocrites······and Other Lies*

You've Been Told(Minneapolis: Bethany, 2010), p. 133.

8 1981년과 1996년 사이에 태어난 이들을 밀레니얼 세대라고 정의했다. Caryle Murphy, "Most U.S. Christian Groups Grow More Accepting of Homosexuality," Pew Research Center, October 18, 2015.

9 Samuel Smith, "70% of Women Who Get Abortions Identify as Christians, Survey Finds," *The Christian Post*, November 25, 2015.

10 Stanley Hauerwas, *Vision and Virtue*(Notre Dame: University of Notre Dame Press, 1974), p. 155.

11 C. S. Lewis, "Man or Rabbit?" *God in the Dock*(Grand Rapids: Eerdmans, 1970), pp. 108-9. 『피고석의 하나님』, 홍종락 역(서울: 홍성사, 2011).

12 프랜시스 쉐퍼는 쉐퍼 전집(*The Complete Works of Francis A. Schaeffer*), vol. 1(Wheaton, IL: Crossway, 1982)의 *Escape from Reason*과 *The God Who Is There* 같은 책들에서 이 층적 비유를 대중화했다. 『기독교 철학 및 문화관』(제1권: 거기 계시는 하나님, 제2권: 이성에서의 도피), 생명의말씀사 역(서울: 생명의말씀사, 1994). 그는 다음과 같은 책들에서 이원론을 좀 더 학문적으로 분석한 헤르만 도예베르트(Herman Dooyeweerd)의 영향을 받았다. *Roots of Western Culture: Pagan, Secular, and Christian Options*(Toronto: Wedge, 1979; orig., Zutphen, Netherlands: J. B. van den Brink, 1959) 『서양 문화의 뿌리』, 문석호 역(서울: 크리스찬다이제스트, 1994), *In the Twilight of Western Thought*(Nutley, NJ: Craig, 1972; orig., Presbyterian & Reformed, 1960) 『서양 사상의 황혼에서』, 신국원, 김기찬 역(서울: 크리스찬다이제스트, 1994), 4권짜리 *A New Critique of Theoretical Thought*(Ontario: Paideia Press, 1984; orig. published in Dutch in 1935). 『이성론적 사유의 신비판 서론』, 김기찬 역(서울: 크리스찬다이제스트, 1995).

13 나는 필립 존슨(Phillip E. Johnson)의 *The Wedge of Truth*에 대한 리뷰를 쓰면서 맨 처음 이 연관성을 깨달았다. 『진리의 쐐기를 박다』, 홍종락 역(서울: 좋은씨앗, 2005). Nancy Pearcey, "A New Foundation for Positive Cultural Change: Science and God in the Public Square," *Human Events*, September 15, 2000을 보라. 역사학자들은 전형적으로 사실/가치 이분법의 기원을 18세기 철학자 데이비드 흄(David Hume)까지 거슬러 올라간다. 극단적 경험주의자였던 흄은 도덕적 진리는 경험적으로 추적할 수 없기 때문에 실재하지 않는다고 주장했다. 우리가 도덕적 사실이라고 생각하는 것은 사실은 "감정과 욕구"에 지나지 않는다. 하지만 (5장에서 살펴보겠지만) 이 분리를 공식화한 것은 칸트였다. 또한 그중에서도 특히 치명적인 형태의 이분법을 제안한 이들이 논리실증주의자들이었다. 윤리적·신학적 진술은 단순히 거짓일 뿐 아니라, 인식적으로 무의미하다고 했다. 자세한 내용은 다음 내 책을 보라. *Saving Leonardo: The Secular Assault on*

Mind, Meaning, and Morals(Nashville: B&H, 2010). 『세이빙 다빈치』, 홍종락 역 (서울: 복
있는 사람, 2015).

14 Anthony Quinton. Simon Critchley, "Introduction," *A Companion to Continental
Philosophy*, ed. Simon Critchley and William R. Schroeder(Oxford, UK: Blackwell, 1998), p.
7에 인용된 대로; Critchley, "Introduction," p. 14. 20세기에 이 두 철학 전통에는 분석
철학(하층부)과 대륙 철학(상층부)이라는 이름이 붙었다. 한 철학자는 "때로는 분석 철
학과 대륙 철학이 정말로 아무 공통점도 없는 분리된 두 분야인 것 같다"라고 말한다.
Michael Dummett, *Origins of Analytical Philosophy*(Cambridge, MA: Harvard University
Press, 1996), p. 193.

15 비성경적인 세계관이 두 이야기에 양다리를 걸쳐서 치명적인 내적 모순을 가질 수밖
에 없는 이유에 대한 분석은 내 책 *Finding Truth: 5 Strategies for Unmasking Atheism,
Secularism & Other God Substitutes*(Colorado Springs: David C. Cook, 2015)를 보라. 『완
전한 확신』, 오현미 역(서울: 복 있는 사람, 2017).

16 계몽주의/낭만주의 분열이 예술과 인문학에 어떻게 표현되었는지는 내 책 『세이빙 다
빈치』를 보라.

1. 나는 내가 싫다

1 Jennifer Roback Morse, *The Sexual Revolution and Its Victims*(San Marcos, CA: Ruth
Institute Books, 2015)을 보라.

2 Miranda Sawyer, "I Knew Where I Stood on Abortion. But I Had to Rethink," *The
Guardian*, April 7, 2007.

3 같은 책.

4 쉐퍼의 이원론 분석은 요한 바오로 2세 전 교황의 비슷한 분석과 잘 들어맞는다. 다
음 내 글을 보라. "*Evangelium Vitae*: John Paul Meets Francis Schaeffer," *The Legacy
of John Paul II*, ed. Tim Perry(Downers Grove, IL: InterVarsity Press, 2007). 나는 다음 책을
읽으면서 쉐퍼의 이원론 분석이 낙태 논리에 적용될 수 있음을 처음 깨달았다. Robert
George, *A Clash of Orthodoxies*(Wilmington, DE: Intercollegiate Studies Institute, 2001).
다음 책들도 보라. Robert George and Christopher Tollefsen, *Embryo: A Defense
of Human Life*(New York: Random House, 2008); Patrick Lee and Robert George,
Body-Self Dualism in Contemporary Ethics and Politics(Cambridge, UK: Cambridge
University Press, 2008); Gerard V. Bradley and Robert P. George, "Marriage and the
Liberal Imagination" *Scholarly Works*(1995), paper 878. 낙태 주장에 나타나는 이원

네 몸을 사랑하라

론에 대한 추가 자료로는 윌리엄 메이(William E. May)의 글들을 보라. "Philosophical Anthropology and *Evangelium Vitae*," http://www.christendom-awake.org/pages/may/philanthropol.htm; "What Is a Human Person and Who Counts as a Human Person?" http://www.christendom-awake.org/pages/may/humanperson.htm.

5 일원론은 이원론과 대조적으로 실재가 한 가지 실체로 구성된다고 주장한다. 물질주의는 한 가지 실체, 곧 물질만 있다고 주장하기 때문에 일원론이다. 마찬가지로 범신론도 영이라는 한 가지 실체만 있다고 주장하기 때문에 일원론이다. J. P. Moreland and Scott Rae, *Body and Soul*(Downers Grove, IL: InterVarsity Press, 2000)을 보라. 물질주의에 맞서 이원론을 주장하는 그리스도인 철학자들에는 앨빈 플랜팅가(Alvin Plantinga)와 리처드 스윈번(Richard Swinburne)이 있다. 다음에 수록된 이들의 글을 보라. *Persons: Human and Divine*, ed. Peter Van Inwagen and Dean Zimmerman(New York: Oxford University Press, 2007).

6 『세이빙 다빈치』, p. 165.

7 예를 들어, Brian Charlesworth and Deborah Charlesworth, *Evolution: A Very Short Introduction*(Oxford, UK: Oxford University Press, 2003), 5장을 보라.

8 Howard A. Smith, "Does Science Suggest Humans Have a Cosmic Role? Almost in Spite of Themselves, Scientists Are Driven to a Teleological View of the Cosmos," *Nautilus*, December 2016.

   디엔에이에 담긴 정보에 대해 더 알고 싶으면, 다음에 실린 내 논의를 보라. *The Soul of Science*(Wheaton, IL: Crossway, 1994), 10장 『과학의 영혼』, 이신열 역(서울: SFC출판부, 2009); Stephen C. Meyer, *Signature in the Cell*(New York: HarperCollins, 2010). 미세 조정에 대해서는 Hugh Ross, *The Creator and the Cosmos: How the Latest Scientific Discoveries of the Century Reveal God*, third ed.(Colorado Springs: NavPress, 2001); Guillermo Gonzalez and Jay Richards, *The Privileged Planet: How Our Place in the Cosmos Is Designed for Discovery*(New York: Routledge, 2014)를 보라. 자연에 드러난 목적론에 대해서는 William Dembski, *Being as Communion: A Metaphysics of Information*(New York: Routledge, 2014)을 보라.

9 Jacques Barzun, *Darwin, Marx, Wagner*(Chicago: University of Chicago Press, 1981), p. 11.

10 Richard Dawkins, *The Blind Watchmaker*(New York: Norton, 1980), p. 5. 『눈먼 시계공』, 이용철 역(서울: 사이언스 북스, 2004).

11 Charles Taylor, *Sources of the Self: The Making of Modern Identity*(Cambridge, MA: Harvard University Press, 1989), pp. 148-49. 『자아의 원천들』, 권기돈, 하주영 역(서울: 새물결, 2015).

12 철학자 데이비드 웨스트(David West)는 이런 변화를 다음과 같이 요약한다. 자연을 "하나님의 뜻이 나타난 것"으로 여겼을 때 지식의 목표는 "하나님의 설계를 성취하고" 그분의 목적들과 조화를 이루어 사는 것이었다. 하지만 자연이 하나님의 목적을 드러내지 않는다면, 지식의 목표는 단순히 우리의 필요와 선호를 채우기 위해 "자연을 예측하고 통제하는 능력"을 키우는 데 그치고 만다. *Continental Philosophy: An Introduction*, 2nd ed.(Cambridge, UK: Polity Press, 2010), p. 15. 이와 비슷하게, 휘튼 칼리지(Wheaton College)의 로저 룬딘(Roger Lundin)은 이렇게 설명한다. "창조세계와 인간 몸의 영적·윤리적 중요성에 대한 믿음을 잃어버리자," 이런 것들은 "우리가 가진 그 어떤 사적인 목적에도 사용될 수 있는 비도덕적인 메커니즘"이 되어 버렸다. *The Culture of Interpretation: Christian Faith and the Postmodern World*(Grand Rapids: Eerdmans, 1993), p. 102. 요한 바오로 2세가 설명한 대로, 자연은 더는 창조주의 선함을 드러내지 못하여 **본질적으로** 선하게 여겨지지 않고, 인간의 목적을 성취하는 데 활용되는 **도구로** 좋게 여겨진다(*Veritatis Splendor*, §46).

13 "Peter Jennings Interviews Sen. John Kerry," *ABC News*, July 22, 2004.

14 Wesley J. Smith, "Personhood Theory: Why Contemporary Mainstream Bioethics is Dangerous," *National Review*, March 25, 2005.

15 Wesley Smith, *The Culture of Death*(New York: Encounter Books, 2000), pp. 73-78을 보라. 일부의 경우에, "특별한 수단"―병원 환경에서 기계들에 연결되어 사람을 죽게 만드는 고통스럽고 외과적인 과정―으로 생명을 연장하지 않는 타당한 이유가 있을 수도 있다. 이 책 3장을 보라. 하지만 음식을 "특별한 수단"으로 여겨서는 안 된다.

16 Wendy Shalit, *Girls Gone Mild: Young Women Reclaim Self-Respect and Find It's Not Bad to Be Good*(New York: Random House, 2007).

17 Kathy Dobie, "Going All the Way: A Reporter Argues That Young Women Are Fooling around with Their Emotional Health," *Washington Post*, February 11, 2007; Nona Willis-Aronowitz, "The Virginity Mystique," *The Nation*, July 19, 2007.

18 "What Kids Want to Know About Sex and Growing Up," Children's Television Workshop, 1992, a "1-2-3 Contact Extra" special program. 이 비디오는 계속해서 동성애를 "서로 쾌락을 주는 동성의 두 사람"으로 정의한다. 다시 말해, 성이 당신의 인격적 정체성과 전혀 별개라면, 당신의 젠더가 뭐 그리 중요하겠는가? 이 주제는 5장에서 다룰 것이다.

19 Benoit Denizet-Lewis, "Friends, Friends with Benefits and the Benefits of the Local Mall," *New York Times*, May 30, 2004.

20 Oliver O'Donovan, *Transsexualism and Christian Marriage*(Cambridge, UK: Grove Books,

1982, 2007), p. 19.

21 Jessica Savano, "I Am Not My Body," Kickstarter, https://www.kickstarter.com/projects/216830801/i-am-not-my-body.

22 Beth Felker Jones, *Marks of His Wounds*(Oxford, UK: Oxford University Press, 2007), p. 4, 저자 강조.

23 Susan Bordo, *Unbearable Weight: Feminism, Western Culture, and the Body* (Berkeley: University of California Press, 1993, 2003), p. 301, 245. 『참을 수 없는 몸의 무거움』, 박오복 역(서울: 또 하나의 문화, 2003). 당신은 바울도 자기 몸을 "쳐 복종하게" 했다고 반응할지도 모르겠다. 하지만 성경 맥락을 보면, 바울이 흔히 물리적 행동으로 표현하는, 죄에 대한 싸움을 이야기하고 있는 것이 확실하다. 성경은 몸 그 자체가 악의 근원이라고 가르치지 않는다. 더 자세한 논의는 이 장 뒷부분을 보라.

24 Joseph Fletcher, *Morals and Medicine*(Boston: Beacon, 1954), p. 218.

25 "데카르트가 진두지휘한 과학적 합리주의는 무엇보다도 **몸에 대한 공격**이다. 그 첫째 원리는 모든 물질과 마찬가지로 인간의 몸은 권력의 대상으로 보아야 한다는 것이다." Michael Waldstein, "Introduction," in John Paul II, *Man and Woman He Created Them: A Theology of the Body*(Boston: Pauline Books & Media, 1997, 2006), p. 95.

램지 콜로퀴움(Ramsey Colloquium)이 표현한 대로, 세속 윤리관은 "몸이 욕구를 채우는 도구에 불과하고, 그런 욕구의 충족이 자아의 본질이라는 전제"를 주장한다. "성경적·철학적 근거에서, 우리는 자아와 몸의 이런 철저한 이원론을 거부한다. 우리 몸은 그 나름의 존엄성이 있고, 나름의 진실을 지니며, 근본적인 방식으로 우리의 사람됨에 참여한다." The Ramsey Colloquium, "The Homosexual Movement," *First Things*, March, 1994.

26 Gilbert Meilander, *Bioethics: A Primer for Christians*, 3rd ed.(Grand Rapids: Eerdmans, 1996, 2005, 2013), p. 6.

27 Donn Welton, "Biblical Bodies," *Body & Flesh: A Philosophical Reader*, ed. Donn Welton(Oxford, UK: Blackwell, 1998), p. 255.

28 Peter Brown, *The Body and Society: Men, Women, and Sexual Renunciation in Early Christianity*(New York: Columbia University Press, 1988), lix-lx.

29 Rabbi Lord Jonathan Sacks, "The Love That Brings New Life into the World," keynote speech delivered to the Vatican, November 17, 2014, http://rabbisacks.org/love-brings-new-life-world-rabbi-sacks-institution-marriage/.

30 Brown, *Body and Society*, p. 68에 인용됨.

31 예수님이 사용하신 단어는 "격분을 나타내는 강력한 헬라어다. 기병대가 전투로 뛰어

417

주

들기 직전에 종마가 격분한 상태를 가리킨다. 뒷발로 자리를 박차고 일어나면서 코를
힝힝거리면서 돌격하는 모습 말이다. 헬라어에서 분노를 뜻하는 가장 강력한 단어, 영
혼이 콧방귀를 뀐다는 그 단어가 바로 예수님이 사용하신 단어다." Os Guinness, *The Dust of Death*(Downers Grove, IL: InterVarsity Press, 1973), pp. 384-85.

32 Brown, *Body and Society*, lx.

33 John Donne(1572-1631), "Death, Be Not Proud(Holy Sonnet 10)," poets.org, https://www.poets.org/poetsorg/poem/death-be-not-proud-holy-sonnet-10.

34 C. S. Lewis, *The Great Divorce*(New York: Macmillan, 1946), p. 28. 『천국과 지옥의 이혼』, 김선형 역(서울: 홍성사, 2003).

35 많은 사람들이 여기서 이의를 제기한다. 그리스도인들은 신들을 죽이고 살리는 이야기들을 소유한 이방 신비 종교들에게서 부활 개념을 빌린 것이 아닌가? 아니다. 학자들은 예수님 이전에는 부활과 관련된 어떤 이야기도 발견하지 못했다. 회의적인 학자 바트 어만(Bart Ehrman)조차도 "기독교 이전의 어느 이교도도 신들의 죽음과 부활을 믿었다는 확실한 증거가 없다는 데 다수의 학자가 동의한다"라고 말한다. Bart Ehrman, *Did Jesus Exist? The Historical Argument for Jesus of Nazareth*(New York: HarperOne, 2012), p. 230. 라이트(N. T. Wright)는 말한다. "몸의 부활을 부인하는 것은 호메로스와 플라톤, 플리니우스에도 나타나고, 예수님의 시대에 이르기까지 수천 년 이교도 역사에 끊임없이 나타난다." Craig A. Evans and N. T. Wright, *Jesus: The Final Days*, ed. Troy Miller(Louisville: Westminster John Knox, 2008), p. 77, p. 84.

신들의 죽음과 부활 이야기가 나타날 때 그 의도는 역사적 사건을 보고하는 것이 아니라, 절기의 연중 주기에 대한 은유였다. "[이] 종교 집단들은 신의 죽음과 부활을 은유로 제시했는데, 그것들이 구체적으로 가리키는 것은 파종과 추수의 주기였다." N. T. Wright, *The Resurrection of the Son of God*(Minneapolis: Fortress, 2003), p. 80. 『하나님의 아들의 부활』, 박문재 역(고양: 크리스챤다이제스트, 2005).

36 N. T. Wright, *Surprised by Hope*(New York: HarperOne, 2008), p. 50. 『마침내 드러난 하나님 나라』, 양혜원 역(서울: IVP, 2009).

37 같은 책.

38 N. T. Wright, *Paul for Everyone: The Prison Letters: Philippians, Colossians, and Philemon*(Louisville: Westminster John Knox, 2004), pp. 126-27를 보라. 『모든 사람을 위한 옥중서신: 에베소서, 빌립보서, 골로새서, 빌레몬서』, 김명희 역(서울: IVP, 2014).

39 C. S. Lewis, *Mere Christianity*, rev. and amplified ed.(New York: HarperCollins, 1952, 1980), p. 37. 『순전한 기독교』, 장경철, 이종태 역(서울: 홍성사, 2001).

40 성경이 금욕주의를 지지하지 않는 이유에 대한 더 자세한 논의는 다음을 보라. Ranald

네 몸을 사랑하라

Macaulay and Jerram Barrs, *Being Human: The Nature of Spiritual Experience*(Downers Grove, IL: IVP Academic, 1998). 『인간: 하나님의 형상』, 홍치모 역(서울: IVP, 1992).

41 Lewis, *Mere Christianity*, p. 64. 예수님이 물리적 세계에서 실제로 기적을 행하신 것이 아니라고 주장하는 자유주의 신학들도 있다. 실제로는 물 위를 걷거나 병자를 고치시거나 몸으로 부활하신 것이 아니라, 초대교회가 믿음을 표현하려고 들고 나온 신화적 화법에 불과하다는 것이다. 자유주의 신학은 이 세상에서 몸으로 사는 삶을 경멸한다는 면에서 영지주의와 비슷하다.

42 Felker Jones, *Marks of His Wounds*, p. 39에 인용됨.

43 Welton, "Biblical Bodies," p. 250.

44 Justin Martyr (attributed), "The Dignity of the Body," https://www.ewtn.com/faith/teachings/rbodb2.htm.

2. 죽음의 즐거움

1 Antonia Senior, "Yes, Abortion Is Killing. But It's the Lesser Evil," *The Times*, July 1, 2010.

2 한 가지 예를 들면, 어느 발생학 교과서는 이렇게 말한다. "접합체는 새로운 인간의 출발점이다(즉, 배아).……남성의 생식 세포(나 정자)가 여성의 생식 세포(나 난자)가 만나 한 세포 곧 접합체를 형성하는 수정에서부터 인간의 발달이 시작된다. 고도로 특화된 이 전능성 세포가 독특한 개인으로서 우리 각 사람의 출발을 표시했다." Keith L. Moore and T. V. N. Persaud, *The Developing Human: Clinically Oriented Embryology*, 5th edition(2003), p. 2, 16. 『인체발생학』, 고재승 역(서울: 정문각, 1996). 추가적인 교과서 인용은 다음을 보라. Sarah Terzo, "41 Quotes from Medical Textbooks Prove Human Life Begins at Conception," LifeNews.com, January 8, 2015.

우리 모두가 언젠가는 이런 질문을 받았다. 여성은 자기 몸으로 자신이 원하는 것을 할 수 없는가? 물론이다. 하지만 태아는 어머니 몸의 일부가 아니다. 어느 산부인과 간호사는 이렇게 썼다.

산모와 아기를 **구별하고** 태아가 어머니 몸의 일부가 아니라고 증명해 주는 것이 바로 태반과 탯줄이다.……아기가 어머니와는 다른 별도의 순환계를 가지고 있고 둘의 혈액이 섞여서는 안 되기 때문에 태반과 탯줄이 필요하다. 외상성 손상 같은 사고가 발생하면, 둘의 혈액이 섞여서 심각한 합병증을 초래할 수 있다. 태아가 구별된 인간이 아니라 어머니 몸의 일부분에 불과하다면, 둘을 분리하는 태반과 탯줄은 필요 없을 것이다. 태아는 서로 보호하기 위한 둘 사이의 어떤 장벽도 없이 종양처럼 어머니 몸의 빈 곳에서 자랄 수도 있었을 것이다. (Cynthia Isabell, "How a Formerly Pro-Choice Nursing Instructor Discusses Abortion with her Students," *The Torch*, August 2, 2016)

3 새로 수정된 난자는 몇 시간 안에 상하체의 중심축이 생긴다(사실상 맨 처음부터 머리와 다리가 어디서 생겨날지 정해져 있다는 뜻이다.) "배아의 아주 초기 형태조차 단순히 아무 특색 없는 세포의 집합체가 아니다. 배아는 스스로 발달하는 통합된 유기체다." Meilander, *Bioethics*, p. 32.

어떤 사람들은 우리가 배아를 보호하면 정자와 난자도 보호해야 한다면서 생명우선론을 희화화한다. 하지만 생식세포는 온전하거나 구별된 유기체가 아니라, 남성이나 여성의 몸의 일부다. 생식세포가 결합하면 생존하지 못한다. 오히려 생식세포의 유전 형질은 그렇게 해서 만들어진 새로운 유기체에 나타난다. Robert George, *Conscience and Its Enemies*, updated and exp. ed.(Wilmington, DE: Intercollegiate Studies Institute, 2016), pp. 200-201을 보라.

4. Joseph Fletcher, *Humanhood: Essays in Biomedical Ethics*(Buffalo, NY: Prometheus Books, 1979), p. 11, 저자 강조.

5 "Hans Kung Joins Abortion Debate in Mexico," *California Catholic Daily*, April 6, 2007.

6 Peter Singer, "The Sanctity of Life," *Foreign Policy*, September/October 2005.

7 *Roe v. Wade*, 410 U.S. 113(1973).

8 플라톤이 보기에, 몸은 그 신체적 요구를 통해 정말로 중요한 것—영적인 삶과 지적인 삶—에서 우리 관심을 끊임없이 분산시킨다. 그의 표현을 빌리면, 몸은 "우리가 진리를 추구하지 못하게 방해한다. 몸은 사랑과 욕망, 두려움, 온갖 종류의 공상, 끊임없는 어리석음으로 우리를 채운다." Bordo, *Unbearable Weight*, p. 145.

9 푸코가 지적하듯이, 자연이 기계와 같다는 데카르트의 제안은 경험적인 발견이 아니라 형이상학적인 전제다. "우리가 물질적으로 기계와 다를 바 없다는 생각은 입증 가능한 과학적인 생각이 아니라, 실재가 무엇인지에 대한 입증 불가능한 기본 관점에서 비롯된 생각이기에 '형이상학적'이다." John McCumber, *Time and Philosophy: A History of Continental Thought*(Montreal: McGill-Queen's University Press, 2011), p. 326에 인용됨.

10 이 문구의 출처는 Gilbert Ryle, "The Ghost in the Machine," *The Concept of Mind*(London: Hutchinsons, 1949)다. 『마음의 개념』, 이한우 역(서울: 문예출판사, 1994).

11 Daniel Dennett, "The Origins of Selves," *Cogito* 3(Autumn 1989): pp. 163-73. 데닛 자

네 몸을 사랑하라

신은 이 관점에 동의하지 않지만, 대부분의 서양인이 그 점을 인식하듯 인식하지 못하든 이렇게 생각한다고 언급한다.

12 다른 많은 기계론적 세계관 지지자들도 마찬가지로 그리스도인이었는데, 그중에서도 성직자이기도 했던 마랭 메르센(Marin Mersenne)과 피에르 가상디(Pierre Gassendi), 초기 과학자였던 로버트 보일(Robert Boyle)과 아이작 뉴턴(Isaac Newton)이 유명하다. 이들도 기계론적 철학을 기독교를 변호하는 수단으로 보았다. 어쨌든, 기계에는 개발자와 설계자가 필요하니 말이다. 우주가 기계로 작동하는 도구와 같다면, 그것을 만들고 태엽을 감아 놓은 이가 틀림없이 있을 것이다. 뿐만 아니라, 모든 도구에는 어떤 기능을 충족해야 한다는 목적이 있다. 따라서 기계론적 세계관은 우주가 어떤 목적을 위해 만들어졌음을 암시했다. 역사학자 존 허먼 랜달(John Herman Randall)이 쓴 것처럼, "뉴턴 과학의 전체 형태는 사실상 사람들이 외부의 창조자를 필수적인 과학적 가설로 믿도록 만들었다." *The Making of the Modern Mind*(New York: Columbia University Press, 1926, 1940), p. 276.

"나는 생각한다, 고로 존재한다"(*Cogito, ergo sum*)라는 데카르트의 유명한 문구조차 종교적 진술로 의도되었다. 사고는 영적 행동이기에, 그의 주장은 인간 영혼의 존재를 부인한 사람들에게 답변 역할을 했다. 거기서부터 데카르트는 하나님의 존재를 주장하는 논리를 세웠다. 그는 하나님이 선하시기에 우리가 끊임없는 환상의 지배를 받도록 우리를 창조함으로써 우리를 속이지는 않으신다고 주장했다. 따라서 "내가 생각하는" 것은 충분히 신뢰할 수 있다. 데카르트에 대한 자세한 배경은 내 책 『과학의 영혼』을 보라.

13 T. Z. Lavine, *From Socrates to Sartre: The Philosophic Quest*(New York: Bantam Books, 1984), p. 128. 『소크라테스에서 사르트르까지』, 문현병 역(서울: 동녘, 1993). Stephen Shapin, *The Scientific Revolution*(Chicago: University of Chicago Press, 1996), 30ff도 보라.

14 Jacques Maritain, *The Dream of Descartes*(New York: Philosophical Library, 1944), p. 179. 데카르트 자신은 그런 극단적인 양극성을 의도하지는 않았을 것이다. John W. Cooper, *Body, Soul, and Life Everlasting: Biblical Anthropology and the Monism-Dualism Debate*(Grand Rapids: Eerdmans, 2000), pp. 14-15를 보라.

15 예를 들어, 이 주제를 다룬 많은 책들 중에 Carolyn Merchant, *The Death of Nature* (New York: HarperCollins, 1980)를 보라. 『자연의 죽음』, 전규찬, 전우경, 이윤숙 역(서울: 미토, 2005).

16 쌍둥이 임신은 어떤가? 어떤 사람들은 일란성 쌍둥이가 임신 초기 며칠간의 배아는 인간이 아님을 증명한다고 주장한다. 하지만 쌍둥이 임신은 일종의 자연적 복제로 생각할 수 있다. 초기 단계에서 배아는 별개의 유기체로 발전하는 세포나 세포 집단으로

분리될 수 있다. 그렇다고 해서 배아가 그전에는 미분화 세포 덩어리에 불과하다는 뜻은 아니다. 편형동물을 생각해 보라. 편형동물의 일부는 분리되어 온전한 편형동물이 될 수 있다. 하지만 그것이 원래 편형동물은 그 종의 살아 있는 구성원이 아니라는 뜻은 아니다. 둘 다 온전한 개체로 계속해서 존재한다. 마찬가지로, 일란성 쌍둥이도 계속해서 온전한 개체로 존재하면서 발달한다. George, *Conscience and Its Enemies*, pp. 211-12를 보라.

17 Fletcher, *Humanhood*, p. 12. 마찬가지로, 샌프란시스코 주립대학교 매리 앤 워렌(Mary Anne Warren)은 다음 책에서 사람됨이 의식과 추론, 자율적 행동, 의사소통, 자기인식 능력에 달려 있다고 말한다. "On the Moral and Legal Status of Abortion," *The Monist* 57, no.1 (1973): pp. 43-61. 사람됨에 대한 그런 기능적 기준이 부적절한 이유는 Francis J. Beckwith, "Abortion, Bioethics, and Personhood," *The Southern Baptist Journal of Theology* 4, no. 1(2000): pp. 16-25를 보라.

어떤 사람들은 우리가 뇌사로 생명의 종결을 판단한다면, 뇌가 만들어질 때를 기준으로 생명의 시작도 결정할 수 있다고 제안했다. 문제는, 태아의 뇌 발달이 확실한 전환점을 정하기 힘들 정도로 너무 완만하고 지속적이라는 것이다.

사람들이 제안한 시점을 예로 들면, 대뇌피질이 생기는 시점(예, Haring, 1972), 처음으로 감지 가능한 뇌파를 측정한 시점(예, Gertler, 1986) 등이 있다. 이런 접근법의 난점은 태아의 뇌 발달은 점진적인 과정이라서 비인격에서 인격으로 변하는 중대한 전환과 자연스럽게 연관 지을 수 있는, 정확한 질적 전환점을 찾기 어렵다는 것이다. 더군다나, 이런 전환이 일어난다고 제안되는 시점 중 다수는 태아의 뇌 자체만큼이나 태아의 뇌 기능을 연구하는 과학기술에 크게 의존한다. 예를 들어, 뇌파보다 더 민감한 측정법으로 피질 기능을 측정한다고 하면, 좀 더 이른 태아의 나이를 선택할지도 모른다. 신경 활동의 다양한 유형을 구분하는 방법을 사용하는 뇌파 측정법보다 더 선택적으로 피질 기능을 측정한다면, 피질이 임신 후기에 이르러서야 보통의 인간 피질로 기능하기 시작하는 것을 발견할지도 모른다. 그린(예, Green, 2002)이 지적했듯이, 태아의 뇌 발달 연구는 초기 비인간 조직을 초기 인간이나 인간이 될 존재와 구분하는 확연한 틈을 발견하지 못했다. (Martha J. Farah and Andrea S. Heberlein, "Personhood and Neuroscience: Naturalizing or Nihilating?" *The American Journal of Bioethics* 7, no. 1 [2007]: pp. 37-48)

18 Scott Klusendorf, *The Case for Life*(Wheaton, IL: Crossway, 2009), p. 53.

19 Friedrich Nietzsche, *The Will to Power*, trans. Walter Kaufmann and R. J. Hollingdale

(New York: Random House, 1967), sect. 765, 저자 강조. 『권력에의 의지』, 강수남 역(서울: 청하, 1988).

20 Sawyer, "I Knew Where I Stood on Abortion. But I Had to Rethink."

21 John Harris, "Wrongful Birth," *Philosophical Ethics in Reproductive Medicine*, ed. D. R. Bromham, M. E. Dalton, and J. C. Jackson(Manchester: Manchester University Press, 1990), pp. 156-71.

22 James Watson, "Children from the Laboratory," *Prism: The Socioeconomic Magazine of the American Medical Association* 1, no. 2 (1973): pp. 12-14, 33-34. 1978년 1월 「퍼시픽 뉴스 서비스」(*Pacific News Service*)가 프랜시스 크릭의 언급을 전했다.

23 Mark Oppenheimer, "Who Lives? Who Dies?—he Utility of Peter Singer," *Christian Century*(July 3, 2002), pp. 24-29에 인용됨.

24 Lois Rogers, "Babies with Club Feet Aborted," *The Sunday Times*(May 28, 2006).

25 *Floyd v. Anders*, 444 F. Supp. 535, at 539(1977).

26 "Abortion Doctor Kermit Gosnell Convicted of First-Degree Murder," *U.S. News*, May 13, 2013.

27 George Will, "Johns Hopkins's and Planned Parenthood's Troubling Extremism," *Washington Post*, April 5, 2013.

28 Melanie Hunter, "Scarlett Johansson: 'Abortion is a Human Rights Issue,'" *CNS News*, October 18, 2016에 인용됨. J. Richard Pearcey의 반응을 보라. "Scarlett Johansson's Non-Inclusive, Blood-Stained 'Human Right,'" CNS News, October 19, 2016.

29 Scott Klusendorf, "How to Defend Your Pro-Life Views in 5 Minutes or Less," Life Training Institute, http://prolifetraining.com/resources/five-minute-1/.

강간이나 근친상간처럼 예외적인 경우는 어떤가? 이렇게 한번 생각해 보자. 아버지가 죄를 지었다는 이유로 그 아이를 사형에 처해야 하는가? 연구에 따르면, 강간으로 임신한 여성의 75-80퍼센트는 낙태보다는 아이를 지키기로 선택한다. 왜 그런가? 낙태한다고 해서 강간의 트라우마가 지워지지는 않기 때문이다. "낙태는 이 여성에게 또 다른 트라우마가 된다. 따라서 강간 트라우마를 치유하기보다는 오히려 더 복잡하게 만든다." Isabell, "How a Formerly Pro-Choice Nursing Instructor Discusses Abortion."

다음 글에서는 강간 피해자 두 사람이 아이를 낳은 이유를 설명한다. 한 사람은 아이를 입양 보냈고, 다른 한 사람은 아이를 키웠다. Crystal Blount, "I Became Pregnant at 14 After Rape. If You Think I Should Have Had an Abortion, Consider This," *Life News*, May 14, 2015; Jennifer Christie, "My Son Was Conceived in Rape, but His Life Has Dignity and a Purpose," *Live Action News*, April 3, 2016.

30 의학 진보 센터(Center for Medical Progress)에서 제작한 비상업 비디오를 보라. http://www.centerformedicalprogress.org/cmp/investigative-footage/. 가족계획연맹은 영리 목적으로 태아의 장기를 판매하는 것이 아니라, "수수료"를 부과하는 것뿐이라고 주장한다. 하지만 수수료가 너무 높아서 이 단체의 주 수입원 역할을 톡톡히 하고 있다.

31 Leon Kass, *Life, Liberty, and the Defense of Dignity: The Challenge for Bioethics*(San Francisco: Encounter Books, 2002), 17. p. 286도 보라.

32 Alberto Giubilini and Francesca Minerva, "After-Birth Abortion: Why Should the Baby Live?" *Journal of Medical Ethics* 39(2013): pp. 261-63. 저자들은 이렇게 주장한다. "영아의 도덕적 지위는 태아의 도덕적 지위와 똑같아서, 둘 다 도덕적으로 유의미한 관점에서 '인격'으로 간주할 수 없다." 저자들은 "신생아는 우리의 선택에 따라 인격이 될 수도 있고, 아닐 수도 있다"라고 주장한다. 그때까지는, 신생아는 우리에게 아무 의무도 부과하지 않는다. "이 아이가 미래에 인격으로 존재하는 것을 당연시하는 것이 정당하지 않기 때문이다. 이 아이의 존재 여부는 전적으로 우리 선택에 달려 있다." 저자들은 "안락사"보다는 "사후 낙태"라는 용어를 사용하는데, 죽는 사람의 가장 큰 관심사가 그런 선택을 하는 주요 기준이 아니기 때문이다.

33 같은 책.

34 "Lives Not Worth Living: The Nazi Eugenic Dream in Our Own Time," 저자 이름이 없음, *Aleteia*, September 13, 2014를 보라.

35 Libby Anne, "Abortion, Heartbeats, and Souls," *Love, Joy, Feminism*, February 11, 2012, http://www.patheos.com/blogs/lovejoyfeminism/2012/02/abortion-heartbeats-and-souls.html. 마찬가지로, National Abortion Action Coalition은 낙태법이 "사실상 수정 때부터 몸에 영혼이 깃든다는 **종교** 개념을 강요하는 수단"이라고 말한다. Pamela Winnick, *A Jealous God: Science's Crusade Against Religion*(Nashville: Thomas Nelson, 2005), p. 18에 인용됨.

36 영혼의 관점에서 낙태를 이야기하는 사람들은 동양 사상이나 뉴 에이지의 환생을 수용하는 경향이 있다. 그러면서 역설적으로, 낙태를 수용한다. 페미니스트 신이교주의와 여신 숭배를 다루는 주요 저자 스타호크(Starhawk)는 다음과 같이 쓴다.

여신 종교는 태아 세포 덩어리가 한 존재가 되는 시점에 대해 확고한 결정을 내리지 못한다.……여성은 도덕적 행위자이고, 여신과 이교 전통에서 우리 각 사람은 자신의 영적 권위다. 우리에게는 정부 당국이 이런 문제들을 미리 결정해 주는 것이 아니라, 이런 문제들을 가지고 스스로 씨름할 권리가 있다. 우리 몸에서 일어나는 일을 결정할 권리가 있다. 여성에게 그 권리를 부인하는 것은 온갖 종류의 사적이고 개인적인 선택들에 정부가 개입하게 허용하는 것이다. [Starhawk and M. Macha Nightmare, *The Pagan Book of Living and Dying*(San Francisco: HarperSanFrancisco, 1997); https://www. onfaith.co/onfaith/2008/09/25/abortion-and-the-goddess/4187에 인용됨]

마찬가지로, 에린 파블리나(Erin Pavlina)는 "당신의 영적 가이드와 연결된" 정신이 있다고 주장한다. 그녀는 하늘에 있는 영혼이 특정한 가족에서 환생하기로 결정하면 아이가 생긴다고 말한다. "낙태나 유산, 혹은 임신 중에 아이를 잃었다면,……하늘로 일찍 돌아간 그 영혼 편에서는 아무런 악감정이나 슬픔, 후회, 분노가 없는 것이니 안심하라. 모두 인생 주기의 일부일 뿐이니, 결국에는 다 완벽하게 나타날 것이다. 블로그 포스트 "Do Aborted or Miscarried Babies Come Back?" Erin Pavlina, http://www.erinpavlina. com/blog/2010/04/do-aborted-or-miscarried-babies-come-back/ 중에서.

37 생화학자 다이앤 어빙(Dianne N. Irving)은 이렇게 쓴다. "인간 **존재**의 시작 시점과 관련된 질문은 철저히 과학적인 질문이기에, 철학자나 생명 윤리학자, 신학자, 정치인이 아니라 반드시 인간 발생학자가 대답해야 한다.……인간의 **인격**이 언제 시작되느냐는 질문은 철학적인 질문이다." "When Do Human Beings Begin? 'Scientific' Myths and Scientific Facts," *International Journal of Sociology and Social Policy*, February 1999.

38 Marvin Olasky, *The Tragedy of American Compassion*(Wheaton, IL: Crossway, 1992)을 보라.

39 Dick Teresi, *The Undead: Organ Harvesting, the Ice-Water Test, Beating Heart Cadavers—How Medicine Is Blurring the Line between Life and Death*(New York: Vintage Books, 2012), p. 127, 98. 테레시는 *Science Digest*와 *Omni* 편집장을 지냈다.

40 "Consensus Statement on Conscientious Objection in Healthcare," *Practical Ethics*, August 29, 2016, http://blog.practicalethics.ox.ac.uk/2016/08/consensus-statement-on-conscientious-objection-in-healthcare/.

41 Paul Bloom, "The Duel between Body and Soul," *New York Times*, September 10, 2004, 저자 강조. 이에 대한 반응으로는, Patrick Lee and Robert P. George, "Dualistic Delusions," *First Things* 150(February 2005): pp. 5-7을 보라.

42 피시는 이렇게 썼다. "생명우선론자들은 낙태를 수태 시에 생명을 불어넣어 주시는 하나님에 대한 죄로 본다. 선택우선론자들은 낙태를 생명이 시작되는 시점에 대한 최선의 과학적 의견에 따라 내려야 할 결정으로 본다." "Why We Can't All Just Get Along," *First Things* 60 (February 1996): pp. 18-26.

43 Deborah Danielski, "Deconstructing the Abortion License," *Our Sunday Visitor*, October 25, 1998에 인용됨.

44 Sarah Knapton, "Bright Flash of Light Marks Incredible Moment Life Begins When Sperm Meets Egg," *The Telegraph*, April 26, 2016.

45 Jennie Bristow, "Abortion: Stop Hiding behind the Science," *Spiked*, October 22, 2007.

46 Alissa Tabirian, "MSNBC: Royal Baby? Parents' 'Feelings' Say When Life Begins, 'Not Science,'" *CNS News*, July 23, 2013.

47 사람들이 쉽게 피임할 수 있게 되면 낙태가 줄어든다는 주장은 어떻게 되는가? 완벽한 피임법은 없다. 하지만 피임에 대한 잘못된 확신 때문에 사람들은 더 자주 성관계를 맺게 되고, "피임 실패"와 그에 따른 낙태가 더 많아지는 결과를 낳는다. Jennifer Roback Morse, "The Sexual Revolution Reconsidered: The Future of Marriage," *The City* (Winter 2015), p. 39. Abby Johnson, "Sorry Folks. Contraception Access Increases Abortions. And Here's the Proof." *LifeSite News*, March 11, 2015도 보라.

48 Mary Elizabeth Williams, "So What If Abortion Ends Life?," *Salon*, January 23, 2013.

49 Lydia Saad, "Generational Differences on Abortion Narrow," Gallup.com, March 12, 2010을 보라. "밀레니얼 세대의 과반수(51퍼센트)가 낙태가 윤리적으로 잘못되었다고 믿는 데 비해, 37퍼센트만이 윤리적으로 허용할 수 있다고 말한다." Daniel Cox, Robert P. Jones, Thomas Banchoff, "A Generation in Transition: Religion, Values, and Politics among College-Age Millennials," *PRRI*, April 19, 2012, http://publicreligion. org/research/2012/04/millennial-values-survey-2012/. 여론 조사 요약본은 Kelsey Hazzard, "The Pro-Life Generation: Abortion Won't Be Around Long If Young Americans Have a Say," *Life News*, January 7, 2014를 보라.

50 Jeff Jacoby, "American Millennials Rethink Abortion, for Good Reasons," *Boston Globe*, June 9. 자코비는 만 30세 이하 유권자의 24퍼센트만이 모든 경우에서 낙태 합법화를 원한다고 지적한다. "사실상 그 어떤 연령대보다 청년층에서 어떤 경우에도 낙태를 **불법**으로 규정해야 한다고 생각하는 성향이 높다."

51 Yuval Noah Harari, *Sapiens: A Brief History of Humankind* (New York: HarperCollins, 2015), pp. 108-110. 『사피엔스』, 조현욱 역(파주: 김영사, 2015).

52 Ruben Navarrette Jr., "I Don't Know If I'm Pro-Choice after Planned Parenthood Videos," *The Daily Beast*, August 10, 2015.

53 같은 책.

54 Vincent M. Rue, Priscilla K. Coleman, James J. Rue, and David C. Reardon, "Induced Abortion and Traumatic Stress: A Preliminary Comparison of American and Russian Women," *Medical Science Monitor* 10, no. 10(2004): SR5-16.

네 몸을 사랑하라

55 Timothy Keller, *Generous Justice*(New York: Penguin, 2010), p. 6. 『팀 켈러의 정의란 무엇인가』, 최종훈 역(서울: 두란노, 2012).

56 출애굽기 21:22-25은 다음과 같은 초기 번역 때문에 문제의 단락이었다. "사람이 서로 싸우다가 임신한 여인을 쳐서 낙태하게 하였으나 다른 해가 없으면 그 남편의 청구대로 반드시 벌금을 내되 재판장의 판결을 따라 낼 것이니라. 그러나 다른 해가 있으면 갚되, 생명은 생명으로, 눈은 눈으로, 이는 이로 갚을지니라." 이 표현이 태아의 생명은 덜 가치 있게 여겨 벌금만 부과하지만, 임신한 여자가 죽으면 "눈은 눈으로" 법이 적용된다는 뜻이라고 해석했다.

하지만 최신 번역서들은 **낙태**라는 단어를 사용하지 않고, "[사람이] 임신한 여인을 쳐서 조산을 했지만 다른 해가 없으면 그 남편의 청구대로 반드시 벌금을 내되 재판장의 판결을 따라 낼 것이니라"라고 말한다(22절). 낙태에 해당하는 히브리어는 '샤칼'(*shakal*)인데 여기서는 사용하지 않았다. 그 대신 대체로 출산과 관련하여 사용되는 '야사'(*yasa'*)를 사용한다. 직역하면 "아이가 나온다"라는 뜻이다. 따라서 이제 성경학자들은 이 구절이 살아 있는 아이를 출산한 여성을 이야기한다고 생각한다. 하지만 이 **아이**는 조산으로 인한 부상이 없다. Moreland and Rae, *Body and Soul*, p. 235; Greg Koukl, "What Exodus 21:22 Says about Abortion," *Stand to Reason*, February 4, 2013; John Piper, "The Misuse of Exodus 21:22-5 by Pro-Choice Advocates," *Desiring God*, February 8, 1989. 『하나님을 기뻐하라』, 박대영 역(서울: 생명의말씀사, 2009).

57 Matt Walsh, "Wake Up, Christians. There Is No Place for You in the Democratic Party," *The Blaze*, July 28, 2016을 보라.

58 교부들 인용문의 출처는 다음과 같다. O. M. Bakke, *When Children Became People: The Birth of Childhood in Early Christianity*, trans. Brian McNeil(Minneapolis: Fortress Press, 2005), p. 128, 131, 132; Rodney Stark, *The Rise of Christianity* (Princeton, NJ: Princeton University Press, 1996), pp. 124-35. 『기독교의 발흥』, 손현선 역(서울: 좋은씨앗, 2016). 개관으로는 Michael Gorman, *Abortion and the Early Church*(Downers Grove, IL: InterVarsity Press, 1982)를 보라. 그리스도인들도 생명이 **언제** 시작되는지에 대해 의견이 일치하지 않을 때가 있었다. 예를 들어, 과학 이전 시대에는 어머니가 아기의 움직임을 느끼기 시작하는 "태동" 시에 생명이 시작된다고 생각한 경우도 있었다. 하지만 그리스도인들은 일단 생명이 존재하는 한에는 그 생명을 죽이는 행위는 비도덕적이라는 데는 항상 동의했다.

59 Stark, *Rise of Christianity*, p. 117.

60 로마법은 사실상 기형인 신생아를 살려 두는 것을 금지했다. 사라 루덴은 "성별 불문하고 기형 신생아를 살려 두는 것을 금하는 로마법이 12표법에 포함되어 있었다. 12표

법은 오늘날 미국 헌법과 같은 위상을 지녔다"라고 쓴다. *Paul among the People: The Apostle Reinterpreted and Reimagined in His Own Time* (New York: Image Books, 2010), p. 109.

61 M. R. Reese, "The Discovery of a Mass Baby Grave under Roman Bathhouse in Ashkelon, Israel," *Ancient Origins*, December 4, 2014.

62 Jo-Ann Shelton, *As the Romans Did: A Sourcebook in Roman Social History* (Oxford, UK: Oxford University Press, 1998), p. 28을 보라.

63 Mara Hvistendahl, *Unnatural Selection: Choosing Boys Over Girls, and the Consequences of a World Full of Men* (New York: PublicAffairs, 2011)을 보라. 『남성 과잉 사회』, 박우정 역(서울: 현암사, 2013).

64 에반 그레이 데이비스(Evan Gray Davis) 감독의 다큐멘터리 *It's a Girl* (2012), http://www.itsagirlmovie.com/을 보라.

65 Gorman, *Abortion and the Early Church*, p. 15.

66 고대 그리스와 로마의 성적 쾌락주의를 대중 차원에서 잘 설명해 준 책으로는 Matthew Rueger, *Sexual Morality in a Christless World* (St. Louis: Concordia, 2016)를 보라. 루이스 크롬튼(Louis Crompton)이 언급한 대로, "로마 주인들에게는 기회가 풍족했다. 고대 로마 인구의 약 40퍼센트가 노예였기 때문이다." *Homosexuality and Civilization* (Cambridge, MA: Harvard University Press, 2003), p. 80.

67 Brown, *Body and Society*, p. 25.

68 "주후 428년, 기독교 황제 테오도시우스 2세(Theodosius II)가 성 산업에서 강압을 사용하지 못하게 하는 법을 제정했다." Kyle Harper, *From Shame to Sin: The Christian Transformation of Sexual Morality in Late Antiquity* (Cambridge, MA: Harvard University Press, 2013), p. 8, pp. 15-16.

69 Felker Jones, *Marks of His Wounds*, p. 90.

70 Ruden, *Paul among the People*, p. 107.

71 "The Epistle of Mathetes to Diognetus," 초기 기독교 문헌, http://www.earlychristianwritings.com/text/diognetus-roberts.html.

72 Stark, *Rise of Christianity*, p. 105, 95.

73 Jennifer Roback Morse, "Young Women Are Gambling On a Losing Game," *The Blaze*, June 1, 2016.

74 Morse, "Sexual Revolution Reconsidered."

75 Hanna Rosin, "Boys on the Side," *The Atlantic*, September 2013.

76 C. Moreau et al., "Previous Induced Abortions and the Risk of Very Preterm Delivery:

Results of the EPIPAGE Study," *BJOG: An International Journal of Obstetrics and Gynecology* 112, no. 4(April 2005): pp. 430-37.

77 Morse, "Young Women Are Gambling On a Losing Game."

78 Nancy Pearcey, "Why I Am Not a Feminist (Any More)," *Human Life Review*, Summer 1987. 본격적인 논의는 내 책 *Total Truth*, 12장을 보라. 『완전한 진리』, 홍병룡 역(서울: 복 있는 사람, 2006).

79 Morse, "Young Women Are Gambling On a Losing Game."

80 낙태 대기실에서 기다리는 남성들에 대한 연구에 따르면, 이들은 여성 파트너를 "지지하는" 것만으로도 "죄책감"과 "슬픔", "두려움"을 느꼈다. Arthur B. Shostak, Ross Koppel, Jennifer Perkins, "Abortion Clinics and Waiting Room Men: Sociological Insights," *Men and Abortion*, 2015, http://www.menandabortion.com/articles.html#wait.

81 Tony Reinke, "Lecrae Confesses Abortion, Invites Others into the Light," *Desiring God*, January 15, 2017에 인용됨. Christina Martin, "Grammy-Winning Rapper Lecrae: I Found a Photo of the Girlfriend I Asked to Abort My Baby and I 'Just Broke Down,'" *LifeSite News*, January 16, 2015도 보라.

82 같은 책. 래크는 2014년 앨범 *Anomaly*에 수록된 "Good, Bad, Ugly"에서 자신의 이야기를 들려준다.

83 Danny David, "Study: Abortion Is the Leading Cause of Death in America," *Live Action News*, August 11, 2016. "낙태는 아프리카계 미국인의 61.1퍼센트…… 히스패닉/라틴계의 64퍼센트에 해당하는 사망 원인이다. 지금까지는 아프리카계와 히스패닉/라틴계 사망 원인 1위다."

84 Reinke, "Lecrae Confesses Abortion"에 인용됨.

85 Julie Roys, "The Secret Shame of Abortion in the Church," *Christianity Today*, February 2015.

86 정확한 숫자를 확정하기는 어렵지만, 낙태 지지자들조차 낙태 클리닉보다 거의 두 배에 달하는 낙태 반대 임신 센터가 있다는 데 동의한다. C. Eugene Emery Jr., "Tallies Are Too Sketchy to Say Anti-Abortion Centers Outnumber Abortion Providers 2 to 1," *PunditFact*, May 17, 2016을 보라.

87 Ben Johnson, "Under Blackmail Threat, Pro-Life Rep's Wife Shares Moving Testimony of Regret, Healing from Past Abortion," *LifeSite News*, May 25, 2016에 인용됨.

88 같은 책.

89 John M. Glionna, "South Korean Pastor Tends an Unwanted Flock," *Los Angeles*

Times, June 19, 2011.

90 Fr. Mark Hodges, "Indiana Installs First 'Safe Haven' Boxes to Save Abandoned Newborns," *LifeSite News*, May 10, 2016에 인용됨.

3. 친애하는 소중한 유권자께

1 Phillip K. Dick, "The Pre-Persons," 다음 인터넷 사이트에서 볼 수 있다. Pro Life New Zealand, December 29, 2012, http://prolife.org.nz/the-pre-persons-phillip-k-dick/. 『도매가로 기억을 팝니다』, 조호근 역(서울: 폴라북스, 2012).

2 같은 책.

3 같은 책.

4 "Sun Columnist Katie Hopkins Calls for 'Euthanasia Vans' as Britain Has 'Far Too Many Old People,'" *RT.com*, July 28, 2015.

5 Daniel Callahan, *Selling Limits: Medical Goals in an Aging Society*(New York: Simon and Schuster, 1987), Philip Smith, "Personhood and the Persistent Vegetative State," *The Linacre Quarterly* 57, no. 2(May 1990): p. 49에 인용됨.

6 1993년의 한 연구에 따르면, 중환자실 환자의 90퍼센트가 의도적으로 치료를 유보하거나 중단해서 사망한다. Teresi, *Undead*, p. 242를 보라.

7 Hauerwas, *Vision and Virtue*, p. 176. Wesley Smith, *The Culture of Death*, 3장도 보라.

8 Singer, "The Sanctity of Life."

9 Tom L. Beauchamp, "The Failure of Theories of Personhood," *Kennedy Institute of Ethics Journal* 9, no. 4(December 1999): p. 320.

10 Richard Weikart, *The Death of Humanity and the Case for Life*(Washington, DC: Regnery, 2016), p. 272에 인용됨. 미국의 우생학 운동에 대해서는 John West, *Darwin Day in America: How Our Politics and Culture Have Been Dehumanized in the Name of Science*(Wilmington, DE: ISI Books, 2007), 특히 7장을 보라.

11 Ian Dowbiggin, Weikart, *Death of Humanity*, p. 274에 인용됨.

12 Cynthia Eagle Russett, *Darwin in America: The Intellectual Response 1865-1912*(San Francisco: W. H. Freeman, 1976), p. 175.

13 Jack London, "The Law of Life," *McClure's Magazine* 16(March 1901).

14 다윈주의가 예술과 인문학에 미친 영향에 대해서는 내 책 『세이빙 다빈치』를 보라.

15 Margaret Sanger, "The Wickedness of Creating Large Families," *Women and the New Race*(1920), http://www.bartleby.com/1013/5.html.

16 Albert W. Alschuler, *Law without Values: The Life, Work, and Legacy of Justice Holmes*(Chicago: Chicago University Press, 2000), p. 28, 27에 인용됨.『홈즈 평전』, 최봉철 역(서울: 청림출판, 2008). 다윈주의가 홈즈에게 미친 영향에 대해 더 자세한 내용은 내 책『완전한 진리』, 8장을 보라.

17 Clarence Darrow, *Washington Post*, November 18, 1915.

18 John Zmirak, "We're Euthanizing Minors and Chemically Castrating 8-Year-Olds," *The Stream*, September 19, 2016.

19 Teresi, *Undead*, pp. 89-90.

20 1981년에 채택된 사망표준확정법(Uniform Determination of Death Act)에서는 "뇌 전체 가 회복이 불가능한 상태로 기능을 멈춰야 한다"라고 명시한다. 하지만 이 법에서는 이 기능을 어떻게 측정해야 하는지 구체적으로 밝히지 못한다. 따라서 뇌사를 오진하 기가 쉽다. 한 연구에 따르면, 의사와 간호사의 65퍼센트가 기존의 뇌사 기준을 확인 하지 못했다. (Teresi, *Undead*, p. 254).

21 Teresi, *Undead*, p. 252, 274.

22 Wesley Smith, "The Abandonment of Assisted Suicide," *First Things*, March 4, 2008. 또 다른 연구들은 "정신 질환이 신체 질환보다 자살 위험을 더 높인다. 자살한 사람의 거의 95퍼센트는 자살 이전 몇 달 동안 진단 가능한 정신 질환을 갖고 있었다. 대다수 는 치료할 수 있는 우울증이다"라고 밝혀 냈다. Herbert Hendin, *Seduced by Death: Doctors, Patients, and Assisted Suicide*(New York: W.W. Norton, 1998), pp. 34-35.

23 Emily Barone, "See Which States Allow Assisted Suicide," *Time*, November 3, 2014.

24 Ali Venosa, "Healthy, Retirement-Aged Woman Chooses Death by Assisted Suicide Because Old Age 'Is Awful,'" *Medical Daily*, August 4, 2015.

25 Susan Donaldson James, "Death Drugs Cause Uproar in Oregon," *ABC News*, August 6, 2008.

26 Peter Singer, *Practical Ethics*, 2nd ed.(New York: Cambridge University Press, 1993), p. 192. 『실천윤리학』, 황경식, 김성동 역(서울: 철학과 현실사, 1997).

27 Fletcher, *Morals and Medicine*, p. 191. 그는 또한 "의사소통 능력을 완전히 잃어버린 환자는 양심의 장 밖에서 윤리적 존재를 초월하는 **윤리에 못 미치는**(submoral) 상태가 된다"(201)라고 쓴다.

28 Steve Reich, "세 가지 이야기"(Three Tales) 오페라(2002). 온라인에서 오페라 대본을 볼 수 있다. http://www.stevereich.com/threetales_lib.html.

29 Meilander, *Bioethics*, p. 11.

30 John Wyatt, "What Is a Person?" *Nucleus*(Spring 2004): pp. 10-15.

31 David Hart, "The Anti-Theology of the Body," *The New Atlantis* 9(Summer 2005): pp. 65-73. 하트는 다음과 같은 루이스의 말을 다르게 표현한 듯하다. "가장 지루하고 재미없는 당신의 대화 상대가 언젠가는 당신이 지금 그것을 볼 수 있다면, 숭배하고픈 유혹을 강력히 받는 존재가 될 수도 있음을 기억하라." C. S. Lewis, The Weight of Glory(Grand Rapids: Eerdmans, 1949), pp. 14-15. 『영광의 무게』, 홍종락 역(서울: 홍성사, 2008).

32 Charles Krauthammer, "President Obama and Stem Cells—cience Fiction," *Washington Post*, March 13, 2009.

33 John Zmirak, "Welcome to Our Brave New World: An Interview with Wesley J. Smith," *Godspy—aith At the Edge*, December 15, 2004.

34 오도노반이 썼듯이, "연구용이라는 특수한 지위를 이용하려는" 분명한 의도로 배아를 만드는 것은 "우리가 인간을 **만들기** 시작하면 인간을 더는 **사랑할** 수 없다는 원리를 확실히 증명해 준다." *Begotten or Made?*(Oxford, UK: Oxford University Press, 1984), p. 65.

35 Ariana Eunjung Cha, "Stanford Researchers 'Stunned' by Stem Cell Experiment That Helped Stroke Patient Walk," *Washington Post*, June 2, 2016. 성인 줄기세포는 다발성경화증 치료에도 효과가 있었다. Erin Davis, "Canadian Doctors Have Successfully Reversed the Effects of MS in a Patient Using Stem Cells," *Notable*, June 10, 2016을 보라. 성인 세포를 "재프로그래밍"하여 만능 줄기세포를 만들 수 있다. "Human Pluripotent Stem Cells Without Cloning or Destroying Embryos," StemCellResearch. org, November 20, 2007을 보라.

36 "배아 줄기세포는 단 한 번의 치료에도 사용하지 못했지만, 성인 줄기세포는 심근경색증(일부 심장 조직의 손상)을 비롯한 여러 환자에게 성공적으로 사용했다." Wolfgang Lillge, "The Case for Adult Stem Cell Research," *21st Century Science & Technology Magazine*(Winter 2001-2002).

37 Joshua Riddle, "Ben Shapiro Destroys Sarah Silverman's Planned Parenthood Tweet," *Young Conservatives*, August 4, 2015.

38 Jacob M. Appel, "Are We Ready for a Market in Fetal Organs?" *The Huffington Post*, April 17, 2009.

39 Scott Rae, "Commercial Surrogate Motherhood," *Bioethics and the Future of Medicine*, ed. John Filner, Nigel Cameron, and David Schiedermayer(Grand Rapids: Eerdmans, 1995), p. 234에 인용됨. 『생명윤리학』, 김상득 역(서울: 살림출판사, 2004).

40 Julie Bindel, "Surrogacy and Gay Couples," *New Feminism*, June 2, 2015.

41 Adina Portaru, "Renting Wombs Is a Human Wrong, not a Human Right," *Public Discourse*, April 27, 2016.

42 Scott Rae, "Commercial Surrogate Motherhood," pp. 234–5.

43 John Gray, *Straw Dogs* (London: Granta, 2002), p. 6.

44 Nick Bostrom, "Transhumanist Values," *Ethical Issues for the 21st Century*, ed. Frederick Adams (Philosophical Documentation Center Press, 2003); repr. *Review of Contemporary Philosophy* 4 (May 2005).

45 Lee Silver, *Remaking Eden: Cloning and Beyond in a Brave New World* (New York: Avon Books, 1998). 『리메이킹 에덴』, 하영미, 이동희 역 (서울: 한승, 1998).

46 Mortimer J. Adler, *The Difference of Man and the Difference It Makes* (New York: Fordham University Press, 1967), p. 264.

47 C. S. Lewis, *The Abolition of Man* (New York: HarperCollins, 1944, 1947, 1971, 1974), p. 55. 『인간 폐지』, 이종태 역 (서울: 홍성사, 2006).

48 Gary Drevitch, "Tinkering with Morality," *Psychology Today*, March 9, 2015에 인용됨.

49 Lisa Miller, "The Trans-Everything CEO," *New York Magazine*, September 8, 2014에 인용됨.

50 Wesley Smith, "Biohazards: Advances in Biological Science Raise Troubling Questions about What It Means to Be Human," *San Francisco Chronicle*, November 6, 2005에 인용됨.

51 E. O. Wilson, *The Diversity of Life* (New York: Norton, 1992, 1999), p. 302에 인용됨. 『생명의 다양성』, 황현숙 역 (서울: 까치, 1995).

52 David King, "An Interview with Professor Brian Goodwin," *GenEthics News* 11 (March/April 1996): pp. 6–8. 굿윈은 *How the Leopard Changed Its Spots* (Princeton, NJ: Princeton University Press, 1994, 2001)의 저자다.

53 John Paul II, *Evangelium vitae*, §19, 20.

54 나는 『과학의 영혼』, 특히 1장에서 기독교의 전제들이 근대 과학의 발전을 이끈 여러 방식에 대해 썼다.

55 내 책 『과학의 영혼』을 보라. Nancy Pearcey, "Technology, History, and Worldview," *Genetic Ethics: Do the Ends Justify the Genes?* ed. John F. Kilner, Rebecca D. Pentz, and Frank E. Young (Grand Rapids: Eerdmans, 1997)도 보라.

56 Adrian Woolfson, *An Intelligent Person's Guide to Genetics* (New York: Overlook Press, 2006), 서문.

57 Luc Ferry, *A Brief History of Thought: A Philosophical Guide to Living* (New York:

Harper Perennial, 2011), p. 77.

58 Richard Rorty, "Moral Universalism and Economic Triage," 제2회 유네스코 철학 포럼 발표, 파리, 1996. Reprinted in *Diogenes* 44, no. 173(1996).

59 Zmirak, "Welcome to Our Brave New World."

60 John H. Evans, *What Is a Human? What the Answers Mean for Human Rights*(New York: Oxford University Press, 2016). 에반스는 사람됨 이론을 수용한 사람들이 대부분 직업 철학자나 과학자, 윤리학자인 것을 발견했다. 대다수 대중은 그 이론을 받아들이지 않는다. 하지만 대중이 그 이론을 거부하는 확고한 근거는 분명하지 않다.

61 Singer, *Practical Ethics*, p. 169.

62 Bakke, *When Children Became People*, p. 38.

63 Harper, *From Shame to Sin*, 특히 1장과 Brown, *Body and Society*를 보라. 루덴은 주인이 젊은 남자 노예를 성적으로 학대하는 일이 흔했던 반면, 자유인 소년들은 강간에 취약했다고 말한다. 아버지들은 아이들을 노리는 성적 포식자들로부터 보호하기 위해서 자녀를 유심히 지켜봐야 했다. 그리스와 로마에서 적극적인 파트너는 (잔인하고 포악할 때조차도) 남성적이라고 칭송을 받았지만, 수동적인 파트너(피해자)는 약하고 역겨운 존재라고 경멸했다. 이와 대조적으로, 신약성경에서 바울은 적극적인 파트너를 똑같이 죄인으로 취급하고, 동성애 관계를 사실상 불의한 행위로 정죄한다[로마서 1:18의 "불법"(unrighteousness)이라는 단어는 "불의"(injustice)라는 말로 번역될 때가 많다]. 로마 사회에서는 남색을 인정했기 때문에 가해자를 우러러보기도 했다. "바울의 로마 청중은⋯⋯ 동성애에 정의를 적용한다는 말을 듣고 놀랐을 것이다"(*Paul among the People*, p. 71).

64 Martha Nussbaum, *Philosophical Interventions*(Oxford, UK: Oxford University Press, 2012), p. 73.

65 Bakke, *When Children Became People*, p. 285.

66 같은 책, p. 163.

67 Lydia Saad, "U.S. Support for Euthanasia Hinges on How It's Described," Gallup. com, May 29, 2013.

68 Anne Lamott, "At Death's Window," *Los Angeles Times*, June 25, 2006.

69 Anne Lamott, "The Rights of the Born," *Los Angeles Times*, February 10, 2006.

70 다음 내 책에서 고통을 다룬 부분을 보라. "Does Suffering Make Sense?", *How Now Shall We Live?*(Carol Stream, IL: Tyndale, 1999). 『그리스도인, 이제 어떻게 살 것인가?』, 정영만 역(서울: 요단출판사, 2002).

71 Steve Taylor, "Can Suffering Make Us Stronger?" *Psychology Today*, November 4, 2011.

72 Taylor, "Can Suffering Make Us Stronger?"에 인용됨. "영혼의 어두운 밤"이라는 문구
는 16세기 가톨릭 신비가 십자가의 성 요한(St. John of the Cross)이 한 말이다.

73 Ella Frech, "Me Before You: Dear Hollywood, Why Do You Want Me Dead?," *Aleteia*,
June 2, 2016.

74 같은 책.

75 Martin Pistorius with Megan Lloyd Davies, *Ghost Boy*(Nashville: Thomas Nelson, 2013),
p. 15.『엄마는 내가 죽었으면 좋겠다고 말했다』, 이유진 역(파주: 푸른숲, 2017). Peter
Holley, "Meet the Man Who Spent 12 Years Trapped Inside His Body Watching
'Barney' Reruns," *Washington Post*, January 13, 2015도 보라.

76 Teresi, *Undead*, pp. 181-82, p. 197.

77 이 전통이 예수님이 나사로를 살리기 전에 나흘간 기다리신 이유도 설명해 줄 수 있
을 것 같다. 그렇기 때문에 아무도 나사로가 죽은 것처럼 보였다가 단순히 깨어났다고
주장할 수 없었다. Eli Lizorkin-Eysenberg, "Resurrection of Lazarus, Jews and Jewish
Tradition(John 11:1-4)," *Jewish Studies*, Israel Institute of Biblical Studies, November
28, 2013을 보라.

78 개인 인터뷰. Joseph Banks, "One Heart, One Love," *Medium*, October 17, 2015,
https://medium.com/@joseph3banks/one-heart-one-love-b4de709ccdb#.lltdsyp2b도
보라.

79 Nancy Flanders, "Mother of Baby Jacen, Born with Anencephaly, Refuses Abortion,"
Live Action News, April 10, 2015.

80 Marshall Shelley, "Two Minutes to Eternity," *Christianity Today*, July 2011.

81 Gwen Dewar, "The Social Abilities of Newborns," *Parenting Science*, http://www.
parentingscience.com/newborns-and-the-social-world.html.

82 Smith, *Culture of Death*, 특히 pp. 23-24, 104-5를 보라.

83 Ian Haines, "I Believed That Euthanasia Was the Only Humane Solution. I No Longer
Believe That," *The Age*, November 20, 2016.

84 Wesley J. Smith, "Assisted Suicide and the Corruption of Palliative Care," *First Things*,
May 15, 2008.

85 Wesley J. Smith, "Doctor Sued for Saying No to Euthanasia," *National Review*,
September 27, 2015; Andy Walton, "Belgian Catholic Nursing Home Has to Pay
Damages for Refusing Euthanasia," *Christianity Today*, July 1, 2016.

4. 조현증 성

1 Donna Freitas, *The End of Sex*(New York: Basic Books, 2013), pp. 168-75. "Save the Date: Kerry Cronin on the Love Lives of College Students," *U.S. Catholic* 77, no. 9(September 2012)도 보라.

2 Freitas, *End of Sex*, p. 31, 177, 저자 강조.

3 Janet Reitman, "Sex & Scandal at Duke," *Rolling Stone*, June 1, 2006.

4 Laura Sessions Stepp, *Unhooked: How Young Women Pursue Sex, Delay Love, and Lose at Both*(New York: Penguin, 2007), p. 243에 인용됨.

5 Nancy Jo Sales, "Tinder and the Dawn of the 'Dating Apocalypse,'" *Vanity Fair*, September 2015. 기독교 관점에서 이원론을 간단히 설명한 내용으로는 Patrick Lee and Robert P. George, *Conjugal Union*(New York: Cambridge University Press), p. 74를 보라.

6 Katy Steinmetz, "Miley Cyrus: 'You Can Just Be Whatever You Want to Be,'" *Time*, June 15.

7 Sales, "Tinder and the Dawn of the 'Dating Apocalypse.'"

8 Kate Taylor, "Sex on Campus: She Can Play That Game Too," *New York Times*, July 12, 2013.

9 George Bernard Shaw, "Too True to Be Good: A Political Extravaganza," *Plays Extravagant*(London: Penguin, 1981), p. 93.

10 Freitas, *End of Sex*, p. 38. 프레이타스는 어느 인터뷰에서 훅업 문화 연구에 처음 관심을 갖게 된 이유를 설명한다.

> 내가 가르치던 대학의 어느 강의에서 훅업 문화가 무엇이고, 얼마나 자유롭고 좋은지에 대한 이야기가 대화의 핵심 주제로 흘러갔다.……그런데 학기 중반쯤에 훅업 문화에 대한 학생들의 태도가 급변했다. 한 학생이 솔직히 말하면 자신은 훅업 문화를 그다지 좋아하지 않고 왜 그런 관계를 맺어야 하는지 잘 모르겠다고 공개적으로 인정했다. 주로 주변의 압박 때문에 그런 것 같다고 했다. 그러자 너도나도 그 학생에게 동의하면서, 갑자기 내 수업을 듣는 학생들이 하나같이 훅업 문화를 좋아하는 척하지만 실상은 그렇지 않다는 것을 깨닫기 시작한 것이다. 캠퍼스에서 그렇게 생각하는 사람이 자기 혼자일까 봐 두려워하는 마음이 컸던 것 같다. 이 일로 나는 몹시 놀랐고, 다른 캠퍼스의 학생들도 비슷한 생각을 하고 있는지 궁금해졌다. 그래서 한번 알아보기로 했다. (Amelia Evrigenis, "Author Discusses New Book, 'The End of Sex,'"

The College Fix, July 23, 2013)

프레이타스는 복음주의 대학들에만 훅업 문화가 없다는 것을 알게 되었다. Donna Freitas, *Sex and the Soul*(Oxford, UK: Oxford University Press, 2008).

11 Singer, *Practical Ethics*, p. 2.

12 Naomi Wolf, "Casual Sex Finds a Cool New Position," *The Sunday Times*, January 12, 2013.

13 Melinda Selmys, *Sexual Authenticity: An Intimate Reflection on Homosexuality and Catholicism*(Huntington, IN: Our Sunday Visitor, 2009), p. 85.

14 Meilander, *Bioethics*, p. 20.

15 Alice Owens, "My Rape Convinced Me That Campus Hookup Culture Is Really Messed Up," *Verily*, July 6, 2015.

16 Shalit, *Girls Gone Mild*, p. 85.

17 Miriam Grossman, *Unprotected: A Campus Psychiatrist Reveals How Political Correctness in Her Profession Endangers Every Student*(New York: Penguin, 2007), p. 3.

18 Stepp, *Unhooked*, pp. 220-21에 인용됨.

19 Selmys, *Sexual Authenticity*, p. 83.

20 Stepp, *Unhooked*, pp. 225-26에 인용됨.

21 Juli Slattery and Dannah Gresh, *Pulling Back the Shades*(Chicago: Moody, 2014), p. 46.

22 Wolf, "Casual Sex Finds a Cool New Position."

23 Gail Dines, "Is Porn Immoral? That Doesn't Matter: It's a Public Health Crisis," *Washington Post*, April 8, 2016.

24 Belinda Luscombe, "Porn and the Threat to Virility," *Time*, March 31, 2016.

25 David Schultz, "Divorce Rates Double When People Start Watching Porn," *Science*, August 26, 2016.

26 건강한 남성 64명의 MRI 스캔을 연구한 독일 연구자들은 포르노를 많이 볼수록 보상과 동기와 관련된 뇌 영역에서 회백질이 덜 나타난 것을 발견했다. Simone Kuhn and Jurgen Gallinat, "The Brain on Porn: Brain Structure and Functional Connectivity Associated with Pornography Consumption," *Journal of the American Medical Association*, July 2014를 보라.

27 "Teens and Young Adults Use Porn More Than Anyone Else," *Barna*, January 28, 2016.

28 Melinda Liszewski, "Sex Before Kissing: How 15-Year-Old Girls Are Dealing with Porn-Addicted Boys," originally published as "Growing Up in Pornland: Girls Have

Had It with Porn Conditioned Boys," *Collective Shout*, March 8, 2016.

29 Cecilia Rodriguez, "Sex-Dolls Brothel Opens in Spain and Many Predict Sex-Robots Tourism Soon to Follow," *Forbes*, February 28, 2017.

30 Theresa Crenshaw, *The Alchemy of Love and Lust*. Morse, *Sexual Revolution and Its Victims*, p. 150에 인용됨.

31 Emily Morse, "Sunday Sex Tip: How to Keep It Casual without Getting Attached(Can It Even Be Done?)," *Glamour*, July 27, 2104.

32 이 호르몬들을 이해하기 쉽게 설명한 내용으로는 Joe McIlhaney Jr. and Freda McKissic Bush, *Hooked: New Science on How Casual Sex Is Affecting Our Children* (Chicago: Northfield Publishing, 2008), 특히 2장을 보라.

33 Grossman, *Unprotected*, p. 8.

34 Lauren F. Winner, *Real Sex*(Grand Rapids: Brazos Press, 2006), p. 88. 『순결에 대한 솔직한 이야기』, 이정옥 역(서울: 평민사, 2011).

35 Peter Moore, "Young Americans Are Less Wedded to Monogamy Than Their Elders," *YouGov*, October 3, 2016.

36 William M. Struthers, *Wired for Intimacy: How Pornography Hijacks the Male Brain* (Downers Grove, IL: InterVarsity Press, 2009)을 보라. 『포르노그래피로부터의 자유』, 황혜숙 역(서울: 대성 Korea.com, 2011).

37 Shalit, *Girls Gone Mild*, p. 102에 인용됨.

38 Anne Maloney, "What the Hook-up Culture Has Done to Women," *Crisis*, June 14, 2016.

39 댄과 알렉스 모두 Sales, "Tinder and the Dawn of the 'Dating Apocalypse'"에 인용됨.

40 Justin Petrisek, "Gentlemen Speak: Single Guys Share What They're Really Looking for in a Relationship," *Verily*, February 17, 2016.

41 Roger Libby, *The Naked Truth about Sex: A Guide to Intelligent Sexual Choices for Teenagers and Twentysomethings*(Freedom Press, 2013), p. 142.

42 Slattery and Gresh, *Pulling Back the Shades*, pp. 99-100을 보라. 한 연구에 따르면, "현실에서는 결혼 관계의 성에 대해 미리 듣거나 거의 토론해 보지 않은 사람들이 상대를 가장 만족시키는 부류"라고 한다. 또 다른 연구에 따르면, "결혼생활에 충실한 사람들이 성적으로 활발한 어느 집단에서든 가장 성적으로 만족한다." Glenn Stanton, *Why Marriage Matters*(Colorado Springs: Pinon Press, 1997), p. 42, 46.

43 Roy Porter, *The Creation of the Modern World*(New York: W.W. Norton, 2000), p. 258, 260.

44 교황 요한 바오로 2세가 설명한 대로, 물질주의 철학에서 몸은 "순전한 물질로 축소되었다." "몸은 쾌락과 효율성이라는 유일한 기준에 따라 사용되는 장기와 기능, 에너지의 복합체에 불과하다." 그 결과 성은 "비인격화되고 착취당한다." *Evangelium vitae*, § 23.

45 Brian Leiter, "Morality Critics," *The Oxford Handbook of Continental Philosophy*, ed. Brian Leiter and Michael Rosen(Oxford, UK: Oxford University Press, 2007), 20장.

46 성 혁명의 설계자들에 대한 자세한 내용은 내가 쓴 『완전한 진리』, pp. 214-15; "Creating the 'New Man': The Hidden Agenda in Sex Education," *Bible-Science Newsletter*, May 1990; "Salvation through Sex?", 『그리스도인, 이제 어떻게 살 것인가?』를 보라.

47 Jonathan Ned Katz, *The Invention of Heterosexuality*(Chicago: University of Chicago Press, 1995), pp. 59-60, p. 61. 프로이트는 "충동", "본능", "욕구" 같은 단어를 끊임없이 언급하여 언어 선택에서도 기계론적 관점을 드러냈다.

48 Sigmund Freud, *Civilization and Its Discontents*, trans. David McLintock(London, UK: Penguin, 2004), p. 40. 『문명 속의 불만』, 김석희 역(서울: 열린책들, 2004). 프로이트는 여성들이 어리석은 가장 흔한 이유는 성적 억압이라고 말하기까지 했다. "나는 수많은 여성들이 확실히 지적으로 열등한 이유는 성적 억압에 필수적인 생각의 억압까지 거슬러 올라갈 수 있다고 생각한다." "'Civilized' Sexual Morality and Modern Nervous Illness," *Sexual-Probleme*(*Sexual Problems*), originally published in 1908; repr. Read Books Ltd., 2013, p. 28.

49 Margaret Sanger, *The Pivot of Civilization*(New York: Brentano's, 1922), p. 232. 생어는 말 그대로 성적 억압이 수많은 다양한 신체적·심리적 역기능과 심지어 지적 장애까지 일으킬 수 있다고 믿었다. 그녀는 우리가 성을 온전히 자유롭게 표현할 수 있다면, 천재가 될 수 있을 것이라고 약속했다.

근대 과학은 천재는 신의 신비로운 선물 같은 것이 아니라고 우리에게 가르치고 있다.……오히려 인간 태고의 내적 에너지[성적 에너지를 완곡어법으로 표현]를 온전한 신적 표현으로 분출하고 표출할 수 있도록 생리적·심리적 억제와 억압을 벗어 버리기 때문에 가능하다. (같은 책, pp. 232-33)

50 같은 책, p. 271.

51 Alfred Kinsey, Wardell Pomeroy, and Clyde Martin, *Sexual Behavior in the Human Male*(Philadelphia: W. B. Saunders, 1948), p. 263, 저자 강조. 킨제이 자신이 남녀 구분 없

이 학생들과 전문직 종사자들과 다양한 성적 관계를 맺으면서, 집단 섹스와 사도마조히즘 같은 것들을 실험했다.

52 Paul Robinson, *The Modernization of Sex*, 2nd ed.(Ithaca, NY: Cornell University Press, 1988), pp. 49-50, p. 85.

53 Wilhelm Reich, *The Sexual Revolution*(New York: Farrar, Straus & Giroux, 1974), xxiii, xxvi. 『성혁명』, 윤수종 역(서울: 중원문화, 2011).

54 Eustace Chesser, *Salvation through Sex: The Life and Work of Wilhelm Reich*(New York: William Morrow, 1973), p. 44에 인용됨.

55 같은 책, p. 67.

56 Robert Rimmer, *The Harrad Experiment*(Amherst, NY: Prometheus Books, 1990), p. 157, 167. 두 번째 등장인물은 철학자 앨런 왓츠(Alan Watts)를 인용하고 있다.

57 Michel Foucault, *The History of Sexuality*, vol. 1(New York: Random House, 1976, 1978), p. 78, 156. 『성의 역사1』, 이규현 역(서울: 나남, 2004). 푸코는 또 다른 도덕 비판자다(Leiter and Rosen, *Oxford Handbook of Continental Philosophy*, pp. 726-33을 보라). 하지만 그는 도덕과 과학(특히 의사라는 직업)을 **모두** 억압의 근원으로 묘사한다. 그는 19세기에 윤리 문제들이 정신적·신체적 건강을 위한 과학 법칙으로 바뀌었다고 말한다. 의사, 정신과 의사, 정부 보건 부서가 모두 이에 동참했다. 푸코가 쓴 대로, 과학에 근거한 윤리가 "힘과 활력, 건강과 생명"을 확장하는 수단으로 제시되었다. *History of Sexuality*, p. 125.

그 결과, 이제는 교회가 아니라 국가와 의료 기관이 도덕률을 시행했다. 또한 그 원칙들은 옳고 그름의 관점이 아니라, 정상과 왜곡이라는 과학과 의료의 객관적 용어로 표현되었다. 하지만 이 과학적 담론은 여전히 윤리적 교훈으로—푸코는 "성에 대한 설교"라고 말한다—기능했고, 따라서 그는 그것을 똑같이 억압적이라고 비난한다. 그는 이를 수용한 사람들을 스스로의 억압에 공모했다고 비난한다. 그는 개인들이 자신의 공모를 꿰뚫어 보고 모든 성적 규범과 고정관념에 저항하라고 요청한다.

우리는 과학에 기초한 윤리의 자리에 대신 무엇을 놓아야 하는가? 순수한 권력과 쾌락이다. 푸코가 사랑한 작가 중에 마르키 드 사드(Marquis de Sade)가 있다. 그는 사도마조히즘 성관계를 이른바 더 높은 차원의 쾌락을 얻는 수단으로 채택하여 사드를 따랐다. 그는 마리화나와 대마, 아편, LSD, 코카인 같은 향정신성의약품을 사용하면서 1970년대의 마약 문화도 마음껏 즐겼다. Weikart, *Death of Humanity*, p. 254를 보라.

58 "New Survey: Taxpayer Dollars Funding Programs That Pressure Teens to Have Sex," National Abstinence Education Association, September 24, 2015, http://www.thenaea.org/newsroom/taxes_funding_teen_pressuring_programs.html. 최근 연방 정부 성교육 예산의 95퍼센트는 성을 정상적이고 예상 가능한 것으로 취급하여 십대들이 성관계

네 몸을 사랑하라

를 갖도록 압박하는 유형의 프로그램들에 지원되고 있다.

59 어떻게 창조 질서의 일부가 우상으로 격상되는지에 대한 설명은 내 책 『완전한 확신』을 보라.

60 John Donne, "The Ecstasy," Poetry Foundation, https://www.poetryfoundation.org/poems-and-poets/poems/detail/44099.

61 C. S. Lewis, *Mere Christianity* (New York: Macmillan, 1960), p. 96.

62 Timothy Keller, *The Meaning of Marriage* (New York: Penguin, 2011), 257. 『팀 켈러, 결혼을 말하다』, 최종훈 역 (서울: 두란노, 2014).

63 John F. Crosby, "Embodiment," *Lay Witness*, October 2000에 인용됨.

64 Wyatt, "What Is a Person?"

65 예를 들면, "나의 복음과 예수 그리스도를 전파함은 영세 전부터 **감추어졌다가** 이제는 나타내신 바 되었으며"(롬 16:25-26), "영원부터 만물을 창조하신 하나님 속에 감추어졌던 **비밀**의 경륜이 어떠한 것을 드러내게 하려 하심이라"(엡 3:9).

66 Alex Morris, "Tales From the Millennials' Sexual Revolution," *Rolling Stone*, March 31, 2014.

67 John R. Crosby, "John Paul II's Vision of Sexuality and Marriage," *The Legacy of Pope John Paul II*, ed. Geoffrey Gneuhs (New York: Crossroad, 2000), p. 63에 요약됨. 천국에는 결혼이 없다는 예수님의 말씀은 어떻게 되는가? 모세와 엘리야, 부활하신 그리스도의 예에서 보듯이, 우리는 천국에서도 계속해서 남자와 여자로 존재할 것이다. 하지만 싱글들이 이 땅에서 하듯이, 다른 방식으로 사랑과 상호 나눔을 표현할 것이다.

68 Lecrae Moore, *Unashamed* (Nashville: B&H, 2016), p. 80.

69 Amanda Marcotte, "Conservative Relatives Can't Let the Planned Parenthood 'Scandal' Go? Try These Talking Points," *Salon*, August 5, 2015.

70 Ruden, *Paul among the People*, p. 15.

71 같은 책, pp. 16-18. 예수님은 이혼을 허용하는 예외 상황에 '포르네이아'(*porneia*)라는 단어를 사용하셨다. "누구든지 음행한('포르네이아') 이유 없이 아내를 버리면 이는 그로 간음하게 함이요"(마 5:32). 예수님은 "간음한 이유 없이"(그리스어에서 다른 단어)라고 말씀하시지 않는다. YLT(Young's Literal Translation)는 이 단어를 "매춘"으로 번역한다.

72 Ruden, *Paul among the People*, p. 17. 물론 바울은 유대인들이 이 용어를 어떻게 사용하는지를 염두에 두었을 것이다. "1세기 유대인이라면 누구나 '포르네이아'(부정행위)를 언급하면서 레위기 18장과 20장에 나오는 금지된 성범죄 목록, 특히 근친상간과 간음, 동성애 관계, 수간을 염두에 두었을 것이다." Robert A. J. Gagnon, "The Bible and Homosexual Practice," in Dan O. Via and Robert A. J. Gagnon, *Homosexuality and* *the Bible: Two Views*(Minneapolis: Fortress Press, 2003), 72.

73 Eusebius, *The History of the Church*, pp. 184-85. 『유세비우스의 교회사』, 엄성옥 역(서울: 은성, 1990). "Potamiaena 205 A.D.," *Women of Christianity*, May 17, 2011, http://womenofchristianity.com/potamiaena-205-a-d에 인용됨.

74 Jones, *Marks of His Wounds*, p. 80.

75 Taylor, *Sources of the Self*, p. 223에 인용됨.

76 Welton, "Biblical Bodies."

77 Scott Rae and Paul Cox, *Bioethics: A Christian Approach in a Pluralistic Age*(Grand Rapids: Eerdmans, 1999), p. 104.

78 Dan Allender and Tremper Longman, *Intimate Allies: Rediscovering God's Design for Marriage and Becoming Soulmates for Life*(Wheaton, IL: Tyndale, 1999), p. 254.

79 Oliver O'Donovan, *Resurrection and Moral Order*, 2nd ed.(Grand Rapids: Eerdmans, 1986, 1994), p. 71.

80 Keller, *The Meaning of Marriage*, pp. 241-42.

81 Stephen Hull, "Roman Prostitutes Were Forced to Kill Their Own Children and Bury Them in Mass Graves at English 'Brothel'," *Daily Mail*, August 30, 2011.

82 예를 들어, Beth Felker Jones, *Faithful: A Theology of Sex*(Grand Rapids: Zondervan, 2015)를 보라.

83 Julia Duin, "No One Wants to Talk About It," *Breakpoint Online*, October 7, 2002, http://www.djchuang.com/sex/singles/bpsingles.htm.

84 Liuan Huska, "Cohousing: The New American Family," *Christianity Today*, November 2016.

85 Jenny Taylor, *A Wild Constraint: The Case for Chastity*(London, UK: Continuum, 2008), p. 121에 실린 인터뷰 중에서.

86 Jennifer Fulwiler, "How I Became Pro-Life," January 28, 2008, http://jenniferfulwiler.com/2008/01/how-i-became-pro-life/.

87 같은 책.

88 Jennifer Fulwiler, *Something Other Than God*(San Francisco: Ignatius, 2014), p. 210.

89 G. K. Chesterton, *G. K.'s Weekly*, January 29, 1928.

90 Susan Berry, "Pediatricians: Abstinence on the Rise," Breitbart.com, June 23, 2016.

91 "Sex Education Politics and the War on Young Women," National Abstinence Education Association, http://www.thenaea.org/docs/The_War_On_Young_Women.pdf.

92 Tim Stafford, "What's Wrong with Sex Before Marriage?" *Christianity Today*, http://www.christianitytoday.com/iyf/advice/lovesexdating/whats-wrong-with-sex-before-marriage.html.을 보라.

93 Nancy Pearcey, "Sex, Lies, and Secularism," *Christian Research Journal* 34, no. 4(2011).

94 Glenn T. Stanton, "CDC Study Says Teen Virgins Are Healthier," *The Federalist*, November 29, 2016.

95 Sade Patterson, "Her Campus Was Teaching Students How to Have Threesomes—So She Started Her Own 'Sex Week,'" *Faithit*, May 16, 2016.

96 같은 책.

97 Rene Thompson, "Battle of the UNM Sex Weeks," *ABQ Free Press*, March 11, 2016.

5. 부적절한 몸

1 아래 내용은 다음 출처에 기초한 것이다. Sean Doherty, "'Love Does Not Delight in Evil, but Rejoices with the Truth.' A Theological and Pastoral Reflection on My Journey Away From a Homosexual Identity," *Anvil* 30, no. 1(March 2014).

2 일부 게이 인권 운동가들은 "동성애"라는 용어가 경멸적이라면서 거부했다. 하지만 자신을 동성애자로 밝히는 앤드류 설리번(Andrew Sullivan)은 그 말이 "의학적·중립적 용어"라고 옹호하면서 계속해서 사용해야 한다고 말한다. "Sticks and Stones and 'Homosexual,'" *The Daily Dish*, March 25, 2014, http://dish.andrewsullivan.com/2014/03/25/sticks-and-stones-and-homosexual/.

스스로 동성애자라고 생각하는 미국인은 얼마나 될까? 대중은 그 숫자를 과대평가하는 경향이 있다. "UCLA 법대 싱크 탱크 윌리엄스 인스티튜트(Williams Institute) 게리 게이츠(Gary Gates)의 최신 연구에 따르면, 미국과 캐나다, 유럽의 성인 인구 중 1.8퍼센트가 양성애자, 1.1퍼센트가 게이 남성, 0.6퍼센트가 레즈비언이라고 한다." Stanton L. Jones, "Same-Sex Science," *First Things*, February 2012를 보라.

3 진화의 관점에서는, 동성애자들은 생식을 하지 않기 때문에 확실히 부적응적이다. 생식에서의 이런 불리한 점을 상쇄하기 위해 다양한 이론을 제안했다. 예를 들어, 동성애 남성은 양육하는 삼촌이 되어서 자기 자매들의 생식이 성공하도록 기여한다. 하지만 이런 가설은 과학적인 근거가 부족하다. J. Michael Bailey et al., "Sexual Orientation, Controversy, and Science," *Psychological Science in the Public Interest* 17, no. 2(2016)를 보라.

4 휘튼 칼리지의 스탠튼 존스(Stanton L. Jones)은 스웨덴 쌍둥이 등록소(Swedish Twin

Registry)를 활용한 대규모 일란성 쌍둥이 연구에 대해 보고한다. 둘 중 적어도 한 사람이 동성애자인 일란성 남성 쌍둥이 71쌍 중에서 7쌍(9.8퍼센트)만이 다른 쌍둥이도 동성애였는데, 이는 통계학적으로 무의미한 수준이다.

최신 연구들에 따르면, 가족과 문화, 기타 환경 요인이 동성애 성향에 기여하는 것으로 나타난다. 결손 가정과 아버지의 부재, 나이 많은 어머니, 도심에서 출생하고 자란 환경 등이 동성애 경험이나 성향과 관계가 있다. 심지어 최근에는, 「성적 행동 기록」(*Archives of Sexual Behavior*)에 발표된 30년간의 정교한 연구를 통해 가설상의 인과 제공 요소 중에서도 가장 경시되는 아동기 성적 학대조차 부분적인 요인으로 경험적인 타당성을 상당히 인정받았다.……심리적·환경적 변수가 인과에 관여한다는 말이 생물학적 요소는 관여하지 않는다는 뜻은 아니다. 오히려 게이를 지지하는 많은 학자들이 주장하는 정도까지는 아니라는 것이다. (Jones, "Same-Sex Science")

미국 심리학회(American Psychological Association) 홍보물은 "많은 연구들에서 성적 지향에 영향을 미치는 가능성 있는 요인들, 곧 유전, 호르몬, 발달, 사회적·문화적 영향을 조사했지만, 어느 특정 요소나 요소들이 성적 지향을 결정한다고 과학자들이 결론지을 만한 결과는 얻지 못했다"라고 말한다. "Answers to Your Questions: For a Better Understanding of Sexual Orientation & Homosexuality," 2008, http://www.apa.org/topics/lgbt/orientation.pdf. 최신 연구는 환경적인 요소가 역할을 할 수도 있다고 제안하지만, 그런 초기 인생 단계에서는 환경 요소들이 선택의 문제가 아니다. Sarah Knapton, "Homosexuality 'May Be Triggered by Environment after Birth'," *The Telegraph*, October 8, 2015를 보라.

5 Francis Collins, *The Language of God* (New York: Simon & Schuster, 2006), p. 260. 『신의 언어』, 이창신 역(파주: 김영사, 2009).

6 John Corvino, "Nature? Nurture? It Doesn't Matter," *The Gay Moralist*, August 12, 2004, http://johncorvino.com/2004/08/nature-nurture-it-doesnt-matter/.

7 Bessel van der Kolk, *The Body Keeps the Score* (New York: Viking, 2014), p. 152. 『몸은 기억한다』, 제효영 역(서울: 을유문화사, 2016).

8 Elinor Burkett, "What Makes a Woman?," *New York Times*, June 6, 2015.

9 이런 연구의 일부를 수행한 마이클 베일리(J. Michael Bailey)는 "남성의 성적 지향은 타고난다"라고 결론을 내린다. "Sexual Orientation: Nature or Nurture?," *What's the Story? A Multidisciplinary Discussion of Same-Sex Marriage & Religious Liberty*, symposium, December 11, 2007을 보라. The Catholic University of America,

Columbus School of Law, Interdisciplinary Program in Law & Religion, Washington, DC.

10 Van der Kolk, *Body Keeps the Score*, p. 297. 일부 연구가 성적 반응에서 편도체의 역할에 초점을 맞추었기 때문에 편도체의 설정을 바꿀 수 있다는 사실은 특히 유의미하다. 예를 들어, Nikhil Swaminathan, "Brain Scans Provide Evidence That Sexual Orientation Is Biological," *Scientific American*, June 16, 2008을 보라.

11 Anthony Newberg and Mark Robert Waldman, *How God Changes Your Brain*(New York: Ballantine, 2009); Andrew Newberg and Eugene D'Aquill, "Why God Won't Go Away: Brain Science & the Biology of Belief," *Andrew Newberg*(블로그), http://www.andrewnewberg.com/books/why-god-wont-go-away-brain-science-the-biology-of-belief.

12 Van der Kolk, *Body Keeps the Score*, p. 95.

13 "비이성애자로 성장하는 아이들은 이성애자로 성장하는 아이들에 비해 평균적으로 대체로 성별 비순응이 많다." J. Michael Bailey et. al, "Sexual Orientation, Controversy, and Science," *Association for Psychological Science* 17, no. 2(2016): pp. 45-101. 또 다른 연구는 "아동기 성별 비순응 행위는 미래의 비이성애 성향을 초기에 예측할 수 있게 해주는 일관성 있는 요소"라고 결론을 내린다. Gu Li, Karson T. F. Kung, and Melissa Hines, "Childhood Gender-Typed Behavior and Adolescent Sexual Orientation: A Longitudinal Population-Based Study," *Developmental Psychology*, February 20, 2017.

14 "퀴어 이론은 성, 젠더, 욕구의 부조화에 초점을 맞춘다.……퀴어 이론은 모든 '자연적' 성의 불가능성을 보여주면서, '남성'과 '여성' 같은 문제없는 용어조차 의문시한다. Annamarie Jagose, *Queer Theory: An Introduction*(New York: New York University Press, 1996), p. 3. 『퀴어이론: 입문』, 박이은실 역(서울: 여이연, 2012).

15 Judith Butler, *Gender Trouble*(New York: Routledge, 1990), pp. 30-31. 『젠더 트러블』, 조현준 역(파주: 문학동네, 2008).

16 Doherty, "Love Does Not Delight in Evil, but Rejoices with the Truth.'"

17 같은 책.

18 도예베르트는 자연/자유 이분법을 진단하면서, 역사적으로 자유라는 이상이 (르네상스 시대에) 처음으로 생겼다고 제안한다. 인간 자율성에 대한 욕구가 기계론적 자연관을 발전시켰는데, 자연이 기계라면 우리가 자연을 다스리고 조종하기 위해서는 그 법칙만 발견하면 되기 때문이다. 하지만 불가피하게도, 이 기계론적 패러다임은 (심리 조절, 사회 공학, 유전자 조작 등을 통해) 인간에게도 적용될 것이다. 따라서 역설적이게도, 자유

의 이상은 결국에는 자유의 상실이라는 결과를 가져올 것이다. Dooyeweerd, *Roots of Western Culture*, 6장을 보라. 루이스도 『인간 폐지』에서 비슷한 주장을 한다.

19 Robert Solomon and Kathleen Higgins, *A Short History of Philosophy* (New York: Oxford University Press, 1996), p. 215. E. L. Allen writes, "Kant has given us two worlds, one of freedom and the other of nature." *From Plato to Nietzsche* [Greenwich, CT: Fawcett Publications, 1962 (1957)], p. 129. 도예베르트는 칸트의 이분법을 다음과 같이 묘사한다. "'자연'이라는 감각 영역 위에 도덕적 자유라는 '초감각' 영역이 존재했다. 이 영역의 기계론적 자연법이 관장하지 않고, 인간 성격의 자율성을 상정하는 행동 규범이나 법칙이 관장했다." *Roots of Western Culture*, p. 171.

20 Immanuel Kant, *Critique of Pure Reason*. 『순수이성비판』, 정명오 역(서울: 동서문화사, 2015). T. Z. Lavine, *From Socrates to Sartre: The Philosophical Quest* (New York: Bantam Books, 1984), p. 197에 인용됨.

21 Immanuel Kant, "Preface to Second Edition," *Critique of Pure Reason*, rev. 2nd ed., trans. Norman Kemp Smith (New York: Palgrave Macmillan, 2007), p. 12. 데카르트는 (우리의 정체성에 기초한) 형이상학적 이원론을 제안했다. 칸트는 (우리의 지식에 기초한) 인식론적 이원론을 제안했다.

22 Robert Solomon, *Continental Philosophy Since 1750: The Rise and Fall of the Self* (New York: Oxford University Press, 1988), p. 6, 저자 강조. 케네스 슈미츠(Kenneth Schmitz)는 "[칸트의] 전환에서 핵심은……근대 인간 의식이 만든 절대주의를 주장한 것이다"라고 쓴다. 즉 "인간 의식은 그 자체의 용어를 설정할 뿐 아니라, 실재에 대한 용어를 설정한다." *At the Center of the Human Drama: The Philosophical Anthropology of Karol Wojtyla/Pope John Paul II* (Washington, DC: Catholic University of America Press, 1993), p. 137, 136.

23 칸트는 자율적인 개인이 이성에 기초한 보편적 도덕률, 곧 그가 "정언 명령"이라고 한 것에 매이기를 바랐다. 하지만 그것은 비현실적인 꿈으로 드러났다. 초월적 법의 근거(신성한 법)가 없다면, 각 개인은 자기 나름의 법을 만들고, 윤리는 임의적인 선택으로 축소되고 만다. 그런 결과를 예견한 니체는 모든 사람이 "자기 나름의 미덕, 자신만의 정언 명령을 개발해야" 한다고 썼다. Friedrich Nietzsche, "The Antichrist," *The Portable Nietzsche*, ed. and trans. Walter Kaufmann (New York: Penguin, 1982), p. 577 [11]. 『우상의 황혼/반그리스도』, 송무 역(서울: 청하, 1984).

24 "'사실만 존재한다'라고 말하면서 현상 앞에서 멈추는 실증주의에 맞서서 나는 아니라고 말해야 한다. 존재하지 않는 것은 오히려 사실이고, 해석만 존재한다." Nietzsche, *The Portable Nietzsche*, p. 458.

25 요한 바오로 2세는 이 말뜻을 설명해 준다. 현대 사상에서는, 자연과 자유라는 개념 사이에 "반대", 곧 "절대적인 갈등이 아니라면, 변증법"이 존재한다. (그가 칸트의 용어를 사용하고 있는 것에 주목하라.) 자연에 "의미나 윤리적 가치가 없다"라고 정의하면, 자연은 "인간 행위를 위한 원재료로 축소되고 만다." *Veritatis Splendor*, §48, 46.

26 Camille Paglia, "Rebel Love: Homosexuality," *Vamps and Tramps* (New York: Vintage Books, 1994), p. 71.

27 Mark Yarhouse, *Homosexuality and the Christian* (Bloomington, MN: Bethany, 2010)과 Mark Yarhouse, *Understanding Sexuality Identity: A Resource for Youth Ministry* (Grand Rapids: Zondervan, 2013)를 보라. 『동성애와 그리스도인』, 정선영 역 (서울: 기독교문서선교회, 2019).

28 Katz, *Invention of Heterosexuality*.

29 어떻게 해서 과학자들이 윤리를 정의하는 일을 맡게 되었는지를 역사적으로 설명한 내용은 Julie Reuben, *The Making of the Modern University* (Chicago: University of Chicago Press, 1996)를 보라. 19세기에 기독교 윤리가 영향력을 상실해 가면서, 과학이 윤리 문제들을 물려받았다. 많은 서양인들이 생물학과 사회과학이 윤리 문제들에 답해 주기를 기대하기 시작했다. 루벤은 "이 학문들은 생명과 인간 사회의 본질을 다루기에 핵심적인 윤리적 질문─최선의 삶의 방법은 무엇인가?─을 건드렸다"라고 말한다. 게다가 생물학은 과음과 성적 부도덕 같은 행위가 건강에 미치는 부정적인 효과를 드러낸다. 그렇다면 긍정적으로 말해서, 생물학은 깨끗한 생활과 좋은 습관, 공중보건 개혁을 권장하는 것 같았다. 어느 19세기 생물학자가 썼듯이, "종교 계율로 표현된 행위 규칙이……이제 생물학 법칙으로 확립되었다." 따라서 윤리 문제들이 정신 건강과 신체 건강에 대한 과학 법칙들로 바뀌었다.

30 Foucault, *History of Sexuality*, p. 42, 43. 이성애 정체성과 동성애 정체성 둘 다 상대적으로 최근에 생겨났다는 것에 대한 기독교적 관점은 Jenell Williams Paris, *The End of Sexual Identity* (Downers Grove, IL: InterVarsity Press, 2011)를 보라.

31 "배타적 동성애 성향을 지닌 개인이 성소수자의 원형 '유형'을 대표하고, 양성애 성향을 지닌 개인이 드문 예외라는 통념과는 달리, 정반대가 사실이다. 비배타적인 끌림 유형을 지닌 개인이 반론의 여지가 없는 '표준'이고, 배타적 동성애 성향을 지닌 사람들이 예외다." Deborah L. Tolman and Lisa M. Diamond, eds., *APA Handbook of Sexuality and Psychology* vols. 1 and 2 (2014): p. 633.

32 Lisa Diamond, "Just How Different Are Female and Male Sexual Orientation?" 코넬 대학교 강연, October 7, 2013. Lisa Diamond, *Sexual Fluidity* (Cambridge, MA: Harvard University Press, 2008)도 보라. 이런 유동성을 뒷받침하는 추가 자료가 "레즈비언의 임

신율이 이성애 여성보다 상당히 높다"는 뜻밖의 발견이다. 십대 게이 남성의 경우도 마찬가지다. 이들이 성 파트너를 임신시킬 확률은 이성애자 남성보다 상당히 높다." Glen Stanton, "Why Are So Many Lesbians Getting Pregnant?" *Public Discourse*, April 19, 2017.

33 Aleksandr Solzhenitsyn, *The GULAG Archipelago*, part III(New York: HarperCollins, 1974, 1985), p. 249.『수용소군도』, 김학수 역(서울: 열린책들, 1995, 2009).

34 Timothy Keller, *Preaching: Communicating Faith in an Age of Skepticism*(New York: Penguin, 2015), pp. 135-36.『팀 켈러의 설교』, 채경락 역(서울: 두란노, 2016).

35 야하우스는 십대들과 일하는 이들은 동성에게 끌리는 감정을 느낀다고 말하는 십대가 스스로 "게이"라고 인정하는 것이라고 가정해서는 안 된다고 말한다. 어느 연구에 따르면, "동성에게 끌린 경험이 있는 십대 비율이 게이라고 인정한 십대보다 거의 세 배에 달한다." *Understanding Sexual Identity*, p. 99, 104.

36 같은 책.

37 Stephanie Simon, "A New Therapy on Faith and Sexual Identity," *Wall Street Journal*, August 6, 2009에 인용됨. Mimi Swartz, "Living the Good Lie", *New York Times*, June 16, 2011도 보라.

38 Donna Minkowitz, "Recruit, Recruit, Recruit," *The Advocate*(December 29, 1992).

39 Darrel Yates Rist, "Sex on the Brain: Are Homosexuals Born That Way?" *The Nation* 255, no. 12(October 19, 1992). 비슷하게, "The 'Born That Way' Trap," *Ms*(May/June 1991)라는 글에서 린지 밴 겔더(Lindsy Van Gelder)는 "어쩔 수 없다"라는 주장이 "변명"에 지나지 않는다고 말한다. 그녀는 "개인적으로는, 내가 '이렇게 태어났다'라고 생각하지 않는다"라고 쓴다. 그녀는 레즈비언의 약 50퍼센트가 자신의 선택으로 레즈비언이 되고, 페미니스트들에게 "솔직하고 당당한 성적 선택"을 지지해 달라고 요청한다고 추정한다. "퀴어가 되기로 선택한 사람들을 위한 급진적인 모임 장소"라고 밝히는 *Queer by Choice* 웹사이트에서 더 많은 인용문을 찾아볼 수 있다. http://www.queerbychoice.com/experiquotes.html을 보라.

40 O'Donovan, *Begotten or Made?*, p. 29.

41 Diamond, "Just How Different Are Female and Male Sexual Orientation?" Lisa Diamond, "I Was Wrong! Men's Sexuality Is Pretty Darn Fluid Too," paper presented at The Society for Personality and Social Psychology(SPSP) preconference, Austin, Texas, January 2014도 보라. Justin Lehmiller, "Women Aren't the Only Ones Who Are Sexually Fluid—Men Have a Pretty 'Flexible' Sexuality Too," *Sex & Psychology*, February 24, 2014에 보도됨. 다이아몬드는 이전에 동성애자로 "커밍아웃한" 사람들

중에 여성은 84퍼센트, 남성은 78퍼센트가 최소한 한 번은 성 정체성을 (동성애자에서 양성애자나 퀴어, 이성애자, 아무 데도 해당하지 않는 사람으로) 바꾼 적이 있다는 것을 발견했다.

7년에 걸친 기독교 치료 집단들의 연구를 2009년에 발표한 내용에 따르면, 참여자의 23퍼센트가 동성애 성향에서 이성애 성향으로 바뀌었고, 30퍼센트가 "금욕적인 삶을 선택할 자유"에 이를 정도로 동성애 욕구가 줄어들었다. 나머지는 지속적으로 일부 변화가 있거나 전혀 변화가 없었다. 자세한 결과는 Yarhouse, *Homosexuality*, pp. 88-89 에 요약되어 있다.

42 Christopher Yuan and Angela Yuan, *Out of a Far Country*(Colorado Springs: Waterbrook, 2011), p. 187. 『다시 집으로』, 이주만 역(서울: 코리아닷컴, 2015).

43 Christopher Yuan, "Torn: Rescuing the Gospel from the Gays-vs.-Christians Debate," book review, *The Gospel Coalition*, January 7, 2013.

44 Amy Riordan, "My Path to Freedom" *Walking in Freedom* (블로그), http://walkinginfreedom.net/my-path-to-freedom-healing-from-bi-sexuality-part-1/.

45 Amy Riordan, "When the Enemy Attacks Your Sexual Identity (It Starts with Just a Thought)," *Walking in Freedom* (블로그), http://walkinginfreedom.net/are-you-being-lied-to-about-your-sexual-identity/.

46 Sam Allberry, *Is God Anti-Gay?* rev. and expanded ed.(UK: The Good Book Company, 2015), p. 32. 이 장에 인용한 션 도허티와 에드 쇼와 마찬가지로 샘 앨베리도 동성애 성향을 경험한 이들을 대상으로 사역하는 영국 단체 '리빙 아웃'(Living Out)과 연관성이 있다.

47 Tim Wilkins, "Cruel Joke or Medical Anomaly?" Cross Ministry, http://www.crossministry.org/index.php?option=com_content&view=article&id=261:cruel-joke-or-medical-anomaly&catid=65:articles-by-tim&Itemid=278.

48 가장 논란이 분분한 것이 전환 치료다. 미성년자 전환 치료는 5개 주와 워싱턴 DC에서 불법으로 금하고 있다. 이 주들에서는 환자가 원하는 경우라도, 정신건강 전문가가 미성년자의 성적 지향이나 성 정체성을 바꾸도록 돕는 것은 불법이다. 다른 20개 주에서도 비슷한 법을 도입했다. 하지만 극심한 대중의 비판에도 불구하고, 연구에 따르면 이런 치료는 해롭지 않았다. Yarhouse, *Homosexuality*, pp. 90-95를 보라.

49 Francis Schaeffer, *True Spirituality*, in *The Complete Works of Francis Schaeffer* (Wheaton, IL: Crossway, 1988). 『진정한 영적 생활』, 권혁봉 역(서울: 생명의말씀사, 1995).

50 Greg Koukl, *The Story of Reality*(Grand Rapids: Zondervan, 2017)를 보라. 『기독교는 왜』, 홍종락 역(서울: 복 있는 사람, 2018).

51 Jean C. Lloyd, "The Girl in the Tuxedo: Two Variations on Sexual Orientation and Gender Identity," *Public Discourse*, February 5, 2105.

52 Jean C. Lloyd, "Seven Things I Wish My Pastor Knew about My Homosexuality," *Public Discourse*, December 10, 2014.

53 같은 책.

54 같은 책.

55 O'Donovan, *Resurrection and Moral Order*, p. 69.

56 하퍼(Harper)는 "그리스어나 라틴어에는 남성의 동정을 가리키는 자연적인 단어가 없다.……'파르테노스'(parthenos)의 일반적인 의미는 '처녀'였다. 이제 막 시작된 기독교 운동의 자제하는 남성들은 자신들의 특이한 이상에 적절한 표현을 찾으려 했다.…… 대개 그리스도인들은 남성의 금욕을 뜻하는 완곡한 표현을 찾았는데, '고자'도 그중 하나였다." *From Shame to Sin*, p. 52, 104.

57 Richard M. Davidson, *Flame of Yahweh: Sexuality in the Old Testament* (Grand Rapids: Baker, 2007), p. 301. 1세기 유대인 역사가 요세푸스(Josephus)는 다니엘과 메삭, 사드락, 아벳느고가 고자였다고 말했다.

58 Ed Shaw, *Same-Sex Attraction and the Church: The Surprising Plausibility of the Celibate Life* (Downers Grove, IL: InterVarsity Press, 2015), p. 112. 쇼는 스탠리 하우어워스에게서 이런 통찰을 얻었다고 말한다.

59 Sam Allberry, "Why Single Is Not the Same As Lonely," *The Gospel Coalition*, July 11, 2016을 보라. Wesley Hill, *Spiritual Friendship* (Grand Rapids: Brazos Press, 2015); Eve Tushnet, *Gay and Catholic* (Notre Dame: Ave Maria Press, 2014)도 보라.

60 Melinda Selmys, "John Paul II, Intimate Friendship, and the Fluidity of Philia and Eros," February 15, 2016, http://www.patheos.com/blogs/catholicauthenticity/ 2016/02/john-paul-ii-intimate-friendship-and-the-fluidity-of-philia-and- eros/?repeat=w3tc. 어떤 사람들은 다윗과 요나단이 동성애 관계였다고 제안했다. 하지만 히브리어 원문에서는, 야곱이 자기 아들 베냐민을 사랑했다는 표현에서 같은 단어를 사용한다. (야곱의 "영혼" 혹은 "생명"과 아이의 생명이 "서로 하나로 묶여 있거늘", 창 44:30을 보라).

61 Ron Belgau, "Spiritual Friendship in 300 Words," August 29, 2012, https:// spiritualfriendship.org/2012/08/29/spiritual-friendship-in-300-words/.

62 Doug Mainwaring, "Married and Same-Sex Attracted: Are We Hiding the Light of the Gospel under a Basket?" *Living the Truth in Love: Pastoral Approaches to Same Sex Attraction*, ed. Janet E. Smith and Father Paul Check (San Francisco: Ignatius, 2015). Doug

Mainwaring, "I'm Gay and I Oppose Same-Sex Marriage," *Public Discourse*, March 8, 2013; Sean Doherty, "Is It Ever Responsible for People with Same-Sex Attraction to Get Married?" *Living Out*, http://www.livingout.org/is-it-ever-responsible-for-people-with-same-sex-attraction-to-get-married도 보라. NPR Staff, "Attracted to Men, Pastor Feels Called to Marriage with a Woman," *NPR*, January 4, 2015도 보라. 어느 한쪽 배우자가 동성애 성향이 있는 것을 알게 된 부부를 위한 실용적인 조언은 Yarhouse, *Homosexuality*, 7장에서 볼 수 있다.

63 Doug Mainwaring, "It's Possible: Gays and Lesbians Can Have Happy Marriages," *Public Discourse*, July 11, 2016.

64 같은 책.

65 같은 책.

66 Rosaria Butterfield, "Love Your Neighbor Enough to Speak Truth," *The Gospel Coalition*, October 31, 2016.

67 S. J. Stone, "The Church's One Foundation," p. 1866.

68 O'Donovan, *Transsexualism and Christian Marriage*, p. 6. 오도노반은 다른 관계들도 사람됨에 중요하지만, "이런 식으로 생물학적 본성의 의미를 드러내지는 않는다"라고 쓴다.

69 예를 들어, 주전 163년과 45년 사이에 이집트에 살던 유대인 저자가 기록한 『시빌라의 탁선』(*Sibylline Oracles*) 3권은 유대인들이 "거룩한 혼인에 신경 쓰고, 페니키아인, 이집트인, 로마인, 그리스와 다른 많은 나라, 페르시아인과 갈라디아인을 비롯한 모든 아시아의 풍습과 달리 남자아이들과 불경한 성교를 하지 않는다"라고 말한다. David F. Greenberg, *The Construction of Homosexuality*(Chicago: University of Chicago Press, 1988), p. 200 주88에 인용됨.

70 Preston Sprinkle, *People to Be Loved*(Grand Rapids: Zondervan, 2015), pp. 67-68.

71 레위기 저자가 이 구절들의 적용 범위를 제한하기 원했다면, 동성애 신전 매춘을 뜻하는 단어를 사용했을텐데 그러지 않았다.

레위기의 이 금지 구절들에 대한 해석 역사를 살피면, 신전 매춘 배경의 동성애 행위만 암시하는 것으로 해석하지 않는다. 오히려 반대로, 가능한 폭넓은 의미를 취한다. 예를 들어, 1세기 유대인 역사가 요세푸스는 비유대인 독자들에게 "[모세] 율법은 자연에 따른 성교, 곧 여성과의 성교만 인정하고……남성끼리의 성교는 혐오한다"라고 설명했다(*Against Apion* 2.199). 나이나 노예의 지위, 우상숭배 배경, 돈의 교환과 관련된 금지에는 제한이 없다. 상대의 성이 유일한 제한 사항이다. [Robert A. J. Gagnon,

The Bible and Homosexual Practice: Texts and Hermeneutics(Nashville: Abingdon, 2001), pp. 312-32, p. 130]

Robert Gagnon, "Does Leviticus Only Condemn Idolatrous Homosexual Practice?—An Open Letter from Robert Gagnon," guest post on Timothy Dalrymple's blog *Philosophical Fragments*, March 28, 2013, http://www.patheos.com/blogs/philosophicalfragments/2013/03/28/bible-condemn-idolatrous-homosexual-practice-gangnon-lee-torn/도 보라.

72 이 세 유형의 율법을 구분하는 것은 초기 교회에 그 기원이 있다. 신학자들은 유대의 도덕률이 여전히 그리스도인들에게 구속력이 있는 반면, 민법과 의식법은 그렇지 않은 이유를 설명할 방법을 찾으려 했다. 아퀴나스와 루터, 칼뱅은 물론, 교부들에게서 참고 자료를 찾아볼 수 있다. Jonathan Bayes, "The Threefold Division of the Law," first published in *Reformation Today* 177, http://www.christian.org.uk/wp-content/downloads/the-threefold-division-of-the-law.pdf를 보라.

73 성경은 정결법이 음식뿐 아니라 사람에게 상징적으로 적용되었다는 점을 분명히 한다. 베드로는 부정한 음식을 보고 하늘에서 "하나님께서 깨끗하게 하신 것을 네가 속되다 하지 말라"라는 소리를 들었다. 그는 그 환상을 "하나님께서 내게 지시하사 아무도 속되다 하거나 깨끗하지 않다 하지 말라"라는 뜻으로 정확히 해석했다(행 10:15, 28).

74 Richard B. Hays, *The Conversion of the Imagination*(Grand Rapids: Eerdmans, 2005)을 보라.

75 한편으로, 신약성경은 노예제 같은 관행을 철저하게 상대화했다. 그리스도 안에 있는 우리의 정체성과 비교하면, 우리의 사회적·정치적·경제적 지위는 훨씬 덜 중요하다. "주 안에서 부르심을 받은 자는 종이라도 주께 속한 자유인이요, 또 그와 같이 자유인으로 있을 때에 부르심을 받은 자는 그리스도의 종이니라"(고전 7:22). 다른 한편으로, 바울은 종들에게 "네가 자유롭게 될 수 있거든 그것을 이용하라"라고도 말한다(21절). 어떻게 이 두 주제가 조화될 수 있는가? 신약성경은 그리스도인들에게 가능하면 그들의 문화 관습을 따르라고 촉구하고 있다. 기독교는 사회 혁명이 아니라, 내면의 변화를 위한 것임을 분명히 하기 위해서다. 하지만 외부 환경을 변화시켜 내면의 변화를 표현할 방법을 찾는다면, "그것을 이용하라."

그리고 그리스도인들은 정말로 그렇게 했다. 2장에서 보았듯이, 그들은 로마법에 영향을 미칠 기회를 얻자마자 성노예를 불법으로 금했다. 4세기 닛사의 그레고리우스(Gregory of Nyssa)는 "노예제에 대한 최초의 공격"에 대해 다음과 같이 썼다(Harper, *From Shame to Sin*, p. 182).

7세기에 성 바틸드(Saint Bathilde, 클로비스 2세의 아내)는 노예 매매를 금지하고 모든 노예를 풀어 주자는 캠페인으로 유명해졌다. 851년에 성 안스카리오(Saint Anskar)는 바이킹 노예 매매를 중단하려는 노력을 시작했다. 교회가 노예들에게 기꺼이 세례를 준 것은 그들에게 영혼이 있다는 증거로 여겨졌고, 얼마 안 있어 정복자 윌리엄 (William the Conqueror, 1027-1087)과 성 울프스탄(Saints Wulfstan, 1009-1095), 안셀무스(Anselmus, 1033-1109)를 포함한 왕과 주교들이 그리스도인을 노예 삼는 것을 금했다.……13세기에 성 토마스 아퀴나스(Thomas Aquinas)는 노예자가 죄라고 추론했고, 1435년부터 교황들이 그의 입장을 지지하여 시작하여 1537년 교황 바오로 3세가 노예제에 반박하는 주요 칙서를 세 차례 공포한 데까지 이르렀다. (Rodney Stark, "The Truth about the Catholic Church and Slavery," *Christianity Today*, July 1, 2003)

안타깝게도, 미국인들이 신대륙에서 노예제를 시작할 무렵에는 그것이 잘못되었다는 확고한 확신이 이미 오랫동안 존재해 왔다는 것이다. 비평가들이 비난하듯이, 노예 소유주들은 기독교 전통을 따르지 않았다. 그들은 오랫동안 이어져 온 기독교의 도덕 가르침을 위반하고 있었다.

76 Richard B. Hays, *The Moral Vision of the New Testament: A Contemporary Introduction to New Testament Ethics*(New York: HarperOne, 1996), p. 387. 『신약의 윤리적 비전』, 유승원 역(서울: IVP, 2002). 성경 본문과 그리스-로마 배경에 대한 대중 수준의 논의는 Sprinkle, *People to Be Loved*를 보라.

77 일부 학자들은 바울이 모든 동성애 관계가 아니라, "태생적으로" 이성애자인 사람들의 동성애 관계만 정죄한다고 주장한다. "자연을 거스르다"라는 문구가 개인의 본성과 성향을 뜻한다고 해석한다. 하지만 1세기의 바울이 "자연"이라는 용어를 21세기처럼 개인화된 심리적 의미로 사용하고 있다는 증거는 없다. 그가 이 용어를 창조 질서를 가리키는 금욕주의와 그리스 역사, 유대 의미로 사용하고 있을 가능성이 훨씬 더 크다.

78 예를 들면, 저스틴 리(Justin Lee)는 *Torn: Rescuing the Gospel from the Gays-vs.-Christians Debate*(New York: Jericho Books, 2012)에서 로마서 1장을 우상을 숭배하고 이방 신전에서 동성애 다산 의식에 참가한 "특정 집단 사람들"에 대한 정죄만으로 국한한다. 하지만 바울의 요점은 **모든** 비기독교 세계관이 창조 질서 내의 무언가를 우상으로 만든다는 것이다. 내 책 『완전한 확신』을 보라.

79 Crompton, *Homosexuality and Civilization*, p. 114.

80 아리스토파네스의 연설은 플라톤의 *Symposium*, in *Collected Works of Plato*, 4th ed., trans. Benjamin Jowett(Oxford, UK: Oxford University Press, 1953)에 들어 있다. 『플라톤 전집1: 소크라테스의 변론, 크리톤, 파이돈, 향연』, 천병희 역(파주: 숲, 2012).

81 Craig A. Williams, *Roman Homosexuality*, 2nd ed.(New York: Oxford University Press, 2010), p. 33.

82 같은 책, p. 25, 54.

83 Ruden, *Paul among the People*, p. 53, 51, 55, 48.

84 데니스 프레이저(Dennis Prager)가 쓴 대로, "수천 년 [후]에 사는 우리가 통제할 수 없는 성이 어느 정도나 한 남자의 삶과 사회의 삶을 지배할 수 있는지를 인지하는 것은 아마도 불가능할 것이다. 고대 세계와 최근까지도 세계 많은 곳에서, 성은 사실상 사회 모든 곳에 영향을 미쳤다." 그것은 이들의 신관에서 시작되었다.

사실상 모든 문명의 신들은 성관계를 맺었다. 근동에서 바벨론 신 이슈타르는 바벨론의 영웅 길가메시를 유혹했다. 이집트 종교에서는, 오시리스 신이 여동생인 이시스와 성관계를 맺어 호루스 신을 낳았다. 가나안에서는, 주신 엘이 아세라와 관계를 맺었다. 힌두교 신 크리슈나는 성적으로 매우 활발해서 아내를 많이 거느리고 라다와 사랑에 빠졌다. 크리슈나의 아들 삼바 신은 인간 남녀를 유혹했다. 그리스 신화의 제우스는 헤라와 결혼하고, 여자들을 쫓아다녔으며, 아름다운 젊은 남자 가니메데스를 납치하는가 하면, 자위를 하기도 했다. 포세이돈은 암피트리테와 결혼하고, 데메테르를 쫓아다니고, 탄탈로스를 강간했다. 로마 신들은 남녀를 가리지 않고 성관계를 추구했다. 이런 신들의 성행위를 고려한다면, 온갖 형태의 성행위[특히, 남녀 모두의 신전 매춘 형태]가 종교에 만연한 것은 놀랄 일이 아니다. [Dennis Prager, "Judaism's Sexual Revolution: Why Judaism (and then Christianity) Rejected Homosexuality," *Crisis* 11, no. 8 (September 1993)]

85 Ruden, *Paul among the People*, p. 49, 59.

86 Rod Dreher, "Sex After Christianity," *The American Conservative*, April 11, 2013.

87 Bakke, *When Children Became People*, p. 144. 고대 세계 남자들은 성행위에 여성이 필요하지는 않았겠지만, 적법한 상속자를 낳기 위해서는 여성이 필요했다. 오늘날 남자들은 생식 클리닉이면 충분하다. "자신들의 '결혼생활'을 꾸며 줄 자녀를 원하는 게 이 커플들을 위해 이 아이들의 엄마들은 아이가 태어나자마자 버려진다.……여성은 아이 낳는 도구에 불과하다. 인류 역사상 여성이 이보다 더 큰 경멸을 받은 적이 있던가? 없다." Doug Mainwaring, "The Grand Pretension: Genderlessness and Genderless Marriage," *American Thinker*, May 20, 2016.

88 Bakke, *When Children Became People*, p. 141.

89 터툴리아누스는 로마인들이 "저들이 얼마나 서로 사랑하는지 보라!"라고 감탄했을 것이라고 말했다. "A Love without Condition," *History of the Early Church*, http://www.earlychurch.com/unconditional-love.php.

6. 트랜스젠더, 트랜스리얼리티

1 성별 불쾌감을 겪는 사람은 얼마나 될까? 가장 자주 인용되는 수치는 인구의 0.2-0.3퍼센트다. Tanya Lewis, "Bruce Jenner's Transition: How Many Americans Are Transgender?" *LiveScience*, April 27, 2015를 보라. 기독교의학·치의학협회(Christian Medical and Dental Association)에서 성전환에 대해 내놓은 성명은 https://cmda.org/resources/publication/transgender-identification-ethics-statement를 보라.

2 예를 들면, Nelson Chan, Jeanette Hawn, and Roya Ladan, "Clearing Up the Law on Transgender Rights," *California Labor and Employment Law Review* 30, no. 4 (July 2016); Tyler O'Neil, "Massachusetts Forces LGBT 'Accommodation' Rules on Churches," *PJMedia*, September 9, 2016을 보라.

3 "Transgender Kids: Who Knows Best?" *BBC*, January 12, 2017.

4 "About SB 777," Rescue Your Child, http://rescueyourchild.com/SB_777.html.

5 "Transgender FAQ," GLAAD, http://www.glaad.org/transgender/transfaq.

6 O'Donovan, *Transsexualism and Christian Marriage*, p. 12.

7 *G. G. v. Gloucester County School Board*, 미국 제4연방 순회 항소법원, No. 15-2056, decided: April 19, 2016.

8 "Colorado Transgender First-Grader Coy Mathis Wins Civil Rights Case," comment posted by lannister80, June 24, 2013, http://forums.macrumors.com/threads/colorado-transgender-first-grader-coy-mathis-wins-civil-rights-case.1601025/.

9 Paula Johnson, "His and Hers……Healthcare," TED talk, December 2013.

10 J. N. Zhou et al., "A Sex Difference in the Human Brain and Its Relation to Transsexuality," *Nature*(November 2, 1995). 어떤 사람들은 아이의 뇌 발달이 자기 몸의 성과 다른 길을 따를 수 있다고 추측한다. 암스테르담에 있는 네덜란드 신경과학 연구소(Netherlands Institute for Neuroscience)의 연구원 디크 스왑(Dick Swaab)은 "임신 첫 두 달 사이에 생식기의 성 분화가 일어나고, 임신 하반기에 뇌의 성 분화가 시작된다"라고 쓴다. 따라서 생식기와 뇌는 자궁에서 몇 주 차이를 두고 "호르몬과 영양, 약물, 기타 화학물질"이 다른 환경에 영향을 받는데, 이것이 성 분화에 영향을 줄 수도 있다. Robin Marantz Henig, "How Science Is Helping Us Understand Gender," *National Geographic*, January 2017에 인용됨.

하지만 사실은, 지금 시점에서는 성전환의 원인을 아무도 모른다는 것이다. 유전학적 설명의 난점은 이런 조건이 너무 희귀해서 가장 영향력 있는 연구들도 그 대상이 6-7명밖에 되지 않는다. 이 연구들은 적극적으로 크로스섹스 행위를 하면서 조사 중인 뇌 부위에 영향을 미칠 수 있는 방식으로 여성 호르몬을 사용하고 있는 대상도 포함했다. 연구 요약본은 Mark Yarhouse, *Understanding Gender Dysphoria* (Downers Grove, IL: InterVarsity Press, 2015), 3장을 보라.

11 "Boy or Girl?" YouTube video, 1:40, uploaded by BBC The Social, October 24, 2016, https://www.youtube.com/watch?v=udI-Go8KK2Q&feature=youtu.be, 저자 강조.

12 Glenn Stanton, "5 Reasons Target's Trans Bathroom Policy Really Stepped In It," *The Federalist*, April 29, 2016.

13 Jonah Mix, "The Body and the Lie," *Medium*, September 25, 2016, https://medium.com/@JonahMix/the-body-and-the-lie-fc6b03c3ff9a#.rtgdjj6ek.

14 "I Didn't Like Doing All the Stereotypical Girl Things," *Transgender Reality*, December 14, 2015, comment by Trish, January 11, 2016, http://transgenderreality.com/2015/12/14/i-didnt-like-doing-all-the-stereotypical-girl-things/. Lindsay Leigh Bentley, "I Am Ryland—The Story of a Male-Identifying Little Girl Who Didn't Transition," *Lindsay Leigh Bentley* (블로그), June 30, 2014, http://lindsayleighbentley.com/2014/06/30/i-am-ryland-the-story-of-a-male-identifying-little-girl-who-didnt-transition/도 보라.

15 Burkett, "What Makes a Woman?"

16 "About," *First, Do No Harm: Youth Gender Professional*, https://youthtranscritical professionals.org/about/.

17 Rod Dreher, "The Cult of Transgender," *The American Conservative*, August 10, 2016.

18 Elaine Woo, "David Reimer, 38: After Botched Surgery, He Was Raised as a Girl in Gender Experiment," *Los Angeles Times*, May 13, 2004; "Who was David Reimer?," *Intersex Society of North America*, http://www.isna.org/faq/reimer; John Colapinto, "Gender Gap," *Slate*, June 23, 2004를 보라. 슬프게도, 데이비드는 어린 시절 경험으로 계속해서 고통을 겪었고, 2004년 서른여덟 나이로 자살했다.

19 Nuriddeen Knight, "An African-American Woman Reflects on the Transgender Movement, *Public Discourse*, June 4, 2015.

20 Riki Wilchins, "We'll Win the Bathroom Battle When the Binary Burns," *The Advocate*, April 29, 2016.

21 Fr. Mark Hodges, "NYC Will Fine Employers up to $250,000 for Referring to 'Transsexuals' by Their Natural Gender," *LifeSite News*, December 23, 2015. 서른한 가지 젠더에 대해서는 Robert Gehl, "NYC Just Released a List of Officially Recognized Genders," *The Federalist Papers*, n.d., http://www.thefederalistpapers.org/us/nyc-just-

released-a-list-of-officially-recognized-genders를 보라.

트랜스젠더들의 관점에서는 화장실과 탈의실에 대해 우려가 크다. 트랜스젠더였다가 그리스도인이 된 다이아몬드 디(Diamond Dee)는 성전환 수술과 수년에 걸친 여성 호르몬 사용으로 자신의 몸이 너무 여성화되어서 체육관 남성 탈의실을 사용하는 데 어려움이 있다고 말한다. 하지만 이런 우려와 대다수 인구의 사생활권 사이에서 균형 잡는 최선의 방법은 대부분의 체육관에 어린 자녀를 둔 가족들을 위한 별도의 방이 있듯이 트랜스젠더들을 위한 별도의 방을 마련해 주는 것이다. 다이아몬드 디에 대해서는 "Yes! Jesus Loves Transgenders: The Diamond Dee Interview Part 2," YouTube video, 2:07, uploaded by triplexchurch on July 15, 2015를 보라.

22 Butler, *Gender Trouble*, passim; Carol Queen and Lawrence Schimel, eds., *PoMoSexuals* (San Francisco: Cleis Press, 1997).

23 Linda Markowitz, "A Different Kind of Queer Marriage," *Utne Reader*, September/October 2000에 인용됨. 마코위츠는 다음과 같이 쓴다.

오랫동안 레즈비언과 게이, 양성애자들은 태엽 인형처럼 같은 말을 반복했다. "어떤 몸으로 하든 사랑은 사랑일 뿐이다. 우리도 똑같은 권리를 누릴 자격이 있다." 하지만 성 정체성의 새로운 "유동성"은 우리를 언어의 혼란에 빠뜨린다. 커밍아웃한 게이 남성이 돌이켜서 여성과 결혼하면 계속해서 게이라고 해야 할까? 커밍아웃한 레즈비언이 돌이켜서 남성과 결혼하면 계속해서 레즈비언이라고 해야 할까? 이런 새로운 종류의 퀴어들은 자신을 어떻게 불러야 할지 고민하고, 이들이 어떻게 결론을 내리든지 게이와 레즈비언 공동체는 거기에 강하게 반발한다.

24 Butler, *Gender Trouble*, p. 9.

25 게이 활동가들은 '본질주의' 대 '구성주의'라는 용어로 한동안 이 문제를 토론해 왔다. 성 본질주의는 성 정체성을 자연적 사실, 곧 생물학에 뿌리를 둔 내재적이고 변하지 않는 정체성으로 본다. 구성주의는 성 정체성을 사회적 사실, 곧 문화의 산물로 본다. 요약된 내용은 Gayle Madwin, "What Is the Difference between Essentialist and Social Constructionist Techniques for Fighting Homophobia?" http://www.queerbychoice.com/essentialism.html을 보라.

26 Jorge Rivas, "Half of Young People Believe Gender Isn't Limited to Male and Female," *Fusion*, February 3, 2015.

27 Gene Edward Veith, "Identity Crisis: College Adminstrators Encourage Some Students to Rebel against Their 'Assigned' Gender Roles," *World*, March 27, 2004.

28 SIECUS, "Guidelines for Comprehensive Sexuality Education," 3rd ed., http://www. siecus.org/_data/global/images/guidelines.pdf, 저자 강조.

29 Margot Adler, "Young People Push Back Against Gender Categories," *NPR*, July 16, 2013.

30 Lucy Mae Beers, "'Some Days Annie Is a Girl, Some Days Annie Is a Boy and Some Days She's Both': The 12-Year-Old Whose Gender Changes on a Daily Basis Depending on How They Feel," *Daily Mail*, March 23, 2016.

31 페이스북 다양성 페이지는 2014년 2월 15일에 게시되었다. 페이스북은 계속해서 숫자를 늘려 가다가 결국에는 폭발적으로 늘어나는 성 정체성 숫자를 추적하기를 포기하고, 사용자들이 자신의 성 정체성을 알아서 추가하게 했다.

32 John W. Kennedy, "The Transgender Moment: Evangelicals Hope to Respond with Both Moral Authority and Biblical Compassion to Gender Identity Disorder," *Christianity Today* 52, no. 2(February 2008)에 인용됨.

33 John Maddox, *What Remains to be Discovered*(New York: The Free Press, 1998), p. 252. 『발견을 예견하는 과학』, 최돈찬 역(파주: 나남, 2013).

34 Mark Ridley, *The Cooperative Gene*(New York: The Free Press, 2001), p. 111.

35 Georg Wilhelm Friedrich Hegel, *The Philosophy of Right*, paragraph p. 342, https://www.utm.edu/staff/jfieser/class/316/pri/2-316-hegel.htm. 『법철학』, 임석진 역(파주: 한길사, 2008).

36 Friedrich Nietzsche, *Human All Too Human: A Book for Free Spirits*(1878), in *The Nietzsche Reader*, ed. Keith Ansell Pearson and Duncan Large, trans. Marion Faber (Oxford, UK: Blackwell, 2006), p. 162 [2]. 『인간적인 너무나 인간적인1』, 김미기 역(서울: 책세상, 2001).

37 Friedrich Nietzsche, *The Gay Science*(1882), http://www.lexido.com/EBOOK_TEXTS/THE_GAY_SCIENCE_FIFTH_BOOK_.aspx?S=357. 『즐거운 지식』, 권영숙 역(서울: 청하, 1989).

38 헤겔의 주요 유산인 역사주의에 대해서는 John McCumber의 *Time and Philosophy*를 보라.

39 Jean Paul Sartre, "Existentialism Is a Humanism,"(1946), in *Existentialism from Dostoeyvsky to Sartre*, ed. Walter Kaufman(London: Meridian, 1989).

40 푸코는 1984년에 에이즈로 사망했다. 버틀러는 다음 인터뷰에서 자신을 "부치"(butch) 레즈비언과 "여자 동성애자"(dyke)로 묘사한다. "Maria Cyber Interviews Judith Butler," http://www.scribd.com/doc/56581872/Judith-Butler-Interview#scribd. 그

네 몸을 사랑하라

녀는 부치-팸 레즈비언 관계를 변호하기 위해 *Gender Trouble*을 썼다고 설명한다. "The Body You Want: Liz Kotz Interviews Judith Butler," *Artforum* 31, no. 3(November 1992): pp. 82-89를 보라.

41 Judith Butler, *Bodies That Matter*(New York: Routledge, 1993), p. 58. 『의미를 체현하는 육체』, 김윤상 역(고양: 인간사랑, 2003).

42 Butler, *Gender Trouble*, xxi, 31, viii, xiv, 여러 곳에.

43 같은 책, xx.

44 Carol Bigwood, "Renaturalizing the Body," *Body & Flesh*, p. 103.

45 Maxine Sheets-Johnstone, "Corporeal Archetypes and Power," *Body & Flesh*, p. 150, 152, 저자 강조.

46 Butler, *Gender Trouble*, p. 11, 12.

47 Hegel, *Philosophy of Right*, paragraph 344. Robert C. Solomon, *Continental Philosophy Since 1750: The Rise and Fall of the Self*(Oxford: Oxford University Press, 1988), p. 57에 인용됨.

48 Butler, *Gender Trouble*, p. 9.

49 Chase Strangio, "What Is a 'Male Body'?" *Slate*, July 19, 2016.

50 Terry Eagleton, *Illusions of Postmodernism*(Malden, MA: Blackwell, 1996), p. 14, 37, 38을 보라. 『포스트모더니즘의 환상』, 김준환 역(서울: 실천문학, 2000). 이글턴은 아이러니하게도 포스트모더니즘이 "물질주의자라고 주장하고 나서는……인간에게서 가장 명백하게 물질주의적인 부분, 곧 생물학적 형성을 억압한다"라고 말한다(58).

51 Sheila Jeffreys, *Gender Hurts: A Feminist Analysis of the Politics of Transgenderism*, (New York: Routledge, 2014), p. 53.

52 Susan Bordo, *Unbearable Weight: Feminism, Western Culture, and the Body*(Berkeley: University of California Press, 1993, 2003), p. 39, 245. 엘리자베스 그로츠(Elizabeth Grosz)는 버틀러의 포스트모던 관점의 효과가 "몸의 물질성이나 물질적인 특수성과 확실성을 부인하는 것"이라고 말한다. "그것은 몸을 무한정 순응적이고 가변적으로 만드는 것이다." *Volatile Bodies: Towards a Corporeal Feminism*(Bloomington: Indiana University Press, 1994), p. 190. 『뫼비우스 띠로서 몸』, 임옥희 역(서울: 여이연, 2001). 버틀러 자신이 자기 이론에 대한 주요한 반대가 "몸의 물질성을 부인하는 것"임을 인정한다(Butler, *Bodies That Matter*, 서문).

푸코를 비판하는 이들도 비슷한 반대를 제기한다. 그들은 푸코의 글이 성이 진짜 몸과는 아무 관계가 없이 사회관계와 권력 관계로 만들어진, 순전히 사회적 구상이라는 인상을 준다고 말한다. 푸코가 『성의 역사』(151ff)에서 언급하듯이, 그를 비판하는 이들은 자주 이렇게 묻곤 한다. 당신은 "몸과 해부학, 생물학적·기능적 측면"을 무시하고 있지 않은가? 당신은 "마치 성이 존재하지 않는 것처럼 성에 대해 말하지" 않는가? 푸코는 성이 순수하게 자율성과 생리에서 시작될지는 몰라도, 문화 권력 구조가 부여한 문화적 구성을 통해서가 아니라면 우리 몸의 의미에 접근할 수 없다고 답한다.

우리는 아무런 검토 없이 성에 대한 개념 그 자체를 받아들일 수 없다. '성'은 드러난 성별을 뒷받침하는 정박지인가, 아니면 성의 배치 내면에서 형성된 복잡한 개념인가? 어느 경우든, 우리는 이 성 개념이 어떻게 다양한 힘의 전략들과 그것이 감당한 확실한 역할 가운데서 구체화되었는지 보여줄 수 있다.

53 Bordo, *Unbearable Weight*, p. 275. 오도노반은 이 이원론을 "몸을 미분화 물질로 축소하는 환원주의"로 요약한다. "그러면 영혼은 무제한의 자유를 행사할 수 있다." *Transsexualism and Christian Marriage*, p. 19.

54 "International Women's Day Protester Suddenly Realizes She's Reinforcing Harmful Social Construct of Gender," *The Babylon Bee*, March 8, 2017.

55 Laura Donnelly, "Don't Call Pregnant Women 'Expectant Mothers' As It Might Offend Transgender People, BMA[British Medical Association] Says," *The Telegraph*, January 29, 2017. Trevor MacDonald, "Transphobia in the Midwifery Community," *Huffington Post*, September 15, 2016도 보라.

56 Brandon Showalter, "Transgender Policies Cause 'Erasure' of Females, 'Voyeurism,' 'Eugenics' on Children, Say Women's Rights Activists," *Christian Post*, February 19, 2017에 인용됨.

57 Claire Chretien, "Bathrooms Are Just the Beginning: A Scary Look into the Trans Movement's End Goals," *LifeSite News*, May 6, 2016에 수록된 인터뷰. Stella Morabito, "A De-Sexed Society Is a De-Humanized Society," *Public Discourse*, May 25, 2016도 보라.

58 Andrew Malcolm, "Obama State Department deletes 'Mother,' 'Father' from forms for More Correct 'Parent One,' 'Parent Two'," *Los Angeles Times*, January 7, 2011. 국무부는 대중의 반대에 타협하여 "어머니 또는 보호자 1"과 "아버지 또는 보호자 2"로 양식을 바꾸었다. Matthew Lee, "State Department Steps Back on Gender-Neutral Parentage, Won't Replace Terms 'Mother,' 'Father,'" *Associated Press*, January 9, 2011을 보라.

59 Human Rights Campaign, "Sexual Orientation and Gender Identity Definitions," *s.v.*

"Gender Identity," http://www.hrc.org/resources/sexual-orientation-and-gender-identity-terminology-and-definitions.

60 Daniel Moody, *The Flesh Made Word*(CreateSpace Independent Publishing Platform), 2016 을 보라.

61 Daniel Moody, "Why You Shouldn't Use Transgender Pronouns," *The Federalist*, October 18, 2016.

62 Eagleton, *Illusions of Postmodernism*, p. 113, 116. 주디스 버틀러마저도 이 문제를 볼 수 있었다는 점은 아이러니하다. 그녀는 사회적 구성을 선호하면서 보편적 인간 본성이라는 개념을 오랫동안 거부했다. 하지만 국제 게이레즈비언 인권위원회(Gay and Lesbian Human Rights Commission)에서 일하면서 인간됨이 무슨 뜻인지에 대한 개념, 곧 보편적 인간 본성에 대한 개념이 없이는 인권을 주장할 수 없음을 깨닫게 되었다 (Butler, *Gender Trouble*, xviii).

63 Avery Dulles, "John Paul II and the Mystery of the Human Person," *America* 190, no. 3(February 4, 2004)에 인용됨.

64 티크바 프라이머-켄스키(Tikva Frymer-Kensky)는 이렇게 쓴다.

성경은 인간 행위를 "여성적"이거나 "남성적"이라는 특징으로 표현하지 않는다. "여성성"과 "남성성"이라는 극단으로 특징을 나누지도 않는다. 남성적 공격성-여성적 수용성, 남성적 혁신-여성적 보수, 남성적 추진력-여성적 참을성, 남성적 주체성-여성적 대상성, 남성적 이성-여성적 정서, 남성적 결과물-여성적 과정, 남성적 성취-여성적 유대 등 우리가 성차라고 익숙하게 알고 있는 극단적 특징 같은 극성의 구분을 암시하지 않는다. (Davidson, *Flame of Yahweh*, p. 221에 인용됨)

65 아버지는 INFP인 반면(부드럽고, 민감하고, 정서적이고, 관계적이다), 아내는 ESTJ였다(진지하고, 책임감이 강하고, 합리적이고, 적극적이고, 조직적이다). MBTI 유형에서 남녀를 구별하는 성격 특징은 딱 한 가지인데, 많은 여성들이 F(정서적이고, 민감하고, 관계적)인데 비해, 많은 남성들이 T(합리적이고, 논리적이고, 객관적)이다. 각각의 경우가 65퍼센트 정도다. 하지만 페미니스트 운동을 통해 점차 더 많은 여성들이 지도자가 되는 것을 사회에서 허용하면서, 많은 여성들이 T성향을 나타내기 시작했다. 이는 이런 차이가 적어도 부분적으로는 문화에 따른 것임을 암시할 수도 있다.

66 Nancy Pearcey, "A Plea for Changes in the Workplace," *Pro-Life Feminism: Different Voices*, ed. Gail Grenier Sweet(Toronto: Life Cycle Books, 1985); and Nancy Pearcey, "Why I Am Not a Feminist (Any More)," *Human Life Review*, Summer 1987도 보라.

67 Yarhouse, *Understanding Gender Dysphoria*, p. 155. Vaughan Roberts, *Transgender*(UK: The Good Book Company, 2016)도 보라.

68 "성차에 대한 모든 연구는……통계학적으로 유의미하게 남녀 차이가 나타날 때조차도 여성끼리와 남성끼리의 차이와 비교하면 그 차이가 무색해진다는 점을 일관성 있게 보여준다." Heather Looy and Hessel Bouma III, "The Nature of Gender," 다음 책에 인용됨. Yarhouse, *Understanding Gender Dysphoria*, p. 37, 저자 강조.

69 Yarhouse, *Understanding Gender Dysphoria*, p. 154.

70 April Herndon, "Why Doesn't ISNA Want to Eradicate Gender?" Intersex Society of North America, FAQ, http://www.isna.org/faq/not_eradicating_gender.

71 2011년 유럽연합 집행위원회(European Commission)에 제출된 보고서는 "간성인은 이들의 상황이 젠더와 관계된 것이 아니라, 생물학적 발생(유전적·신체적·호르몬상의 특징들)과 관계가 있다는 면에서 트랜스젠더와는 다르다"라고 말한다. Emily Greenhouse, "A New Era for Intersex Rights?," *The New Yorker*, December 30, 2013에 인용됨.

72 Megan DeFranza, *Sex Difference in Christian Theology: Male, Female, and Intersex in the Image of God*(Grand Rapids: Eerdmans, 2015), p. 144.

73 같은 책, p. 25, 30, 31, 저자 강조.

74 Susan Donaldson James, "Intersex Children: Boy or Girl and Who Decides?," *ABC News*, March 17, 2011.

75 리앤 사이먼(Lianne Simon)의 이야기는 개인적인 교류와 그녀의 웹사이트에 수록된 다양한 글에서 가져왔다. http://www.liannesimon.com/.

76 Charlotte Greenfield, "Should We 'Fix' Intersex Children?," *The Atlantic*, July 8, 2014를 보라. 어떤 경우에는, 외양이 평범하기 때문에 개인은 자신이 간성인지조차 모르기도 한다. 이들은 결혼해서 불임이라는 사실을 알고 나서야 자신의 유전자가 섞여 있다는 것을 발견하기도 한다. 예를 들면, 안드로젠 불감성 증후군(Complete Androgen Insensitivity Syndrome, CAIS)이 있는 여성은 자신이 XY라는 것을 모를 수도 있다. 성경에서, 이런 여성은 아마도 불임으로 나타날 것이다.

77 개인적인 대화, April 6, 2017. LGBT는 레즈비언과 게이, 양성애자, 트랜스젠더를 가리킨다.

78 Sam Allberry, "What Christianity Alone Offers Transgender Persons," *The Gospel Coalition*, January 10, 2017.

79 미국 소아과의사 협회(American College of Pediatricians)는 "정신장애진단 및 통계편람(DSM-V)에 따르면, 많게는 젠더를 혼동하는 남자아이들 중에 98퍼센트, 여자아이들 중에 88퍼센트가 자연스럽게 사춘기를 통과하면서 결국에는 자신의 생물학적 성

을 수용한다"라고 쓴다. American College of Pediatricians, "Gender Ideology Harms Children," updated August 17, 2016, http://www.acpeds.org/the-college-speaks/position-statements/gender-ideology-harms-children. 또 다른 연구에 따르면, 밴더빌트 대학교(Vanderbilt University)와 런던 포트먼 클리닉(Portman Clinic)에서 트랜스젠더 감정을 느낀다고 말한 아이들을 약이나 수술 처방 없이 추적했을 때 70-80퍼센트가 서서히 그런 감정을 상실했다. Paul McHugh, "Transgender Surgery Isn't the Solution," *The Wall Street Journal*, updated May 13, 2016, and Paul McHugh, "Surgical Sex," *First Things*, November 2004.

안타깝게도, 많은 트랜스젠더들이 성전환 수술 이후에 심각한 고통을 느끼고 자살 충동을 느끼기까지 했다. David Batty, "Sex Changes Are Not Effective, Say Researchers," *The Guardian*, July 30, 2004를 보라. 2003년 스웨덴의 한 연구에 따르면, 트랜스젠더들의 수술 후 사망률과 자살률은 일반 대중보다 훨씬 더 높다. (트랜스젠더 개인을 지지하는 역사를 지닌 스웨덴의 통계가 그렇다.) Yarhouse, *Understanding Gender Dysphoria*, p. 118을 보라.

80 "Transgender Kids: Who Knows Best?" *BBC*. 트랜스젠더 **부모**를 둔 자녀들에 대한 연구는 거의 없다시피 했다. Denise Shick, "When My Father Told Me He Wanted to Be a Woman," *Public Discourse*, March 27, 2015를 보라.

81 캐나다 토론토의 캠에이치(Centre for Addiction and Mental Health, CAMH)에 있던 성 정체성 클리닉이 2015년 12월에 문을 닫았다. 많은 사람들이 그 이유가 이 클리닉이 오늘날 좀 더 정치적으로 올바르다고 여겨지는 (크로스젠더 정체성을 가능하게 해주는) "긍정하는 모델"에 집중하지 않고 "디시스터"를 지지했기(아이들이 자기 몸을 편하게 느끼도록 도왔기) 때문이라고 믿었다. Jesse Singal, "How the Fight over Transgender Kids Got a Leading Sex Researcher Fired," *New York Magazine*, February 7, 2016을 보라.

82 "비이성애자로 성장하는 아이들은 이성애자로 성장하는 아이들에 비해 평균적으로 대체로 성별 비순응이 많다." J. Michael Bailey et. al, "Sexual Orientation, Controversy, and Science" *Psychological Science in the Public Interest* 17 no. 2(2016): pp. 45-101.

브루스 제너처럼 트랜스젠더로 커밍아웃하기 전에 굉장히 남성적이었던 사람들은 어떻게 된 것인가? 정신장애진단 및 통계편람은 성별 비순응자를 두 부류로 나눈다. 조기 발생 성별 불쾌감을 지닌 이들은 아주 어린 시절부터 성별 비순응을 경험한다. 하지만 이들은 성인기에 이르면 자신의 감정을 해결할 가능성이 많기도 하다. 후발성 성별 불쾌감을 지닌 이들은 전형적으로 어린 시절 내내 성별 비순응을 경험한다. 실제로, 이들은 굉장히 남성적 성향이 강해서 군대나 경찰, 운동선수 같은 직업군에 일하는 경우가 많다. 이들은 성전환을 결정하기 전에 결혼해서 자녀를 두기도 하고, 그

전에 이성의 옷을 입기도 한다. Yarhouse, *Understanding Gender Dysphoria*, p. 96-99
를 보라. 브루스(케이틀린) 제너는 두 번째 부류의 예로 보인다. "'He'd Wear Women's
Clothes, Shoes, and Lingerie': Bruce Jenner, 'the Secret Cross-Dresser,'" *The Daily
Mail*, January 11, 2002를 보라.

어떤 사람들은 이성의 옷차림을 성적 흥분으로 경험하기도 한다(페티시). 이들은 성
경에서 다음과 같이 말하는 부류일 수도 있다. "여자는 남자의 의복을 입지 말 것이요,
남자는 여자의 의복을 입지 말 것이라. 이같이 하는 자는 네 하나님 여호와께 가증한
자이니라"(신 22:5).

83 Yuan and Yuan, *Out of a Far Country*, p. 20.

84 "대부분의 연구에 따르면, 여성보다 남성이 세 배나 더 젠더 재조정을 원한다." Nicola
Tugnet et al., "Current Management of Male-to-Female Gender Identity Disorder in
the UK," *Postgraduate Medical Journal* 83, no. 984(October 2007). 성별 불쾌감과 동
성애 모두 역사적으로 여성보다는 남성에게서 흔했다. 아마도 남성에 대한 젠더 기
준이 훨씬 더 편협하고 엄격했기 때문일 것이다. 사회에서는 "계집애 같은" 남자아
이나 "여성적인" 남자아이보다는 남자아이 같은 여자아이를 훨씬 손쉽게 받아들
인다. 하지만 최근에는, 젠더 클리닉에서 치료를 받으려는 여자아이들의 비율이 급
격히 증가했다. 다음 글에서 몇 가지 연구를 소개하고 있다. "Why Are More Girls
Than Boys Presenting to Gender Clinics?" *4thWaveNow* (블로그), July 10, 2015,
https://4thwavenow.com/2015/07/10/why-are-more-girls-than-boys-presenting-
to-gender-clinics/.

어떤 사람들은 "여성적"이라는 단어를 사용하는 고린도전서 6:9이 트랜스젠더들에
게 적용될 수도 있다고 제안했다. 하지만 하퍼(Harper)는 이 그리스어를 직역해서는 안
된다고 말한다. "부드러운 사람"을 가리키는 '말라코스'(*malakos*)는 지나친 쾌락에 빠
진 사람을 가리킨다. 고대 문서가 표현하듯이, 그는 "자제력을 잃고" "남녀 모두와의
섹스에 미친 듯이" 빠져 있었다." *From Shame to Sin*, pp. 97-98.

85 "In Praise of Gatekeepers: An Interview with a Former Teen Client of TransActive
Gender Center," *4thWaveNow*, April 21, 2016, https://4thwavenow.com/2016/04/21/
in-praise-of-gatekeepers-an-interview-with-a-former-teen-client-of-transactive-
gender-center/에 수록된 캐리와의 인터뷰. 캐리는 다음 비디오에서 본래의 성으로 돌
아간 이야기를 털어놓는다. "Response to Julia Serano: Detransition, Desistance, and
Disinformation," YouTube video, 17:02, uploaded by Cari Stella on August 9, 2016,
https://www.youtube.com/watch?v=9L2jyEDwpEw.

86 루는 이렇게 덧붙인다. "내 몸을 어느 정도나 혐오하고 몸과 어느 정도나 분리되었

다고 느끼는지를 정신 건강 문제로 간주하는 것을 이해할 수 없었다." BBC 영화 "Transgender Kids: Who Knows Best?"를 보라. 2014년의 한 연구에 따르면, 성별 불쾌감으로 진단받은 사람 중 62.7퍼센트는 axis 1이 동반된 정신 장애나 정신 질환을 겪고 있다. 그 말은 이들이 곧바로 호르몬을 맞거나 수술을 받지 말고, 이 정신병을 치료해야 한다는 뜻이다. Azadeh Mazaheri Meybodi, Ahmad Hajebi, and Atefeh Ghanbari Jolfaei, "Psychiatric Axis I Comorbidities among Patients with Gender Dysphoria," *Psychiatry Journal*, August 2014를 보라.

놀랍지만 굉장히 일관성 있는 연구 결과는 성별 불쾌감과 자폐증의 연관성이다.

트랜스젠더 연구에서 아주 강력한 발견이 한 가지 있는데, 바로 성별 비순응과 자폐 스펙트럼 장애(Autism Spectrum Disorder, ASD)의 연관성이다. 워싱턴 DC에 위치한 미국 국립 어린이병원(Children's National Health System) 자폐 스펙트럼 장애와 젠더와 성 발달 프로그램(Autism Spectrum Disorders and the Gender and Sexuality Development Program)의 소아 신경심리학자 존 스트랭(John Strang)에 따르면, 자폐증 아동과 청소년은 다른 아이들에 비해 성별 비순응을 경험할 확률이 7배나 높다. 반대로, 젠더 클리닉의 아동과 청소년이 자폐 범주성 장애를 가지고 있을 확률은 다른 아이들에 비해 6-15배가 높다. (Henig, "How Science Is Helping Us Understand Gender")

87 Walt Heyer, "Transgender Characters May Win Emmys, But Transgender People Hurt Themselves," *The Federalist*, September 22, 2015. 성전환을 후회한 다른 예들은 다음에서 볼 수 있다. Stella Morabito, "Trouble in Transtopia: Murmurs of Sex Change Regret," *The Federalist*, November 11, 2014.

88 Walt Heyer, *Perfected with Love* (Maitland, FL: Xulon Press, 2009), p. 15.

89 Tim Otto, *Oriented to Faith: Transforming the Conflict over Gay Relationships* (Eugene, OR: Wipf & Stock, 2014), p. 89를 보라.

90 같은 책, p. 7.

91 Mark Yarhouse and Trista Carrs, "MTF Transgender Christians' Experiences: A Qualitative Study," *Journal of LGBT Issues in Counseling* 6, no. 1 (January 2012).

7. 선택의 여신은 죽었다

1 Nancy Pearcey, "I Take You……A Review of Ted Peters's *For the Love of Children*," *First Things*, February 1998.

2 피터스의 주장과 달리, "입양은 계약이 아니다. 입양 '계약'에 서명하는 사람이 아무도 없기 때문이다. 계약은 한쪽이 아이를 다른 한쪽에 주기로 동의하여, 그 사람이 아이에 대한 권리를 갖게 되는 것이다. 그런데 입양은 부모의 지위를 영구히 다른 사람에게 부여하는 것이다." Jennifer Roback Morse, "Privatizing Marriage Is Unjust to Children," *Public Discourse*, April 4, 2012.

3 Pearcey, "I Take You……"

4 같은 책.

5 Martha Albertson Fineman, *The Autonomy Myth* (New York: The New Press, 2005). 파인만이 가족 관계를 계약으로 바꾸기 원하는 동기는 여성을 돌봄 과제에서 해방하는 것이다. 그녀는 다음과 같이 쓴다.

> 부양의 민영화에 따른 불만에서 한 가지 핵심은 성별에 따른 지속적인 가사노동의 불평등한 분배다. 남성보다는 여성에게 부담이 많이 간다. 가족 내에서 책임 위임 문제도 있는데, 부양-돌봄은 전통적으로 대개 여성의 업무, 곧 아내와 어머니, 할머니, 딸, 며느리 역할에 부과된 업무였기 때문이다.……물론, 여기서 내 논리를 발전시키는 목적은 궁극적으로는 국가와 시장에 좀 더 (일부) 돌봄의 책임을 맡기려는 것이다. (Martha Albertson Fineman, "Contract and Care," *Chicago-Kent Law Review* 76, no. 3, 1406-7)
>
> 흥미롭게도, 아마존의 한 독자 서평이 파인만의 메시지를 간단명료하게 잘 짚어 냈다. "[나는] 결혼보다는 돌봄 관계에 대한 통찰을 많이 얻었다.……결혼은 너무 구시대적이어서, 우리는 이 제도를 점검할 필요가 있다!!!"

6 Anthony Giddens, *The Third Way* (Cambridge, UK: Polity, 2000). 『제3의 길』, 한상진, 박찬욱 역 (서울: 책과함께, 2014). 2009년부터 2012년까지 오바마 대통령의 규제정보국 책임자를 맡았던 캐스 선스타인(Cass Sunstein)은 리처드 탈러(Richard Thaler)와 공저한 책에서 "우리는 국가가 '결혼'을 폐지하고 [계약법이 관장하는] 시민 결합을 도입해야 한다"라고 주장했다. *Nudge: Improving Decisions about Health, Wealth, and Happiness* (New York: Penguin, 2008, 2009), p. 212, pp. 117-118, p. 224. 선스타인은 "우리의 제안에 따르면, 그 어떤 법에도 결혼이라는 단어가 등장하지 않고, 어떤 수준의 정부에서도 혼인 허가를 내주거나 인정하지 않는다"(217)라고 덧붙인다. 『넛지』, 안진환 역 (서울: 리더스북, 2009).

7 John Witte, *From Sacrament to Contract: Marriage, Religion, and Law in the Western Tradition* (Louisville: Westminster John Knox, 1997)을 보라. 『성례에서 계약으로』, 정경화,

류금주 역(서울: 대한기독교서회, 2006).

8 Steven Forde, *Locke, Science, and Politics*(Cambridge, UK: Cambridge University Press, 2013)를 보라. 과학 혁명의 원자 철학자들은 고대 그리스의 (특히 에피쿠로스가 가르친) 원자론을 의도적으로 되살리고 있었다. 에피쿠로스는 인간이 자연적으로 사회적 존재가 아니라 자율적 "원자"라는 철저한 개인주의를 가르치면서 자신의 철학을 사회생활에 적용했다. David Koyzis, *Political Visions and Illusions*(Downers Grove, IL: InterVarsity Press, 2003), pp. 48-49를 보라.

9 로크는 미국 독립혁명에 영감을 주었고, 루소는 프랑스 혁명에 영감을 주었다. 오늘날 보수주의자들은 로크를 따르고, 자유주의자들은 루소를 따르는 경향이 있다. Kim Holmes, "The Great Divide: The Ideological Legacies of the American and French Revolutions," *The Heritage Foundation*, August 12, 2014, http://www.heritage.org/political-process/report/the-great-divide-the-ideological-legacies-the-american-and-french를 보라.

나머지 세상의 대부분에서는, 여전히 **자유주의**라는 용어가 미국에서 보수주의라고 하는 것(개인의 자유를 강조)을 뜻하는 반면, 미국에서 자유주의(복지국가에서 정부의 확대)라고 하는 것은 **사회민주주의**로 불려서 그 뿌리가 사회주의에 있음을 암시한다. 하지만 미국에서는 복지국가조차 사회주의가 아니라 개인주의에 대한 호소로—사회적 혜택을 받지 못한 이들에게 개인의 기회를 극대화하는 수단으로서 정당화된다. Koyzis, *Political Visions and Illusions*, p. 60을 보라.

10 Eric O. Springsted, *The Act of Faith: Christian Faith and the Moral Self*(Grand Rapids: Eerdmans, 2002), x.

11 아래 내용은 내 책『완전한 진리』, 부록 1, "How American Politics Became Secularized" 에 기초한다. Nancy Pearcey, "The Creation Myth of Modern Political Philosophy," speech presented at the Sixth Annual Kuyper lecture, sponsored by the Center for Public Justice, 2000, http://www.arn.org/docs/pearcey/np_creationmyth0801.htm도 보라.

12 Thomas Hobbes, *On the Citizen*, ed. Richard Tuck and Michael Silverthorne(New York: Cambridge University Press, 1998), p. 102.『시민론: 정부와 사회에 관한 철학적 기초』, 이준호 역(파주: 서광사, 2013).

13 John Hallowell, *Main Currents in Modern Political Thought*(Lanham, MD: University Press of America, 1984), pp. 102-3.

14 George Grant, *English-Speaking Justice*(Toronto, ON: House of Anansi Press, 1974, 1975), p. 16, 19.

15 Michael Zuckert, *The Natural Rights Republic*(Notre Dame: University of Notre Dame Press, 1996), p. 29.

16 최근에 존 롤스(John Rawls)가 다음 책에 사회계약론의 현대판을 제안하면서 사회계약론에 새 바람이 불었다. *A Theory of Justice*, rev. ed.(Cambridge, MA: Belknap Press, 1999). 『정의론』, 황경식 역(서울: 미학사, 2003). 일부 새로운 요소가 있지만, 롤스의 버전은 여전히 인간을 자기 이해를 합리적으로 계산하는 존재로 주로 다룬다.

17 Michael Sandel, *Democracy's Discontent*(Cambridge, MA: Harvard University Press, 1996). 『민주주의의 불만』, 안규남 역(파주: 동녘, 2012).

18 Mary Ann Glendon, *Rights Talk*(New York: Simon and Schuster, 1991), p. 48. 글렌던은 다른 나라들에는 인간을 사회적 차원을 지닌 존재로 다루기에 사회적 관계를 더 많이 지지하고 보호하는 사생활 관련 법이 있다고 언급한다. 예를 들어, 많은 나라들에서는 낙태를 고려하는 여성들이 임신을 중단하지 않고 출산할 수 있도록 도와주는 대안을 제시하는 상담을 받아야 한다. 이와 대조적으로, 미국 연방법원은 그런 요구 사항이 여성의 "사생활"을 침해한다면서 폐지했다.

19 통계는 W. Bradford Wilcox, "Suffer the Little Children: Cohabitation and the Abuse of America's Children," *Public Discourse*, April 22, 2011를 보라.

20 Oliver O'Donovan, *Desire of the Nations: Rediscovering the Roots of Political Theology*(Cambridge, UK: Cambridge University Press, 1996), p. 276.

21 John Hallowell, *The Moral Foundation of Democracy*(Chicago: University of Chicago Press, 1954), p. 85.

22 Bertrand de Jouvenal. Joyce Appleby, *Capitalism and a New Social Order: The Republican Vision of the 1790s*(New York: New York University Press, 1984), p. 36에 인용된 대로.

23 Jennifer Roback Morse, *Love and Economics: Why the Laissez-Faire Family Doesn't Work*(Dallas: Spence Publishing, 2001). 다음 페미니스트 저자들이 사회계약론을 비슷하게 비판한다. Virginia Held, *Feminist Morality*(Chicago: University of Chicago Press, 1993) and Christine Di Stefano, *Configurations of Masculinity: A Feminist Perspective on Modern Political Theory*(Ithaca, NY: Cornell University Press, 1991).

24 Lindy West, "I Set Up #ShoutYourAbortion Because I Am Not Sorry, and I Will Not Whisper," *The Guardian*, September 22, 2015.

25 Sasharusa, "The Fetus Is a Parasite," *Daily Kos*, April 15, 2012; Eileen McDonagh, *Breaking the Abortion Deadlock: From Choice to Consent*(New York: Oxford University Press, 1996). 그러나 피터 바클린스키(Peter Baklinski)는 그 주장에 반박한다.

과학은 자궁에 있는 아기와 그 어머니의 실제 관계를 굉장히 다르게 그린다. 태어나지 않는 아기는 기생충이 아니라, 어머니의 남은 생애 동안 그의 치유를 도울 수 있음을 보여준다. 임신 기간에 아기의 이로운 세포들이 어머니의 몸으로 들어가기 때문이다.……어머니의 몸으로 들어가는 태아 세포의 일종이 아기의 줄기세포다. 줄기세포에는 핀코트(Pincott)가 "마법 같은 특징"이라고 부른 것이 들어 있어서, 분화 과정을 통해 다른 유형의 세포들로 "변할" 수 있다. 태아 줄기세포는 어머니의 세포가 되어 간이나 심장, 뇌를 만들 수 있다.……아기의 태아 줄기세포가 어머니의 다친 부위로 이동하여 어머니의 몸의 일부가 되어 치료법을 제공한다. (Peter Baklinski, "Just a 'Parasite'? Cutting Edge Science Shows Fetal Cells Heal Mother for Life," *LifeSite News*, January 4, 2012)

26 Lee and George, *Body-Self Dualism in Contemporary Ethics and Politics*, p. 147, 149. 데이비드 크로포드(David Crawford)가 쓴 것처럼, 자유주의는 "공공 기관과 행동의 문제에서, 인간이 **본질적으로** 젠더나 가족이 없다"라고 전제한다. "인간은 대중의 관점에서 전적으로 임의적이라고 취급되는 선택 행위로만 그런 것들에 연결될 수 있다." 따라서 자유주의는 "암묵적으로 이원론적 인간관을 상정하는데, 그에 따르면 몸은 인격에 미치지 못하는 물질로 축소되어 선택 행위나 타고난 선호에 따라 인격의 자유롭고 영적인 영역에 사적으로 연결된다." "Recognizing the Roots of Society in the Family, the Foundation of Justice," *Communio* 34(Fall 2007): p. 409.

27 M. Galbally, A. J. Lewis, M. V. Ijzendoorn, and M. Permezel, "The Role of Oxytocin in Mother-Infant Relations: A Systematic Review of Human Studies," *Harvard Review of Psychiatry* 19, no. 1(January-February, 2011).

28 Alan Boyle, "This Is Your Brain on Fatherhood: Dads Experience Hormonal Changes Too, Research Shows," *NBC Science News*, June 15, 2013.

29 Nathan Rabin, "Fatherhood Killed the Cynic in Me," *Yahoo News*, July 4, 2015.

30 *The Magnificent Seven*, 존 스터지스(John Sturges) 감독(Beverly Hills, CA: United Artists, 1960).

31 Meilander, *Bioethics*, pp. 13-14.

32 Jean-Jacques Rousseau, *A Discourse on Inequality*(New York: Penguin, 1984), p. 92. 『인간 불평등 기원론』, 김중현 역(서울: 펭귄클래식코리아, 2012).

33 Richard Posner, *Sex and Reason*(Cambridge, MA: Harvard University Press, 1992), p. 131. 『성과 이성』, 이민아, 이은지 역(서울: 말글빛냄, 2007). 2000년에 예일 대학교 로스쿨 사서 프레드 샤피로(Fred Shapiro)는 포스너가 압도적인 차이로 "역사상" 가장 많이 인용된

법학자라고 추정했다. Lincoln Caplan, "Rhetoric and Law, *Harvard Magazine*(January-February 2016)을 보라.

34 Helen Croydon, "It's Time to Ditch Monogamy," *New Republic*, April 25, 2014.

35 United States Census Bureau, "Women's Marital Status," https://www.census.gov/content/dam/Census/library/visualizations/time-series/demo/families-and-households/ms-1b.pdf; "Men's Marital Status," https://www.census.gov/content/dam/Census/library/visualizations/time-series/demo/families-and-households/ms-1a.pdf.

36 Barbara Dafoe Whitehead and David Popenoe, "Sex without Strings, Relationships without Rings: Today's Young Singles Talk about Mating and Dating," *Report of the National Marriage Project*(New Brunswick: Rutgers University, 2000), p. 6.

37 Napp Nazworth, "Fatherlessness Harms the Brain, Neurobiologists Find," *Christian Post*, December 11, 2013. 다음 자료들도 보라. "The Consequences of Fatherlessness," The National Center for Fathering, http://www.fathers.com/statistics-and-research/the-consequences-of-fatherlessness/; David Blankenhorn, *Fatherless America: Confronting Our Most Urgent Social Problem*(New York: Basic Books, 1995); Elizabeth Marquardt, *Between Two Worlds: The Inner Lives of Children of Divorce*(New York: Crown Books, 2005) 『당신의 아이가 울고 있다』, 홍민경 역(서울: 웅진싱크빅, 2009); W. Bradford Wilcox, ed., *When Marriage Disappears: The Retreat from Marriage in Middle America*(Charlottesville, VA: University of Virginia, National Marriage Project; New York: Institute for American Values, 2010); Mary Eberstadt, *Adam and Eve After the Pill: Paradoxes of the Sexual Revolution*(San Francisco: Ignatius Press, 2012); Glenn Stanton, *Why Marriage Matters*(Colorado Springs: Pinon Press, 1997). 최신 기사는 연구 결과들을 다음과 같이 요약한다.

펜실베이니아 주립대학교(Penn State) 사회학자 폴 아마토(Paul Amato, 2005)의 이혼 가정 자녀들에게 미치는 장기적 피해에 대한 연구는 미국이 1960년대와 같은 수준의 가족 안정성을 누린다면, 매년 청소년 자살 시도가 7만 건 줄어들고, 치료받는 아동이 60만 명 줄어들고, 청소년 범죄가 50만 건 줄어들 수 있음을 보여주었다……성인도 자살 충동에 취약해서 이혼 후에 자살을 시도한다. 중년 미국인들의 자살을 조사한 러트거스 대학교(Rutgers University)의 2010년 연구에 따르면, 1990년대 이후로 중년 이상 성인의 이혼율이 두 배로 늘어났고, 이는 사회적 고립으로 이어졌다. 이 연구는 2005년에 미혼 중년 남성이 기혼 남성보다 자살로 사망할 확률이 3.5배 더 높았으며, 미혼 중년 여성은 기혼 여성보다 2.8배 더 높았다고 밝혔다." (Rick

Fitzgibbons, "Divorce Is Killing Our Children, but We're Too Drowned in PC Nonsense to Talk about It," *LifeSite News*, May 5, 2016)

38 이 내용과 관련 연구들에 대해서는 Ryan Anderson, *Truth Overruled: The Future of Marriage and Religious Freedom*(Washington, DC: Regnery, 2015), pp. 30-31을 보라.

39 Sara McLanahan and Gary Sandafur, *Growing Up with a Single Parent: What Hurts, What Helps*(Cambridge, MA: Harvard University Press, 1994), p. 38.

40 Rabbi Jonathan Sacks, "The Love That Brings New Life into the World," transcript, November 17, 2014, http://www.rabbisacks.org/love-brings-new-life-world-rabbi-sacks-institution-marriage/.

41 이 연구와 관련된 다른 연구들에 대해서는 Anderson, *Truth Overruled*, p. 32.

42 이 연구와 관련된 다른 연구들에 대해서는 Stanton, *Why Marriage Matters*, p. 81과 Linda Waite and Maggie Gallagher, *The Case for Marriage: Why Married People Are Happier, Healthier, and Better Off Financially*(New York: Random House, Doubleday, 2000)를 보라.

43 Mark Oppenheimer, "A Gay Catholic Voice Against Same-Sex Marriage," *New York Times*, June 5, 2010에 인용됨.

44 결혼을 지지하는 주장들은 Sherif Girgis, Ryan T. Anderson, and Robert P. George, *What Is Marriage? Man and Woman: A Defense*(New York: Encounter Books, 2012)를 보라. 흔한 논리 중 하나가 동성애와 이성애 결합의 유일한 차이가 전자는 생식력이 없다는 것이다. 아이를 낳지 못하는 이성애 커플의 결혼을 법적으로 허용하기 때문에 동성애 커플의 결혼도 법적으로 허용해야 한다고 주장한다. 하지만 동성애 운동이 시작되기 전에는, 아무도 아이를 낳지 못하는 커플의 존재가 동성애 결합을 정당화해 준다고 생각하지 않았다. 왜 그런가? 역사적으로, 국가는 자녀를 출산하는 **종류**의 결합을 허가했다. 결혼하기 위해 각 커플의 생식력을 조사하는 것은 굉장한 사생활 침해가 될 것이다. 더군다나, 대부분의 커플은 결혼하고 일정 시간이 지난 후에야 생식력 여부를 알 수 있다. 부부가 결혼하면서 아이를 갖지 않기로 하더라도 마음을 바꾸는 경우가 많다. 결혼한 커플의 거의 90퍼센트가 아이를 갖는다. 따라서 국가가 역사적으로 해온 일이 합리적인 과정이다. 남녀 결합이 자녀를 낳을 수 있는 유일한 **종류**의 관계이기 때문에(항상 자녀를 낳는 것은 아니더라도) 그것을 허용하는 것 말이다.

45 Judge Vaughn Walker, *Perry v. Schwarzenegger*, 591 F.3d 1126 (9th Cir. 2009), p. 67.

46 Blankenhorn, *Future of Marriage*, p. 122에 인용됨.

47 Andrew Sullivan, "Introduction," *Same-Sex Marriage: Pro and Con*, ed. Andrew

Sullivan(New York: Vintage Books, 1997, 2004), xxiii.

48 Katz, *Invention of Heterosexuality*, pp. 186-87.

49 같은 책, p. 187.

50 Blankenhorn, *Future of Marriage*, p. 133에 인용됨.

51 Johanna Dasteel, "Homosexual Activist Says Gay 'Marriage' Isn't about Equality, It's about Destroying Marriage," *LifeSite* News, May 1, 2013.

52 J. Richard Pearcey, "The Revolt of Intelligence Against 'Marriage Equality,'" *The Pearcey Report*, March 18, 2013. 이 기사는 *American Thinker*에 처음 실렸다.

53 한 연구에 따르면, "게이 남성의 82퍼센트는 주 파트너가 아닌 사람과 성관계를 맺은 적이 있다." 결혼 파경은 어떤가? 1990년대 이후로 동성애 파트너십을 인정한 노르웨이와 스웨덴에서 실시한 어느 연구는 게이 남성 관계가 이성애 결혼보다 깨질 확률이 50퍼센트가 더 높은 것을 발견했다. 레즈비언 관계는 그 확률이 167퍼센트나 더 높다. (수치를 잘못 적은 것이 아니다.) Stanton L. Jones, "Same-Sex Science," *First Things*, February 2012. Hanna Rosin, "The Dirty Little Secret: Most Gay Couples Aren't Monogamous," *Slate*, June 26, 2013도 보라.

54 이 연구에 대한 더 많은 정보는 Corvino and Gallagher, *Debating Same-Sex Marriage*, p. 136을 보라.

55 Scott James, "Many Successful Gay Marriages Share an Open Secret," *New York Times*, January 28, 2010.

56 "고도로 원자화된 사회의 파편으로부터 대중이 발전했다. 대중적인 인간의 주요한 특징은 잔인성과 후진성이 아니라, 그가 처한 고립과 정상적인 사회적 관계의 결핍이다." Hannah Arendt, *The Origins of Totalitarianism* (New York: Harcourt Brace, 1951), pp. 310-11. 『전체주의의 기원』, 이진우, 박미애 역(파주: 한길사, 2017).

57 Abigail Rine, "What Is Marriage to Evangelical Millennials?" *First Things*, May 14, 2015.

58 Blankenhorn, *Future of Marriage*, p. 213에 인용됨.

59 Dawn Stefanowicz, "A Warning from Canada: Same-Sex Marriage Erodes Fundamental Rights," *Public Discourse*, April 24, 2015.

60 같은 책.

61 Heather Barwick, "Dear Gay Community: Your Kids Are Hurting," *The Federalist*, March 17, 2015. 레즈비언 파트너 사이에서 자란 또 다른 성인 자녀 케이티 파우스트(Katy Faust)는 이렇게 쓴다.

나는 게이 부모를 보호하고 싶은 아이들의 본능에 공감한다. 나도 실제로 그랬으니까. 이런 입에 발린 소리를 얼마나 많이 반복했는지 모른다. "우리 부모님이 이혼한 덕분에 이렇게 훌륭한 여성들을 알게 되어서 너무 행복해요." 나는 엄청난 칭찬을 받고 그것을 즐겼다. 어머니와 친한 여성들은 내 성숙함, 내 세속성에 매료되었다. 나는 그 말을 입에 달고 살았고, 반복할 때마다 내 연기는 발전했다. 그것은 내 인생의 모든 어른이 듣고 싶어 한 말이었다. 게이 부모의 양육을 홍보하는 공익광고를 찍어도 될 정도였다. 하지만 지금 생각하면 민망하기 짝이 없다. 다 거짓말이었기 때문이다. 우리 부모의 이혼은 서른여덟 해 인생 중에 가장 충격적인 사건이었다. ("Dear Justice Kennedy: An Open Letter from the Child of a Loving Gay Parent," *Public Discourse*, February 2, 2015)

모라비토(Morabito)는 "무슨 이유에서든 부모가 사라질 때 아이는 원초적인 상처를 느낀다"라고 쓴다. 동성애 육아는 "아이들이 그런 부담을 혼자 지고, 침묵 가운데 원초적인 상처를 억압해야" 한다. "15 Reasons 'Marriage Equality' Is about Neither Marriage Nor Equality," *The Federalist*, June 26, 2015.

62 United Nations, "Universal Declaration of Human Rights"(General Assembly resolution 217 A), December 10, 1948, http://www.un.org/en/universal-declaration-human-rights/.

63 Douglas NeJaime, "With Ruling on Marriage Equality, Fight for Gay Families Is Next," *Los Angeles Times*, June 26, 2015.

64 Jennifer Roback Morse, "4 Questions about Surrogacy for Conservatives Who Support Gay Marriage," *The Daily Caller*, June 2, 2015; Jennifer Roback Morse, "Privatizing Marriage Will Expand the Role of the State," *Public Discourse*, April 3, 2012도 보라.

65 Stella Morabito, "Bait and Switch: How Same Sex Marriage Ends Family Autonomy," *The Federalist*, April 9, 2014.

66 Alberta Government, "Guidelines for Best Practices," 2016, https://education.alberta.ca/media/1626737/91383-attachment-1-guidelines-final.pdf. 예를 들면, "학교 양식과 웹사이트, 편지를 비롯한 기타 의사소통에서 젠더 중립적이고 포괄적인 용어를 사용한다(예, 미스터, 미즈, 미시즈, 어머니, 아버지, 그, 그녀 등 대신에 부모/보호자, 돌보는 사람, 가족, 파트너, '학생'이나 '그들')."

67 Brian Mattson, "The Family's Fair-Weather Friends, Part 2," *Dr. Brian Mattson*, June 30, 2015, http://drbrianmattson.com/journal/2015/6/30/the-familys-fair-weather-friends-part-two.

68 Jean C. Lloyd, "The Wrong Kind of Rights: Same-Sex Marriage, Third-Party Reproduction, and the Sexualization of Children," *Public Discourse*, May 5, 2015.

69 Rae and Cox, *Bioethics*, p. 105. Nancy Pearcey, "Technology, History, and Worldview," *Genetic Ethics*도 보라.

70 Rickard Newman, "Journey to Baby Gammy: How We Justify a Market in Children," *Public Discourse*, August 18, 2014.

71 Peters, *For the Love of Children*, p. 54, 72.

72 예를 들어, Steven Ertelt, "Lesbian Couple Asks Surrogate to Abort Baby after Learning She Had Down Syndrome," *LifeSite News*, September 2, 2014.

73 Meilander, *Bioethics*, p. 19, 21.

74 Morse, "The Sexual Revolution Reconsidered," p. 47.

75 삼위일체의 사회적 함의에 대해서는, 내 책 『완전한 진리』, pp. 253-56, p. 264와 『완전한 확신』, pp. 172-73, 273-77; Stanley Grenz, *The Social God and the Relational Self: A Trinitarian Theology of the Imago Dei*(Louisville: Westminster John Knox, 2001)를 보라. John D. Zizioulas, *Being As Communion: Studies in Personhood and the Church*(Crestwood, NY: St. Vladimir's Seminary Press, 1985); Miroslav Volf, *After Our Likeness: The Church as the Image of the Trinity*(Grand Rapids: Eerdmans, 1998), 특히 5장 "Trinity and Church"도 보라. 『삼위일체와 교회』, 황은영 역(서울: 새물결플러스, 2012).

76 Wyatt, "What Is a Person?"

77 Taylor, *Sources of the Self*, p. 223, 224, 226에 인용됨.

78 Timothy Ware, *The Orthodox Church*(London, UK: Penguin, 1997), p. 240 『동방정교회의 역사와 신학』, 이형기 역(서울: 한국장로교출판사, 1999); Kallistos [Timothy] Ware, *The Orthodox Way*(Crestwood, NY: St. Vladimir's Seminary Press, 2002), pp. 38-9. 『정교회의 길』, 엄성옥 역(서울: 은성출판사, 2011).

79 Sam R. Williams, "A Christian Psychology of and Response to Homosexuality," October 2011, https://identifynetwork.org/wp-content/uploads/2015/07/A-Christian-Psychology-and-Response-to-Homosexuality.pdf.

80 현대 가족이 취약한 한 가지 이유는 예전에 가족이 가지고 있던 기능(예를 들면, 자녀 교육, 가족 산업, 환자와 노인 돌봄 등)을 많이 잃어버렸기 때문이다. 오늘날 가정에 남은 것이라고는 정서적 연결밖에 없는데, 그것만으로는 부족하다. 홈스쿨을 하는 많은 사람이 가족의 전통적 기능을 회복함으로써 가족을 새롭게 하려는 더 큰 비전을 가지고 있다. 내 책 『완전한 진리』, 12장과 내 글 "Is Love Enough? Recreating the Economic

네 몸을 사랑하라

Base of the Family," *The Family in America* 4, no. 1(January 1990), http://www.arn. org/docs/pearcey/np_familyinamerica.htm를 보라.

81 Alysse ElHage, "How Could Going to Church Help My Family?" *I Believe in Love*, December 3, 2015.

82 Rosaria Butterfield, interviewed by Phillip Holmes, "A Safe Place for Sexual Sinners," *Desiring God*, January 7, 2016. Rosaria Butterfield, *The Secret Thoughts of an Unlikely Convert*(Pittsburg: Cross and Crown, 2012)도 보라. 『뜻밖의 회심』, 오세원 역(서울: 아바서원, 2014).

83 앨버타 대학교(University of Alberta) 성소수자 연구협회(Institute for Sexual Minority Studies and Services)에 따르면, 청년 노숙자의 20-40퍼센트가 LGBTQ다. 디렉터 크리스 웰스(Kris Wells)는 "노숙하는 가장 큰 이유가 부모의 거절 때문"이라고 말했다. Erika Stark, "Calgary Parents Gather to Discuss LGBTQ Guidelines," *CBC News*, March 22, 2016에 인용됨.

84 Alasdair MacIntyre, *After Virtue*, 3rd ed.(Notre Dame: University of Notre Dame Press, 2007), p. 263. 『덕의 상실』, 이진우 역(서울: 문예출판사, 2018). 그리스도인들이 지역 차원에서 공동체를 다시 세우는 일에 대해 최신 정보로 자세히 설명한 내용은 Rod Dreher, *The Benedict Option*(New York: Penguin, 2017)을 보라. 『베네딕트 옵션』, 이종인 역(서울: IVP, 2019).

찾아보기

네 몸을 사랑하라

네 몸을 사랑하라